纪录小康工程

全国脱贫攻坚先锋风采录

本书编写组

人民出版社
新华出版社

总　序

为民族复兴修史　为伟大时代立传

小康，是中华民族孜孜以求的梦想和夙愿。千百年来，中国人民一直对小康怀有割舍不断的情愫，祖祖辈辈为过上幸福美好生活劳苦奋斗。“民亦劳止，汔可小康”“久困于穷，冀以小康”“安得广厦千万间，大庇天下寒士俱欢颜”……都寄托着中国人民对小康社会的恒久期盼。然而，这些朴素而美好的愿望在历史上却从来没有变成现实。中国共产党自成立那天起，就把为中国人民谋幸福、为中华民族谋复兴作为初心使命，团结带领亿万中国人民拼搏奋斗，为过上幸福生活胼手胝足、砥砺前行。夺取新民主主义革命伟大胜利，完成社会主义革命和推进社会主义建设，进行改革开放和社会主义现代化建设，开创中国特色社会主义新时代，经过百年不懈奋斗，无数中国人摆脱贫困，过上衣食无忧的好日子。

特别是党的十八大以来，以习近平同志为核心的党中央统揽中华民族伟大复兴战略全局和世界百年未有之大变局，团结带领全党全国各族人民统筹推进“五位一体”总体布局、协调推进“四个全面”战略布局，万众一心战贫困、促改革、抗疫情、谋发展，党和国家事业取得历史性成就、发生历史性变革。在庆祝中国共产党成立100周年大会上，习近平总书记庄严宣告：“经过全党全国各族人民持续奋斗，我们实现了第一个百年奋斗目标，在中华大地上全面建成了小康社会，历史性地解决了绝对贫困问题，正在意气风发向着全面建成社会主义现代化强国的第二个百年奋斗目标迈进。”

这是中华民族、中国人民、中国共产党的伟大光荣！这是百姓的福祉、国家的进步、民族的骄傲！

全面小康，让梦想的阳光照进现实、照亮生活。从推翻“三座大山”到“人民当家作主”，从“小康之家”到“小康社会”，从“总体小康”到“全面小康”，从“全面建设”到“全面建成”，中国人民牢牢把命运掌握在自己手上，人民群众的生活越来越红火。“人民对美好生活的向往，就是我们的奋斗目标。”在习近平总书记坚强领导、亲自指挥下，我国脱贫攻坚取得重大历史性成就，现行标准下9899万农村贫困人口全部脱贫，建成世界上规模最大的社会保障体系，居民人均预期寿命提高到78.2岁，人民精神文化生活极大丰富，生态环境得到明显改善，公平正义的阳光普照大地。今天的中国人民，生活殷实、安居乐业，获得感、幸福感、安全感显著增强，道路自信、理论自信、制度自信、文化自信更加坚定，对创造更加美好的生活充满信心。

全面小康，让社会主义中国焕发出蓬勃生机活力。经过长期努力特别是党的十八大以来伟大实践，我国经济实力、科技实力、国防实力、综合国力跃上新的大台阶，成为世界第二大经济体、第一大工业国、第一大货物贸易国、第一大外汇储备国，国内生产总值从 1952 年的 679 亿元跃升至 2021 年的 114 万亿元，人均国内生产总值从 1952 年的几十美元跃升至 2021 年的超过 1.2 万美元。把握新发展阶段、贯彻新发展理念、构建新发展格局、推动高质量发展，全面建设社会主义现代化国家，我们的物质基础、制度基础更加坚实、更加牢靠。全面建成小康社会的伟大成就充分说明，在中华大地上生气勃勃的创造性的社会主义实践造福了人民、改变了中国、影响了时代，世界范围内社会主义和资本主义两种社会制度的历史演进及其较量发生了有利于社会主义的重大转变，社会主义制度优势得到极大彰显，中国特色社会主义道路越走越宽广。

全面小康，让中华民族自信自强屹立于世界民族之林。中华民族有五千多年的文明历史，创造了灿烂的中华文明，为人类文明进步作出了卓越贡献。近代以来，中华民族遭受的苦难之重、付出的牺牲之大，世所罕见。中国共产党带领中国人民从沉沦中觉醒、从灾难中奋起，前赴后继、百折不挠，战胜各种艰难险阻，取得一个个伟大胜利，创造一个个发展奇迹，用鲜血和汗水书写了中华民族几千年历史上最恢宏的史诗。全面建成小康社会，见证了中华民族强大的创造力、坚韧力、爆发力，见证了中华民族自信自强、守正创新精神气质的锻造与激扬，实现中华民族伟大复兴有了更为主动的精神力量，进入不可逆转的历史进程。今天，我们比历史上任何时期都更接近、更有信心和能力实现中华民族伟大复兴的目标，中国人民的志气、骨气、底气极大增强，奋进新征程、建功新时代有着前所未有的历史主动精神、历史创造精神。

全面小康，在人类社会发展史上写就了不可磨灭的光辉篇章。中华民族素有和合共生、兼济天下的价值追求，中国共产党立志于为人类谋进步、为世界谋大同。中国的发展，使世界五分之一的人口整体摆脱贫困，提前十年实现联合国2030年可持续发展议程确定的目标，谱写了彪炳世界发展史的减贫奇迹，创造了中国式现代化道路与人类文明新形态。这份光荣的胜利，属于中国，也属于世界。事实雄辩地证明，人类通往美好生活的道路不止一条，各国实现现代化的道路不止一条。全面建成小康社会的中国，始终站在历史正确的一边，站在人类进步的一边，国际影响力、感召力、塑造力显著提升，负责任大国形象充分彰显，以更加开放包容的姿态拥抱世界，必将为推动构建人类命运共同体、弘扬全人类共同价值、建设更加美好的世界作出新的更大贡献。

回望全面建成小康社会的历史，伟大历程何其艰苦卓绝，伟大胜利何其光辉炳耀，伟大精神何其气壮山河！

这是中华民族发展史上矗立起的又一座历史丰碑、精神丰碑！这座丰碑，凝结着中国共产党人矢志不渝的坚持坚守、博大深沉的情怀胸襟，辉映着科学理论的思想穿透力、时代引领力、实践推动力，镌刻着中国人民的奋发奋斗、牺牲奉献，彰显着中国特色社会主义制度的强大生命力、显著优越性。

因为感动，所以纪录；因为壮丽，所以丰厚。恢宏的历史伟业，必将留下深沉的历史印记，竖起闪耀的历史地标。

中央宣传部牵头，中央有关部门和宣传文化单位，省、市、县各级宣传部门共同参与组织实施“纪录小康工程”，以为民族复兴修史、为伟大时代立传为宗旨，以“存史资政、教化育人”为目的，形成了数据库、大事记、系列丛书和主题纪录片4方面主要成果。目前已建成内容全面、分类有序的4级数据库，编纂完成各级各类全面小康、脱贫攻坚大事记，出版“纪录小康工程”丛书，摄制完成纪录片《纪录小康》。

“纪录小康工程”丛书包括中央系列和地方系列。中央系列分为“擘画领航”“经天纬地”“航海梯山”“踔厉奋发”“彪炳史册”5个主题，由中央有关部门精选内容组织编撰；地方系列分为“全景录”“大事记”“变迁志”“奋斗者”“影像记”5个板块，由各省（区、市）和新疆生产建设兵团结合各地实际情况推出主题图书。丛书忠实纪录习近平总书记的小康情怀、扶贫足迹，反映党中央关于全面建成小康社会重大决策、重大部署的历史过程，展现通过不懈奋斗取得全面建成小康社会伟大胜利的光辉历程，讲述在决战脱贫攻坚、决胜全面小康进程中涌现的先进个人、先进集体和典型事迹，揭示辉煌成就和历史巨变背后的制度优势和经验启示。这是对全面建成小康社会伟大成就的历史巡礼，是对中国共产党和中国人民奋斗精神的深情礼赞。

历史昭示未来，明天更加美好。全面建成小康社会，带给中国人民的是温暖、是力量、是坚定、是信心。让我们时时回望小康历程，深入学习贯彻习近平新时代中国特色社会主义思想，深刻理解中国共产党为什么能、马克思主义为什么行、中国特色社会主义为什么好，深刻把握“两个确立”的决定性意义，增强“四个意识”、坚定“四个自信”、做到“两个维护”，以坚如磐石的定力、敢打必胜的信念，集中精力办好自己的事情，向着实现第二个百年奋斗目标、创造中国人民更加幸福美好生活勇毅前行。

目　录

第一部分　全国脱贫攻坚楷模

第二部分　全国脱贫攻坚模范

第三部分　全国脱贫攻坚先进个人

第四部分 全国脱贫攻坚先进集体

第一部分

全国脱贫攻坚楷模

毛相林

毛相林，男，汉族，中共党员，1959 年 1 月生，重庆市巫山县竹贤乡下庄村村委会主任。他 40 余年不改初心使命，坚守偏远山村，坚持苦干实干，带领村民用最原始的方式在悬崖峭壁上凿石修道，历时 7 年铺就一条 8 公里的“绝壁天路”。他培育“三色”经济，发展乡村旅游，推进移风易俗，提振信心志气，把绿水青山变成了金山银山，让乡亲们改变了贫困落后面貌，过上了富裕文明生活，树立了脱贫攻坚一线党员干部的光辉榜样。荣获“时代楷模”“全国脱贫攻坚奖奋进奖”“中国好人”等称号。2021 年被授予“全国脱贫攻坚楷模”荣誉称号。

毛相林：“天坑”下庄的开路人

壁立千仞，群山合围。翻几座大山，盘过108道“之字拐”，重庆市巫山县下庄村便映入眼帘。毛相林是下庄村村委会主任，也是老村支书，当地人称他当代“愚公”。

成为“愚公”，是被穷逼出来的。“锁”在深山里的下庄村，以前是巫山县最穷的地方。村民外出只能徒步翻过绝壁，到县城得花两天时间。

不能让大山“困”住下庄！1997年开始，“愚公”毛相林带领乡亲们“移山”，用了整整7年时间，在绝壁上凿出一条“天路”。

2015年，曾经最穷的下庄村在全县率先实现整村脱贫。2020年，农村居民人均可支配收入超过1.3万元。

立志为子孙“抠出一条路”

20世纪70年代末，不到20岁的毛相林就当上了村干部，一干就是40余年。

毛相林从小生活在下庄村，这里流传的顺口溜是：“下庄像口井，井有万丈深。”“这口井”从井口到井底有1100米，三面都是垂直的悬崖绝壁，仅东面略微缓一些，祖祖辈辈沿着岩缝走出的出山小道就隐藏其中。从这条羊肠小道到县城得走3天，进村的物资全靠一个个背篓；村里先后有二十余人因病出不了村没了命；山外的姑娘不愿往山里嫁。全村近400人住在“井”底，一直生活在贫困、闭塞、落后中。

“修一条出山路。”1997年，毛相林当选村党支部书记，第一件事就提出修路。

为何要修这条路？因为穷。毛相林还记得：“我们那个时候人均收入不到300块钱，就是那么穷。我们的收入靠什么？就是靠卖点苞谷，卖点腊肉，就是这种收入，没有其他收入。”

“修路?”下庄曾经三次动工修路，都因绝壁险恶而搁置。望着四面绝壁，巍巍大山，大家问毛相林，“炸药怎么解决？钱从哪里来?”“猴年马月才能修通?”……

打嘴仗、算细账，反反复复开院坝会，下庄人最终统一共识——修路。村民每人捐资 10 元，凑得 3980 元；每户每年卖掉一头肥猪，每年可凑 3.84 万元，如果这路要修 10 年，就是 38.4 万元；党员干部捐款，再凑得两三万元；凡是在村里有承包地的村民，无论是否在村里住，都要投劳，或者交钱，每天 20 元……

1997 年冬月十二，下庄人跟着毛相林炸响了开山修路第一炮。男人上山投劳；女人负责做饭、运送物资、在家种地；老人照顾孩子；年纪稍大的孩子则在周末协助大人做好运送物资等后勤工作。

白天，毛相林带头在绝壁上悬空钻炮眼、安放炸药雷管，带头搬石头、铺路。晚上，他在腰杆上拴根保险绳，另一头拴在岩缝里的老树根上，睡在窝棚最外面。毛相林说，他是村支书，是修路的发起人，最重的活、最危险的活，必须带头。

2004 年 3 月，下庄绝壁上的这条宽 2 米多、长 8 公里的天路终于全线贯通。下庄人用了 7 年时间，终于打通了这条出山的绝壁天路。

路通后，毛相林提议，在村口建一个纪念碑，将沈庆富、黄会元、刘从根、刘广周、向英雄、吴文正 6 位修路期间牺牲村民的名字镌刻在了上面。毛相林说，下庄人要永远记住他们。

“修路难，养路更难。”这条路，路面坑洼不平，悬崖落石不断。毛相林说，一年下来总有 20 来次垮塌，人车通行非常危险，“但再难再险还是要保畅通”。

毛相林坚持在山路上冒险护路。他说，过去下庄因为没有路，死了不少人，为了修路也牺牲了人。如今，通车了，再不能因为这条路死人。

巫山县将下庄绝壁天路硬化纳入重点项目。毛相林又再次集结曾经参与修路的 24 位村民，带领他们对 80 多处堡坎、路基改成浆砌翻新加固。2017 年 7 月，这条宽 4.5 米的绝壁天路变身“四好农村路”。

“天路”变致富路

路修通了，村民外出方便多了，当天就能往返县城。不少村民开始外出务工，赚钱补贴家用。

不过，村里没有产业，只能自给自足，村民依然贫困。“修好路，还要发展产业，打开财路！”毛相林又一次站出来，带领村民继续“折腾”。

2009年，毛相林看到其他村发展蚕桑赚了钱，便号召村民种桑树养蚕。没想到，100多亩桑树欣欣向荣，30多张蚕子却死气沉沉。原来，下庄村海拔高、气温低，不适合养蚕。

山里人，脾气倔。失败反而激发了毛相林的韧劲：“失败了不要紧，继续干！”第二年，毛相林在县城吃到一种西瓜，觉得特别香甜。他又动心了，想试一试下庄可不可以种西瓜。不过，这次他精明了，先请教农技人员，自己试种两分地。结果卖了500元，换了1000斤玉米。他把村民请到家里品尝西瓜，鼓励大家第二年种西瓜。现在，下庄西瓜种植面积达200亩，下庄甜西瓜远近闻名。

种西瓜的成功，让毛相林意识到得请专家来把脉，看看下庄适合种啥？最后，专家通过对海拔、土壤、气候、水分、阳光等进行深入考察分析，建议下庄种柑橘、桃树、西瓜。

2019年，下庄柑橘初挂果，每斤卖到3元，实现销售收入近20万元。柑橘全部丰产后，每年给村民增加收入200万元左右，成为名副其实的脱贫支柱产业。

“路通了，致富门路也有了。”村民刘恒保家的柑橘卖了2万元。他说，游客是开着小车把钱送上门，连果子都是自己去采摘，“毛书记的试验田终于开花结果了！”

摸索大半辈子，毛相林终于带领村民闯出一条产业路，650亩柑橘套种小麦、红苕、土豆等，150亩桃园套种西瓜，在800亩试验田里深耕出脱贫致富产业。

过去，下庄是全乡最穷的村。2015年，下庄在全县率先实现整村脱贫。2019年，下庄村累计完成64户269人稳定脱贫，贫困发生率降为0.29%。

看着下庄越来越好，毛相林琢磨，怎么能让村里在外的年轻人回到家乡？下庄的乡村振兴路，还得靠一代一代的下庄人发扬下庄精神，接力干下去。

29岁的毛连长曾在外种西瓜、跑销售。2020年春节回家，毛相林上门找他：“连长，留在村里吧，下庄村需要你们年轻人。”

在下庄，有这样一张老照片，村小教室的黑板上书写着“大人流血修路为我们，我们读书为下庄明天”18个大字。

“当时，我就坐在教室里。”毛连长记忆犹新。那天，老师张泽燕讲的就是山上大人们修路的故事，鼓励他和同学们长大了要为下庄美好的明天出力。“当时朦朦胧胧的，也不清楚明天是个啥。”

后来，毛连长参军，入党，退役后一直在外打拼。听着毛相林的话，看着他满头的白发，毛连长开始意识到那句话的含义。他说，作为党员，就像毛相林当年带头修路一样，要不忘初心冲锋在前。

20年来，下庄的年轻人踏着父辈开凿的天路走出下庄的不少。考出去的大学生已有20来个，在外创业当老板的有10余位。如今，在毛相林的动员下，100多位村民又陆续回到了下庄。

2021年2月25日，全国脱贫攻坚总结表彰大会在北京隆重举行。毛相林被授予“全国脱贫攻坚楷模”荣誉称号。主席台上，毛相林领奖时，习近平总书记向他道了一声：“辛苦了！”在毛相林看来，总书记的这声“辛苦了”，是对自己说的，也是对奋斗的下庄人说的，更是对所有奋战在脱贫攻坚一线的干部群众说的！

（图片：《三峡都市报》骆勇提供）

白晶莹

白晶莹，女，蒙古族，中共党员，1963年4月生，内蒙古科尔沁右翼中旗人，内蒙古自治区兴安盟科尔沁右翼中旗人大常委会主任，科尔沁右翼中旗蒙古族刺绣产业专项推进组组长、蒙古族刺绣协会会长。她积极推动蒙古族刺绣非遗文化传承保护和创新发展，筹划建立国内最大的蒙古族刺绣扶贫车间等，无偿设计制作出1072件刺绣产品和7000余张刺绣图案，免费提供给广大绣工及返乡就业大学生使用，形成了“企业+协会+基地+农牧户”的产业运营模式，逐步完善了蒙古族刺绣产业的组织架构，共带动科尔沁右翼中旗2.6万名妇女参与蒙古族刺绣产业，带领贫困地区农牧民妇女开拓出了一条脱贫致富的新路子。2021年被授予“全国脱贫攻坚楷模”荣誉称号。

白晶莹:“草原绣娘”巧用绣花针刺破贫困

2021年2月25日，在全国脱贫攻坚总结表彰大会上，58岁的白晶莹被授予“全国脱贫攻坚楷模”荣誉称号。当天，她身穿一件绣有牡丹花图案的蒙古族传统服饰上台领奖，特别引人注目。

“盛世中国，盛世牡丹。我要向全国人民展示一下，我们草原绣娘花儿一样的幸福生活。”白晶莹激动地说，从内蒙古自治区科尔沁右翼中旗（以下简称科右中旗）走进人民大会堂，从习近平总书记手中接过奖章和证书，这份荣誉是她和科右中旗2.6万名妇女一针一线“绣”出来的。

“针”心“丝”意系人民

科右中旗蒙古族刺绣起源于清代，与汉、满、藏等民族刺绣技艺互相融合、互相影响，在漫长的游牧生活中，形成了凝重质朴、粗犷匀称、色彩鲜艳、独具草原人民精神品质与审美情怀的北方民族风格刺绣。

“小时候的衣服、鞋子，家里的被子、门帘、窗帘上，都有妈妈绣的花。”白晶莹出生于传统的蒙古族家庭，姥姥和母亲是远近闻名的刺绣能手。在家庭的熏陶、培养下，白晶莹从小练就了一手娴熟的刺绣技艺，虽然成年后一直在政府部门工作，但手艺没有荒废。

科右中旗属于大兴安岭南麓集中连片特困片区，由于历史和自然环境等多种因素制约，长期处于贫困状态。2016年，科右中旗推出了一系列“菜单式”扶贫项目，其中蒙古族刺绣是特色产业扶贫的重头戏。

2017年6月23日，白晶莹接到了时任科右中旗旗委书记白云海的电话。刚刚在山西省太原市参加全国深度贫困地区脱贫攻坚座谈会的白云海，一下会，便将习近平总书记“要把蒙古族刺绣产业做好”的嘱托转达给白晶莹。

“我没想到，一个祖国北疆小旗县的发展深深牵动着总书记的心！”从那一刻起，白晶莹推动蒙古族刺绣产业化发展，更好地助力科右中旗百姓脱贫致富的决心就更为坚定，她成为当时唯一的刺绣培训老师。

农牧民妇女们开始尝试拿起绣花针，跟着白晶莹学习刺绣。为了不耽误本职工作，白晶莹利用早晨上班之前和下午下班之后的时间到附近的嘎查（村）里给农牧民妇女进行集中培训，周末则到更远的村屯全天授课。农忙时节，老百姓没办法集中学习，她便利用工作日的早晚休息时间和双休日、节假日下乡入户培训。

5 年来，白晶莹的足迹遍布科右中旗的 12 个苏木（镇、乡）、173 个嘎查（村），并集中设立了 51 个产业村，举办了 130 余期蒙古族刺绣培训班，培训绣工 1.6 万人次。

穿针引线振乡村

绣花不能心急，但老百姓摆脱贫困的心却很急。对蒙古族刺绣产生浓厚兴趣的妇女们，希望尽快学会刺绣，早日脱贫致富。

虽说是地域特有文化，但蒙古族刺绣正逐渐被人们所淡忘。对大多数贫困地区的农牧民妇女来说，要把纸上的图案变成色彩缤纷的刺绣作品，这个过程并不“好整”。

在不断地摸索中，“企业 + 协会 + 基地 + 农牧户”的产业运营模式逐步形成。白晶莹推动成立了大学生创业就业扶贫服务协会、图什业图刺绣产业基地、沃尔墩刺绣产业发展有限公司、图什业图民族手工艺协会等机构，负责收购农牧户的绣品，经基地加工成服装、手袋等商品对外出售。

“蒙古族刺绣产业也给我们这些返乡大学生提供了就业机会。”大学生创业就业扶贫服务协会主席、刺绣车间负责人杨福林说，起初只有 16 名大学生来报名，开拓市场对于这些涉世未深的大学生来说也并非易事。为此，白晶莹不断引导、鼓励他们——要有信心、决心，更要有创业精神和奉献精神。

白晶莹是这么说的，也是这么做的。除了给学员们免费授课，就连针、线等原材料，都是白晶莹用自己的工资购买，供学员们免费使用。

“能不能成功都不知道，为什么要拿国家的钱？”2016 年到 2018 年 5 月期间，白晶莹坚持自己掏腰包“试水”。没有经费买图样，她就在白纸上自己设计、绘制蒙绣图案，现有的 1072 种刺绣产品和近万张刺绣图案全部出自她一人之手。

2018 年，白晶莹出任科右中旗人大常委会党组书记、主任，同时被正式任命为科右中旗蒙古族刺绣产业专项推进组组长。通过“请进来 + 走出去”的方式，营销团队以每月建立一个实体销售网点的速度，迅速在全国建立了 37 个销售网点，产品逐渐打开了销路。

如今，科右中旗蒙古族刺绣已经走上了“助力百名大学生返乡创业、培养千名刺绣技能艺术人才、带动万名妇女参与”的产业化发展道路。

丝丝入扣织锦绣

在科右中旗蒙古族刺绣扶贫车间里，绣娘们都在低头忙碌着。绣娘郭树红手中的绣针随着彩线上下舞动，不一会儿，一只缤纷的蝴蝶就展翅在绣布上了；五彩线正在绣娘龙梅手中飞舞，一朵美丽的杏花在绣布上悄然绽放。她们都曾是建档立卡贫困户，在刺绣产业的带动下，靠着一双巧手脱贫致富。

“绣花要绣完才好看，没有半成品，不做‘半截子活’。”对于一直处在贫困状态的农牧民来说，刺绣让她们更具耐性、更有韧劲。对于脱贫，她们无比坚信“我能行”“我可以”。

2019 年 4 月，科右中旗退出国家级贫困旗县序列。截至 2019 年底，参与刺绣产业的 2.1 万名妇女中 2895 名建档立卡贫困户人均年增收 2000 元以上，500 余名绣工人均累计收入达到 5 万元以上。

在科右中旗，白晶莹是绣娘口中的“白老师”。朴素的称呼里，体现的是大家对白晶莹的由衷敬意。

如今，围绕“吃生态饭、做牛文章、念文旅经”的发展思路，科右中旗精心打造蒙古族刺绣文化博物馆，把 1072 种刺绣产品分为七大系列向游客展览，使蒙古族刺绣成为当地文化旅游的一张特色名片。

现在，已经退休的白晶莹退而不休，继续奋战在刺绣帮扶车间，带领草原绣娘们用勤劳的双手实现共同富裕的梦想。因为她坚信：力“绣”不欺，勤则不匮。

（图片：白晶莹本人提供）

刘 虎

刘虎（1974—2021），男，汉族，中共党员，1974年7月生，新疆维吾尔自治区喀什地区伽师县水利局党组副书记、局长。2016年11月任职以来，为实现贫困人口饮水安全保障目标，解决当地各族群众因水致病、因病致贫的问题，他带领团队找水源、探路线、定方案、划标段。在发现身患肺癌的情况下，仍坚持奋战在伽师县城乡饮水安全工程一线。2020年5月，工程全面通水并投入使用，47万各族群众喝上了“安全水”“幸福水”，彻底告别饮用苦咸水的历史。因耽误治疗及劳累过度，刘虎同志病情恶化，左眼失明、瘫痪在床。曾获“新疆维吾尔自治区脱贫攻坚奖创新奖”。2021年被授予“全国脱贫攻坚楷模”荣誉称号。

刘虎：用生命引来甘甜水

“这不是我一个人的荣誉，这份荣誉属于参与伽师县城乡饮水安全工程的每一个人。”2021 年 2 月 25 日上午，在喀什地区第一人民医院呼吸与危重症医院一科病房，伽师县水利局党委副书记、局长刘虎在哥哥的帮助下，通过手机客户端收看全国脱贫攻坚总结表彰大会。

在总结表彰大会上，刘虎获“全国脱贫攻坚楷模”荣誉称号。但因身体状况不允许，他未能到现场接受表彰，委托妻子宋桂蓉赴京参会。

不到 50 岁的刘虎，自 2016 年 11 月任职以来，一直为水忙碌。为实现贫困人口饮水安全保障目标，刘虎在发现身患肺癌的情况下，仍然奋战在伽师县城乡饮水安全工程一线。2020 年 5 月，工程全面通水并投入使用，47 万各族群众喝上了放心水，彻底告别了饮用苦咸水的历史。因耽误治疗及劳累过度，刘虎病情恶化，左眼失明，瘫痪在床。

看着会议直播，刘虎眼角的泪水未曾停止，当听到习近平总书记庄严宣告“经过全党全国各族人民共同努力，在迎来中国共产党成立一百周年的重要时刻，我国脱贫攻坚战取得了全面胜利”的那一刻，刘虎的嘴角上扬，心中的激动只能用泪水来诠释。

“值了！”刘虎艰难地发出微弱的声音。

把冰川雪水引进伽师

伽师县地处新疆喀什地区，曾和南疆许多地方一样，长期干旱少雨，年降水量只有几十毫米，当地人畜饮水，全靠涝坝水。1995 年，伽师县将寻水目光转向地下，随着大规模改水工程实施，直到 2005 年左右，涝坝才完全退出伽师县历史舞台。

水清了，但味道却是咸的。历史上，伽师一带地震多发，特殊的地形地貌及水文地质条件造成部分区域地下水硫酸盐、氟、砷超标。伽师县的改水之路，远未就此止步。

2016年，刘虎由伽师县农业农村局调至县水利局任局长，这位“疆二代”一直为水操劳，他深知，要打赢脱贫攻坚这场硬仗，伽师县饮水不安全这块最大的短板就必须补齐。

然而，县域内没有水质达标的河流，去哪里找水？伽师县成为南疆改水的难中之难。

伽师县水利局副局长阿巴斯·斯地克说，为了找水源，他们跑遍了周边大小河流，先后定下13个方案。

“刘虎说：‘看，这是雪山上流下来的水。’他跑到河边，捧着水喝起来，还招呼大家尝一尝。”阿巴斯·斯地克回忆说，“这水果然和伽师县的苦咸水不一样，是甜的，我们终于找到理想的水源。”

经过化验，达标的盖孜河水无疑是最好的水源地。这个工程的每一个方案都要从水质、水量、环保、建设成本以及工程建成后的运行成本等因素综合考量。

在设计初期，曾考虑过地下水反渗透方式，在净化饮用水的同时，可以节省超过三分之一的造价。但这样会产生很多废水，若干年后极可能再形成新的污染源。更重要的是，不断抽取地下水将对生态环境产生影响，不是长远之计。

最终经过多方论证，决定长距离输水：从盖孜河上游，引来上百公里外的慕士塔格峰冰川雪水作为稳定优质水源。

其实早在2017年5月，在单位的例行体检中，李虎查出患有肺癌。同事、亲人看他忙得不要命，就一次次催促他去医院治病，他总是说：“快了，等工程启动建设了就去！”在前期做了大量工作的基础上，经过多次论证，多方努力。2019年5月2日，总投资17.49亿元的伽师县城乡饮水安全工程开工。

“没有什么力量可以阻挡我们对人民的脱贫承诺。”那段日子里，作为该工程主要负责人之一的刘虎，不是在水源地总水厂调研，就是忙碌在管道施工现场。

一切为了群众，哪怕豁出命来

65个标段，跨越3个县，输水干管长112公里，输水支管长167公里，改扩建配水管网 1548 公里。这些数字对刘虎与他的团队来说，意味着“5+2”“白 + 黑”成了常态。

靠着这股拼劲，伽师改水工作越做越细。刘虎一天要步行二三十公里，目的就是要布下最佳管线。

“把责任扛在肩上，干不好是罪人!”刘虎去卧里托格拉克镇卧里托格拉克村输水支管道施工现场察看，发现砌流量井的混凝土里有泥土，他发脾气了，“拆掉重砌！咱们改水工程，任何一个环节都容不得半点瑕疵。”此后，涉及改水的乡村项目的验收，都必须由施工方、水利局负责干部和镇干部三方到现场查验后签字，确保工程质量。

改水无小事。数九寒天，刘虎来到卧里托格拉克镇苏坎阿斯提村宣传，不理解政策的村民围着刘虎。

“我家就靠红枣园挣钱吃饭，管线不能绕一下吗?”“不能在我家地上挖沟埋管线，影响我们种瓜。”刘虎始终微笑着，不厌其烦地解释。

把群众当亲人，听起来是句简单的话，却凝结着伽师水利人无数汗水与泪水！他们没日没夜，磨破嘴皮子、跑烂鞋底子，足迹印在管线经过的每户人家。耐心细致的群众工作，如同一股股暖流，直抵人心，打开村民的一把把心锁……

宁可苦自己，绝不误百姓

2020 年初，原定 2 月 10 日复工，受新冠肺炎疫情影响，分布各地的施工人员未能如期到达。因为担心工期，刘虎住进了总水厂。

“困难再大，也要想办法，调整方案，确保工程如期完工。”他迅速向县领导汇报：能否组织当地施工人员复工。

刘虎的想法得到喀什地区水利局、自治区水利厅的支持。“举全地区水利系统之力，全面打响伽师县城乡饮水安全工程建设大会战。”

“刘虎不停地联系喀什地区的技术人员。”刘虎的司机吾斯曼 · 热合曼回忆，我们一个社区一个社区地接人，马不停蹄往工地送。

伴随着复工，沉寂 3 个月的工地再次沸腾了。这期间，刘虎经常会接到主治医师的电话，催他去化疗。刘虎总是说“快了，等水一通马上就去”。

吾斯曼回忆：“过去，21 天去医院化疗 1 次，那段时间，他 5 个月都没有去医院。”

刘虎把时间都用在了工作上，每天只睡三四个小时，即便这样，他也总是说说笑笑。每当有人劝他：“刘局长，要注意身体，不要太累啊！”他立刻很精神地回答：“我不累，工作是快乐的！”

永葆共产党员本色

“作为一名共产党员，我希望能在最艰苦的地方工作，在工作中磨炼自己。”刘虎说。

2017年，刘虎带着水利局“访惠聚”工作队进驻古勒鲁克乡欧吐拉古勒鲁克村。如何让村民脱贫，一直是他心头的大事。

看到村里农田灌溉还是毛渠，他请来技术人员，带村民修防渗渠。在他的带领下，欧吐拉古勒鲁克村水、电、路等基础设施逐步完善，发生了脱胎换骨的变化。

村妇联主席阿米妮古丽说，我家地少，以前收入仅靠种地，生活困难。刘局长鼓励我们在村里开超市，现在我家年收入已超4万元。

村民古丽努尔·艾尼的弟弟考上新疆现代职业技术学院，却没钱上学。刘虎掏出身上带的1万元，让孩子继续读书。他还留下手机号说：“我的手机永远为你们开着。”

刘虎经常对身边的干部讲：“群众遇到困难来找我们时，一定要换位思考。想想如果我们是他们的处境该怎么办，这时候你就一定会尽心尽力帮他们。”

2021年7月3日，刘虎终因病情极度恶化闭上双眼，永远地离开了他眷恋并为之奋斗一生的伽师人民。

盖孜河静静流淌。刘虎用忠诚和大爱、热血和激情，谱写了一曲令人荡气回肠的为民之歌。

（图片：宋桂蓉提供）

李　玉

李玉，男，汉族，中共党员，1944年1月生，中国工程院院士，吉林农业大学教授、博士生导师。李玉是“小木耳大产业”的领路人，是国内“南菇北移”“北耳南扩”等食用菌产业发展战略的首倡者，探索出“科技专家+示范基地+农业技术员+科技示范户+辐射带动农户”的食用菌科技扶贫模式。2012年以来，率团队每年280余天奔走在河北、山西、安徽、贵州、云南、陕西等地传授种植技术。推动建立31个食用菌技术推广基地，扶持食用菌龙头企业22个，帮扶800余个村、3.5万余贫困户实现彻底脱贫，年产值达350多亿元。曾获“国家自然科学奖二等奖”“全国创新争先奖”等荣誉。2021年被授予“全国脱贫攻坚楷模”荣誉称号。

李玉："蘑菇院士"助力产业扶贫

他年过古稀，却从未停止科研教学的步伐，实验室里加班最晚的是他，身为院士每年仍坚持为研究生讲课的也是他。

他是李玉，中国工程院院士、我国知名菌物学专家、吉林农业大学教授，中国为黏菌新种命名的第一人。搞科研，带学生，做产业，这位"蘑菇院士"一辈子围着"小蘑菇""小木耳"打转，将事业做到极致。

艰苦岁月砺初心

每年初春时节，当清晨的第一缕阳光洒向山谷，李玉已开始一天的跋涉。他和学生们要在山里"踏查"，摸清当地菌类生物的"家底"。从调查区域内第一株蘑菇冒头开始，每隔 10 天，就要重返山中，仔细观察蘑菇生长状态、小心翼翼地采集样本。"记录数据不能断。"李玉说，光听山上的人讲蘑菇怎样了，他不放心，"关于菌类的描述，差一点也不行。"

这样的工作，李玉已坚持了 40 多年。做好中国人自己的食药用菌资源调查与保育，是他从事科学研究重要的目标之一。

李玉 1944 年生于山东济南。1967 年，从山东农学院毕业后被分配到吉林省西部的白城地区工作，一干就是 11 年。这里常年干旱，风沙漫天，八百里瀚海满目荒凉。乡下交通条件较差，一下起雨来，泥泞的道路滑得让人连鞋都穿不住。搞农业科研就要与农民奋战在一起，按要求，农业科技人员要与农民同吃同住同劳动，可李玉当时工作的村庄还很穷，当地农民还在吃返销粮，家中没有多余粮食。考虑到农民的困难，干了一天活的李玉常常要一步一滑地饿着肚子回公社食堂吃饭。农村的贫困，那时就在李玉心底打下了深深烙印。

1978 年，李玉考取吉林农业大学微生物专业硕士研究生，从奋战了 11 年的田间地头又重返校园。

读研究生期间，李玉师从著名菌物学家周宗璜教授，这决定了后来他一生的专业方向。当时，中国菌物学研究几乎还是一穷二白，他跟着导师从无到有，潜心实验，钻研文献，留校后又带领学生跑遍全国，调查菌物分布，收集标本开展各项基础研究，建成了国内领先的菌类种质资源库，其中仅黏菌就报道了 400 余种，占世界已知总量的三分之二。发现新记录菌种 148 个，命名 36 个黏菌新品种，成为第一个命名新品种的中国人。经过多年努力，他和团队终于成功创立了体系完备的菌物科学与食用菌工程专业，完成了导师“把菌物研究继续进行下去”的遗愿，并于 2009 年当选为中国工程院院士。

矢志不渝战贫困

深耕基础研究之外，李玉还致力于推动食用菌产业升级，既让人们吃上更美味、健康的蘑菇，也要带动农民致富。据了解，在我国农业产业中，食用菌已位居第五大产业，仅次于粮食、蔬菜、果树、油料，排在茶叶、糖类和棉花之前。

李玉说，食用菌产业是实现农业废弃物资源化、推进循环经济发展、支撑国家食物安全的生力军。

食用菌具有“五不争”特点——不与人争粮、不与粮争地、不与地争肥、不与农争时、不与其他产业争资源。而且种植难度小，投资少、见效快，经济价值突出，成为多地扶贫产业的首选。

地处长白山余脉的吉林省蛟河市黄松甸镇昼夜温差大，无霜期短，不适合玉米生长，却是黑木耳种植的“温床”。一个偶然机会，李玉与当地建立起大学带动产业、科学家扶持栽培户的合作。此后一有时间，他和团队就同这里的农民摸爬滚打在一起，把功课做到农民炕头上，面对面教学、手把手指导，培育新品种，采用全日光间歇迷雾技术栽培黑木耳，推广微孔出耳技术……历尽艰辛，让餐桌上的“一盘菜”，成为帮助农民增收致富的“聚宝盆”。

2005 年，李玉又提出沿 102 国道，在吉林、蛟河、敦化、汪清、珲春等地建设百公里蘑菇长廊，得到吉林省委省政府高度重视。在相关部门大力支持下，吉林的食用菌产业取得了长足进步，黑木耳、香菇、平菇、滑子蘑等传统品种稳步发展，灵芝、银耳、桑黄、大球盖菇等珍稀品种发展加快，由李玉和他的团队帮助建立的磐石取柴河滑子蘑基地、白山大山合香菇基地、德惠米沙子金针菇基地、和龙八家子桑黄基地等等，在助力当地群众增收致富中发挥了重要作用。

2012年以来，党中央高度重视扶贫工作，李玉更是满腔热忱地投身于科技扶贫，敏锐地提出食用菌产业助力扶贫的重要性，首倡并力推“南菇北移”“北耳南扩”“木腐食用菌草腐化栽培”等食用菌产业扶贫战略，探索出以“科技专家＋示范基地＋农业技术员＋科技示范户＋辐射带动农户”的“五位一体”食用菌科技扶贫模式，着力打通科技扶贫的“最后一公里”，助力食用菌产业在全国遍地开花。

李玉团队每年有280多天待在农业一线，除了将良种优品送至田间菇棚，他们还积极推广菌类的轻简化栽培技术，颠覆食用菌需棚室遮光保湿栽培传统理念，解决了北方食用菌发展中的工程技术难题，实现了“南菇北移”“北耳南扩”的食用菌产业发展战略。他们走进全国40多个深度贫困县（市）战贫斗困，率队研发食用菌创新成果300余项，培育适宜贫困地区应用的食用菌新品种45个，直接推广应用60多亿袋。在全国建立31个食用菌技术推广基地，扶持食用菌龙头企业22家，直接帮扶800余个村、3.5万余名贫困群众实现脱贫。

多年来，他埋头选育宜栽品种进行大面积推广，被习近平总书记点赞的陕西柞水的“小木耳，大产业”，就有他的贡献。通过开展秦巴山木耳种质资源发育与高产栽培关键技术研究，李玉团队为柞水选育出了4个黑木耳菌种、1个玉木耳的宜栽菌种，并实现大面积推广。他不仅倾囊传授技术，还无偿提供部分菌种，为柞水菌农节省了几十万元购买菌种的成本。

“想要破解食用菌同质化的产业难题，防止增产不增收，就必须让产业走向深加工。”李玉一番话，指出了当前国内食用菌产业的发展痛点。为摸索产业化发展路径，李玉带领团队在柞水开展木耳深加工，推出木耳片、木耳冰激凌、木耳超微粉、木耳菌草茶等产品，极大地延伸了产业链条，提升了产品附加值。在他看来，要实现美丽乡村建设，还需深挖农村的内生发展动力，依靠科技创新，从农产品深加工入手，提升农产品市场核心竞争力。

2021年2月25日，李玉院士获得“全国脱贫攻坚楷模”荣誉称号，在人民大会堂从习近平总书记手中接过沉甸甸、光灿灿的奖牌。从北京回来后，不少亲朋好友问起总书记颁奖时与李玉的特别交流，他与大家分享他的自豪与幸福。“当时总书记就说食用菌是个大工程，一定要把它做好。我就觉得我的使命很光荣，我必须为这个大工程贡献我最大的力量。”李玉质朴而坚定地说。

（图片：李玉本人提供）

张小娟

张小娟（1985—2019），女，藏族，中共党员，1985年4月生，甘肃舟曲人，生前系甘肃省甘南州舟曲县扶贫开发办公室副主任。2008年6月，她主动放弃北京工作，毅然回到深度贫困的家乡工作，在舟曲泥石流抢险救灾一线入党。她遍访全县208个村的所有贫困户，了解群众需求，解决群众困难，被当地干部群众称为脱贫攻坚的“活字典”、“移动数据库”、藏区群众的“贴心人”、党和人民的“连心桥”。她深入研究贫困识别、贫困退出、扶贫资金管理、项目建设等工作，成为各乡镇、各部门24小时在线的“业务联络员”；她遍访建档立卡贫困户，提出深度贫困村发展建议；她创办舟曲扶贫微信公众平台，以简明易懂的形式向群众宣讲各项扶贫政策。2018年底，舟曲县贫困发生率由2015年底的18.24%下降至6.31%。2019年10月7日，时任县扶贫办副主任的张小娟在完成曲告纳镇上大年村脱贫攻坚县级抽样调查工作后，返程途中所乘车辆不慎坠江，因公殉职，年仅34岁。被追授“全国优秀共产党员”“全国脱贫攻坚模范”“全国三八红旗手”等称号。2021年被授予“全国脱贫攻坚楷模”荣誉称号。

张小娟：扶贫路上的格桑花

回望张小娟的短暂一生，奉献是永恒的主题。

大学毕业后，张小娟返回家乡参加工作，长期坚守在农村基层和脱贫攻坚一线。她给家人和朋友留下最深的印象就是忙碌、加班和下乡。一年中，张小娟有超过半数的时间奔赴各个贫困村。

“脱贫攻坚已步入冲刺阶段，此时的我们，也加快了奋斗的步伐，将全部时间都交给脱贫攻坚。”在一篇文章中，张小娟这样写道。

在乡镇工作时，她坚持深入群众宣传党的政策，组织群众丰富文化生活，积极为群众发展致富产业出主意、想办法，被老百姓亲切地称为“乖女儿”。到扶贫部门工作后，她刻苦钻研扶贫政策和业务知识，被誉为舟曲扶贫的“活字典”和“移动数据库”，为全县脱贫摘帽作出重要贡献。2019 年 10 月 7 日，张小娟在工作返程途中所乘车辆不慎坠江，因公殉职，生命永远定格在 34 岁。

“想办法发掘一切资源，创造有利条件”

城马村，是张小娟的出生地，也是她成长的原点。为了推动家乡发展，张小娟煞费苦心。

在张小娟的感召下，城马村众多外出打工的年轻人，陆续返回家乡创业。

“90 后”大学生王磊的农业专业合作社就坐落在城马村达尕坪的山谷里。2017 年，王磊大学毕业后返乡创业，次年就成功带动 37 户贫困户加入到自己创办的合作社，种植羊肚菌 50 亩，养殖中华蜂 100 箱，散养土鸡 5 万只，年孵化土鸡鸡苗 12 万羽。2020 年合作社营业额达到 300 多万元，2021 年他计划打造体验式农庄、民宿和云养殖，做活现代农业，带动更多农户致富增收。

如今，越来越多像王磊一样的年轻人，正在家乡这片沃土上，挥洒青春的汗水，播撒希望的种子。

2017年，城马村进行了生态文明小康村项目建设，对基础设施、村道、排水、护坡等进行了集中改造，同时还配套很多生态产业。走在城马村的村道上，干净整洁，环境优美，昔日的贫困乡村已被打造成风景秀丽的旅游专业村。映入眼帘的一排排蔬菜大棚，已成为当地农民增收的聚宝盆。

“我们村的集体经济共建设了9座高标准蔬菜大棚，试种的黑木耳、羊肚菌都获得成功，村里还培育起了11个专业合作社，2020年全村居民人均纯收入达到了8400元，‘英雄故里，田园城马’已成为城马人在乡村振兴道路上的崭新名片。如果小娟能亲眼看到全村村民奔小康，该多好!”舟曲县曲瓦乡城马村党支部书记张俊师已忍不住泪眼婆娑，“她从小在城马长大，后来还担任过城马村的包片副乡长，和村民一起硬化道路、种核桃树，带头捡垃圾……这里的一山一水、一草一木都寄托着小娟的牵挂和希望。我们只有齐心协力继续把脱贫攻坚和乡村振兴工作做好，才是对小娟最好的告慰!”

她是扶贫工作的“活字典”

张小娟在一篇文章中写道：“日复一日地上山下乡、进村入户，我们必须掌握最真实的贫困状况、废寝忘食地分析贫困人口结构、分析脱贫退出的难点短板，我们必须确保扶贫工作靶向精准。”“我们引以为傲的，是能够脱口而出的各类扶贫数据，是烂熟于心的各种政策依据，是村村落落全部走遍的记录，是如数家珍的村情户情介绍”……她的确做到了这些。

在张小娟的办公室抽屉里，摆放着十几本用过的笔记本，上面密密麻麻记录着她在下乡过程中了解到的贫困户和贫困村的情况。

担任县扶贫办副主任以来，张小娟把足迹踏遍了全县所有贫困村，做到了对各类脱贫数据、标准、规定、政策的精准掌握，也因此成为各乡镇、各部门24小时在线的“业务联络员”。为了提高群众对国家扶贫政策的知晓率，她还在网上下载漫画精心制作“精准扶贫政策漫画图解”，并在微信群组织发布“扶贫政策语音播报”，让老百姓掌握政策更简便、更清晰。

“在扶贫会议上，张小娟所做的扶贫政策解读，无论是文字组织、表述，还是政策解读，都非常精准、精彩。我们每次要查什么数据、找相关资料，都会去找她。”扶贫工作千头万绪，在舟曲县江盘镇镇长李芳和舟曲县广大干部群众眼中，张小娟就是扶贫工作的“移动数据库”和“活字典”。

“不辜负她生前的期望，才算是尽到了责任”

舟曲县曲告纳镇瓜欧村是张小娟生前的扶贫帮扶村。村子不大，100来户人家，其中贫困户 34 户 176 人，贫困面占全村近三分之一。

在瓜欧村，家家户户都认识张小娟，就连一些眼花耳背的老人，也能叫得上她的名字。

村民余双吉是张小娟生前的帮扶户，和张小娟接触次数最多、也最了解彼此。

前几年，余双吉外出打工，由于没有一技之长，一年到头也就挣一两万元钱，加之两个孩子都在读书，日子过得捉襟见肘。2018 年，在张小娟的协调争取下，余双吉参加了为期一个月的挖掘机技能培训，掌握了一门实用技术。后来，张小娟又鼓励余双吉把家里的土地入股到村里的专业合作社，年底享受分红。余双吉就近打零工，日子渐渐好了起来。

“我们村特别偏远，这条翻山越岭的路，小娟不知道跑了多少回，她经常冒着风雪，敲开一户户村民家门，把大家的心愿和期盼，一条条认真记在笔记本上。”余双吉说，在小娟的引导和努力下，一个个扶贫措施到位了，村民们的梦想也成为现实。

看到冯万顺家 2 亩多地的核桃树一直挂果不好，张小娟又请来农业技术推广站的技术员上门指导。

2019 年底，瓜欧村如期脱贫。曲告纳镇干部杨为民说，村里先后成立的两个专业合作社，吸纳了全村所有的贫困户，让他们乘上“三变”东风，成了合作社的股东，在家门口实现了就业。

提起张小娟，原村主任王老照说：“我们会继续把脱贫的事抓好、做好，不辜负她生前的期望，才算是尽到了责任。”张小娟留下的担当与奉献精神，鼓舞着瓜欧村全体村民过上好日子的信心，激励着扶贫干部砥砺前行。

（图片：甘肃省乡村振兴局提供）

张桂梅

张桂梅，女，满族，中共党员，1957年6月生，黑龙江牡丹江人，云南省丽江市华坪女子高级中学党支部书记、校长，华坪县儿童福利院院长。她胸怀梦想、矢志不渝，扎根边疆教育一线40余年，2008年推动创建了中国第一所公办免费女子高中，建校以来帮助1800多名女孩走出大山走进大学。她身患重病，却拖着病体坚守三尺讲台，把对党的深厚感情转化为立德树人的实际行动，让革命精神、爱国情操、红色基因融入孩子们的血液，代代相传。荣获“全国优秀共产党员”“时代楷模”等称号，“七一勋章”获得者。2021年被授予“全国脱贫攻坚楷模”荣誉称号。

张桂梅："燃灯校长"送1800多名女孩出深山

云南丽江华坪女子高级中学，是一所大山里的免费女子高中。就是这所高中，创造了当地的教育奇迹：它的历史很短，招收的大多是贫困、辍学或落榜的女学生，全校高考上线率、升学率却连年高达百分之百，本科上线率稳居丽江市前列。自2008年建校以来，已有1800多名大山里的女孩从这里考入大学。

奇迹很大程度上归功于这所女高校长张桂梅数十年的呕心沥血。因为近些年，媒体持续关注报道张桂梅的感人故事，"燃灯者"张桂梅的精神感召了越来越多的人。

2021年2月和6月，云南丽江华坪女子高中党支部书记、校长张桂梅先后获得"全国脱贫攻坚楷模"荣誉称号和"七一勋章"，习近平总书记两次为她颁奖。

面对一项项崇高的荣誉，面对无数的鲜花和镜头，张桂梅总是淡淡地微笑着，依然是胸前戴着党徽的一身素装，依然每天扶着栏杆查看校园每一个角落，依然举着小喇叭为参加高考的学生们加油助威，依然睡在学生宿舍的一张高低床的下铺……

"我有一颗教育者的初心在跳动，只要我还有一口气，我就要站在讲台上，九死亦无悔，这是我对党和人民的庄严承诺！"张桂梅说。

"女学生"读着读着就不见了

2001年，华坪县儿童福利院（儿童之家）成立，福利院刚成立，就接收了36名孤儿。作为院长，张桂梅白天在中学教课，下课后到福利院照顾孩子。没有儿女的她，把所有母爱都倾注给了这些孤儿，孩子们也都亲切地叫她"妈妈"。

在她后来教书的华坪县民族中学，学生大多来自偏远山村，她发现了一个奇怪的现象——很多女学生读着读着就不见了。

“有的被叫回去干农活、打工，有的是父母收了彩礼，就让孩子辍学结婚。”张桂梅说，“因为不是男孩，有的女孩从出生到长大，爷爷奶奶甚至都不会和她说一句话。”

在一次家访途中，张桂梅看到一个女孩坐在山头，忧愁地望着远方，身旁放着一个箩筐。她上前询问得知，女孩才十三四岁，父母为了 3 万元彩礼，要她辍学嫁人。张桂梅当场就想带女孩走，但女孩母亲以死相逼，她无奈只能放弃。

“我们经常说，要让每一个孩子拥有公平的起跑线，可这些女孩却连站上起跑线的机会都没有。”张桂梅说。

目睹一幕幕悲剧，张桂梅心中渐渐萌生出一个大胆的想法——办一所免费的女子高中。不管中考分数高低，只要愿意读书，女孩们都可以来这里免费读书，考上大学、走出大山，通过知识改变命运。

有人听说了张桂梅的想法，说她想出名想疯了，那么多孩子，哪里救得过来？张桂梅却坚定地回答：“能救一个算一个！”

“一个女孩可以影响三代人。”张桂梅说，如果能培养有文化、有责任的母亲，大山里的孩子就不会辍学，更不会成为孤儿，“我的目标是阻断贫困的代际传递”。

2008 年，华坪女子高级中学正式挂牌成立。这是全国第一所免费的女子高中。学校最初没有围墙，没有食堂，甚至没有厕所，唯一的教学楼也是在另一所中学的厕所原址上改建的。

当年 9 月，首届 100 名学生入学。

“周扒皮”校长

走进华坪女高，你会发现，学生们几乎做什么事情都是跑着的，跑步去晨读，跑步去吃饭，跑步去睡觉……

华坪女高成立以来，张桂梅每天都会拿着小喇叭催促学生上课、吃饭、自习、做操。这已经成了女高最独特的风景线。

“她们私下里都叫我老大，有时候还叫我‘周扒皮’、‘魔鬼’，说我半夜鸡叫。”说起学生们给她起的外号，张桂梅哭笑不得。

从华坪女高的作息表来看，张桂梅确实配得上“周扒皮”这个外号。

所有学生从高一开始，就要遵循这套由张桂梅制定的、把时间压榨到极限的作息表：

从5点30分起床晨读，到晚上12点20分自习结束睡觉，除了中午有40分钟午休时间外，其他时间都要用来上课或自习，连吃饭、洗碗的时间都被严格限定在15分钟以内。为了节省时间，张桂梅甚至不允许学生在吃饭时聊天。

“我们的学生本来基础就差，头几届绝大多数甚至都没有过中考录取线，老师也没有经验。”张桂梅说，“有人批评我搞应试教育，可不拿出这样拼的架势，等到孩子们高考坐进同样的考场，做同一份试卷时，怎么和外面条件、基础好的孩子比？”

男老师杨晓冬说，当初报考大学时，父亲极力劝他读师范专业，说当老师工作轻松，假期多。可他毕业后来到女高工作，发现一切都和想象的不一样。

“连家都照顾不了，半夜12点多还要带着孩子来查夜。”杨晓冬说，可想想张老师这么大岁数，每天比自己还忙，也就不好意思抱怨了。“有一次，我经过张老师办公室，发现她一手拿着勺子，一手拿着烧饼，下巴托在键盘上，吃着饭就睡着了，她太累了。”

“能不能把丧葬费预支给我？”

工作数十年，张桂梅的名下几乎没有任何财产。她至今仍住在女高的一间女生宿舍里，和几名女学生住在一起。几十年的工作收入，除了看病吃药，她至少捐出了上百万元。

2018年初，张桂梅再次病危住院，她感觉自己可能挺不过去。华坪县县长庞新秀来医院看望她，她拉住县长的手说：“我情况不太好，能不能让民政部门把丧葬费提前给我，我想看着这笔钱用在孩子们身上。”

如今，回想起要预支丧葬费这件事，张桂梅仍坚持说，哪天如果自己突然走了，千万不要操办什么丧事，骨灰撒到金沙江里就完事了。

在生命垂危之际，心里仍挂念着学生。张桂梅无私奉献的大爱，也感染了身边的同事和一届届学生。

十多年来，女高的上千名毕业生已遍布全国各地，很多学生大学毕业后和张桂梅一样，主动选择去了偏远艰苦的地方工作。

在华坪女高的墙上，有这样一幅宣传画，上面写着醒目的几个大字：“清华北大我来了!”张桂梅说，每年她都在鼓励孩子们考上更好的学校，但她也会告诉学生，高考不是终点，高考过后人生还有更长的路要走。

坐在校园里的一把藤椅上，张桂梅喃喃地说：“我对她们的期望是什么呢，不是一定要考上名牌大学。我希望她们变得更强，然后把心中的‘我’去掉80%吧，有能力去帮助那些需要帮助的人。”

孩子们没有让她失望。

（图片：李良华提供）

赵亚夫

赵亚夫，男，汉族，中共党员，1941年4月生，江苏常州人，江苏省镇江市人大常委会原副主任，镇江市农科所原党委书记、所长。他40年坚守科技兴农的情怀，创造性提出“水田保粮、岗坡致富”的工作思路，发展高效农业。2001年退休后，他作为志愿者来到茅山老区戴庄村，坚持不收指导费用、不搞技术入股、不当技术顾问，带着农民干、做给农民看，村民人均收入从2003年的2800元增长到2020年的34000元。2013年以来，他和团队积极参与东西部扶贫协作，走进陕西、贵州、新疆等地。2018年5月，亚夫团队工作室挂牌成立，培育农村科技人才1200名。曾获“全国优秀共产党员”“时代楷模”“全国脱贫攻坚奖”等称号和荣誉。2021年被授予“全国脱贫攻坚楷模”荣誉称号。

赵亚夫：把生命嵌入乡村大地

“要致富，找亚夫！”这是当地农民对江苏省镇江市人大常委会原副主任、镇江市农科所原所长赵亚夫最简洁的赞扬。

让农民过上好日子，一直是赵亚夫的追求。扎根农村60年，赵亚夫始终坚持“把论文写在大地上、把成果留在农民家”，他扎根茅山老区，与老区农民一道艰苦探索，在坚持农村土地集体所有和家庭经营基础地位的基础上，开辟了一条通过科技兴农、以农富农，建设“农民共同富裕、农业生态高效、农村可持续发展”的新型农村小康之路，带领数十万老区农民实现了“小康梦”。

2021年2月25日，习近平总书记向“全国脱贫攻坚楷模”荣誉称号获得者颁授奖章、证书、奖牌。“总书记跟我说，要把成绩写在大地上。”赵亚夫表示，将继续带领农民在乡村振兴的道路上前进。

坚守信仰，矢志探索科技兴农之路

赵亚夫出生在苏南一个普通农民家庭。从小目睹的农村的贫穷落后刺痛了他的心，激发了他改变农村面貌的志向。1958年，赵亚夫考入宜兴农学院农机专业。上学期间，赵亚夫有一次到医院看病，只见医院里到处躺满了得浮肿病的农民。农民的疾苦深深地震撼了他，他含着眼泪走出了医院。农民哀伤无助的眼神成为他一辈子的记忆，他在心里暗暗许下誓言：“要用自己的知识让农民过上富裕的生活。”

从参加工作起，赵亚夫先后在武进、丹阳、宜兴等地蹲点，为农民提供技术指导服务；在最贫穷、最落后、农民最需要的地方，都有他忙碌的身影。

1982年，赵亚夫作为镇江农科所的第一批研修生到日本学习先进的水稻种植技术。走出国门，看到了与发达国家农业的差距，心灵受到强烈震撼。站在日本爱知县渥美半岛的山坡上眺望，看到满山坡的果蔬、花卉，连片的温室大棚，还有漂亮的农舍，赵亚夫的眼眶湿了，他想到了家乡农民，想到了农业事业。他暗下决心，要学好先进农业科学技术，把先进技术带到家乡，改变贫穷落后的面貌！

为尽快把先进技术学到手，赵亚夫每天学习工作超过 16 个小时。从日本回来时，他用节省下来的外汇换回 13 箱农业书籍资料和 20 棵宝贵的原种草莓苗。他准备把草莓苗在句容白兔镇解塘村试种。然而当地老百姓受传统思想限制，认为种草莓是不务正业。在赵亚夫苦口婆心劝说下，村党支部书记带头种，第一年 0.9 亩示范田共收获 600 多斤草莓，亩产效益 600 元，比常规农作物增收两倍。

第二年，农民开始争抢着种草莓。赵亚夫带领农民增收致富的第一步终于迈了出去。草莓在白兔镇的种植面积迅速扩大，1987 年达 3000 亩，部分农户亩产 3000 斤，每亩纯收入达到 1 万元。到 2003 年，句容老区草莓种植已达 2 万多亩，成为我国南方最大的草莓产地和全国闻名的“草莓之乡”。

草莓推广的成功让赵亚夫看到丘陵地山区农民致富的希望。“靠农业能不能实现小康，奔向现代化?”

他和镇江农科所的科技人员通过调研，提出“水田增粮，岗坡致富”发展高效农业的新思路。他先后 18 次去日本，引进葡萄、砂梨、水蜜桃、无花果等新品种，在茅山地区成功推广。

二十多年来茅山老区累计推广种植 250 万亩应时果品、有机稻米等高效农业，直接给农民带来了 200 多亿元的收益，成功地走出了一条科技兴农、以农富农的新路径。

创新实干，建设农村小康新社区

永不停止探索是赵亚夫的人生信念。2001 年，赵亚夫从镇江市人大常委会副主任岗位退了下来，按说为人民工作了一辈子也该享享清福了。但是，赵亚夫哪里闲得住。他以志愿者的身份到茅山老区最穷的戴庄村开始了新探索。他要和村民们一起搞试点，找到一条依靠农民自己、依靠农业本身走向共同富裕之路。他要用最新生态农业理念探索丘陵山区穷村如何实现全面小康、现代化之梦。

戴庄村位于溧阳、句容交界处，处于茅山腹地，总面积约10.3平方公里，耕地7000多亩，岗坡地占70%，地块零散落差大，土壤瘠薄，水利成本高，遗留欠账多。当年镇江统计报表显示，该村村民年平均收入仅2800元。

刚到戴庄，就遭遇了村民泼来的冷水。赵亚夫勾画的农村小康图景，在村民们看来是天方夜谭！赵亚夫第一次办的科技讲座，只来了两个人。回家后，赵亚夫一连几天都没睡好觉，他知道，农民是现实的，“我要用实实在在的效益证明给村民们看”。赵亚夫在心里默默地说。后来，他向村民们保证：试种的农户免费提供种苗、有机肥和技术指导，不管效益好坏，每亩以1200斤水稻市价保底。听过讲座的杜忠志答应尝试栽种了1.6亩“越光”稻，并按照赵亚夫教的方法，精心侍弄，当年收获700余斤“越光”稻，加工出来的大米卖到了8元一斤。

示范效应的力量是无穷的。随着有机农业面积逐年扩大，一大批农户富了起来。“如何改变部分农民富、少数有地无劳力的农民还是穷的状况？如何改变农村家庭富、集体穷，集体的事没人愿管的状况？”赵亚夫借鉴国外“农协”的做法，结合戴庄实际，调研拿出了《2004—2011年戴庄村发展规划》，积极建言成立“戴庄有机农业合作社”，创新农业生产经营体制机制，探索集体经济多种有效实现形式，有效解决农民共富问题；通过民主选举，党支部书记担任合作社理事长，加强基层党组织对经济工作的领导，实现农村民主管理、有效治理。

现如今，自愿加入戴庄有机农业合作社的农民有840户，占了全村的90%以上。2017年全村农民人均纯收入已达到25000元，富裕起来的农民盖起了小楼，买上了小轿车。集体经济也有了发展，从负债80多万到如今固定资产近千万元，村集体收入2017年达120万元。特别是村里的20多个贫困户都在合作社的帮助下过上了小康生活。

与时俱进，培育和带动新型农民

农民是农业和农村的核心，提升农民的综合素质才是根本之举。在担任农科所所长后，他说：“农民的需要就是我们的研究方向。我们科研成果只有为广大农民所掌握，才能真正让农民自我解放。”

20世纪80年代初，赵亚夫根据镇江丘陵山区的实际情况，在江苏省率先调整农业科研方向，在继续抓好水稻的同时，开拓果树、蔬菜、花卉等现代农业科研项目。经过多年潜心研究，他完成了稻麦栽培新技术、草莓良种引进及优质高产栽培技术等15项科研项目，正在进行的水稻、蔬菜、果树有机栽培技术和丘陵山区农业综合开发技术体系研究等项目也取得了显著的阶段性成果，出版了《句容市农业发展战略规划》《草莓品种及栽培技术》《无花果栽培新技术》等技术含量高、实用性强的专著。

20世纪90年代中期，赵亚夫调查发现，句容白兔镇的草莓生产很好，销售却经常出问题。收获的季节，各卖各的，马路旁站了“一溜边”提篮叫卖，相互压价。赵亚夫意识到：致富农民，既要解决生产力问题，更要解决生产关系问题。“把农民组织起来，走农民专业合作社道路，才是农民致富的有效途径。”

在他的力促下，丁庄村1996年在全省首家成立葡萄合作社。当赵亚夫把花了一星期调研后替农民起草的6000多字的合作社章程初稿交到农民手上时，农民们感动得不知说什么才好。合作社吸不吸引人，关键在能不能帮农民解决“销”的问题。学稻麦出身的赵亚夫又一次面临着新的跨越。他开始研究起合作社经营管理、市场营销，并身体力行，指导合作社建起了农民特产信息网站，建立了农产品直销渠道，甚至带着农民四处推销。有一年“五一”假期，赵亚夫带着戴庄有机农业合作社的农民走进镇江一个高档小区，举行“越光”牌有机大米推销活动。赵亚夫整整站了一上午，始终微笑着向居民们讲解有机农业知识，回答他们的疑问。一位居民看到一位花甲老人在这里推销大米，有点疑惑，当她得知这位老人就是赵亚夫后，她感动了：“你是市领导啊！怎么也卖起了大米?!”

赵亚夫不光帮助农民销售，还注重培养农业“经纪人”。为此，2005年，赵亚夫专门带领5位农民劳模去日本，学习日本农民的市场经济理念、管理和经营方式，考察农民专业合作社。几天时间，他们跑了11个地方的42家农户。回来之后，这5位农民将在日本所见活学活用，由他们领头的葡萄、水蜜桃、茶叶等合作社相继诞生，吸收了5000多家农户，而他们自己早就成为名副其实的“经纪人”。

几十年以来，赵亚夫不计名利，默默奉献，始终铭记领导干部清正廉明和一生服务百姓的宗旨，党员身份永不退休、为人民服务永不过时，把全部精力倾注于带领群众发展农业、建设农村共同致富。

工作60年来，赵亚夫与农民一起在土地上摸爬探路，如今已是耄耋之年的他仍活跃在田间地头。在去北京接受表彰的前两天，他还在戴庄村奔走。2021 年 2 月 25 日下午，在接受表彰后，他又匆匆赶回镇江，继续为农民们排忧解难。赵亚夫说："为了乡村振兴，我还想再干几年，再拼一拼。"

（图片：庄润贵提供）

姜仕坤

姜仕坤（1969—2016），男，苗族，中共党员，1969年12月生，生前系贵州省黔西南布依族苗族自治州晴隆县委书记。在晴隆工作的6年多时间里，他以近乎痴迷的状态探索晴隆精准脱贫道路，带领全县干部群众以山地经济为引领，大力发展“羊、茶、果、蔬、薏”等特色产业，培育出具有自主知识产权的“晴隆羊”，山地旅游实现了从无到有的突破，被群众称为“农民书记”“算账书记”。2012年到2015年间共减少贫困人口8.28万人，贫困发生率下降27.1个百分点，2015年农村居民人均可支配收入在2010年基础上翻了一番。2016年4月，他在出差时突发心脏病去世，年仅46岁。被追授“全国优秀共产党员”“全国脱贫攻坚模范”等称号。2021年被授予“全国脱贫攻坚楷模”荣誉称号。

姜仕坤：一颗赤子心　一份公仆情

2016年4月12日，贵州黔西南布依族苗族自治州晴隆县委书记姜仕坤倒在了脱贫攻坚的路上。

在全面建成小康社会的冲刺阶段，在扶贫开发攻坚战的决胜时刻，这名大山里土生土长的苗族汉子在一块异常贫瘠的土地上破局开路、耕耘坚守，用自己46年的短暂生命兑现了对党和人民的承诺。他的忠诚与担当无愧于这个时代，他燃尽生命升起的熊熊火焰点亮了32万晴隆人民脱贫攻坚的道路。

实干破局

2010年初，刚刚40岁的姜仕坤调任晴隆县县长。虽然长期都在黔西南的贫困地区工作，但眼前严峻的现实还是让这位年轻的干部感到“这个官不好当”。

典型的喀斯特岩溶地区，山高、水低、谷深、土瘠，石漠化情况严重，全县181个行政村有122个是扶贫开发重点村，贫困发生率超过50%，意味着几乎每两个晴隆人就有一个生活在贫困线以下……

县城位于海拔1000米以上的山地，水源地西泌河则在深深的谷底，提水落差高达900米，城区供水始终是老大难问题，自来水水费不仅昂贵，而且间歇性停水是常态。

自然环境恶劣，基础设施薄弱，思想观念落后……贫困在这里就是一道总也未能破解的难题。

再难的事也要有人去干。

“晚干不如早干，要干就要干好。”——寡言少语的姜仕坤上任后没说一句豪言壮语，只是默默给自己定下这样一条座右铭。

面对的问题千头万绪，姜仕坤决定从老百姓最关心的“水、电、路”

破局。

推动西泌河水库水电建设，用发电收入补贴城市用水，水费降了，自来水供应正常了；

大力推动城市电网改造，在没有变电站的晴隆县建了一座110千伏的变电站和220千伏的变电站，解决城区环网供电，一举改变以前一处停电全城熄灯的状况；

对通乡公路进行硬化、修建安全防护栏，新修和改造数百公里通村公路、通组路和连户路，许多以前只能靠步行进入的边远山村终于通了车……

在这些点点滴滴的变化背后，是一个似乎永远不知疲倦的身影。

到省里争取项目，到州里落实资金，到施工现场一点点地勘验图纸，到重点搬迁户家里苦口婆心地做工作……

“解决自己的贫困问题不能等靠要，只能闯干拼！”认准了这条，姜仕坤以短跑的速度开始了自己在晴隆与贫困作战的长跑。

在县委、县政府工作人员的记忆中，早上开会，姜仕坤经常是啃着一个馒头行色匆匆走进会场。晴隆最远的乡镇距离县城有100多公里山路，开车一个来回需要八个钟头。一天走两个乡镇，就要忙到后半夜才能回宿舍，早上想要多睡会儿就会连吃顿正经早饭的时间都没有。

从2010年当县长到2014年做书记，姜仕坤的职位发生了变化，但没变的是他永远都停不下的脚步。

一次下乡回来，疲惫的姜仕坤抬起自己的一条腿架在凳子上休息，周围的同事们看到这一幕全都笑出了声。原来他脚上皮鞋的鞋底已经烂了个大洞，脚底板露出一大块，而他自己却浑然不知。

一个磨穿鞋底的县委书记，没人知道他总共下了多少次乡，爬了多少座山，只有他的司机朱黎家对照着里程表算过一笔账：六年时间，行驶里程60万公里，平均每天要在车上行进200公里，至于爬坡过坎、田间地头走过的路更是无法计算。

赤诚为民

在晴隆县委办常务副主任贺伯果的手机里，存着一张照片，那是2015年夏天，姜仕坤下乡时拍摄的。照片里的他头发白了，脸上有了几道刀削般的皱纹，明显消瘦的身体微微驼背，只有目光依旧透着坚毅。

“他太累了……”

作为姜仕坤身边的工作人员，贺伯果最清楚这位县委书记在晴隆的六年是怎样度过的。

五加二、白加黑，不分昼夜地加班、开会，不论晴雨地下乡、调研。

扶贫联系点上的特困户，他每家都要走到；搞大型主题活动推介山地旅游，他每个细节都要逐一过问；基础设施建设、城市面貌整治，他每个环节都要仔细斟酌；乡镇发展特色农业产业，他每个项目都要参与讨论……

掰开田里的苞谷皮，姜仕坤一眼就能看出老百姓是不是种了良种；省里、州里的领导到晴隆实地考察，姜仕坤脱口就能说出每个乡镇的贫困人口、贫困发生率，主要企业的资产负债、利润水平，每个职能局办的工作重点，各个工程项目的施工进度……

晴隆发展的大事小情，没有他不操的心，没有他看不到的死角。

六年不停歇的奋斗，姜仕坤带领晴隆交出了这样一份成绩单——

2012 年初至 2015 年底，晴隆县的贫困人口从 16.19 万人减少到 7.91 万人，贫困乡（镇）从 12 个减少到 4 个，贫困村从 56 个减少到 52 个，贫困发生率从 52.2%降至 25.1%。

“只要还有一个晴隆人没有脱贫，我这个县委书记就不能休息。”这就是姜仕坤许下的诺言，“要以破釜沉舟的决心，众志成城推动脱贫攻坚、同步小康，决不让一个贫困地区、一个贫困群众掉队。”

2016 年，距离全面建成小康社会的奋斗目标还剩最后五年，脱贫攻坚的冲锋号角已经吹响。

2 月 26 日，在晴隆县召开的脱贫攻坚千名干部包保帮扶誓师大会上，姜仕坤带领全县各级干部近千人高举右拳，庄严宣誓：

“脱贫攻坚，我是党员，向我看齐！”

震耳欲聋的宣誓声中，很少有人知道，常年高负荷的工作量已让此时此刻的姜仕坤走到了生命的极限。

2016 年 3 月 7 日，在兴仁县出差的姜仕坤突然休克，县医院初步检查后怀疑是心脏病，要求姜仕坤尽快去大医院确诊。

缓过劲来的姜仕坤微笑着对身边的同事们说：“现在不碍事，等忙过这阵再去。”

4 月 5 日，正在兴义开会的姜仕坤再次感到身体不适。在妻子的强烈要求下，他来到医院检查，可还没等医生把最后的检查结果交给他，匆匆挂了一瓶营养液的姜仕坤就急着赶回晴隆连夜召开班子会议，部署下一阶段工作。

“现在不碍事，等忙完这阵再去。”在回晴隆的路上，姜仕坤对电话里着急的妻子说……

4 月 6 日上午，到兴义参加全州乡村发展倍增计划与易地扶贫搬迁专题会。中午赶回晴隆，主持会议研究易地扶贫搬迁工作。

4 月 7 日，白天随全省项目观摩团观摩兴义、安龙、兴仁扶贫项目，当天连夜赶回晴隆检查观摩点的筹备工作。

4 月 8 日上午，在观摩点汇报工作；下午，随团观摩贞丰项目；晚上 9 点多，召集晴隆县有关负责人赶到贞丰开会，研究部署脱贫攻坚相关事宜。

4 月 9 日，随团观摩贞丰项目后赶赴贵阳参加总结大会。当晚，在贵阳听取关于晴隆县全域旅游发展规划的策划，之后连夜赶回兴义。

4 月 10 日上午，在兴义参加全州易地扶贫搬迁动员大会。当天下午，出差到广州。

——这是姜仕坤最后一周的工作日程。

在这五天时间里，他数次出现身体透支的情况，几次都是靠速效救心丸顶过了最难受的时候。每次身边的人劝他赶紧去医院，姜仕坤的回答总是那句话：“等忙完这阵再去。”

4 月 11 日，姜仕坤在广州出差的途中病发被送入医院。当天下午，妻子王作艳赶往广州陪护。4 月 12 日 6 时，还没有做完全部检查的姜仕坤在睡梦中永远闭上了眼睛。

（图片：中共晴隆县委办公室提供）

夏　森

夏森，女，汉族，中共党员，1923年9月生，中国社会科学院原外事局研究员，1982年离休。夏森同志14岁开始投身革命，15岁加入中国共产党，多年来，她一直过着艰苦朴素的生活。她离休后仍心系贫困地区教育事业，累计捐出自己靠省吃俭用积攒下来的203.2万元，用于改善陕西省丹凤县、江西省上犹县贫困乡村学校的教学条件，其中100万元设立“夏森助学金”，目前已资助182名贫困大学生圆了“大学梦”。她强调：“资助的学生不光要看他考入的是几类、几本大学，主要看他的思想道德表现，资助的学生必须热爱祖国！”曾获“全国脱贫攻坚奖”等荣誉。2021年被授予“全国脱贫攻坚楷模”荣誉称号。

夏森：助学路上的光与火

2021 年 2 月 25 日，庄严宏伟的人民大会堂沉浸在红色的海洋中，全国脱贫攻坚总结表彰大会在这里隆重举行。

会场上，一位衣着朴素的老人被轮椅推着，缓缓前行在灯光璀璨的主席台，这位老人，就是被授予“全国脱贫攻坚楷模”荣誉称号的夏森。多年来，她过着简朴的生活，离休后仍然心系贫困地区教育事业，累计捐出自己省吃俭用积攒下来的 202.3 万元，用于资助中国社会科学院的两个定点扶贫县——陕西省丹凤县、江西省上犹县贫困家庭学生上学，改善贫困乡村学校教学条件。她设立的“夏森助学金”，已资助 182 名贫困大学生圆了“大学梦”。

扶贫先扶教，治穷先治愚

夏森的一生波澜壮阔，与新中国的成长共脉搏。夏森出生于 1923 年，那时的中国，战火遍地，民不聊生。1938 年，她怀着一腔热血奔赴延安，进入中国人民抗日军政大学学习，自此投身革命。

解放战争时期，夏森来到我军东北司令部工作，为新中国的诞生呕心沥血，挥洒青春的汗水，奉献光与热。

新中国成立后，夏森心怀爱党爱国之情，胸怀为民服务之志，投身文化教育战线，成为中国社会科学院原外事局的一名研究员。

2006 年，已是耄耋之年的夏森来到中国社会科学院定点扶贫县——陕西省商洛市丹凤县考察。丹凤地处秦岭东段南麓，因县城襟带丹江、背依凤冠山而得名。这里拥有奇特的山形地貌和壮丽的自然景观，但同时也是国家扶贫开发工作重点县、秦巴山区国家集中连片贫困县、深度贫困县。

夏森亲眼看到了龙驹寨镇西街小学艰苦的教学环境：教室低矮、昏暗，桌椅残缺不全，贫困家庭孩子辍学情况突出。这让她揪心不已。

“我也是过过苦日子的人，懂得那种苦。现在，看到孩子们在这般艰苦的环境下学习，我真的很心疼。”当下，她便下定决心，一定要用自己的力量为孩子们换来更好的学习条件。她坚信，扶贫先扶教，治穷先治愚，想要阻止贫穷在这个山沟沟里蔓延扎根，就一定要让教育跟上来！

当年，她拿出自己2万元退休金，为西街小学添置了崭新的课桌椅。两年后，她又掏出2万元，用以奖励当地优秀少先队员和三好学生。

赵沟小学位于县城郊区，原来的校舍是年代已久的土木结构，木门木窗，室内光线昏暗、冬冷夏热。了解到该校情况后，夏森心疼在此读书的100多名孩子，便于2008年9月捐资20万元，建起了新的教学楼，让孩子们能够在宽敞明亮的教室里学习。

让贫困地区的孩子们接受良好教育，是扶贫开发的重要任务，也是阻断贫困代际传递的重要途径。党的十八大以来，党中央在全国范围内打响了脱贫攻坚战，中国社会科学院党组也不断加大定点扶贫工作投入力度，为定点县如期脱贫摘帽提供有力支持，助力定点县发展基础教育事业。夏森自觉向党中央决策部署看齐，主动按照院党组工作要求去做。她说：“不能让孩子们在教育上吃苦。”“孩子们要是好了，我们的社会就会更好。”

丹凤县是夏森捐资助学的出发地，自此，老人便在漫漫助学路上步履不停，为她的扶志和扶智梦而“上下求索”。

“不能让孩子们在教育上吃苦”

2013年，夏森拿出多年积蓄，捐资100万元设立了“夏森助学金”，用以改善丹凤县和中国社会科学院另一定点扶贫县——江西省赣州市上犹县的教学条件，以及帮助当地贫困学生无后顾之忧地迈入学校之门。自此，夏森的助学之路越走越宽、越走越长。

如今，在夏森的资助下，已有182名贫困学生得以继续完成学业。她以实际行动，践行着自己“不能让孩子们在教育上吃苦”的诺言。

设立“夏森助学金”之初，夏森便亲自审定了助学金实施办法，并明确了申请者的“硬杠杠”：“考上什么学校不重要，一本也好，专科也行，最重要的还是思想道德表现，其中一个重要的标准是他们必须热爱自己的祖国。”

从2015年起，夏森每年从“夏森助学金”中支出11.8万元，资助20名当年录取的家庭贫困学生上大学，直至这些受助学生大学毕业。2016年9月，夏森又拿出6.4万元，资助32名环卫工人家庭贫困大学生上学，同年还拿出6.3万元为上犹县社溪中学安装、配置了教学广播设备。社溪中学在给夏森的感谢信中写道：“长期以来，我校由于经费拮据，教学和广播设备十分陈旧。虽经多次修理，但使用效果仍然极差。当您得知这一情况后，慷慨捐出6.3万元，使这个15年没有被解决的问题在一个多月内得到了解决。”2017年，在助学金之外，夏森又捐出了2万元，资助丹凤县和上犹县的4名贫困大学生上学。

寒来暑往，琅琅书声。在长期捐资助学的同时，夏森还多次响应党组织号召，通过交纳特殊党费等形式奉献爱心。2008年汶川地震发生后，她从自己的积蓄中拿出2万元捐助灾区；2020年，又捐款10万元支持新冠肺炎疫情防控工作。她说：“人离休了，但共产党员的初心使命不能休。”如今，夏森已累计慷慨解囊203.2万元，帮贫困学子圆梦，为扶贫事业添瓦，助推教育强国早日从构想变为现实。

2021年2月25日，赵沟小学的师生们围坐在电视机旁，激动地注视着全国脱贫攻坚总结表彰大会会场上的每一幕场景。当看到夏森被轮椅推着上台领奖时，师生们不由自主地拍红了手掌。年纪大一些的老师一眼认出了夏森的衣服，“15年前来我们这她就穿着这件毛衣，15年了啊！她为助学掏出200多万，却连一件新衣服都不买……”说着，一位老师红了眼圈。

平日里的夏森，衣着简朴，生活简单。她说：“我的生活标准不高，吃饱就好。”95岁前，她坚持不请保姆，买菜做饭、洒扫整理，全部亲力亲为，剩菜剩饭也舍不得扔，总说下顿热热还能吃。对于夏森生活方式的选择，她的老同事曹启璋颇有发言权：“她在延安生活过，接受过艰苦生活的洗礼，自力更生、艰苦奋斗的延安精神影响了她几十年。现在生活好了，但她看到更多的，还是今天的幸福来之不易，更要加倍珍惜。”

“人离休了，但共产党员的初心使命不能休。”这是夏森的坚持，也是她的人生格言。

夏森，这些英雄人物中的一分子，她用光点亮贫困学子的求学之路，用火点燃自己作为一名共产党员的崇高信仰！

（图片：新华社提供）

黄文秀

黄文秀（1989—2019），女，壮族，中共党员，1989 年 4 月生，广西田阳人，生前系广西壮族自治区百色市委宣传部派驻乐业县新化镇百坭村驻村第一书记。她于北京师范大学毕业后回到百色革命老区工作，2018 年初主动请缨到百坭村任第一书记，工作表现突出。2019 年 6 月 16 日晚，她冒雨开车返回工作岗位途中遭遇山洪，不幸因公牺牲，年仅 30 岁。习近平总书记对黄文秀同志先进事迹作出重要指示，褒扬她用美好青春诠释了共产党人的初心使命，谱写了新时代的青春之歌。荣获“最美奋斗者”“时代楷模”“全国三八红旗手”“全国五一劳动奖章”“中国青年五四奖章”等称号和荣誉，“七一勋章”获得者。2021 年被授予“全国脱贫攻坚楷模”荣誉称号。

黄文秀：新时代的青春之歌

百坭村是广西百色市乐业县新化镇的一个边远山村，是“全国脱贫攻坚楷模”黄文秀生前战斗过的地方。这位年轻的壮族姑娘研究生毕业后，放弃大城市的工作机会，主动请缨到贫困村任第一书记，把双脚扎进泥土，为群众脱贫攻坚殚精竭虑；她忍痛告别重病卧床的父亲，深夜冒雨奔向受灾群众，面对危险坚定前行，不幸遭遇突如其来的山洪，年轻的生命永远定格在扶贫路上……

青春的选择：“我就是要回来的人”

1989年出生的黄文秀性格开朗活泼。同学们对她的印象是：爱美，喜欢穿裙子，会弹古筝，写得一手好字，有一点时间就专心致志地学画画。她身上总是散发着一种热情阳光的感染力。

2016年毕业季。位于人生十字路口，不少同学都在为找一个不错的就业机会操心。黄文秀也有许多选择，但她没有留恋都市的繁华，毅然回到革命老区百色，作为优秀选调生进入市委宣传部工作。

百色位于广西西部，自然条件较差，是广西脱贫攻坚的主战场之一。2018年3月26日，黄文秀响应组织的号召，到乐业县偏远的百坭村担任第一书记。百色市委宣传部干部回忆：“单位就驻村工作征求她意见时，她毫不犹豫答应了。她父亲患癌症病重的事一句也没提，当时我们都不知道。”

有同学问过她，为什么要放弃在大城市工作的机会，偏偏回到贫穷的家乡？她回答：“很多人从农村走了出去就不想再回去了，但总是要有人回来的，我就是要回来的人。”

了解黄文秀的人都说，她是一个懂得感恩的人。由于父母亲身体不好，家境贫寒，黄文秀通过国家的助学政策完成了学业，上大学后她积极向党组织靠拢，并以自己品学兼优的表现，成为一名共产党员。

黄文秀在入党申请书中写道："只有把个人的追求融入党的理想之中，理想才会更远大。一个人要活得有意义，生存得有价值，就不能光为自己而活，要用自己的力量为国家、为民族、为社会作出贡献。"

爱美是女孩子的天性，投身扶贫事业后的黄文秀将自己的爱美之心悄悄地"藏"了起来。她北师大的师妹、南宁市第十八中学教师蒋金霖说，在北京读书时，文秀总把自己打扮得漂漂亮亮。但当了驻村第一书记，她就收起了漂亮的裙子，穿上运动装在山野村屯间奔忙，身上有一股浓浓的乡土气息。

这个爱笑的姑娘甚至没有时间考虑自己的婚姻大事。领导、同事多次关心她，热心人要给她介绍对象，她的回答是："等百坭村的父老乡亲都脱贫了，我一定轰轰烈烈爱一回，让乡亲们做证婚人。"

脱贫攻坚："我心中的长征"

石山林立的百坭村是深度贫困村，全村 472 户中有 195 户贫困户，11 个自然屯很分散，最远的屯距村部 13 公里，好几个屯都在 10 公里以上。初到村里，黄文秀碰了"钉子"。

"我们这里穷了那么多年，真的能脱贫吗？""你一个女娃，能行吗？"一些村民议论纷纷。黄文秀一开口就是普通话，敲贫困户的家门时甚至会吃"闭门羹"。好不容易进去了，打开笔记本，群众却不愿多说。

脱贫攻坚时不我待，必须尽快打开工作局面，黄文秀急得哭鼻子，晚上回到宿舍整夜睡不着。

要取得群众的信任，就要从内心把群众当亲人，急他们所急想他们所想，真正和他们打成一片。黄文秀请教有驻村经验的同事和村里的老支书，悟出了道理。很快她改变了工作方法，到贫困户家不再拿着本子问东问西，而是脱下外套帮助扫院子干农活；贫困户不在家，她就去田里，帮他们摘砂糖橘、种油茶，一边干活一边唠家常；她不说普通话了，学着说方言……

56 岁的贫困户韦乃情清楚地记得，黄文秀往他家里跑了 12 次，细心了解实际困难，分析贫困原因，商量对策，帮他申请扶贫贴息贷款种植了 20 亩油茶树，2018 年顺利实现脱贫。"她一心一意帮我，像我女儿一样！"

黄文秀周末经常不回家，走访了全村所有的贫困户，还绘制了村里的“贫困户分布图”，每一户的住址、家庭情况、致贫原因等，都一一标注在笔记本中。

群众从开始接纳黄文秀，到打心眼里喜欢她，敬重她。一些人开玩笑说：“你这个女娃娃还真是难‘缠’得很哩！”

山路太远，黄文秀还不时要去镇里、县城开会，为了提高工作效率，她将私家车开到村里当工作车用。2019 年 3 月 26 日驻村满一年，汽车仪盘表的里程数正好增加了两万五千公里，当天她发了一个微信朋友圈：“我心中的长征！”

黄文秀曾对朋友说：“长征中，战士死都不怕，在扶贫路上，这点困难怎么能限制我前行？”“作为驻村第一书记，不获全胜，绝不收兵！”

坚守使命：干出一片新天地

扶贫之路充满艰辛。黄文秀白天走村串户遍访贫困户，分析致贫原因，晚上与村两委研究脱贫对策，制定工作方案全力推进。夜深了，她一个人孤零零住在村部一间不足 10 平方米的小屋子里。

她给村里的扶贫工作群取了一个响当当的名字——“百坭村乡村振兴地表超强战队”。

要实现精准脱贫，基础设施是关键。百坭村有 5 个屯交通困难，虽然多年前通了砂石路，但连年雨水冲刷，路面已破损不堪，雨季陡峭路段连摩托车都无法通过，不仅影响出行，而且制约产业发展。

黄文秀心急如焚。村干部记得，那段时间她带着村两委班子熬夜做方案、拿对策，到镇里、县里申请项目，扎扎实实组织实施。

没有脱贫产业就不能实现可持续发展。为了解决山里产业短缺问题，黄文秀带领村干部和群众学经验、找路子，立足当地资源，大力发展杉木、砂糖橘、八角、枇杷等特色产业，请技术专家现场指导，挨家挨户宣传发动，鼓励党员带头示范。

对接市场是实现贫困群众增收的关键环节。百坭村砂糖橘从 500 多亩发展到 2000 亩，为打通销路，黄文秀多方联系，把客商邀请到村里来，甚至在微信朋友圈发销售信息。云南、贵州等外省果商来到村里，一次性收购几万斤砂糖橘。大卡车一辆接一辆开进来，把村里道路塞得满满当当。

黄文秀还建立了百坭村电商服务站，2018年电商销售砂糖橘4万多斤，销售额22万元，种植砂糖橘的贫困户每户增收2500余元。

在黄文秀帮助下，村民黄美线贷款买了榨油机，做起了小型农产品加工，成功脱贫。黄美线伤心地说："文秀有什么事都帮我，我脱贫了，她却不在了。多好的姑娘，多好的书记！"提起黄文秀，韦乃情这位壮族汉子红了眼眶："前几天黄书记还来我家取走我孙子的住院报销材料，现在钱到账了，她却再也回不来了。"

黄文秀的奔忙带来了她渴望的收获，昔日的贫困山村发生了变化。2018年，百坭村88户贫困户实现脱贫，贫困发生率从22.88%下降到2.71%。

2019年6月14日，黄文秀穿着印有"第一书记黄文秀"的红色马褂，双手撑在黄土上，爬到河沟边查看暴雨冲毁的水利设施，当晚就组织村干部制定了抢修方案，计划回村后立即实施，不影响群众生产。

2020年底，百坭村所有贫困户脱贫摘帽，如今走进百坭村，一派欣欣向荣的景象。黄文秀生前的夙愿终于实现。

（图片：乐业县委宣传部提供）

河北省塞罕坝机械林场

河北省塞罕坝机械林场，1962年建场以来，塞罕坝机械林场几代人听从党的召唤，响应国家号召，在荒漠沙地上艰苦奋斗、甘于奉献，将荒原变成林海，诠释了绿水青山就是金山银山的理念，铸就了牢记使命、艰苦创业、绿色发展的塞罕坝精神。2017年以来，大力推进荒山造林绿化，完成各类造林5.6万亩，平均造林保存率95%以上，每年产出的物质产品和生态服务总价值达145.83亿元。塞罕坝机械林场良好的生态环境带动了周边区域乡村游、农家乐、土特产品加工等产业迅速发展，年社会总收入达6亿多元，有力推动了周边乡村脱贫致富。曾获“地球卫士奖”“时代楷模”等称号。2021年被授予“全国脱贫攻坚楷模”荣誉称号。

河北省塞罕坝机械林场：面朝“林海”，播种希望

塞罕坝机械林场地处河北省最北部，内蒙古高原浑善达克沙地南缘。塞罕坝是蒙汉合璧语，全称“塞堪达巴罕色钦”，意为“美丽的山岭水源之地”。历史上，塞罕坝曾是一处水草丰沛、森林茂密的天然名苑，辽、金时期称“千里松林”。公元1681年，康熙在此设立了“木兰围场”。

新中国成立以后，为了改变“风沙紧逼北京城”的严峻形势，当时的林业部决定在河北北部建立大型机械林场。

1962年2月14日，林业部承德塞罕坝机械林场正式组建，并配备了一支高规格、精干的创业队伍：由承德专署农业局局长王尚海任党委书记、承德专署林业局局长刘文仕任场长、丰宁县副县长王福明任副场长、林业部工程师张启恩任技术副场长。随后，来自全国18个省区市、127名大中专毕业生奔赴塞罕坝，与当地林场的242名干部职工一起，组成了369人的创业队伍，他们牢记“为首都阻沙源、为京津涵水源”的神圣使命，开始了战天斗地的拓荒之路。

初来乍到，这些热血青年就被寒冷沙荒、杳无人烟的严酷现实当头泼了一瓢冷水。塞罕坝最低气温零下43.3℃，年平均温度零下1.3℃。林场第一批建设者赵振宇回忆说：“当时到处是沙地和光山秃岭，风卷着沙粒雪粒遮天盖日，打到脸上像刀割一样疼。”

房无一间地无一垄，白手起家的第一批建设者住马棚、搭窝棚、挖地窨。一个窝铺住进20人，没有门板，就用草苫子代替，夜里睡觉都戴着皮帽子。早上起来，屋内到处是冰霜，褥子冻结在炕上。吃着全麸黑莜面，就着咸菜，喝着雪水，盐水泡黄豆就算是美味了。

生存条件极端恶劣，高寒高海拔地区造林经验更是几乎为零。1962、1963年连续两年造林成活率不到8%。一次又一次造林失败，动摇了人们的信心，塞罕坝造林事业处在生死存亡边缘。关键时刻，时任林场党委书记王尚海等四位林场领导破釜沉舟，分别把家从北京、承德、围场县城搬

到塞罕坝，很快稳定了军心。

1964 年春天，塞罕坝开展了提振士气的“马蹄坑大会战”。气温很低，浑身的泥浆冻成冰甲，走起路来咣咣直响，但没有一个人叫苦叫累，终于造林 516 亩，成活率达到 90%以上。塞罕坝的造林事业从此开足马力，也由每年春季造林发展到春秋两季造林，多时每天造林超过 2000 亩，最多时一年造林达到 8 万亩。

王尚海在塞罕坝干了 13 年，在任期间林场完成造林 54 万亩。1989 年，68 岁的王尚海病逝。遵从遗愿，他的骨灰撒在马蹄坑大会战的土地上！伴他长眠的那片落叶松林，如今叫“尚海纪念林”。这里，也是百万亩林海起源地。

在王尚海的身后，是塞罕坝坚韧不拔、无私奉献的共产党员的群像。塞罕坝机械林场党委书记安长明说，一场接一场的会战，一次又一次的胜利，坚定了塞罕坝人创业决心。

然而，创业之路总是充满坎坷和险阻。1977 年 10 月，历史罕见的“雨凇”灾害袭来，一棵 3 米高的落叶松挂冰量达 250 公斤，塞罕坝机械林场受灾面积达 57 万亩，20 万亩树木被压折、劈裂，十多年来用心血汗水换来的成果损失过半。面对一片片狼藉的森林，听着小树折断的声音，许多工人号啕大哭。时任场领导刘文仕等人擦干眼泪，带领全场职工展开了大规模的生产自救。

1980 年，塞罕坝机械林场又遭遇了百年不遇的特大旱灾，春旱连夏旱、夏旱连伏旱，使得正处在生长期的树木连续 3 个多月严重干旱，直接导致 12.6 万亩树木旱死。但塞罕坝人没有被击垮，含泪清理遭受灾害的林木，依靠双手，从头再来。

安长明说，接踵而至的灭顶之灾，更加坚定了塞罕坝人战胜自然的意志，在愈挫愈勇中一次次将希望的树苗栽到了荒原上。

对于塞罕坝的建设者们来说，“为首都阻沙源、为京津涵水源”就是他们的崇高理想，种树就是他们坚如磐石的使命。

60 年来，一代代塞罕坝人听从党的召唤，始终牢记使命，历经风雨初心不改、面对挫折百折不挠，他们用心血、汗水甚至生命，筑起了一道生态屏障，创造了荒漠变绿洲的绿色奇迹，生动诠释了“革命理想高于天”的坚定信念、忠于党和人民事业的使命担当。

（图片：《河北日报》提供）

安徽省金寨县花石乡大湾村

安徽省金寨县花石乡大湾村是大别山革命老区重点贫困村之一，2014 年全村贫困发生率达 29.12%。脱贫攻坚战以来，大湾村依靠发展“山上种茶、家中迎客”特色产业，探索出一条具有大别山革命老区特色的脱贫致富之路。2018 年，高质量实现脱贫出列。人均可支配收入由 2015 年的 7120 元增长至 2019 年的 14236 元。建设完成 4 个易地扶贫搬迁安置点，安置群众 129 户 439 人，其中贫困群众 62 户 201 人。依托茶叶资源优势，定制有机茶园 50.8 亩，带动群众就近就业 32 人，户均年增收 7000 余元。积极开发民宿旅游、十里漂流等项目，2020 年大湾村过境游客达 35 万多人次，真正让大湾村群众吃上了“旅游饭”。2021 年被授予“全国脱贫攻坚楷模”荣誉称号。

安徽省金寨县花石乡大湾村：春风吹别大山里的贫困

位于大别山腹地的大湾村，隶属安徽省金寨县，平均海拔800米以上。如果说集老区、库区、高寒山区于一体的金寨，是全国脱贫攻坚的主战场之一，那大湾村就是金寨县难啃的“硬骨头”。

“大湾好风景，出门就是岭，不是石头绊了脚，就是茅草割了颈。”这曾是大山窝子里的大湾村的真实写照。村里的干部群众为了摆脱贫困奋斗了几十年，但直到2014年底，全村37个村民组928户3348人中，仍有554人未脱贫，贫困发生率近17%。

如今，大湾村变了。村民们住进了新房子、吃上了“旅游饭”、做起了采茶工，村里环境越来越美，日子越来越好。2018年，大湾村在全县率先实现脱贫出列。

大湾村因何而变？说起原因，村里人不约而同回忆起几年前那场座谈会。2016年4月24日，习近平总书记视察安徽脱贫攻坚的首站就选在大湾村，与当地干部群众拉家常、话脱贫，还在村民陈泽申家的小院里开了一场座谈会。总书记深情叮嘱，全面建成小康社会，一个不能少，特别是不能忘了老区。

就像一阵春风吹进了大别山，吹暖了大湾村。从此，他们积极探索，不懈奋斗，走出了一条“山上种茶，家中迎客，红绿结合”的绿色脱贫新路，一跃成为全县脱贫攻坚的示范样本。

生活变好了：“老大难”不再难

从金寨县城出发，下了高速，一条崭新的柏油路直通大湾村，约半小时就到了村口。几年前，习近平总书记却是沿着村口的土路步行一公里，走进了贫困户陈泽申的家。

陈泽申今年70多岁了，小时候饿肚子的回忆还那么鲜明："为了吃饱饭，大家就把山上的树都砍光，种玉米，但收成还是太低。"全国脱贫攻坚战打响后，大湾村的面貌也有了改观，但中年丧子、儿媳改嫁、老伴因病去世，和正读书的孙子相依为命的陈泽申依然是村里的"老大难"。2016年，祖孙二人还住在20世纪50年代修建的两间危旧房里。

2016年4月24日，习近平总书记走进陈泽申家低矮破旧的土坯房，牵起老人的手关切询问。当时的场景，陈泽申记忆犹新："怎么致贫的，政府有哪些扶贫政策，去年收入多少……总书记问了很多，问得细致。他说，我这次专门来看望大家，就是要了解农村脱贫特别是革命老区扶贫的真实情况。"随后，总书记又一连走进4户农家，听取村民对光伏发电扶贫项目、种植茶叶以及移民搬迁等的想法，了解省市县开展扶贫工作的具体做法和成效。

"总书记问我来年有啥期望，我说2016年希望收入能翻一番。"陈泽申自豪地说，这个当时看上去遥不可及的愿望，早已"超额"完成——2016年，仅依靠黑山羊养殖一项，他家就成了"万元户"；2017年，他获得村保洁员的公益岗位，再加上种植特色药材，年收入3.3万元，主动申请摘掉了"穷帽"；2018年，又开始在村办茶厂上班，还搬进了扶贫安置点的新房，年收入达到4万元。2019年，在合肥读大学的孙子毕业了，陈泽申的日子越过越带劲。

2016年之前，全村像陈泽申这样有207户住在阴暗潮湿的危房中，其中18户的老屋有上百年历史，住上新房是村民们一辈子的梦想。县里经过反复研究，结合大湾村实际，最大限度利用各方面、各层级扶助政策，叠加使用易地扶贫搬迁、宅基地改革、移民避险解困、美丽乡村建设等政策，统筹解决重点贫困户搬迁费用，努力"将一片肉变成一盘肉"。规划建成了大湾组、方湾组、基湾组、中心村庄4个集中安置点，入住贫困户62户、201人，这些贫困户都没有花多少自己的钱就住上了新房。村民陈泽平是第一批搬进安置点的贫困户。当年习近平总书记来到他家，问他愿不愿意搬到山下去，他回答说："党的这个政策好，我欢迎。"如今他告别住了50多年的破旧住房，搬进宽敞明亮的新居。房子沿小溪而立，屋内家具电器一应俱全，茶几上摆着两个鱼缸，寓意"年年有余"。

而对村民汪能保来说，最高兴的是看病不犯"难"了。汪能保老两口都患有慢性病，光医药费就压得中年丧子的他们喘不过气。三年前，总书记来到他家，拿起柜子上的药，关切询问老人的身体和药费开支，让他们倍感温暖。

“现在医药费至少能报销80%，而且村里就有卫生所，取药很方便。”老两口脸上的笑容多了。汪能保还考上了旅游讲解员证，打起了增收的算盘。在全省实施的健康脱贫政策的基础上，金寨还实施了贫困人口“免费签约服务”和“先诊疗后付费”，彻底斩断因疾病导致贫困的根源。

易地扶贫搬迁、健康扶贫、产业扶贫……各项政策的“组合拳”，打散了几十年来萦绕大湾村的贫穷阴霾。“想让总书记再来看看村里的变化。”这是村里人共同的愿望。

产业变旺了：特色高效成脱贫“灵药”

大别山有鬼斧神工的壮美，还是一座“宝山”——这里是中国十大名茶“六安瓜片”的主产区之一。但长期以来，大湾村却守着“宝山”挨穷，村里人大多种些大路庄稼，茶叶等特色产业不成规模。

近年来，金寨加大力度发展特色产业，培育茶叶品牌，大湾村的茶产业迎来了发展契机。汪达海不失时机办起茶叶加工厂，带动村民种茶、采茶。在他的带动下，身体残疾的贫困户汪能西仅靠采茶一项，一年就赚了1万多元。

大湾村党总支书记何家枝说，如今优质高山茶的销路越来越宽，茶农的收益都增收了。在60亩“扶贫定制茶园”里，生产过程可以通过手机实时观看，收获后4斤茶售价1000元。

栽下梧桐树，引得凤凰来，大湾村高标准密植茶园和茶厂规模化、标准化的发展获得了茶企青睐。从2018年开始，引进的茶叶公司租下了村办茶厂，不仅增加了村集体经济收入，还带动全村400余户茶农增收。不少贫困户在这里学会一技之长、成为专业炒茶师。

行驶在通向大湾村的盘山路上，经常看到一排排整齐排列的光伏发电板，走近观望，才发现下方别有洞天——光伏板支撑架外套上塑料膜，摇身一变成了灵芝种植大棚。《神农本草经》中有记载，“赤芝生霍山”，“霍山”即属于现在的大别山区。由于海拔高度适宜，昼夜温差大，金寨自古就盛产灵芝，位于山区的大湾村种出的灵芝，有效物质含量更高。

2016年以来，随着光伏扶贫项目的实施，在金寨县的食用菌专业合作社指导下，大湾村发展了12亩“农光互补”灵芝种植基地。合作社理事长李文海说，“农光互补”无疑是多赢之举：山区每年会产生很多废弃树枝，这是菌棒的最佳原料，实现了变废为宝；灵芝管护用工量大，仅2018年一年，12亩灵芝种植基地就支付人工费8万元，大大带动了农民就业；灵芝喜阴，光伏板下种灵芝，一片土地，两种收益，扶贫电站每年发电量28万度，收益超28万元，带动106户贫困户户均增收3000元。

人心变齐了："暖心"支书让"懒汉"不懒

“大湾村一天不脱贫，我一天不撤岗!”曾在习近平总书记面前立下“军令状”的第一书记余静，天天都是大忙人。

2015年，在金寨县中医院工作的余静主动请缨，抛下才半岁的女儿，到村里任第一书记。刚到任十多天，就赶上了山洪暴发，情况紧急，她不顾安危和村干部们冲进水里，终于及时将全村群众转移到安全地带，也赢得了村里人的信任。

大湾村地势陡峭，村民居住分散，为了摸清情况，余静挨家挨户走访了37个村民组，为每个贫困户筹划脱贫的法子，争取更多的帮扶措施。2017年，余静两年任期到了，但眼看村里的脱贫工作正是需要持续推进的关键时期。她不加思索，主动要求续任两年。“大湾村一天不脱贫，我一天不撤岗!”这是她当年在总书记面前的承诺，也是她切切实实的行动。自县中医院下派挂职以来，她一干就将近6个年头。

“一个地方工作的好坏，关键看党组织的作用发挥得强不强、有没有号召力。”谈到大湾村脱贫攻坚经验，余静说。近年来，大湾村坚持把党建工作融入脱贫工作之中，从选优配强村级班子入手，挑选责任心强、能吃苦的干部到村任职，把牢“定盘星”。通过实施“四联四帮”工程，调动农村党员、入党积极分子帮扶贫困户的积极性，即“生产联手、帮扶产业发展，就业联动、帮带劳力务工，经常联系、帮解生活难题，思想联络、帮提内生动力”。

在大湾村的“老村干部”何家枝看来，扶贫更要扶志，激发村民想脱贫、愿脱贫、能脱贫的内生动力，拧成一股绳才能打赢这场仗。

村民杨学伦曾是村里人口中的“懒汉”，总想靠政府救济过日子，30多岁还没成家。为激发杨学伦脱贫的干劲，3个月内，余静、何家枝等村干部 40 多次上门家访，还联系能人大户指导他种药材、搞养殖，帮忙申请贷款。功夫不负有心人，杨学伦变了，每天早早起来，忙里忙外，不仅盖了新房，还娶上了媳妇。现在看别人农家乐办得红火，他也“心痒”地要试一试。

截至 2021 年，作为金寨县“四联四帮”工程的首个试点，大湾村有 69 名农民党员、入党积极分子、能人大户等参与到“四联四帮”工程中，帮带全村建档立卡贫困户 79 户，成为带领群众脱贫致富的生力军。干部和群众拧成一股绳，大湾村的发展一年一个新台阶。

习近平总书记在大湾村考察时强调，大湾村的发展要搞成风景，不能搞成盆景。的确，大湾村不仅是金寨县脱贫攻坚的“样板村”，为全县乃至全省的脱贫攻坚提供经验。在大别山集中连片特困地区脱贫决胜的战场上，更已成为摘穷帽、奔小康的“先行军”。

（图片：陈力提供）

中共福建省寿宁县下党乡委员会

中共福建省寿宁县下党乡委员会，20世纪80年代，下党乡人均年收入不到200元，生产生活条件十分艰苦。脱贫攻坚战以来，下党乡党委坚持党建引领，坚持因地制宜、精准脱贫，坚持紧紧依靠群众，感恩奋进、埋头苦干，走出一条具有闽东特色的乡村振兴之路。创新扶贫定制茶园，带动茶农户均年增收8000元以上。创立“下乡的味道”农产品公共品牌，建立“公司＋合作社＋农户”的共建共享机制。2020年，全乡人均可支配收入17289元，10个行政村村集体经济收入均达10万元以上。开展美丽乡村建设和中国传统村落保护，发展民宿等旅游业态56家，2020年接待游客和学员20多万人次，实现旅游综合收入2600多万元。曾获“全国脱贫攻坚奖”等称号。2021年被授予“全国脱贫攻坚楷模”荣誉称号。

中共福建省寿宁县下党乡委员会：总书记指引的“幸福路”越走越宽广

位于闽东宁德的大山深处的下党乡，是习近平总书记一直牵挂的地方。1988年建乡之时，下党乡是宁德地区4个特困乡之一和福建省唯一无公路、无自来水、无电灯照明、无财政收入、无政府办公场所的“五无乡镇”，人均纯收入不到200元。习近平总书记在福建工作期间，就曾“三进下党”调研指导扶贫工作。

如今，走在下党古村落，不仅可以品尝当地的美食小吃，还可以体验乌金陶扶贫工坊、提线木偶戏、廊桥技艺、兰亭拾光、下党画苑、时光邮局等文化旅游新业态……新时代文明实践气息扑面而来，这是下党的新味道。

30多年山乡巨变的背后，是下党乡干部群众牢记习近平总书记“靠山吃山唱好山歌”的重要嘱托，发扬“弱鸟先飞”“滴水穿石”精神，立足实际、抢抓机遇、开拓创新，探索出了“生态立乡、旅游强乡、兴农富民”的可持续发展之路。

下党人民不能忘的记忆

下党乡，地处闽东宁德大山深处，下辖10个村。20世纪80年代，从宁德到寿宁县城，坐车要一天才能到，而下党是寿宁最边远的山乡，距离县城还有45公里。那时的下党仅靠峭壁岩石上一条荆棘丛生的羊肠小道与外界相连。没有公路，村民进进出出都要爬山，挑公粮到隔壁乡镇，来回要一天半的时间。没有公路，小贩们不敢挑液体物品进山，怕摔倒打碎了血本无归，所以村里七成的人没有尝过醋，一半人没吃过酱油……下党人就这样守着难以逾越的大山，也守着无法摆脱的贫困。直到建乡时，农民年人均收入仍不足200元。

习近平总书记在福建工作期间，曾三进下党调研指导扶贫工作。第一次是1989年7月19日，当时任职宁德地委书记的习近平乘车近3个小时、步行2个多小时，冒着酷暑到下党乡访贫问苦，帮助解决发展难题。

因为过于偏僻难行，当时县里的干部很少到过下党。习近平是第一个到下党的地委书记。刘明华是习近平一进下党和二进下党的见证者。过去的30多年时间里，他曾为许多人讲述这段“下党人民不能忘的记忆”。

“一进下党，是总书记的一次践诺之行。”站在下党乡展馆里，刘明华讲起这段渊源。1989年6月，时任下党乡党委书记杨亦周在参加宁德地委工作会议时表示，对贫困地区，上级要关心、要扶贫。这“辣味十足”的话，引起了时任宁德地委书记习近平的注意，他当场跟杨亦周约定要去下党乡一趟。

刘明华说，没想到不到一个月，习近平就带领地直和寿宁县相关部门负责人一行约40人，前往下党乡访贫问苦。

调研后，习近平没有马上回到宁德，而是召集各部门在寿宁县城召开了一个现场办公会。他在会议上说，“大家都是翻箱倒柜、竭尽全力地，尽可能帮助解决问题”。随后，政府累计支持下党乡建设资金72万元，主要用于水电照明、公路建设和办公场所。

此后，1989年7月21日、1996年8月7日，习近平又两次来到下党乡调研、现场办公，协调解决当地的建设发展难题。1996年他在下党讲话时说：“整整7年之后的今天，我又到了下党。7年来，我一直牵挂着下党。”

习近平留给下党乡的财富，不仅是他亲民爱民的公仆情怀，更在于他对当地贫困群众的关心，三进下党为扶贫工作留下嘱托。这些叮嘱逐渐化作“滴水穿石、弱鸟先飞、以干得助、久久为功”的奋斗精神，在下党落地生根，让下党真正落实“脱贫路上一个都不能少”。

党委带头蹚出振兴路

今天的下党乡，产业兴了，日子甜了，笑脸多了。走进依山而建的下党乡下党村，村落呈梯形分布，村内古民居乌瓦黄墙、错落有致。青山绿水之间，木拱廊桥横跨溪上，形成了“廊桥、流水、人家”的美景。

村民王光朝“老来创业”，开起了“幸福茶馆”。“过去我们肩挑背驮才能看到外面的天，现在坐在家里就能与世界同步。”谈起今天的好日子，王光朝喜上眉梢：“茶馆的名字，就是想告诉每一位客人，我们今天可幸福了！”每每念起这“来之不易的好日子”，王光朝总要说：“下党能有今天，全靠党委带头！”

1996 年三进下党时，习近平对乡干部说，“半县花菇半县茶”是寿宁的路子，下党的路在哪里呢？“一乡一业、一村一品”，下党应发展哪一业呢？他指出，下党的路子要具体一点才能不断增收，不断奔小康。

在“一心二业三推动”的工作方案下，当地发展了茶叶和乡村旅游两个主导产业，通过干部带头，调动村民积极性。据统计，乡党委先后争取了 13 名省市县优秀党员干部到乡任村第一书记。

过去，下党虽然有好茶，但是全乡没有一家规模茶厂。茶农即使茶叶有质量有产量，卖不了好价格也无法增收。2014 年，下党村党支部通过整合资源，探索推动“公司 + 合作社 + 农户”的运作模式，农户专心种好茶，公司负责生产与销售，合作社负责管理。每年，农户除了茶青收入，还能获得高于市场价 20%的溢价分红。

趁着好势头，下党乡大力推进传统村落的保护和发展，对古村明清古民居和鸾峰桥进行保护性修复和开发，打造“红色下党”旅游品牌，先后完成滴水穿石主题公园、社会主义核心价值观主题公园、游客服务中心、露天艺术广场、修竹溪安全生态水系、滨河栈道、夜景工程等 27 个项目建设。红色旅游让下党乡聚起了人气，仅 2019 年，到下党乡的游客就达 18 万人次以上。

“党委带着支部干、支部带着党员干、党员带着群众干，是下党发展起来的法宝。”项忠红介绍。在带领群众摆脱贫困的道路上，下党乡党委始终注重建强支部、建好队伍、用好人才，选优配强村级“领头雁”，把 16 名党性强、“双带”作用强的优秀人才、返乡青年选进村两委班子；坚持开展党员“三培两带”活动，把 76 名农村党员培养成致富能手、53 名优秀致富能手培养成党员、27 名党员致富能手培养成村干部，使党员成为带头致富、带领致富的“双带”标兵；实施“能人回引”计划，回引优秀人才 65 名，培育“田专家”“土秀才”85 名，为扶贫工作提供人才支撑。

2018 年，下党乡全乡实现稳定脱贫。乡亲们欢欣鼓舞。2019 年 7 月，受乡亲们委托，下党乡 6 位党员干部群众给习近平总书记写信，汇报下党乡脱贫的喜讯，表达了对党中央和总书记的感恩之情。2019 年 8 月 4 日，习近平总书记给福建省寿宁县下党乡的乡亲们回信，祝贺他们实现了脱贫，鼓励他们发扬滴水穿石精神，走好乡村振兴之路。

脱贫摘帽不是终点

“总书记回信后，县里为下党乡量身定制初心教育暖民心、廊桥夜话听民心、乡村课堂扶民智、产业发展助民富、乡规民约转民风等五个党建为民平台，引导大伙儿心往一处想、劲往一处使。”寿宁县委书记汤孔忠说。

如今这个昔日的“五无”乡镇，全乡公路网络四通八达，已开通5条进乡公路、10条通村公路，使寿宁县至下党乡的时间由原来的2个小时缩短到45分钟。昔日的天堑变通途，路通了，下党乡逐渐从闭塞落后的穷乡僻壤变成远近闻名的生态红色旅游小镇，全乡面貌焕然一新。

全乡建档立卡贫困人口117户502人，其中兜底保障18户73人，贫困发生率从建档立卡时的6.2%降到目前的0。全乡农民人均可支配收入从1988年的186元增长至2020年的17289元。

2021年2月25日上午召开的全国脱贫攻坚总结表彰大会上，中共福建省寿宁县下党乡委员会被授予“全国脱贫攻坚楷模”荣誉称号。电视机前，当乡亲们看到下党乡党委书记项忠红作为代表登上领奖台的那一刻，现场爆发出一阵欢呼，在欢欣的氛围中，也有不少人默默红了眼眶。

大会刚结束，项忠红就迫不及待地通过视频通话，向乡亲们分享喜悦。“这次表彰给了我们莫大鼓舞，太激动，太感动了！”窄窄的手机屏，难掩项忠红的激动之情，“我们要继续加油干、埋头干，持续发扬‘滴水穿石、久久为功’的精神。乡村振兴现在是我们的战场，我们更要加油干！”“加油！”“加油干！”电话那头项忠红的话音刚落，现场的乡亲们中响起无数回应。乡亲们说：“一定要继续埋头苦干，建设美好家园，明天一定会越来越好！”

（图片：寿宁县下党乡委员会提供）

江西省瑞金市叶坪乡

江西省瑞金市叶坪乡有 7 个贫困村，建档立卡贫困人口 2308 户、8908 人。脱贫攻坚战以来，叶坪乡坚持以脱贫攻坚统揽经济社会发展全局，传承红色基因，弘扬苏区精神和苏区干部好作风，担当实干、尽锐出战。推行“党建 + 精准扶贫”模式，全乡创办领办致富带富项目 124 个，建立党员创业基地 16 个，带领 780 户贫困户实现就业。创新精准扶贫“五个一”管理模式，实现“识别精准、管理精准、帮扶精准”；率先探索贫困人口商业补充医疗保险，筑起健康扶贫“第四道保障线”；实施产业扶贫“五个一”，形成万亩蔬菜、万亩脐橙、万亩白莲、十万生猪、百万蛋鸡的“五个万”基地。2021 年被授予“全国脱贫攻坚楷模”荣誉称号。

江西省瑞金市叶坪乡：树起“共和国摇篮”新标杆

江西省瑞金市叶坪乡是中华苏维埃第一次代表大会旧址所在地。2015年前，乡里的30个行政村中7个是贫困村，7万农业人口中建档立卡贫困人口有2308户、8908人，贫困发生率达23%。

脱贫攻坚战打响后，叶坪乡牢记习近平总书记“让老区人民过上富裕幸福的生活”的嘱托，弘扬苏区精神，以“党建+精准扶贫”模式，创办领办致富带富项目，经过全体干部群众的共同努力，2020年，叶坪乡7个贫困村全部退出，贫困人口全部脱贫。在2021年2月25日举行的全国脱贫攻坚总结表彰大会上，叶坪乡被授予“全国脱贫攻坚楷模”荣誉称号。

党旗照亮扶贫路

宽敞干净的大道，精致整齐的新建楼房，设施完善的村级组织活动场所，蔚为壮观的蔬菜大棚……走进叶坪乡山岐村，很难想象这里以前曾是被村民嫌弃的“空壳村”。

近年来，叶坪乡党员干部纷纷走进山岐村，统筹推进脱贫攻坚工作，激发党员干部活力，“山岐”创造了村级集体经济、村庄建设、产业发展“三奇”，2017年山岐村顺利退出贫困村，实现了“设施齐、村庄美、产业兴、有保障、可持续”的目标。

一面党旗，就是一个堡垒。在脱贫攻坚战中，叶坪乡充分发挥基层党组织的战斗堡垒作用和党员的先锋模范作用，把党建工作与脱贫攻坚有机融合，扎实推进基层党建“三化”建设，推行“党建+精准扶贫”模式，改进干部作风，将组织优势转化为脱贫优势。

乡长朱胜江表面看是个清瘦的文弱书生，但干部群众都知道他是个“拼命三郎”“钢铁战士”。他把全部心思和精力都用在干事创业上，每天加班加点连轴转，不分昼夜、风雨无阻。单位离他家只有 10 分钟的车程，但他却经常连续半个多月吃住在单位或者所驻村委。由于积劳成疾、免疫力下降，2019 年 5 月朱胜江患上了脑垂体瘤，至今先后做过 4 次手术，仍然拼命如初。2019 年，瑞金市发生“7·14”特大洪灾，当天晚上凌晨五点，做颅内手术不久、请假在家休息的他，强忍病痛、毅然从病床上爬起来，第一个到达受灾最严重、情况最紧急最危险的洪灾现场，及时转移安置受灾群众 2000 余人，确保了群众生命财产安全。近年来，他深入基层、走村入户，利用晚上时间召开了 100 多次户主会，足迹踏遍乡里的每一个角落。他踏实苦干的作风不仅赢得了干部们的敬佩，也赢得了群众的赞誉。

瑞金市九丰现代农业科技有限公司是省级龙头企业，该企业采取“公司＋农户”的模式，让农户以土地价值入股参与利益分红。2016 年，该科技示范园为扩大生产规模，急需流转土地 1000 亩。叶坪乡干部勇挑重担，白天黑夜走访联系村民，其间，有不少干部面对村民的不理解不合作和谩骂，产生了畏难情绪。朱胜江说：“做乡村工作，尤其是脱贫攻坚工作，要有愚公精神，不畏难，不放弃，才能‘挖掉’贫困这座大山！”就这样，乡村干部连续奋战 14 个昼夜，终于成功流转 1000 亩土地，而乡里的干部全被晒成了“扶贫黑”。

近年来，叶坪乡创办领办致富带富项目 124 个，建立党员创业基地 16 个，累计支持党员贴息贷款 486 万元，带领 780 户贫困户发展种养、实现就业，涌现了华屋等一批先进基层党组织和黄小红等一批优秀共产党员。有了党组织的攻坚能力，九丰现代农业、城北滨江大道、瑞兴于快速交通走廊、瑞金机场、206 国道拓宽、山岐产业园、30 兆瓦市级光伏电站等重点项目建设顺利实现征地拆迁与土地流转，引领了 500 余户贫困户实现脱贫致富。

创新实干争一流

“四有一满意”“四改一整治”，各种标准化、规范化操作模式，成了助力瑞金脱贫的法宝。

脱贫攻坚贵在精准、重在精准、成败之举在于精准，谁是真正的贫困户？贫困原因是什么？怎么针对性帮扶？脱贫攻坚战刚刚打响，瑞金市领导就对叶坪乡的党员干部说，脱贫工作没有现存的路，这里是“共和国摇篮第一乡”，就要弘扬好争创一流的苏区精神，自己带头探索出样板来，像当年的革命先辈一样在这里再创新时代的“第一等工作”。为此，叶坪乡党委政府带领全乡干部走访调研，集思广益，创新摸索出一套行之有效、百姓认同的精准扶贫“五个一”工作法，通过“一室、一橱、一袋、一牌、一卡”建立贫困户档案，为帮扶工作因户施策打下坚实基础。

思路决定出路。为了斩断“穷根”，叶坪乡聚焦“持续增收、不返贫”等问题，在创新精准扶贫工作机制的基础上，提出“片区发展、板块互动、先行先试、整体推进”的发展理念，创造性探索实施产业扶贫“五个一”工作机制：选准一个产业、打造一个龙头、建立一套利益联结机制、扶持一笔资金、培育一套服务体系，因地制宜发展起以大棚蔬菜、烟叶、白莲、脐橙、蛋鸡等为主的特色支柱产业，形成了村村有特色产业的良好局面。

为啃下村集体经济“空壳村”这块“硬骨头”，叶坪乡干部通过实地走访、召开座谈会、咨询专家等方式积极开展调研，创新探索出了“入股分红法、资源出租法、招商引资法、支部带头法”等多种经营模式，便于村级组织结合自身实际，进行选择借鉴。同时，鼓励村级集体从本地实际出发，不断创新具有本地特色、务实管用的发展模式，形成多元化、市场化、规模化的村级集体经济发展格局。其中，大胜村“借鸡生蛋”，450亩荒山变身精准扶贫脐橙产业园，所获收益用于发展村集体事业和贫困户分红；田坞村“抱团发展”，连片发展实现产业集聚，整个片区6个村村集体经济收入逾96万元，平均每个村逾16万元；山岐村“就地取材”，利用水资源开发实现收益分红，村集体每年可获得20万元的资源开发收益；朱坊村“政策哺乳”，整合项目开发资金，以完善配套建设的方式入股朱坊文旅公司进行乡村旅游开发，实现资源变股权、资金变股金、农民变股民……通过集中发力、集中攻坚，叶坪乡村集体经济呈现新气象，逐步形成了一村一产业的良性发展格局。村集体经济“百花齐放”，全乡30个村集体经济得到迅速壮大。如今，叶坪乡已形成蔬菜、脐橙、白莲、水产、生猪、蛋鸡等六大特色农业产业，打造了“华嬷嬷泡菜”“夏罗黄金鱼”等扶贫产品品牌，产业带贫益贫效益明显，贫困户人均生产经营性收入高出全省平均值38个百分点。

开启振兴新篇章

脱贫有目标，服务群众却没终点。

2017 年，叶坪乡与瑞金市一道，以零错退、零漏评、群众满意度 100%的优异成绩在赣南革命老区率先脱贫摘帽。面对成绩，叶坪乡并没有停下脱贫攻坚的脚步，而是聚焦“持续增收、不返贫”等问题，着力抓好脱贫攻坚巩固提升，为决胜全面小康、实施乡村振兴打下坚实基础。

叶坪乡提出“片区发展、板块互动、先行先试、整体推进”的发展理念，不断探索巩固脱贫成效新举措。叶坪乡大胜村探索了“党支部 + 合作社 + 基地 + 贫困户”运营新模式，新建 450 亩脐橙园，集体资产折股量化给建档立卡贫困户。叶坪乡合龙村建成了全省最大的光伏扶贫电站，完善光伏扶贫收益分配模式，链接全市 1.12 万户建档立卡贫困户，实现户均增收 3000 元以上……

叶坪乡着力在推动现代农业提档升级、做旺乡村旅游产业、全力攻坚重点项目建设上下功夫，着力加快经济社会高质量跨越式发展。全面推进农业产业提档升级，全力支持百汇绿海产销整合项目，完善田坞、山岐现代农业“半小时经济圈”基础设施，建设农产品质量检测检疫中心和农产品交易中心，形成蔬菜、脐橙、生猪、蛋鸡、黄金鱼、白莲、特色水果、旅游等产业，全力打造叶坪黄金鱼、仰山淮山、陂坞茄子等特色品牌，实现农业产业既有“链”又有“品”。

一项项措施的背后，凝聚着叶坪乡党委政府的深谋远虑、智慧结晶，彰显了不忘初心、牢记使命的责任担当。如今，叶坪人民正以昂扬的姿态、奋斗的豪情，阔步行进在乡村振兴的大道上。

（图片：瑞金市乡村振兴局提供）

湖南省花垣县双龙镇十八洞村

湖南省花垣县双龙镇十八洞村，习近平总书记2013年在十八洞村首倡开展“精准扶贫”后，十八洞村两委班子坚持一户一策、精准帮扶，在就业扶贫、产业发展、兜底保障、互帮互助上精准发力，2016年，成为湖南省第一批出列的贫困村。坚持党建引领、筑牢根基，探索“党建引领、互助五兴”农村基层治理新模式。坚持因地制宜、壮大产业，先后形成种养、苗绣、劳务、旅游、山泉水5大产业体系，2013年至2020年，村民人均纯收入由1668元增长至18369元，村集体经济收入从零到突破200万元。坚持开放交流、互学互鉴，成为中国精准扶贫对外交流窗口。曾获“全国先进基层党组织”称号。2021年被授予“全国脱贫攻坚楷模”荣誉称号。

湖南省花垣县双龙镇十八洞村：“精准扶贫”首倡地的能量场

湖南湘西的武陵山区，是全国集中连片特困地区，这些地方虽然风景秀丽，但却阻隔着一代代山民们走出贫苦大山的梦想。

隐身在这片山区深处的十八洞村是一个苗族村落，一度十分闭塞，村民们长期徘徊于贫困线以下。2013 年，全村人均可支配收入只有 1668 元，贫困发生率高达 57%。

2013 年 11 月 3 日，习近平总书记来到十八洞村，首次提出“精准扶贫”理念，作出“实事求是、因地制宜、分类指导、精准扶贫”的重要指示。

总书记饱含深情的殷殷嘱托，点燃了苗家人的激情。村民在党和政府的带领下，种猕猴桃、开发山泉水、发展旅游，迎来了翻天覆地变化。人均纯收入从 2013 年的 1668 元到 2020 年的 18369 元，彰显了脱贫攻坚的伟大成效，成为精准扶贫的样本。

“没想到来的是总书记”

尽管已过去多年，但习近平总书记视察十八洞村的场景，石爬专仍历历在目。

青山环抱、涧水幽蓝的十八洞村，人均耕地面积仅 0.83 亩，2013 年全村人均纯收入仅为 1668 元，不到当年中国农民人均收入的五分之一。贫困生活正如歌谣所唱，“三沟两岔穷疙瘩，每天红薯苞谷粑”。

2013 年 11 月 3 日，习近平总书记来到十八洞村，首先走进位于村口的石爬专老人的家。

看见眼前一位身材高大的领导在人群的簇拥下进了屋，老人一脸惶惑不安。“家里那时也没有电视。没想到来的是总书记！”石爬专老人回忆说，“总书记微笑着问：‘这是不是你屋？’我讲是的。他又问：‘可不可以进屋坐坐？’我高兴得赶紧拉着他的手往屋里走。”

进屋后，习近平总书记看了房内的粮仓，询问粮食够不够吃？种不种果树？养不养猪？他还走到猪栏边，观察我家养的猪肥不肥。对当年的事情，老人记得十分清晰。“那会儿家里唯一的‘电器’就是一盏节能灯。现在日子可比以前好太多了！”

“巧媳妇”农家乐的年轻老板施全友是在电视上看到总书记来到他们家的情景的。

这个农家乐原来是施全友的父亲施成富的老宅，以前“雨天在屋里还要打把伞”。在浙江打工的施全友奔波多年一直没有在外落下脚。看到习近平总书记到了自己家里，他非常激动地给父母打了电话，辞了工作登上了回家的火车。

眼见游客越来越多，施全友在驻村工作队支持下，用小额贷款办起了农家乐。当年老旧的房子修葺一新，门前空地对着山谷，视野开阔。空地上搭着凉棚、挂着灯笼。晴天里，十来张小桌前往往坐满游客。

以前的梦想是在家门口就业，如今是村寨里火红店铺的老板，儿女们也能在附近的幼儿园就读。如今，十八洞村已有 10 余家农家乐，即便是 2020 年受新冠肺炎疫情影响，接待游客也超过 40 万人次。

不栽盆景靠机制

回忆起那天给总书记当“向导”的场景，施金通记忆犹新。他说，当天下午走访了石爬专、施成富两家人后，在村里的晒谷场上，一棵高耸入云、有 300 多年树龄的梨树下，面对围坐在身边的父老乡亲，习近平总书记第一次提出了“精准扶贫”，指导全国脱贫攻坚工作。

“总书记提了十六个字的要求：实事求是、因地制宜、分类指导、精准扶贫。”时任村主任的施金通说，总书记的话说在点上，我们理解，关键是“精准”二字。村里决定，先从精准识别开始，这在当时还没有先例。

“户主申请，群众投票识别，三级会审，公告公示，乡镇审核，县级审批，入户登记”——这是十八洞村识别贫困户的“七步法”。

“家里有拿工资的不评，在城里买了商品房的不评，在村里修了三层以上楼房的不评……”——十八洞村筛选贫困户有“九不评”。

“七步法、九不评”精准识别出贫困人口 542 人，村里不再有闲言碎语。

4个自然寨合并而成的十八洞村，一度村合心不合，劲难往一处使。基础设施建设更是磕磕绊绊。这让时任县委驻村扶贫工作队队长龙秀林开始反思，扶贫首先得扶“精气神”，要从根本上转变村民“等靠要”的思想。

工作队又琢磨出“村民思想道德星级化管理模式”：全村16周岁以上村民从支持公益事业、遵纪守法、家庭美德等6个方面进行公开投票，每季度一次，互评模范家庭。

如今，只要涉及村里的公益事业，斤斤计较的少了、主动参与的多了。村道拓宽，材料和设备由工作队筹措，投工投劳全部由村民上。

脱贫与“脱单”

拔穷根，必须靠产业。然而一番入户摸底，贫困户的情况基本相同：缺资金、少技术，加上户均土地很少，单打独斗难闯市场。

过去的教训明显说明：扶持起来的特色养殖一度红火，工作组一撤，却又开始“重复昨天的故事”。

“总书记在座谈时强调，发展是甩掉贫困帽子的总办法，贫困地区要从实际出发，因地制宜，把种什么、养什么、从哪里增收想明白，帮助乡亲们寻找脱贫致富的好路子。”时任县委书记罗明说，为了把种什么、养什么、从哪里增收想明白，村里琢磨了3个多月。

十八洞村抬头是山，低头是沟，人均耕地0.83亩，种植什么？县里村里颇费思量，最终把目标定为当地特产——猕猴桃。

罗明远赴武汉拜访中科院武汉植物研究所，引来国内猕猴桃种植的顶级技术；同时在道二乡流转土地1000亩，邀请县里的专业合作社与十八洞村共建猕猴桃基地，贫困户和普通村民则带着扶贫和政策支持的资金入股。

在哪里种、种什么想好了，但土壤改良、抽沟擦壕、猕猴桃园棚架、钢丝钢缆定植的钱从哪里来？当地负责人介绍：“找上级财政也能获得支持，可总书记专门叮嘱过，村里要变化，但不能因为他来过了就搞特殊化。”

向市场问策，思路泉涌：扶贫款不直接发给贫困户，而是集中起来，参股到专业合作社，贫困户每年都有分红。这样既解决了合作社的资金问题，也保证了贫困户有长期稳定的收入，提高了扶贫资金使用效率。村民施金文由村里选派，长年驻扎基地，既代表监督，也参与培管。

除了猕猴桃，十八洞村还有黄牛养殖、乡村旅游、劳务经济和苗绣等产业，这些都为整村脱贫提供了有力支撑。新拓宽的村道铺上了沥青，新修建的水渠让自来水进村入户，改造后的民居更显苗家风情，全村村民入股的猕猴桃长势正好……如今的十八洞村，似乎处处都在焕发“年轻的活力”。

2013 年 11 月，在晒谷场上座谈时，村民们告诉总书记，除了贫困，村里光棍汉多，娶不上媳妇。习近平总书记勉励大家，要加油干，等穷根斩断了，日子好过了，媳妇自然会娶进来。一席话，听得大伙儿都笑了。2016 年全国两会期间，习近平总书记参加湖南代表团审议时，就特意向来自湘西土家族苗族自治州的代表询问十八洞村的情况。

首任扶贫队长龙秀林与因家庭变故而一度颓废的龙先兰结为“金兰兄弟”，并把龙先兰带回老家与父母、兄弟姐妹相认。失去亲人的龙先兰找到了家的温暖，有了创业干事的热情。

2015 年冬季，龙先兰开始学习养蜂。次年，他得到了花垣农商银行的贷款扶持，成功扩大养蜂规模，当年有了 5 万余元收入。2018 年，龙先兰成立花垣金兰十八洞蜜蜂养殖有限责任公司，带动周边 5 个乡镇 118 户、562 人，养蜂 1000 多箱，年产值 150 多万元。

脱贫的同时，龙先兰还在村里举办的第一届相亲大会上与邻村姑娘喜结连理。“2018 年的时候买了新车子，2019 年住进了新房子，2020 年有了第一个孩子。”龙先兰满脸笑容地说。女儿出生，取名龙思恩，意思是：饮水思源，不忘党恩。

十八洞村驻村第一书记孙中元说，现在许多村民有积蓄，人生大事不再犯难，村里已有 30 多个单身汉成功“脱单”。

新起点　再出发

十八洞村虽然距县城和州府只有不到 40 公里的距离，但深藏崇山峻岭之中，过去由于交通不便，农网改造一直没有进行，宽带网络也无法进村，不少人家里连电视机都没有，对外面的世界了解甚少，不少苗族老人听不懂普通话，难以与外界交流，几乎处于与世隔绝的状态。村内的竹子小学，校舍十分简陋，只有一名教师，实行隔年招生，适龄儿童就读不便，辍学现象时有发生。大多数村民只接受过小学或初中教育，全村外出务工人员中，小学、初中文化程度的占 94.63%，高中及以上文化程度仅占 5.37%。

经过多年建设，现在孩子们不仅有了宽敞明亮的教室、食堂、厕所和运动场，而且村里有了各种各样的培训中心、技能中心和村民学习娱乐场所。村民们不仅学会了通过电商平台与全国各地的人们做生意，而且还学会了向外面的世界推销自己，有了十八洞村自己叫得响的“品牌”。如今来到这里，人们再不用担心交流不畅的问题，老人们都学会了用普通话和大家自由畅谈，村民们不仅格外热情，而且在他们的言谈和笑容中展现着一种特有的自信和骄傲。

如今，笼罩山寨的贫穷雾霾已散尽。十八洞村全村人均纯收入从 2013 年的 1668 元，增长到 2020 年的 18369 元，村集体经济收入突破 200 万元。

但当地显然有了更高的目标。

孙中元说，2020 年中央电视台带领一批顶流网红来村里直播，一次带货超千万元，也让更多人熟悉了当地秀美的山水和勤劳质朴的乡民。

截至 2020 年初，花垣县全县 142 个贫困村全部退出，建档立卡贫困人口 80606 人脱贫 79178 人，贫困发生率由 28.44%下降到 0.55%，如期实现脱贫摘帽。

2021 年 2 月 25 日，习近平总书记在全国脱贫攻坚总结表彰大会上庄严宣告，脱贫攻坚战取得了全面胜利，中国完成了消除绝对贫困的艰巨任务。

身着崭新苗服的十八洞村党支部书记、村委会主任施金通走上领奖台，代表全村接过“全国脱贫攻坚楷模”奖牌。

（图片：湘西自治州花垣县乡村振兴局提供）

四川省凉山彝族自治州
昭觉县三岔河镇三河村

四川省凉山彝族自治州昭觉县三岔河镇三河村是大凉山腹地的深度贫困村，过去三河村经济来源主要靠种植玉米、土豆，贫困发生率达 46.47%。脱贫攻坚战以来，三河村大力发展种养、文旅产业，全村实现脱贫致富。全村土豆种植面积 3300 亩，贫困户户均增收 2500 元以上；花椒种植 1500 亩，户均增收 15000 元以上。利用发放产业扶持周转金等措施鼓励贫困户养殖家禽、能繁乌金母猪、西门塔尔牛等，进一步带动贫困户增收。同时，利用传统优势积极发展养蜂产业，目前已形成 5000 箱的养殖规模。此外，三河村还发展了核桃、云木香等产业，建立起旅游合作社，为乡村振兴打下坚实基础。2021 年被授予“全国脱贫攻坚楷模”荣誉称号。

四川省凉山彝族自治州昭觉县三岔河镇三河村：产业兴旺火塘暖　文明卫生气象新

四川凉山，国家确定的“三区三州”连片深度贫困地区之一，其脱贫攻坚备受社会关注。三河村处于大凉山腹地，平均海拔2500多米，是一个典型的彝族聚居深度贫困村。2013年，全村355户，贫困户就有151户，贫困发生率达46.47%。长期以来，村里90%的村民住在简陋的低矮土坯房里，保持着传统生产生活方式。

脱贫攻坚战打响以来，三河村在省市县乡各级政府及社会各界的大力支持与帮助下，奋斗出了属于自己的幸福生活。2021年2月25日，在全国脱贫攻坚总结表彰大会上，四川省凉山彝族自治州昭觉县三岔河镇三河村被授予“全国脱贫攻坚楷模”荣誉称号。这座大凉山深处的彝家村寨，已成为脱贫攻坚典范村。

挪穷窝　搬新家

2017年3月8日，习近平总书记参加十二届全国人大五次会议四川代表团审议时，向来自凉山州的代表了解脱贫攻坚进展情况。总书记说，全国集中连片特困地区，我绝大多数去过了，还没有走到的吕梁和凉山会尽快去。

随后不到一年，习近平总书记便深入大凉山，来到三河村。2018年2月11日，农历春节前夕，在四川省考察的习近平总书记来到三河村。沿着崎岖山路，他一一走访贫困户，并与村民代表、驻村扶贫工作队座谈交流。

习近平总书记走进村民吉好也求家的老房子。用泥土堆砌的土坯房十分低矮，没有窗户。总书记俯身走进屋里，与吉好也求一家亲切交谈，鼓励他们早日脱贫致富。

吉好也求家所在的凉山州是全国最大的彝族聚居区，彝族人口占54.16%。曾经作为“三区三州”深度贫困地区之一，凉山州是全国脱贫攻坚的主战场之一。习近平总书记十分关心凉山脱贫攻坚，牵挂着当地群众。

回忆起当年习近平总书记和自己亲切握手时的场景，吉好也求仍难掩激动：“那一天，雪后的阳光特别好，总书记是踏着雪后的泥路深一脚浅一脚走来的。总书记和我们亲切握手、拉家常，察看院子，关心是否用得上自来水，掀开床褥、摸摸被子，询问够不够厚实、暖和，询问我们的吃穿怎么样，孩子有没有上学……”

“习近平总书记对我们一家人说：‘我一直牵挂着彝族群众，看着你们生活一天一天好起来，很高兴，希望孩子们都能过上幸福生活。’”吉好也求说，“听了总书记的话，心里亮堂堂的。”

在三河村，习近平总书记指出，我们搞社会主义，就是要让各族人民都过上幸福美好的生活。全面建成小康社会最艰巨最繁重的任务在贫困地区，特别是在深度贫困地区，无论这块硬骨头有多硬都必须啃下，无论这场攻坚战有多难打都必须打赢，全面小康路上不能忘记每一个民族、每一个家庭。

结合当地特点，习近平总书记给村民们支招致富路。他强调，继续加大易地扶贫搬迁力度，让住在大山深处的彝族同胞搬进安全舒适的新居，解决他们交通出行的难题。

解决住房难题，是三河村奔向小康之路的“开门炮”，也是三河村贫困群众“两不愁三保障”工作的首要任务。三河村按照“组团式、微田园，大聚居、小杂居”的思路，规划了9个易地搬迁安置点。2018年4月，三河村9个易地搬迁安置点集中开工，2020年5月初全部完工并投入使用。

为了解决三河村村民饮水问题，当地请来水利专家，在13公里外的解放沟找到了稳定水源，彻底结束了老百姓从几公里的村外背水吃的历史。

目前，在三河村已建成的易地搬迁安置点，253户1294人搬入新居。吉好也求搬进了100平方米的新家——砖混结构，整齐干净、宽敞明亮、温馨舒适。

“当年总书记走过的泥路变得平整了，只能俯身进来的土坯房也变成了宽敞明亮的新房子！”吉好也求脸上洋溢着幸福，“从土窝窝一下子就搬到了新房子，生活大变样了！”

路路通　有奔头

曾经，三河村是一个没有“出路”的村子。因为不通公路，村民、货物要出村，只能靠走路和人背马驮。

最犯愁的是下雨天。村民洛古尔地说，一下雨，路就变成“黑泥路”。更让人揪心的是，村里的那条河经常涨水，有五六米宽，孩子们上学必须赤脚蹚过河。

有一条畅达的公路，是三河村人祖祖辈辈的梦想。

为让村民们不再“出门难，难出门”，2018 年春天，昭觉县委、县政府开启了通乡通村道路建设工程。千百年来，这里的群众“出门靠走(路)、过河靠溜（索）”“对面能听声，相见需数日”。现在，凉山州所有乡镇和建制村实现 100%通硬化路，出门水泥路、抬脚上客车，平整的道路通过村民的家门口。

村民洛古有伍一大早就给收购商打电话。交通方便了，他家养殖的绵羊很快就能运出去，不担心销路问题。洛古有伍说：“我不再是个‘放羊倌’，而是放羊的经理，通过放羊过上好日子！”

离洛古有伍的养殖场不远的地方，就是已铺好的柏油路。借助这条出村公路，绵羊和乌金猪等三河村土特产被销往全国各地。

搬了新家，通了公路，三河村怎样才能找到持续增收的路子？为找到适合村子发展的产业，昭觉县三岔河乡综合帮扶队队长、原三河村第一书记张凌曾踏遍了村子四周的每一块地。经过调研论证，结合三河村的土壤、气候等特点，村干部和村民认识到，还是要利用土地资源优势，向 19.24 平方公里土地要效益。

经过几年的摸索和小规模的试种试养，增收致富的路径已经清晰。在村组干部、村民们一起规划的产业中，建起了“短期 + 中期 + 长期”相结合的特色种植养殖模式发展构想。发展特色产业，才能长期稳定致富。坚持多元化、差异化发展，突出地方特色，宜种则种、宜养则养。

2020 年春节后，部分群众外出务工受到新冠肺炎疫情影响，三河村及时组织他们到附近的工地或产业园区务工，确保贫困户收入不受影响。

中期发展特色种植，为改变当地传统种植效益低的状况，经过前期小规模试种，并邀请省农科院专家实地论证，确定了种植产值更高的云木香、花椒、冬桃等特色农产品和水果，目前已种植云木香1000亩、冬桃370亩、花椒2800亩，预计2—3年后，能带动贫困户户均增收2万元以上。

长期走产业融合发展之路。立足三河村资源禀赋，大力发展乡村旅游，把旧址、新居和村史馆串联起来，开发彝族文化扶贫主题旅游线路，围绕吃住行游购娱，配套建设民宿酒店、商铺、彝家乐等经营设施，开发更多就业岗位，吸引群众就近就地就业，帮助群众实现长期稳定增收致富。

一个个身边脱贫的励志故事在三河村相互激荡，凝聚起贫困群众争先脱贫、昂扬向上的精神力量。截至2020年9月30日，全村贫困户人均纯收入达到11245元，三河村的脱贫攻坚取得了决定性胜利。

（图片：田彬提供）

国网西藏电力有限公司农电工作部

国网西藏电力有限公司农电工作部，相继建成青藏、川藏、藏中、阿里联网工程四条“电力天路”。在世界屋脊织起了一张坚强可靠的“民生网”“幸福网”“光明网”。特别是阿里联网工程的投运，彻底结束了阿里地区孤网运行历史，标志着西藏迈入统一电网新时代。在发挥行业作用同时，积极履行社会责任。先后完成 833 个易地搬迁扶贫点、4807 个扶贫产业项目配套电网建设任务，保障搬迁群众 1.98 万人安全稳定用电。先后派出驻村工作队 189 支 1222 人赴 41 个贫困村开展帮扶，投入帮扶资金 1100 万元，大幅改善当地基础设施和公共服务条件，带动 4383 名群众脱贫。曾获“全国脱贫攻坚奖”等称号。2021 年被授予“全国脱贫攻坚楷模”荣誉称号。

国网西藏电力有限公司农电工作部：“电力天路”织起雪域高原“民生网”

在西藏阿里电力联网工程建设中，电力工人经常爬上几十米高塔铺设电线，他们能欣赏到西藏壮丽的自然风光，但却时时处在高度危险之中。

10 年来，十多万来自祖国各地的国网电力建设者置危险于不顾，突破生命禁区、挑战生存极限，创造了世界电力建设史上的奇迹。他们先后建成了青藏、川藏、藏中、阿里联网四条“电力天路”，使西藏电网与全国联网并迈入超高压大电网时代，在世界屋脊织起了一张张“民生网”“幸福网”“光明网”。

2021 年 2 月 25 日，国网西藏电力有限公司农电工作部被授予“全国脱贫攻坚楷模”荣誉称号。

撒播光明的“种子”

1958 年，国家“二五”计划重点工程、被誉为“拉萨河畔夜明珠”的纳金电站，在谭冠三等十八军将领战士和来自全国 16 个省市的工程技术人员、藏汉工农以及翻身农奴群众的一镐一钎中开始建设。1960 年，纳金电站第一次向拉萨正式送电。电力这颗光明的“种子”在雪域高原播下种、扎下根。

纳金电站的建成发电，彻底结束了拉萨人民用松明子和酥油灯照明的历史，也推动形成了西藏历史上最早的 35 千伏拉萨电网雏形，更开启了社会主义道路制度下西藏电力工业起航发展的奋进之路。

1965 年西藏自治区成立以后，在党的光辉照耀下，全区电力事业逐步发展，开启了一段从无到有、从小到大、从弱到强的辉煌岁月。

20 世纪 70 至 80 年代以来，改革开放的春风吹进西藏，全区社会生产力得到空前解放和发展，党中央陆续召开第一、二次西藏工作座谈会，历史性开创专门研究谋划西藏工作的新机制，明确提出了西藏电力建设要“以水电为主、遍地开花”。

抓住新的历史机遇，西藏各地又相继建成投运了羊八井地热电站、羊湖抽水蓄能电站、金河水电站、狮泉河水电站以及直孔水电站等一批骨干电源。

“电力天路”耀屋脊

羊八井、羊湖电厂等投运后，西藏用电需求一度得到短暂缓解。但随着西藏各项建设事业“几十年跨越上千年”的飞速发展，西藏电力供需矛盾依然越来越突出。

直到 20 世纪初，每当冬春季枯水季节，以水电为主的西藏电源结构发电能力严重不足，致使不少地方仍被缺电、电力不稳定所困扰，电力成为制约西藏经济社会快速发展的“短板”。

如何将电力能源的供给状态从“制约经济社会发展”转变为“引领社会主义新西藏建设”？这成为摆在西藏电网建设者面前的一道重大课题。

2007 年，由国家电网公司、西藏自治区人民政府共同组建西藏电力有限公司，标志着西藏电力企业首次与中央企业建立了资本纽带关系。

在来自政府和企业等多方力量的大力支持和支援帮助下，仅 2010 年到 2020 年短短 10 年间，就先后有 20 万余名电力建设者冒严寒、顶风雪、战缺氧，投资近 500 亿元在世界屋脊先后架起青藏联网、川藏联网、藏中联网和阿里联网四条“电力天路”：

2011 年 12 月，青藏联网工程建成投运，标志着西藏电网长期孤网运行的历史彻底结束，并通过青海电网首次实现与全国大电网互联互通；

2014 年 11 月，川藏联网工程建成投运，标志着西藏昌都电网孤网运行的历史彻底结束，并实现与四川电网联网运行；

2018 年 11 月，藏中联网工程建成投运，标志着西藏藏中电网与昌都电网联网运行，西藏由此迈入了 500 千伏超高压大电网时代；

2020 年 12 月，阿里联网工程建成投运，标志着西藏电网迈入全区“一张网”的统一电网新时代。

大电网的升级跨越与迅猛发展，不仅从根本上解决了西藏长期以来的缺电问题，同时也为全区资源优势转化为经济优势、发展优势奠定了坚实基础。

西藏电力起步晚，底子薄，直到2010年还是全国唯一一个孤立运行的省级电网，电力供需矛盾十分突出。青藏联网工程是国家西部大开发重点工程之一，是国家加快西藏发展的一项重大举措。2011年，青藏电力联网运营，结束西藏电网孤网运行的历史。

2020年7月，阿里电力联网工程全线贯通，这是迄今为止世界上海拔最高、运距最远、最具挑战性的输变电工程，彻底结束了我国大陆最后一个地级市孤网运行的历史，标志着西藏迈入统一电网新时代。

党的十八大以来，西藏电力建设步入提档加速期，电网建设总投资超过300亿元。仅“十三五”期间，在四条“电力天路”的直接拉动下，西藏电网用电负荷连年刷新历史纪录，年均增幅近20%，达到170万千瓦；全社会用电量连续多年保持两位数增长、达到82.5亿千瓦时。同时，西藏电网还积极参与全国范围内的电力电量平衡和跨区交易，自2015年首次实现“藏电外送”以来，截至2021年6月15日，累计实现区内水电等清洁能源外送超过67亿千瓦时，直接带动全区经济增长17.4亿元、减少西藏二氧化碳排放668万吨，几代西藏电力人终于实现了光耀世界屋脊的雄心壮志！

助力产业扶贫

西藏面积120多万平方公里，地广人稀。截至目前，西藏依托4条“电力天路”的强力辐射，主电网已覆盖了全区74县区97%的人口，使广大农牧民群众基本实现了从“用上电”到“用好电”的转变，为西藏经济社会发展、打赢脱贫攻坚战注入强劲动力。

自2015年以来，为助力西藏打赢脱贫攻坚战，给各族群众提供安全可靠的电力供应，国网西藏电力农电工作部认真落实国家电网“强化行业扶贫”和“深化定点扶贫”十大行动计划，开启了一条电靓高原、助力脱贫的特色扶贫攻坚之路。

“我们专门开辟扶贫项目用电绿色通道，保障民族手工业加工厂、牦牛育肥基地、家庭式旅馆等扶贫项目用电，带动产业发展。”国网西藏电力有限公司农电工作部主任何龙寿说。

2016年以来，国网西藏电力有限公司相继投入245亿元实施了农网

“户户通电”、无电地区电力建设暨农网线路改造升级、深度贫困地区电网建设等一系列惠民工程。同时，牵头组织实施藏中联网、“三区三州”农网改造升级和阿里联网等工程，先后完成833个易地搬迁扶贫点、4807个扶贫产业项目配套电网建设任务，保障搬迁群众1.98万人安全稳定用电，为贫困群众送去了光明和希望。

电力建设点亮了万家灯火，也为产业扶贫项目和易地搬迁等提供了强力的电力支撑。西藏林芝市朗县核桃远近闻名，以前，完全依靠手工加工，生产效率低、产品质量参差不齐，经济效益差。接通大网电后，生产链全部实现了电气化，生产效率提高了，种植规模扩大了。

供电质量的提高，不仅促进传统乡村产业发展，还给群众带来稳定就业和收入。平措粉丝加工合作社，解决了10多名群众的就业问题。“自2016年，启用新的电气化设备后，粉丝的日产量从200斤涨到了2000斤。”扎西说，“忙的时候我们还会请些零工，150元一天。固定员工月收入3500元左右，入股群众年底还有3万到4万元的分红。”

茫茫雪域高原，一盏盏昏暗的油灯换成了明亮的电灯，一个个贫困县乡改变了落后面貌，一张张幸福的笑脸灿烂绽放，电力为西藏脱贫攻坚和全面建成小康社会提供了坚强的动力与支撑。

（图片：国网西藏电力有限公司宣传部，王建君提供）

陕西省绥德县张家砭镇郝家桥村

陕西省绥德县张家砭镇郝家桥村地处黄土高原丘陵沟壑区，2014 年建档立卡贫困人口 236 户、548 人，贫困发生率 30.7%。自脱贫攻坚战打响以来，郝家桥村紧跟时代步伐，争做“排头兵”。建成山地苹果生态果园 2000 亩，日光温室大棚 20 座、拱棚 40 座，年存栏 3000 只湖羊养殖场、年存栏 2300 头生猪养殖场，总规模 500 千瓦的光伏产业，发展红色旅游和乡村旅游，形成集现代农业、光伏发电、乡村旅游于一体的产业体系，多渠道帮助贫困群众实现增收。截至 2020 年底，全村贫困人口全部脱贫，村民人均可支配收入达到 11543 元。建成集小学幼儿园、互助幸福院、村服务中心、村卫生室等于一体的村服务体系。2021 年被授予“全国脱贫攻坚楷模”荣誉称号。

陕西省绥德县张家砭镇郝家桥村：从“农村楷模”到“脱贫攻坚楷模”

2014 年，作为重点贫困村，郝家桥村贫困发生率 30.7%。自脱贫攻坚战打响以来，这个在革命年代留下红色印记的陕北山村，紧跟时代步伐，争做“排头兵”，在各级党委、政府的帮扶下，郝家桥村党支部带头谋发展、兴产业，全村上下一心，又在山沟沟里走出一条脱贫致富路，为全面推进乡村振兴打下坚实基础。

2021 年 2 月 25 日，在全国脱贫攻坚总结表彰大会上，习近平总书记亲手将全国脱贫攻坚楷模奖牌颁发给郝家桥村党支部书记刘振喜。这个通过多年奋斗彻底告别贫困的陕北山村，成为陕西唯一获此殊荣的集体。

产业兴旺　收入大幅增加

产业兴旺是乡村振兴的重点和基础。近年来，郝家桥村深入开展农村集体产权制度改革，成立了村集体经济股份合作社，将全村所有荒地、坡地流转至村集体统一使用，因地制宜，科学规划，整理打造土地 2800 亩，形成了集山地苹果、设施大棚、规模养殖、红色旅游、光伏发电等为一体的特色产业体系，全面推进村民共同富裕。

此外，作为抗日战争时期陕甘宁边区大生产运动的模范村，郝家桥村还充分发挥红色文化资源优势，以弘扬调查研究的工作作风和刘玉厚的劳模精神为重点，将党的政治优势和组织优势与全村旅游产业发展相融互动，成立了专门的旅游公司，发展旅游产业，带动村民增收致富。2018 年以来，郝家桥村接待中外游客 24 万余人次，红色旅游成了全村致富的“金钥匙”。如今，依托丰富的红色资源，郝家桥村已经打造了临时旅游接待中心，有停车场和接待大厅，可临时接待三四百人。2021 年，郝家桥村集体经济实现收入 120 余万元，向村民分红 80 余万元。

2022年1月7日，村民郝志奇的温棚里，芹菜和黄瓜等蔬菜正待上市，他和妻子满眼笑意地看着棚内的蔬菜，就像看着自家的孩子般慈爱温柔。多年前，由于身体原因，郝志奇无法外出务工，家庭陷入贫困。2019年，在帮扶干部和村两委会的帮助下，郝志奇承包了村里的一座大棚，前半年种芝麻香瓜，后半年种西红柿和黄瓜，依靠自己的勤奋劲儿，当年就收入3万多元。2020年，尝到甜头的郝志奇又承包了一座大棚，如今他已成了村里的脱贫致富“明星”。

“政策好，干啥都有劲。如今我要为社会出把力，我想把我棚里的蔬菜捐给西安的医护人员，因为我要报恩，要感谢中国共产党！”郝志奇说。

村党支部书记刘振喜说：“从革命年代开始，郝家桥人就有着勤劳奋斗的光荣传统，劳动英雄刘玉厚是村里几代人学习的榜样。走进新时代，郝家桥人用奋斗创造幸福的优良传统一脉相承。”

牢记嘱托　传承楷模精神

郝家桥村红色历史悠久，曾是陕北农村最早开展农民运动、进行革命斗争的村庄之一。进入新时代，郝家桥人继续弘扬楷模精神，艰苦奋斗，砥砺前行，全面打赢脱贫攻坚战，和全国人民一道步入小康大道。

从革命战争年代的“农村楷模”到新时代的“全国脱贫攻坚楷模”，郝家桥村的发展变迁，就是中国乡村振兴的生动写照。

习近平总书记来村考察时，详细观看了村史展览，了解这个“红色山村”的光荣革命历史以及革命传统传承情况，他指出：“这山沟沟里都有奔头，能走出致富路、过上好日子，全中国就有底。这个地方我看是人努力、天帮忙。这个‘天’两层含义，一个是自然气候的天，一个是党和政府好政策的天。”

郝家桥村牢记总书记的嘱托，不断发展振兴郝家桥。党建方面，新发展吸纳两名党员，新建了党员活动室及图书室，方便开展党员学习和党建活动。红色旅游方面，村游客接待中心在原有“一馆三址”的基础上恢复改造完成了刘玉厚旧居，开通了红色旅游专线，65周岁以上游客免费乘坐。产业方面，试种了5亩金银花，品质非常好，葡萄种植也获得顾客一致好评，还规划建设草饲料加工厂。下一步，郝家桥村将按照“一轴四区”的初步规划布局，以道路主干道为轴，将村内区域规划为游客接待区、民宿商业区、展室核心区、干部培训区，制定《郝家桥村乡村振兴示范村创建工作初步方案》，着重开展产业提升、生态宜居、乡风文明、治理有效等重点建设项目。

临近虎年新春，村子各家院落里都弥漫着浓浓的年茶饭香味，做油馍、炖羊肉、烧肘子、炸丸子……村民们围着锅台拉家常、谈收入，喜笑颜开，幸福满满。

“总书记的到来，给了我们更大的动力。”刘振喜说，“一两个人富裕不算富，全村人都过上好日子才是真正的好。我们会继续努力，依靠党的好政策，让村民们的日子越过越红火。”

（图片：榆林市绥德县张家砭镇人民政府提供）

青海省海东市互助土族自治县五十镇班彦村

2015年底，青海省海东市互助土族自治县五十镇班彦村全村人均纯收入为2600元，村集体经济为零。脱贫攻坚战以来，班彦村把发展生产同促进就业相结合，同完善基本公共服务相结合，同保护民族区域文化特色风貌相结合，2017年3月完成了整体搬迁，年底整村实现脱贫。紧紧围绕脱贫致富的总体目标，积极探索符合自身实际的产业发展之路，形成了以乡村旅游为主线引领，盘绣制作、酩馏酒酿造、光伏发电、特色养殖等各项致富产业多点开花、融合发展的良好局面，真正实现“搬得出、稳得住、有事干、能致富”总体目标。2020年底，全村人均收入达到11419元，村集体经济收入达到106.9万元。2021年被授予“全国脱贫攻坚楷模”荣誉称号。

青海省海东市互助土族自治县五十镇班彦村：“彩虹之乡”的新生活

青海省海东市互助土族自治县位于六盘山集中连片特困地区。土族是全国 28 个人口较少的民族之一，自古崇尚彩虹，这里因此被称为“彩虹之乡”。可是，由于地处青藏高原，自然环境恶劣，发展条件受限，贫困就如大山一样横亘在眼前。直到 2015 年，班彦村的 129 户人家依然居住在被当地人称为“脑山”的山顶上，严重缺水、交通闭塞，是典型的“一方水土养活不了一方人”。

2016 年 8 月 23 日，习近平总书记冒着蒙蒙细雨来到班彦村考察易地扶贫搬迁新村建设情况。总书记走过尚未完工的泥泞道路，来到村民们的新家，察看房屋格局，了解施工进展，关心移民搬迁群众生产生活冷暖。总书记说，一定要把易地移民搬迁工程建设好，保质保量让村民们搬入新居。大家生活安顿下来后，各项脱贫措施要跟上，把生产搞上去。几年来，班彦村牢记总书记的嘱托，搬出穷山窝后依托民族特色发展产业经济，实现旧貌换新颜，一步一步踏上了脱贫奔小康的幸福路。

告别“六难”，“彩虹之乡”名副其实

2016 年 8 月 23 日，习近平总书记来到正在建设中的班彦新村考察易地扶贫搬迁工作，走进了村民吕有金的新家。

“那天看到总书记，我都不敢相信！直到总书记握住我的手，我才缓过神来，赶紧上前搀着总书记进门。我们全家人都围在总书记身边，都想和总书记靠得近些，再近些。”吕有金回忆。

“总书记进屋后，仔细察看房屋的户型结构，坐下来观看旧村的视频，接着拿起我家的《扶贫手册》，问了我好多问题：年收入多少？小孩上学了吗？对帮扶项目是否满意？总书记还问我，移民搬迁后想干点啥？我说

想办农家乐。”吕有金笑着说。

班彦村是一个传统的土族村落，全村共有8个社369户1396人，其中土族人口1368人，2015年精准识别建档立卡贫困户183户720人，贫困发生率为52%，全村人均纯收入2600元，村集体经济为零。

2016年，随着党中央国务院易地扶贫搬迁工程的全面启动，班彦村迎来了历史性的发展机遇。互助县通过整合省市县各类资金，主要实施了村级基础设施建设、配套设施、易地扶贫搬迁、产业发展等项目建设。

在班彦村易地扶贫搬迁过程中，当地政府充分吸纳群众的合理建议，按照户均0.4亩院落、0.2亩集中养殖区的规模，统一规划、设计、建设新居。同时，实施自来水入户和标准化配电工程，修建了卫生厕所、排水管网及污水处理设施，厨房接通了天然气，并安装了“柴改电”热炕设备。

“当初的顾虑真是多余的。”走进村民张卓麻什姐家，电热炕、燃气灶、自来水一应俱全。“房子、家具，政府全都配备好了，按时髦说法，这叫拎包入住!”

搬迁后，班彦新村实施了村道硬化、村庄亮化、建设文化广场等工程，补齐了基础设施和发展条件的短板，解开了脱贫的“死结”。如今，班彦新村紧邻省道，家家户户做饭用天然气，洗澡用太阳能，厕所用冲水马桶，电热炕暖和干净，步行10多分钟就可以到镇卫生院，小学就在旁边，幼儿园有校车接送小孩，镇中心学校也只有两三公里远……

今天，从高处俯瞰班彦新村，就像一颗镶嵌在绿树丛中的红宝石，行走在村道上，仿佛是在“画中游”。由于统一规划、设计和建设，新村绿树成排、鲜花争艳，一排排富有土族特色的新房错落有致，家家户户砖墙彩饰，院门上的“七色彩虹”和太阳花图案尤为醒目。

兴办扶贫产业，巩固脱贫成果

乐业才能安居，易地扶贫搬迁不只是换住处，更要找到新门路。

光伏发电扶贫项目是班彦村从搬下来就开始谋划的产业。在村后的半山腰处，一排排整齐的蓝色光伏电板在冬日暖阳照耀下熠熠生辉，这个总投资1600万元，2017年底建成投产的产业已经成为班彦村主导产业之一，户均年增收2500元，可持续获益20年。“栽下”的光伏板，让村民们收获了阳光“福利”，也照亮了大家的小康路。

2018年7月，班彦村用300万元国家精准扶贫专项资金修建了盘绣园，实施“公司＋村党支部＋盘绣基地＋农户”模式，带动了全村145名妇女，其中建档立卡贫困户93名就业，妇女们农闲时节可以把家传的手艺转化成收益，绣品俏销全国各地，有的还远销国外大市场。

在村里的帮助下，张卓麻什姐被评为省级非物质文化遗产项目土族盘绣代表性传承人，“我们这边家家户户的土族妇女基本上都会这门手艺，以前我们村没搬迁下来之前盘绣都是用来打扮自己，或送给家人、亲友，没想到如今还能用这个来赚钱呢。我们平时就是做得多挣得多，2021年我们绣娘每人都能拿到超过1万元的收入，最多的能挣3万多元呢。”张卓麻什姐高兴地说。

在村两委带动下，酩馏酒酿造、农家乐等项目如雨后春笋般涌现。

2017年底，班彦村提前整体脱贫。实现整村脱贫后，站在乡村振兴新起点上，班彦村提出发展乡村旅游。2020年7月3日，班彦村一片欢歌笑语，村民们身着节日盛装，跳起欢快的安昭舞，共同庆祝村里的生态农庄正式开园。随着生态农庄的开园，班彦村走上了旅游致富路，又一次迎来惊艳“蝶变”，这是班彦村的新产业。村委会主任余七十三介绍，班彦村在2019年入选第二批全国乡村旅游重点村名录，先后被评为中国美丽休闲乡村、中国少数民族特色村寨、省级乡村振兴战略示范村等一系列荣誉称号，丰富的自然资源和红色资源让他们对发展旅游业充满信心。

“花儿”唱出共同心声

“花儿”是土族人的喜好，有的可以现编现唱，随口就来上一段。村民吕有贤这样唱道：“山大呦沟深的是班彦，十年的庄稼是九年旱，连年受灾的心悬，提起个窖水是心里寒，不由得叫人们心酸……”“山大沟深的沙沟山，不受的寒苦了，干部和群众呀齐上阵，平川里拔起了新村。心肝花腔子里放实了，栽下个摇钱的树了……”他这两段，一段唱的是过去的忧伤，一段唱的是现在的快乐。

“青海青、湟水黄，民族娃、团结花，汉藏蒙、回土撒，各个民族把手拉……”这段全村人都会的“花儿”，则唱出了土族群众在各民族大家庭中的自豪。

2016年，习近平总书记考察班彦新村时嘱咐当地干部群众：“一定要把易地移民搬迁工程建设好，保质保量让村民们搬入新居。大家生活安顿下来后，各项脱贫措施要跟上，把生产搞上去。”这些亲切朴实的话语，全村人一直在传颂着。村民们自发在新村后山上栽下一片“感恩林”。

产业快速发展，群众的获得感更足，好消息接连不断。2020 年底，班彦村集体经济收入累计达 100.6 万元，全村农民人均可支配收入达到 11419 元，真正实现村有主导产业，户有增收产业。2021 年 2 月 25 日，在全国脱贫攻坚总结表彰大会上，班彦村被授予“全国脱贫攻坚楷模”称号，身着土族服装、胸戴大红花的余七十三昂首挺胸走向习近平总书记，双手接过“全国脱贫攻坚楷模”奖牌，激动的泪水在眼眶里打转。电视前观看现场直播的村民们一边鼓掌，一边冲着大屏幕呐喊：“塞那！塞那！”

“赛那”是土族语言，翻译成汉语是“好”的意思。捧着沉甸甸的奖牌，余七十三激动地说：“班彦村感谢总书记，感谢共产党，荣誉属于所有勤劳善良的青海人，属于团结一心的各民族兄弟，我们永远听党话、感党恩、跟党走！”

（图片：李玮提供）

宁夏回族自治区永宁县闽宁镇

1997 年 4 月，宁夏回族自治区永宁县闽宁镇协作对口帮扶领导小组作出战略决策，将西海固不宜生存地区的贫困群众吊庄搬迁到银川河套平原待开发的地区，命名为“闽宁村”。23 年来，闽宁两省区干部群众遵循“优势互补、互惠互利、长期协作、共同发展”的指导原则，引企业、育产业、惠民生，形成葡萄酒、菌草、黄牛、劳务经济等特色产业，从最初 8000 人发展成 6.6 万人的移民示范镇，年人均可支配收入由搬迁之初的 500 元跃升到 2020 年的 14960 元，村集体经济收入超过 600 万元，走出一条东西协作的脱贫之路、产业支撑的致富之路、生态优先的发展之路、民族团结的和谐之路。曾获“全国民族团结进步模范集体”“全国脱贫攻坚奖”等称号。2021 年被授予“全国脱贫攻坚楷模”荣誉称号。

宁夏回族自治区永宁县闽宁镇：昔日“干沙滩”，今日“金沙滩”

宁夏西海固，山大沟深、土地贫瘠，曾是我国西部极度贫困地区。1997 年 4 月，时任福建省委副书记的习近平到宁夏调研东西协作对口帮扶工作，作出了影响深远的决策——将西海固不宜生存地区的贫困群众吊庄搬迁到银川河套平原待开发的地区，建设新家园，并亲自命名为“闽宁村”。

作为东西扶贫协作的起点，闽宁镇从无到有、由弱变强，见证了闽宁携手从单向扶贫到互利共赢的发展历程。如今，闽宁镇已从昔日天上无飞鸟、地面不长草、十里无人烟、风吹沙粒跑的“干沙滩”，变成了绿树成荫、经济繁荣、百姓富裕的“金沙滩”。

东西协作助脱贫

闽宁镇因移民而建，因扶贫而兴。

1982 年，国家启动“三西”（甘肃定西、河西，宁夏西海固）专项扶贫计划，拉开了开发式扶贫的序幕。1986 年，国务院扶贫开发领导小组成立，制定国家扶贫标准（农民人均纯收入 206 元），划定重点扶持区域，确立开发式扶贫方针，设立专项扶贫资金，实施优惠政策，开始实施有组织有计划大规模的国家扶贫行动，1994 年以后，又先后两次提高扶贫标准。

在此背景下，1996 年 9 月，党中央作出推进东西部对口协作的战略部署，其中确定福建对口帮扶宁夏，共同推进宁夏扶贫工作。同年 11 月，闽宁对口扶贫协作第一次联席会议在福建召开，两省区共同商定：每年举行一次联席会议，总结、安排对口帮扶工作，协商解决有关问题；建立扶贫协作发展基金；从福建沿海 5 个省辖市中选出经济实力较强的 8 个县

（市、区），对口帮扶宁夏 8 个国定贫困县（区）；委派挂职干部、部门对口协作等。

1997 年 4 月，时任福建省委副书记习近平率福建党政代表团奔赴塞上，深入宁夏南部山区进行考察，参加闽宁对口扶贫协作第二次联席会议。双方决定共同建设生态移民点，以福建、宁夏两省区简称命名为“闽宁村”。

在宁夏，贫困地区群众整体跨区域搬迁被称为“吊庄移民”。很快，在福建援助资金的支持下，闽宁村正式奠基，第一批移民从西海固地区搬出，来到这个更具发展前景的地方。

当时，身为宁夏西吉县王民乡红太村村支书的谢兴昌领着同村村民，辗转中宁长山头、石嘴山大武口、银川镇北堡，来到永宁县刚命名的闽宁村，成了这里最早的移民之一。

初到闽宁，谢兴昌目之所及却是人迹罕至的戈壁荒滩。“真的是天上不飞鸟，地上不长草，风吹砂石满地跑。”见此景象，不少老乡打了退堂鼓。

即便如此，在闽宁两地干部群众的合力下，搬迁来的移民平整土地、开发田地、建设房屋，克服了重重困难，村里水、电、路等基础设施也逐步跟上。

在闽宁对口扶贫协作强力推动下，福建省把闽宁镇的事当作自己的事，累计援助资金近 3 亿元，援建了闽宁中学、闽宁角美小学，先后有 38 名优秀干部、教师和专家到闽宁镇挂职支教支农；每年安排上百名镇、村两级优秀干部、致富带头人到福建各地考察学习。

协作扶贫这颗“金种子”，在这片土地上生根发芽，助力闽宁镇从荒凉的戈壁滩嬗变为富庶美丽的全国特色小镇。截至 2020 年底，闽宁镇 6 个村全部脱贫出列，累计脱贫退出建档立卡贫困户 1633 户 7046 人。

产业引擎促致富

移民搬迁之初，闽宁镇主要围绕解决温饱问题，发展以传统种养业为主的小农生产，基本保障贫困群众的吃饭问题。开展闽宁对口扶贫协作后，福建以产业协作为基础，动员更多的企业到宁夏，建设了一些联合体共同体。

1998 年，福建农林大学教授林占熺带着他的团队来到闽宁村发展菌草和菌菇栽培产业，成为闽宁对口扶贫协作中农业技术扶贫的主要力量。

为了让村民们掌握蘑菇种植技术，专家们在村里建了两栋实验棚。如何配料建堆，如何配比发酵，如何高温灭菌，如何铺床播种，如何控温控湿，如何出菇采菇……专家们手把手、一步步把种植要点传授给村民们。第一茬菇卖到了2元钱一斤，让村民们看到了实惠。第二年春天，种蘑菇的村民一下子增加了200户。

2017年，借助“福建院士专家宁夏行”活动，闽宁镇双孢菇工厂化栽培项目在闽宁扶贫产业园落地。“我从西吉县移民到闽宁镇木兰村，种过地、打过零工，2018年在这里学到了育菌技术，还当上了小组长，每个月能赚6000元。”车间里正忙着上料的班组负责人马勇说。目前双孢菇工厂已吸纳劳动力65人，人均收入4000元左右。

目前，已有13家福建企业、商户落户闽宁镇，投资22.8亿元，带动当地3500人就业。福建在宁夏企业达5700多家，年上缴税收超10亿元，安置当地劳动力就业10万多人。

何丽霞2016年搬迁到闽宁镇原隆村，原是建档立卡贫困户。自2017年起，她陆续享受到“4+1+1”精准扶贫机制带来的“红利”，比如托管4头肉牛，年分红8000元；每户分配1栋光伏大棚用于种植经营，年收入1万元；分布式光伏电站项目户均年收入1万元，领取分红2.8万元。在葡萄酒庄，稳定就业的她从普通工人成长为技术能人，月工资能拿到4000多元。

“在闽宁对口帮扶下，闽宁镇立足自然禀赋，形成了以酿酒葡萄、设施园艺、肉牛养殖为主的产业格局，有效破解了贫困群众增收致富问题。”宁夏回族自治区党委常委、银川市委书记张柱说。

“从给钱给物，到授人以渔，激发贫困群众发展的内生动力，不变的是初心，改变的是观念，创新的是机制。”闽宁镇党委副书记赵超说，截至2020年底，闽宁镇注册各类农产品商标48个，培育宁夏著名商标4个、自治区农业产业化龙头企业6家，全年特色农产品消费扶贫额达6.8亿元。

同心共建新家园

110国道旁的一座大牌楼下，阳光铺洒过来，“闽宁镇”三个大字熠熠生辉。

随便到哪个村里走一走，只见青山绿树，红瓦白墙，葡萄枸杞阡陌纵横，牛羊养殖设备先进。

如今，这个从最初8000人发展起来的移民示范镇，农民年人均可支配收入由500元跃升到2020年的近1.5万元，村集体经济收入超过600万元。

“优势互补，互惠互利，长期协作，共同发展”，20多年来，福建、宁夏两省区干部群众始终遵循当年闽宁双方确立的对口帮扶16个字原则，一任接着一任干，一棒接着一棒跑，引企业、育产业、惠民生。

2016年7月19日上午，习近平总书记来到宁夏回族自治区银川市永宁县闽宁镇原隆移民村，实地察看福建和宁夏合作开展移民搬迁安置和脱贫产业发展情况。

那天上午，在海国宝家客厅，总书记和村民代表们围坐一起拉家常。“总书记先问我厨房在哪儿，说想去看看。”海国宝回忆，“他走进厨房，先拧开水龙头看了看，又走到灶台边，问锅里炒的什么菜，说闻上去香得很。”

“我们这个地方，最缺的就是水。总书记一来就先拧水龙头，他太了解我们最需要什么了！”海国宝十分感慨。

在福建援助下，闽宁镇实现了村村有小学、有卫生室、有文化活动中心、有民生服务大厅。“我们全面实行了棚户区改造，推进改水、改厕、改厨工程，让移民群众家家用上了太阳能，80%的农户用上了水冲式厕所。”赵超说。

多年来，闽宁镇持续开展生态修复、防沙治沙、农田林网、镇村绿化、环境整治五大工程，对产业发展、村庄建设、生态保护、公共服务基础设施建设等进行统筹规划，“十三五”期间，闽宁镇新增绿化面积11270亩，绿化覆盖率达35%，生活污水处理率达85%，生活垃圾无害化处理率达90%；率先在宁夏实现了村村通宽带、通硬化路、通自来水，建成了镇内“四纵五横”、外连省道高速的交通网络，开通了直达首府银川市区和移民迁出区（市）县的公交线路。

在闽宁镇示范带动下，宁夏涌现出110个闽宁协作示范村、78个闽宁协作移民新村、320个易地搬迁安置区，累计接收西海固地区易地搬迁移民100多万人，实现搬得出、稳得住、致得富。

（图片：永宁县闽宁镇提供）

第二部分

全国脱贫攻坚模范

李保国

李保国（1958—2016），男，汉族，中共党员，1958 年 2 月生，河北农业大学教授、博士生导师。

李保国生前是全国先进工作者、全国师德先进个人、全国优秀科技特派员。他把太行山区生态治理和群众脱贫奔小康作为毕生追求，每年深入基层 200 多天，让 140 万亩荒山披绿，带领 10 万农民脱贫致富。常年高强度工作让李保国积劳成疾，2016 年 4 月 10 日凌晨，58 岁的他突发心脏病，经抢救无效去世。李保国去世后被追授“全国优秀共产党员”“时代楷模”“全国优秀教师”“全国脱贫攻坚模范”等荣誉称号。

李保国：丰碑矗立在太行山上

30多年前，地处太行山深处的河北省内丘县岗底村，是太行山区一个典型的贫困村。一名朝气蓬勃的大学青年教师来到这里，立志帮助乡亲们改变面貌。他每年深入基层200多天，让140万亩荒山披绿，帮助农民增收35亿元以上，10万农民在他的带领下脱贫致富奔小康。2016年4月10日凌晨，他拖着疲惫的身体入睡后再也没有醒来。他，就是共产党员、河北农业大学教授、博士生导师、著名林业专家李保国。

“我是农民的儿子，最见不得农民穷，老百姓脱贫需要什么，我就研究什么”

1981年，李保国大学毕业后留校任教。正逢学校决定在太行山区建立产学研基地。于是，他积极响应号召，走进太行山深处的河北邢台县前南峪村。

从这里开始到生命的尽头，李保国把一生都献给了太行山。

“要啥啥没有，种啥啥不活”……当时的太行山，石头多、土层薄、不涵水，水灾旱灾频发。脱贫致富，成了山区群众的“心头大事”。

看着那一座座“石头山”，李保国反而来了“杠头”劲儿，把自己天天“钉”在了山上。渴了，喝口山沟里的水；饿了，啃两口馒头；累了，挨着大树靠一会儿；困了，找个大石头眯一觉……他和课题组起早贪黑，跑遍了山上的沟沟壑壑。

一个月后，李保国采取“山中造地”的办法聚集土壤和水流取得成功。前南峪的土厚了、水多了，树木栽植成活率从原来的10%一跃达到了90%。

李保国因势利导，引导农民栽苹果、种板栗。从富岗苹果、绿岭核桃、南和红树莓，到邢台前南峪、平山葫芦峪……他用一项项技术培育品牌，染绿了荒山，澄清了河水，点亮了山区千家万户的希望。

“我是农民的儿子，最见不得农民穷!”农民出身的李保国道出了朴实的心里话。

“山区要脱贫，必须要把我变成农民，把农民变成我”

熟悉李保国的人都知道，他没架子，是个地地道道的“农民教授”：脸庞黝黑、笑容憨厚，一身尘土、两脚泥巴，扎在人堆里和农民没啥两样。

“跟农民讲话，不能把给硕士生、博士生上课那一套搬来，得把技术变成农民能听懂、能记住、能做到的话。”李保国说。农民都喜欢跟李保国打交道，把他当作“亲人”“近乎人”，更把他当作脱贫致富的“财神”。

他干脆根据大家的需求，把手机通讯录里一个个人名改成了“井陉核桃”“曲阳核桃”“栾城杨核桃”“平山西北焦核桃”“平山苹果”……

“山区要脱贫，必须要把我变成农民，把农民变成我。”李保国不仅这样要求自己，也这样要求自己的科研团队和学生。

30 多年来，李保国把课堂建在农村基地，把学生带进太行深山，让学生在生产实践第一线，与农民群众结合。他先后举办不同层次的培训班 800 余次，培训人员 9 万余人次。

李保国走了，那句“我要把我变成农民”的话语，依旧回响在他用汗水和心血浇灌的百姓心中，久久回荡、沁人心脾。

“我是共产党员，是党和人民成就了我，我必须永远服务于人民”

有人说，李保国运气好，干啥成啥。他却说：“没有基层党组织和群众的支持和帮助，我能有山、水、林、田、路？是党和人民成就了我。”

却不知，为了每一项技术成果、每一个致富项目，李保国付出了怎样的辛劳。

在别人眼里，李保国好像从来不知道累，甚至对自己和家人有些不近人情。只有他的妻子和山里的果农知道，他把全部的精力都用到了工作上。

因为常年高强度工作，1998 年李保国患上了重度糖尿病。2007 年，他被诊断为重度疲劳性冠心病，血管弥漫性堵塞，已无法进行常规支架或搭桥手术，只能多休息、保守治疗。

同事和学生经常劝他多歇歇，去医院看看，李保国却总推托说“没时间”。

2016 年 4 月 10 日凌晨，李保国心脏病突发，再也没能醒过来。

斯人已逝，悠思长存。太行山区百姓用各种方式自发纪念缅怀李保国，成百上千的老百姓千里迢迢、扶老携幼，为他送行。岗底、前南峪等村的村民纷纷请求，将李教授的骨灰安放在自己的果园里，陪伴、激励他们创造更加美好的生活。

在太行山百姓心里，他们的李教授没有走！那一个个高科技含量的水果品牌，那一片片高产优质的果园，那一座座满目苍翠的山岗，满浸着李保国的青春、智慧和汗水，谁说不是一座座无言的不朽丰碑！

（图片：河北日报通讯员，谷占元提供）

刘桂珍

刘桂珍，女，汉族，中共党员，1963 年 1 月生，山西代县人。1992 年 7 月加入中国共产党，1978 年担任峪口乡段家湾村赤脚医生，1988 年担任村代课教师，1996 年担任村党支部书记，2003 年兼任村主任至今。她 40 多年来坚守大山，教师、医生、村干部一肩挑，不忘初心，扎根农村，忠实践行一名共产党员的神圣使命。先后荣获“全国卫生计生系统劳动模范”“全国脱贫攻坚模范”“全国三八红旗手”“全国劳动模范”等荣誉。

刘桂珍：乡村小康路上的领头雁

段家湾看似不大的一个村，却下辖七个自然村，段家湾、武强、讲堂、宋王寺、阜歌坪、偏桥、陆高，听名号倒古雅，山与山相隔，零星分布在方圆十几公里的沟沟岔岔里。最鼎盛时期，全村人也不到200口，段家湾是代县峪口乡人口最少的一个村，现在撤乡并镇改成峪口镇。过去经济以农业为主，由于耕地大多在山上，庄户人主要靠种植玉米、黍谷、土豆等传统作物生存，农闲时上山刨点药材。普天下农民最苦，扶贫得先扶志，大山的封闭及思想的固化，以致农民挣得起，贴不起。全村69户118人，当初建档立卡贫困户竟有57户113人，可以说是一个典型的深度贫困村。

“我也没有那么神，就是普普通通的农村人。我这一路走来，始终谨记做人要诚信，再者是踏实办事，多为村民着想，最后一点就是要有感恩的心，爱党、爱国、爱人民，有一颗奉献和宽容大度的心。”刘桂珍如是说。咬定青山不放松，永葆初心践使命。刘桂珍40多年如一日坚守峪口乡段家湾村，一人肩挑村支书、村主任、乡村医生、代课教师四副担子，与继承了抗战时期老党员父亲不怕吃苦、不怕累的精神息息相关。父亲一辈子的坚守初心，也托起了刘桂珍及山区贫困群众奔小康的希望。

段家湾靠种地肯定不行，需要另谋出路。村里青壮年劳力都外出打工，留下一院一窝“老弱病残”，路在哪里？合计来合计去，刘桂珍决定就在河滩上弄油松育苗。于是，她只身远赴内蒙古、太原等地考察，自己先动手在自家河滩地搞起油松育苗种植。三年后，苗子试种一举成功，全村人动心了，村两委心里也有了底。刘桂珍挨家挨户落实育苗面积，选调松苗种子，订购肥料，还帮着进行技术培训。就这样在几年内，段家湾就成了全县境内有名的苗木育种基地，现在全村树苗面积已经达到80多亩。村民们靠油松苗没少挣钱，近几年，每亩平均收入都在六七万元，使育苗户一举摘掉了贫困的帽子。

村民邓润才积极性很高，但因没有本钱无法育苗，刘桂珍毫不犹豫地拿出两千元钱帮他筹措了育苗资金。后来，全村 19 户搞起了育苗，仅杨锁文一户育苗收入就达 30 万元。还有三户人家在段家湾育上小苗不说，还在山下合伙租了三十亩地，把小苗移栽进去卖成苗，也挣了钱。2017 年基本实现整村脱贫。

段家湾在 2017 年被县里列入“十三五”易地扶贫搬迁计划，10 月份就完成了 46 户房屋拆除和土地复垦，全村大部分人都搬进了村里。因为大家都相信眼前这位坚守初心、不改本色、能够带领大家共同致富的领头人。

刘桂珍经过多年的拼搏，深深认识到：用好对口帮扶的政策，因地制宜发展产业才是实现脱贫致富的根本之策。随着村集体党建基础工作越来越扎实，段家湾蹚出一条产业扶贫的新路子，而且一年一个新变化。为确保搬迁群众稳得住、有就业、逐步能致富，从打赢脱贫攻坚战向巩固拓展成果转变，刘桂珍牢牢守住不出现规模性返贫的底线，发动全村男女老少农闲时上山刨药材增加收入，矿山企业开工复产了，通过信息渠道推荐村里青壮年走出家门打工挣钱。看到村民们每天吃水还是靠肩挑人抬，刘桂珍在乡党委协助下，磨破嘴皮终于从县里争取回资金和项目，解决了乡亲们喝水问题。如今村里的生产生活条件好了，老百姓的腰包也逐渐鼓了起来，全民致富奔小康的道路是越走越宽，对实现乡村振兴也是越走越有信心。

一个支部就是一个堡垒，一名党员就是一面旗帜。刘桂珍 40 多年来始终以一名共产党员的标准严格要求自己，用点点滴滴生动诠释了一名共产党员对党忠诚、恪尽职守、攻坚克难、无私奉献的优秀品格。段家湾这块地方在她心里，是父母天地，是党的建设阵地。

天有不测风云，人有旦夕祸福。段家湾处峪河下游地段，2020 年三场洪水差点儿让上游峪河漂流工程遭受灭顶之灾。刘桂珍整个汛期几乎没有合过眼。“村庄就是我的岗位、阵地，我的脱贫主战场，我要把它坚守到生命最后一刻。”只要段家湾还有一个群众在，刘桂珍就要为大伙儿服务到底。

刘桂珍的精神深深震撼着段家湾村的每一个人。作为支部书记，她特别注重强化自身建设，涵养为民情怀，引领良好社会风尚，架好民意连心桥，加强党的队伍建设，学习教育从不落一人。针对村里行动不便的党员，刘桂珍主动收集相关学习资料，亲自诵读党章党规、党史学习教育内容、习近平总书记视察山西重要讲话等重要指示精神，并将其录制成学习音频，背着资料包，拿着唱戏机，进家入户挨个上门服务。刘桂珍从不谈论个人功绩，用自己的一言一行，在支部和党员之间、在党员和群众之间架起了一座攻坚克难的连心桥，铺就了一条行稳致远的便民路，在全村百姓心中树起了一座不朽的丰碑！一个平凡的奋斗者，始终站在老百姓最需要的地方，以“功成不必在我”的境界和“功成必定有我”的担当，诠释着一名共产党人的初心使命，以一名农村基层干部对党的无限忠诚和对群众的真挚情怀谱写了一曲曲勇往直前、在新时代深藏功名、践行使命的壮歌。

贫困群众是脱贫致富的主体。巩固脱贫攻坚成果，有效衔接乡村振兴，让希望的田野生机焕发，农民的生活更加美好，脱贫群众首先要在精神上立起来。现在已开启了第二个百年奋斗目标新征程，段家湾接下来的路任重道远。刘桂珍在这一点上认识非常清醒。

总有一种奉献，令人们感动不已；总有一些坚守，让我们肃然起敬。作为一名真正的共产党员，心里就应该永远装着人民群众，始终把党的召唤作为自己奋勇前进的方向，把人民群众的需要当作自己义不容辞的职责，努力当好现代化建设的开路先锋和乡村振兴全面实施的领头雁。

（图片：中共忻州市委组织部提供）

武汉鼎

武汉鼎，男，汉族，中共党员，1933 年 8 月生，高级兽医师，时任内蒙古自治区呼和浩特市清水河县畜牧局干部（退休）。2010 年以来先后获得内蒙古自治区道德模范提名奖、感动内蒙古“十佳人物”、内蒙古自治区离退休干部先进个人、内蒙古自治区学雷锋先进个人、全国离退休干部先进个人、内蒙古自治区优秀共产党员、内蒙古自治区离退休干部先进个人、全国脱贫攻坚模范、全国脱贫攻坚先进个人、内蒙古自治区北疆楷模等荣誉称号。

武汉鼎：他用一生诠释共产党人的初心与使命

武汉鼎自 1958 年便开始深入清水河县农村，利用自己所学兽医技术，开展脱贫致富工作。如今的武汉鼎虽近九十高龄，他退休不退岗，60 年坚持扎根农村，通过科技、教育等扶贫方式，先后出资 25 万多元，帮助清水河县 5 个乡镇的贫困村 12000 多人脱贫致富。他长期蹲点的 3 个贫困村均脱贫出列，现在人均年收入达到 8000 元以上。他用一生，诠释了自己作为一名共产党员的初心与使命。

武汉鼎曾说："我这一生就是苦斗苦熬，反正是坚持到底，我就是想让老百姓过上好生活，这是我们国家啃硬骨头的一项大任务，我作为一名党员，我有这个责任，也有这个义务。"武汉鼎的心里永远装着乡亲，让乡亲们过上好日子是他的人生梦想。

谱最美人生篇章

"党员就是要全心全意为人民服务。"这是武汉鼎口中出现频率最高的一句话。作为一名老党员，武汉鼎始终以百姓之心为心，坚持感情"下移"、眼睛"向下"，尽其所能为群众排忧解难、做好事、办实事，将惠民政策和举措温暖传递到民众之中，真正做到了让群众满意，让基层满意。

武汉鼎深知贫困群众生活的艰难和不易。1958 年以来，他先后在清水河县城关镇、韭菜庄乡、盆地青乡等地工作，深入暖水湾等贫困村蹲点，开展科技扶贫工作，在职期间，始终把帮扶贫困农户走出困境作为自己的奋斗目标。

1992 年，武汉鼎从清水河县畜牧局退休，但他仍心系贫困地区，情系贫困群众，数十年如一日帮扶当地贫困群众脱贫致富。他每月拿出退休金的三分之一以上用于扶贫，先后帮助贫困学生和孤老病残 100 多人。

帮扶群众暖民心

在清水河县城关镇暖水湾村，武汉鼎的名字可谓家喻户晓。1985 年，他主动辞去任职三年的县兽医站站长职务，到暖水湾村开展科技扶贫工作。“要想做好群众工作，关键要解决群众最关心的问题。”武汉鼎时刻将村民的点滴需求记在心上、落实在行动中。

“这就是我们村以前居住的旧窑洞，如果不是武大爷，我们不可能那么快搬出土窑洞；如果没有武大爷，我们村不可能那么快脱贫致富。”清水河县城关镇韩庆坝村委会副主任严琼指着暖水湾村的旧址告诉记者，“曾经的暖水湾村，26 户人家挤在一条小山沟里，没水没电，要想出村得翻过三道山岭，走十几里的山路，村民的衣服鞋袜都打着补丁，每天吃两顿饭，只有土豆和葫芦。”

武汉鼎来了后，调整了贫困群众的种养习惯。为了能够推广从山西省吕梁地区学习来的先进的“丰产沟”耕作法，他亲自在暖水湾村租地开展示范。当年种植的一亩马铃薯丰产田，秋后测产，产量竟然翻了一番。良好的效益，是最具有说服力的。从第二年开始，全村村民都跟着他种草养羊，种植“丰产田”。一年下来，全村粮食产量获得大丰收，实现了翻番。紧接着，他又在暖水湾村开展“三三制”种植法，即退出三分之一的山坡地种植高产饲草，用三分之一的土地种植经济作物，剩下的三分之一土地精耕细作推广“深耕蓄水耕作法”。在他的指导下，贫困村民人均收入逐年提高，由 1987 年的 113 元增加到 2008 年的 6200 元，二十多年间翻了 50 多倍。彻底实现了草多、羊多、肥多、粮多、钱多的良性循环。村里接通了电，村民吃上了自来水，用上了家用电器，全村整体从旧村的土窑洞搬迁到新建的石窑洞，暖水湾成为远近闻名的富裕村。

舍弃小家为大家

在很多人眼中武汉鼎是慷慨大方的好心人，可在大儿子武斌眼中他却是“抠门小气”的父亲。

1978 年春天，清水河县韭菜庄乡摇铃沟村存放的莜麦籽种发了霉。武汉鼎要把自己家的好莜麦换给村里做籽种，妻子说啥也不同意，趴在莜麦口袋上哭着说：“这是我们一家人全年的口粮，你拿走了我们咋办？”武汉鼎却开导妻子说："我们大不了吃一年赖莜麦！如果不给他们兑换，全村 40 多户人家，今年就没法种地，明年就断粮了。你说咱们能不管吗？"听了这话妻子拽着粮袋的手松开了。结果，武汉鼎全家整整吃了一年又黑又硬又难闻的赖莜面。

2016 年 4 月 6 日，83 岁的武汉鼎突然晕倒，因多个器官功能衰竭住进重症监护室，医院三次下达病危通知书，老人 9 天后才苏醒。转危为安几天后，武汉鼎就自费买了两万块钱的玉米良种和地膜，亲自送到了韭菜庄乡座峰村，用武汉鼎的话说，"就怕误了老百姓的农时"。

"荣誉只属于过去，任何时刻都必须从零开始"，这是武汉鼎的人生信条，他始终坚持"两个务必"的精神，把共产党员比作种子，农村比作土地，党员这粒种子只有深入到农村这块土地才能生根发芽，开花结果。他深刻地意识到只有深入到基层坚持走群众路线才能真正体现出人生价值，才能真正无愧于党和人民，才能更好地服务"三农"。

（图片：武汉鼎工作室提供）

黄诗燕

黄诗燕（1964—2019），男，汉族，中共党员，1964 年 7 月 1 日生，株洲市政协原副主席、炎陵县委原书记。他用 9 年如一日的坚守、敢啃“硬骨头”的担当、“舍小家、顾大家”的情怀，倾心倾力于脱贫攻坚事业，带病坚持工作直至生命最后一刻。为改变炎陵的落后状况，他常年奔走在产业项目一线，大力扶持黄桃产业，让炎陵黄桃成为山区农民脱贫致富的“铁杆庄稼”；积极招商引资，创造了贫困山区招商引资的“炎陵现象”；依托资源禀赋大力发展文化旅游，炎帝陵成功评定为国家 5A 级景区；想方设法解决贫困群众的教育、医疗、住房等现实问题，全县贫困发生率从 19.5%下降到 0.45%，成为湖南省第一批摘帽的国家级贫困县。2020 年 10 月被人社部、原国务院扶贫办追授“全国脱贫攻坚模范”称号；11 月 18 日被中共中央宣传部授予“时代楷模”称号。

黄诗燕：为了脱贫摘帽的承诺

2019年是脱贫攻坚决战决胜之年，时任湖南省炎陵县委书记的黄诗燕，却倒在了冲刺的道路上。

2019年11月29日上午，开完全县扶贫工作会，回到县委住所，黄诗燕突发心脏病，不幸殉职，年仅56岁。

在株洲市，在炎陵县，相识的、陌生的，在朋友圈发诗文，在网上建纪念馆，人们纷纷悼念这位炎陵县的领头雁。不少人感叹：产业强了，炎陵美了，百姓富了，诗燕书记却走了。

蹚出一条产业路

2011年6月，组织选派47岁的黄诗燕到炎陵县任县委书记。摆在他面前的是一个难啃的骨头：炎陵地处井冈山西麓，既是革命老区，又是欠发达地区；贫困人口比例高，到2014年全县有建档立卡贫困人口26761人，贫困发生率达16.57%。

分析县情后，黄诗燕鲜明提出守望“两座山”：守“绿水青山”，望“金山银山”；农业发展重点抓好生态特色产业，比如特色水果、茶叶、药材、花卉苗木等；用好生态山水自然资源，发展全域旅游；以特色种养产业和旅游产业推动精准扶贫。

“后来看，黄书记主抓黄桃产业，抓对了。”分管农业的炎陵县副县长盘晓文说。2011年炎陵黄桃只有5000亩，学农出身的黄诗燕认为，炎陵县黄桃优势种植区与贫困村高度重合，县里高寒山区，海拔高、气温低、空气湿，多沙质土壤，种植农作物“十种九不收”，却适合黄桃生长。

从2011年开始，黄诗燕始终如一为炎陵黄桃站台，大大小小的活动不知道参加了多少场。

终于，黄桃从炎陵的深山沟，走向各地。当地目前种植8万多亩，

2019 年产值 11 亿元，黄桃有关收入占到全县农民农林牧渔业收入的 40%；4784 户 14152 名、近六成贫困人口靠种植黄桃人均年增收 8800 元以上，实现稳定脱贫。

鞠躬尽瘁抓脱贫

“炎陵脱贫摘帽，是我们向 20 万老区人民兑现的一个庄严承诺。”黄诗燕说。

2015 年起，黄诗燕帮扶大源村，几乎一个月进村一次。“隔三岔五就能见黄书记到村里来!”曾昭华老人说。

道路硬化、电网改造、路灯安装、自来水、图书室……几乎凡是村民提到的生产生活上的困难，黄诗燕都尽力去协调解决。如今，大源村青山环绕，新居白墙黛瓦掩映在绿树丛中，水泥路直通农家院，果树遍布山间，犹如一幅山水画。这个霞阳镇最偏远、最落后的大村，成了远近有名的风景村。

“山高不如脚背高，路长没有脚板长。”这是黄诗燕经常说的一句话。湖南海拔最高的山在炎陵，海拔 1500 米以上的山，炎陵最多。8 年多时间，黄诗燕走遍每一个村，翻越了炎陵的每一座山，有的村子多次去。“120 个村他都去过，差不多每个月都有一周，他在村里走访贫困户。”县民政局局长吴集会说。

脱贫攻坚倾注了黄诗燕全部心血。大到扶贫产业选择、重大文件制订、重要举措出台，小到贫困户建档立卡手册，他逐一梳理、逐一审定。

“黄书记很早提出来，要化繁为简，把各种表格整合成一本简洁明了的扶贫手册。”县委办副主任陈德望说，“扶贫手册完成后，从 2017 年到现在，炎陵一直都在用这本手册，国家、省里来评估考核，都说这本册子做得好。”

2014—2018 年，全县累计脱贫 6647 户 22907 人，54 个贫困村全部退出，贫困发生率由 16.57%降至 0.54%。2018 年 2 月通过脱贫攻坚湖南省检查验收，在全省 5 个同类县中，贫困发生率最低（0.6%）、群众认可度最高（98.49%）；当年 6 月通过脱贫攻坚国家检查验收，错退、漏评“零反馈”。

以身作则好作风

黄诗燕的办公室是20世纪80年代的平房，工作人员多次要求进行简易装修都被他拒绝。宿舍很小，床上用品都很普通。

“作为党员干部，就是要有功名利禄全放下、一心只为千万家的境界。”黄诗燕多次在讲话中这样说。

“黄书记在炎陵没有私交圈。”县委常委、政法委书记杨红兵说，“他常说‘人和人之间最好的感情就是工作上相互支持，在为党工作、为人民服务工作中交往最好的感情’。”

由于常年在县里工作，离家远，黄诗燕对妻子女儿都照顾不上。平时工作忙，也很少有时间打电话。黄诗燕心里总感觉愧疚，每次洗衣服都和妻子视频聊聊天，“等忙完这阵子，就回家好好歇歇！”可这一等，竟等到天人相隔。

在炎陵县2030平方公里土地上，黄诗燕的事迹还在传颂着。他用8年多始终如一的奋斗，践行了一名共产党员的庄严承诺，诠释了人民公仆的深刻内涵。

（图片：湖南省炎陵县乡村振兴局提供）

王新法

王新法（1953—2017），男，汉族，中共党员，1953 年 7 月生，河北省石家庄市灵寿县人，1969 年 12 月入伍，1973 年 12 月加入中国共产党，1981 年 6 月退伍转业到石家庄市公安局工作。2013 年 7 月退休后，不远千里来到湖南省石门县南北镇薛家村驻村义务扶贫。2017 年 2 月 23 日下午 3 时左右，他因劳累过度，突发心肌梗死，不幸牺牲在脱贫攻坚第一线，享年 64 岁。他先后获评“中国助人为乐好人”“湖南省扶贫楷模”“湖南省优秀共产党员”“湖南省百名最美扶贫人物”“全国脱贫攻坚模范”“全国脱贫攻坚先进个人”等多种荣誉。

王新法：千里来扶贫　青山埋忠骨

2013 年 7 月退休后，王新法不远千里来到湖南石门县南北镇薛家村驻村义务扶贫，担任名誉村主任，帮助乡亲们拔穷根、谋路子，全心全意、大公无私、不畏艰辛、鞠躬尽瘁。2017 年 2 月 23 日下午 3 时左右，他因劳累过度，突发心肌梗死，不幸牺牲在脱贫攻坚第一线，享年 64 岁。他用行动、用生命在脱贫攻坚主战场上忠实践行了“两学一做”。

铁骨忠心铸党魂

王新法对党的忠诚坚若磐石，对党的信仰无比坚定，始终以一名共产党员的标准严格要求自己。2013 年退休后，他响应习近平总书记脱贫攻坚号召，先后到云贵川湘等地考察贫困村，最终选择在湖南石门县南北镇薛家村开展义务扶贫。4 年来，他常驻村里，在薛家村干的第一件大事，就是拿出自己补发的全部工资 64 万元，修建薛家村“山河圆”烈士陵园，将 80 多年前在薛家村六塔山剪刀峡舍身跳崖、壮烈牺牲的 68 名红军战士遗骸集中安葬于此，提振了村民的精气神。他常说，要尽己所能、与民共富，成立“薛家村与民共富军人团队”，带动 140 余名志同道合的退役、现役军人投入到义务扶贫工作中来。他牺牲后，骨灰就安葬在亲手修建的“山河圆”陵园，他要看着这片他挚爱的热土更加富裕安康。

不畏艰辛真扶贫

大山深处，扶贫是一场硬仗、恶仗。扶贫攻坚战场上，王新法像一名战士一样冲锋陷阵，遇到困难不退缩，遇到问题不躲避，不拔穷根誓不罢休。他帮助薛家村开展脱贫攻坚基础设施建设。短短 4 年，他和“与民共富军人团队”多方筹措款物，架设桥梁 6 座，拓宽村道 10 多公里，劈山炸石修建山道5公里，把村通组道路修到了30多户村民的家门口。安全饮水有困难，他带领村民钻进山群花半个月寻找水源，正月十五就开工建设，连续奋战25天，修建2个蓄水池，水管接通到6组20余户人家，还同步解决了上百亩茶园灌溉问题。

他帮助薛家村发展产业，推动经济上脱贫。他组织村民建成1200亩生态茶园，兴办茶叶产业，成立湖南薛家村（土家族）共同富裕合作社和茶叶专业合作社，与湖南高校茶叶专家团队合作成立湖南五行缘农业科技公司，推出“功能茶系列”，茶园真正成了乡亲们的“绿色银行”。

他帮助薛家村改变乡风民风，推动精神上脱贫。他每月组织一次新型农民培训班，自己带头讲课；组织村里儿童常年开展“我看是非我看美”活动，开村广播表扬村民真善美，鞭笞纠正陈规陋习；倡导文明简朴殡葬，动员乡亲们将先人的坟墓移葬到六塔山，老人去世后不再葬于田间地头、路边屋后，“但存方寸地，留与子孙耕”，白喜事不放鞭炮烧纸钱，不办酒席收礼金。他本人牺牲后，乡亲们没放鞭炮，他们说，这是名誉村长生前经常教导、身体力行的，如果放鞭炮的话，他会心里不安的；他们说，如果放的话会把整个山头炸了的。如今的薛家村，全村人均收入突破6000元，成功摘掉了省级贫困村的帽子，赢得了省级文明村荣誉；村风民风清新，村支部班子凝聚力战斗力号召力增强、党员先锋模范作用充分发挥。薛家村今非昔比，正如他生前所愿。

克己奉公献大爱

王新法脑里想的、心里装的、付诸行动的，除了全心全意为人民服务，没有其他一丝杂念。他常说，我们是带着思想来的，不是带着私欲来的。在薛家村驻村扶贫的4年，他舍小家为大家，有3个春节在村里度过，留给家人的时间不到60天，包括他爱人到薛家村看望王新法的一个来月。他舍自己为群众。虽年过花甲，但他全然不顾山高路远，来回奔波跑项目；全然不顾个人安危，翻山越岭抓建设；全然不顾自己身体，潦潦草草过生活。他的生活方式极其简朴。他吃的简单，北方汉子吃不惯南方饭，他就一天只吃两顿，不抽烟不喝酒；住的简单，木板房既当办公室又当卧室；穿的简单，一年四季一身迷彩服、一双半桶靴，直到牺牲时仍然是这身装扮；用的简单，一条毛巾，几年也舍不得更换。工作之余基本就做两件事：一是走村串户与老百姓拉家常，共同畅想薛家村的美好未来；二是看书学习，学党的创新理论政策方针、学有助于脱贫工作的实用技术，学好后还经常讲党课，把学到的技术用到实践中去。他驻村义务扶贫 4 年，当了 4 年名誉村长，不仅不拿一分钱报酬，还将自己积攒下的 100 多万元存款都用在薛家村。他似乎从未考虑过他自己。

有人问他，吃自己的饭、花自己的钱、办群众的事，好事做了一座山，图什么？他回答，因为我们是有信仰的共产党人，因为我们是忠诚于自己的国家和人民的军人。在他心中，人民永远居于最高位置。2 月 23 日下午 3 时，在他生命的最后一刻，他正和“与民共富军人团队”商议安家片修建第二座桥梁的事情，工程原定两天后开工，不曾想他却突然倒下。他牺牲时，心中牵挂的是脱贫攻坚，牵挂的是薛家村的乡亲。他为脱贫大业发尽了光和热，他将大爱写在了六塔山上，山区人民永远怀念他。

（图片：周勇军提供）

蓝标河

蓝标河（1974—2018），男，瑶族，中共党员，1974 年 4 月生。生前为融安县委常委、副县长（挂职），广西外资扶贫项目管理中心（现更名为广西壮族自治区乡村振兴外资项目发展中心）监测统计处处长。广西社会科学院、河池市大化瑶族自治县、自治区扶贫办、柳州市融安县，是蓝标河的人生轨迹。虽然辗转多个岗位，他始终没离开“扶贫”二字，曾一手推动建立起广西扶贫考核体系，用自己的一生倾心用力真扶贫、扶真贫，在广西脱贫攻坚道路上树起了一座丰碑。2018 年 4 月 14 日，蓝标河因连续加班、疲劳过度不幸倒下，年仅 44 岁。2018 年 12 月，人力资源和社会保障部、原国务院扶贫办追授蓝标河同志“全国脱贫攻坚模范”称号。2021 年 2 月 25 日，被党中央、国务院授予“全国脱贫攻坚先进个人”称号。

蓝标河："向人民报告"

2018年4月14日，长期在多个岗位从事扶贫工作，曾一手推动建立起广西扶贫考核体系的瑶族干部蓝标河，在挂任融安县委常委、副县长岗位期间，因连续加班，疲劳过度，不幸倒下。年仅44岁的蓝标河，留下的扶贫印记深深地印刻在了壮乡人民的心里。他的几个对口帮扶对象说，等村里脱贫摘帽那天，大家要一起敬敬蓝县长，敬他的奉献，敬他的忠于职守。

"他为扶贫而生"

从初入广西社会科学院即被派到农村当扶贫干部，到主动参与农村发展课题和扶贫外援项目，再到挂职河池市大化瑶族自治县副县长协管扶贫工作，随后调到广西壮族自治区扶贫办外资扶贫项目管理中心监测统计处工作，蓝标河一直从事着与扶贫相关的工作，"扶贫"始终贯穿着他的职业生涯。

"我觉得他真的是为扶贫而生。"2014年，当自治区扶贫办到广西社会科学院对蓝标河做工作调动考察时，该院工业经济研究所所长、研究员陈洁莲如是说。时至今日，很多人认为这种评价对蓝标河真是"恰如其分"。

2003年，作为区直单位年轻干部，蓝标河主动申请负责社科院定点帮扶县——大化瑶族自治县的扶贫工作，一干就是4年。期间，他走访熟人、朋友请求支援，引来资金和扶贫项目，为大化贫困地区和贫困学生办了不少好事。

蓝标河的同事、自治区扶贫办政研督查处处长黄守槐说："他真是一个非常纯粹的人，心里装的全是扶贫工作。"在自治区扶贫办工作期间，蓝标河推动建立了广西扶贫成效考核体系。2015年，全国开始实施精准扶贫工作，在没有更多参考的情况下，蓝标河与几位同事白天分头到各部门走访，晚上回来集中梳理、分析、讨论，随后制定出精准识别方案。

融安县是自治区级贫困县，计划2018年脱贫摘帽，任务非常艰巨。自治区扶贫办作为融安县后盾单位，计划选派得力干部帮助融安脱贫，在征求蓝标河的意见时，他当场答应。

蓝标河家人对他说："家里有2位年近80岁的老人，孩子还小，你不能跟组织说一下困难吗？"蓝标河回答坚决："现在是全国脱贫攻坚关键期，我是一名党员，又是扶贫干部，肯定要带头。"

"挂职不是来镀金"

"挂职不是来镀金，要干出一番实实在在的成绩，助力融安如期脱贫摘帽，不辜负组织的信任，不辜负融安干部和父老乡亲的期望。"这是蓝标河2018年3月份到融安县上任第一次见面会上立下的誓言。

在融安同事们的眼中，蓝标河不愧是长期搞扶贫工作的，有经验，很懂行，站位也高。"他来后很快进入角色，所提建议对方向、对路子，在他的指导下，我们更清楚地知道融安的扶贫工作还有哪些问题，我们又该如何做才能解决这些问题……"

"到任不足一个月的时间，蓝标河干了太多的工作。"融安县扶贫办主任莫小华动情地说，在蓝标河积极推动下，全县建立了"扶贫工作日"制度，帮扶干部每周五下到联系点与贫困户同吃同劳动，宣传落实扶贫政策，帮助协调解决生产生活困难。他推动制定了全县脱贫摘帽预考核工作方案，推动成立专家组，计划对全县144个村开展预考核。他结合调查结果，汇总了全县脱贫攻坚多方面的困难问题，协调促成融安县与自治区扶贫办的工作对接。

无愧于时代的好干部

蓝标河在微信和QQ上有个响当当的称谓——"向人民报告"。他用扶贫的一生诠释着这个特殊的名字。

"蓝县长到我们家来就像自己家的亲戚一样，他总牵挂着我们贫困户，真心为我们着想，真贴心哪。"85岁的贫困户黄德恩说。

2018 年 4 月 14 日，蓝标河从融安县坐了 5 个多小时的车回到南宁，下车后他没回家，而是直接到扶贫办加班，准备第二天参加扶贫工作会议的材料。当天晚上回到家后，在继续整理材料时突然倒下，再也没有起来。

由于工作忙碌，蓝标河已几年没回老家了，母亲中风住院一个多月他都没能回去看看。哥哥蓝标松又心疼又生气，蓝标河在电话里保证："明年我一定回去！"

"明年一定回去"，竟成了蓝标河永远无法兑现的诺言。"向人民报告"的微信号，在那一天也永远停止了更新。但村民们不会忘记蓝标河。在脱贫攻坚这个战场，他兑现了承诺，向人民交出了无愧于时代的答卷。

（图片：陈子健提供）

第三部分

全国脱贫攻坚先进个人

安钟岩

安钟岩，女，汉族，1959年3月生，北京丰顺工贸集团董事长、北京市女企业家协会会长。多年来，她勇于投身脱贫攻坚事业，深入北京市帮扶支援的偏远贫困地区扶贫一线，足迹踏遍新疆和田、青海玉树、内蒙古乌兰察布、河北唐县等北京市支援合作地区，慷慨解囊，倾情相助，累计捐款捐物千余万元，把温暖送到贫困农牧民家中和贫困学生心里。积极参与并号召北京市女企业家们开展“百名北京女企业家妈妈关爱百名和田孩子”等活动，踊跃捐资助学、助残扶困，被当地贫困家庭孩子亲切地称为“安妈妈”。2017年被全国妇联评为“全国巾帼建功标兵”；2019年被国务院残疾人工作委员会评为“全国助残先进个人”；2021年被党中央、国务院评为“全国脱贫攻坚先进个人”。

安钟岩：同心共追脱贫梦

在北京冬奥会开幕式上，安钟岩被邀请担任托举国旗的代表。当她缓缓托送国旗的那一刻，她感慨万千。作为全国脱贫攻坚先进个人，北京丰顺工贸集团董事长安钟岩既感到特别光荣，又倍感安慰。回望几年来的扶贫之路和艰辛付出，仿佛一幕幕又回到了她的眼前。

最宽广的胸怀给最亲的人

安钟岩把新疆困难群众当成最亲的亲人，北京对口扶贫的和田、墨玉、昌吉等地，她去了九次，扶贫攻关最要紧的时候，她两个月之内就去了四次。2020 年新冠肺炎疫情稍一缓解，她想到的还是新疆，克服重重困难又一次飞赴和田。

新疆贫困群众立志脱贫给安钟岩留下了难忘的记忆，特别是孩子们那一双双渴望摆脱贫困、过上幸福生活的眼睛，让安钟岩下定决心要努力奋斗，实现扶贫目标。在当地妇联的帮助和支持下，安钟岩走访了一个又一个学校和农牧户家庭，向贫困学生捐赠了 5000 多个书包。书包里鼓鼓囊囊地装满了孩子们急需的学习用具、洗漱用具和被单、毛巾、袜子等生活用品，也装满了来自北京的最真诚的亲情。

在墨玉扶贫时，安钟岩和一些文艺界人士一起参观指导一个由当地年轻人组建的文艺演出团体。当她得知一对舞蹈演员恋人中的男青年身患白血病时，就悄悄把这对恋人叫到了一旁的车上，把身上能掏出来的现金全部都掏了出来，那位女青年忍不住放声大哭，因为他们得到的不只是一份现金援助，更得到了最宽阔深远的理解和同情。

最纯粹的心给最可爱的人

从 2015 年起，安钟岩就在太行山革命老区开展扶贫工作，在河北唐县，这个白求恩曾经战斗工作过的地方，安钟岩和一些参与扶贫工作的北京女企业家，为条件最艰苦的山阳小学捐赠图书资料、课桌课椅，看到孩子们都站着吃饭，安钟岩又为山阳小学捐出 200 套餐桌椅。几年下来，在安钟岩和学校的共同努力下，孩子们奋发上进，刻苦学习，现在无论是硬件还是软件，都在县里名列前茅。

在抗日小英雄王二小纪念馆前，安钟岩主动提出修缮王二小纪念馆的建议，就室内展陈、地面硬化、展区桌椅等提出建议设想，并很快捐资落实。在白求恩纪念雕像前，安钟岩看到通往此处的一座吊桥晃晃悠悠，就主动提出捐资 10 万修建一座铁桥，让更多的人安全放心地过桥参观吊唁。

最圣洁的心给最美的未来

身为女性，安钟岩在扶贫过程中格外关心女性脱贫和女性就业等问题。在青海玉树扶贫时，安钟岩经历过道路难行和高原缺氧等困难，甚至在一次地震发生时，山上滚落的巨石就砸在车前，距离生死仅仅数尺之遥。然而，安钟岩还是坚持按计划到大山深处的村落考察，她发现一些贫困家庭的妇女甚至没有卫生巾用，对身心健康造成严重危害，就连夜与北京相关厂家联系，组织协调捐赠了两卡车卫生巾专程发往玉树，既解决了当地妇女的应急之需，又为她们树立了一个新的卫生标准，培养长远的卫生习惯。

安钟岩和玉树藏族女大学生才仁拉毛的一段“母女”深情，更让人体会到人间真情之无限。在当地妇联安排下，她和家在牧区的藏族女高中生才仁拉毛结成扶贫对子。两个人一起拉家常，说读书，讲未来，谈理想，安钟岩很快就走进了才仁拉毛的心中。在安钟岩的鼓励和资助下，才仁拉毛顺利地考进了青海大学，她把安钟岩比作自己的母亲，亲切地叫安钟岩“妈妈”。几年过去，这对“母女”的感情更深了，“妈妈”安钟岩叮嘱“女儿”才仁拉毛要听党的话，早日加入中国共产党，“女儿”立志大学毕业后返回家乡，为家乡培养更多人才，为家乡建设发展多做贡献。

在内蒙古的辽阔草原上，帮助一个身残志坚的女孩的故事，则寄托着安钟岩与贫困群众携手同行的美好愿望。安钟岩与内蒙古乌兰察布结成了长期扶贫对子。2019年冬天即将来临之时，乌兰察布残疾女孩创办的温馨家园负责人给安钟岩写信说，由于天寒雪大，冬天他们将暂时停工。安钟岩了解到停工是因为企业缺乏交通工具，当地也没有合适的公共交通。安钟岩当即决定捐赠一辆中巴车作为企业通勤工具，帮助他们正常开工增加收入。不久之后，安钟岩亲自带着一辆价值16万元的中巴车，满载各种慰问物资，送到了乌兰察布。

这些年，雪域高原、高山大川、沙漠草原都留下了安钟岩的足迹，她对口扶贫的村庄遍布全国9个省、市、自治区。在内蒙古扎赉特旗，她就包下了数十亩地的水稻田每年定期收购，常年采购当地的大米、粉条、土豆等特色产品。她向内蒙古林西县为整体搬迁离开大山沟的120户村民捐赠了户门和卫生间；资助残疾人创业脱贫、关爱“两癌”妇女，在脱贫攻坚战中，安钟岩累计捐款捐物达千余万元。

当春天即将来临，安钟岩手举着北京冬残奥会火炬奔跑在火炬传递的路上，她的心情激动而愉悦，和祖国在一起，和人民在一起。经历多年的奋斗，刚刚被聘为北京市乡村振兴专业委员会委员的她，坚信乡村振兴一定会带来更加美好的生活，坚信亿万中国人民一定会阔步前行在中国特色社会主义建设的伟大道路上。

（图片：北京丰顺工贸集团，李沅芳提供）

周明陶

周明陶，男，汉族，中共党员，1970 年 10 月生，籍贯安徽省铜陵市枞阳县。现任天津新港海关综合业务二处处长，一级高级主办，三级关务监督。天津海关驻天津市宁河区板桥镇盆罐庄村原帮扶组组长、第一书记。四年帮扶，盆罐庄村发生翻天覆地的变化，2019 年，盆罐庄村党总支部达标市级“五好党支部”创建标准；2019 年 7 月被评为天津市市级“文化旅游村创建村”；2020 年被评为天津市市级“美丽村庄”和“平安村庄”；2021 年 8 月被评为第三批全国乡村旅游重点村；2021 年被评为天津市市级“文明村”和“五星村”。他的辛勤付出得到了社会各界的广泛认可，2019 年 9 月受邀参加天津市庆祝中华人民共和国成立 70 周年招待会；2021 年 5 月他所在的帮扶组被评为“天津市结对帮扶困难村工作优秀驻村工作组”；2021 年 2 月荣获全国脱贫攻坚先进个人。

周明陶：情系盆罐庄　携手奔小康

天津市宁河区板桥镇盆罐庄村村口现有一座古今交融的标志性构筑物，俯瞰造型是一只眼睛，平视铁锈色半圆“眼眉”墙体上白色“盆罐庄理想村”的中英文字体体现着现代气息，在墙体下有一个大大的“瓿”。村子曾因家家户户烧制黑陶盆罐闻名遐迩，村名也由此而来。但近些年这个有着506户1454人的村子因为陶器的没落而发展缓慢，一度成为天津市市级困难村。

2017年8月，天津海关党委选派周明陶带队驻村帮扶，一进村就有村民说他的名字跟村子有缘分，相信他一定能带领大家奔小康。

肩负使命扎下身子找穷根

进村伊始他就带队走家串户，深入调查掌握了盆罐庄村的第一手资料，梳理分析研究，摸准了贫困的原因。建立了“一户一账”、村民信息数据库和困难群体信息数据库，完成了《盆罐庄村帮扶工作调研报告》，与村两委一起制定了村庄发展三年规划。

为“留下一个永远不走的工作队”，他以党建引领村民自治，配合镇党委健全村两委班子，发挥第一书记传、帮、带作用，增强班子成员宗旨意识，全村奔小康有了动力强劲的火车头；筹措资金130余万元建起了600平方米盆罐庄村党群活动中心，配齐现代化新办公设施，成为党建活动、村民办事、日间照料、学习培训等功能齐全的综合活动场所；坚持“三会一课”制度，开展好形式多样的党建活动，积极调动党员积极性。

2019年，盆罐庄村党总支部达标市级“五好党支部”创建标准。

产业组合拳打开致富新天地

他推动村庄确立了文旅发展脱困路。从帮助村庄解决农田用水开始，筹资 60 万元对全村种植用地 7000 米沟渠进行了清淤，改变了原来沟渠只有不足半米深甚至长满野草、无水浇田、雨大排不出水的局面，3000 亩农地受益，引导村民调整原有棉花低收益种植结构，种起了蔬菜、小米等经济作物，农业收入大幅增加。

他千方百计为宁河区先后招来 4 家行业龙头企业，注册资金 2.4 亿元，2018 年 6 月至 2021 年底，4 家企业就在地方纳税 10 余亿元，近千万元税收留成配套村庄建设。

他引导并推广农地向种植大户集中，实现流转土地 1300 亩，成功对村集体所有 400 亩渔场进行发包，村集体年收入因此增加近 40 万元。

2019 年 7 月，岔罐庄村被评为天津市市级“文化旅游村创建村”。

他以发掘、规划黑陶技艺发展为引擎，拉动地方以此确立的“甑乡”文旅产业，帮助村内黑陶生产企业确立了产品以“民用 + 文创”为主的发展方向，让老祖宗传下来的手艺焕发新生命。天津海关检测机构在黑陶残片和当地陶土中检测出富锶元素，这给制陶这张传统名片镀了“真金”，价格大涨，新开发茶壶等产品供不应求，黑陶产品知名度不断提升。他随即“锦上添花”，又引进郁金香花卉种植企业落户，于 2020 年开展规模试种植，经审批成为天津市唯一一家具有国家级相关进口种子种植及研发资质的企业。花卉发展也与黑陶产业完美结合，共促文旅发展。

2020 年 11 月，他促成了全国知名的乡村文旅公司——乡伴文旅集团公司与村庄正式签约，成为一个新的理想村落。

2021 年 8 月，岔罐庄村被评为第三批全国乡村旅游重点村。

百姓生活品质实现大幅提升

四年前，村庄脏、乱、破旧，到处是一座座“炮楼”似的旱厕。他带领大家开展“厕所革命”，跟原有落后的生活习惯作斗争，坚韧不拔端掉“炮楼”，让绝大多数村民做了户厕改造，并把每家户厕外管道埋入地下、户厕内管道加装保温设施。经过两个冬天的使用，效果非常好，村民交口称赞。

四年间，他多方争取，为村庄修路 8000 米，3 万平方米。安装了路灯 93 盏，更换坏旧路灯灯头总成 108 盏，种植成树 5500 棵，并对村居外立面修缮粉刷。

还争取资金拆除两座危桥修起新桥，其中一座被村民命名为“海关桥”，村民说要永远记住党的好、国家的好、海关的好。

村庄在不断发生可喜的变化，绿化、亮化、美化，四年后的今天村容村貌焕然一新。

2020 年，盆罐庄村被评为天津市市级“美丽村庄”和“平安村庄”。

帮在困难处扶起新希望

村里有 158 名 70 岁以上老人和 91 名困难户，盆罐庄村又是当年唐山大地震的重灾区，有 87 名残疾人。四年间，他带领筹措 50 多万元帮扶这三类困难群体，寻求天津市残疾福利基金会发放价值 100 余万元残障康复及辅助器材、生活用品等；帮 2 名残疾人和 2 名困难户人员找到工作；帮困难孩子得到爱心人士的学习资助，争取 20 多万元为村里的幼儿园更换了高档次的断桥铝门窗，配备了大功率冷暖空调；向当地学校和幼儿园捐助图书和教具等；建起农家书屋和电教室，远程教学兴起在农舍间。还引进了文化传媒企业，捐赠乐器并邀请艺人走进乡村，给孩子们进行音乐启蒙。

2021 年，盆罐庄村又被评为天津市市级“文明村”和“五星村”。

天津海关对盆罐庄村四年帮扶结出了累累硕果，帮扶组辛勤付出也得到了社会各界的认可。他们的事迹被国内多家媒体争相报道。2021 年 5 月海关帮扶组被评为“天津市结对帮扶困难村工作优秀驻村工作组”。

（图片：周明陶本人提供）

孙国亮

孙国亮，男，汉族，中共党员，1969年10月生，河北公安警察职业学院党委委员、副院长，2016年2月起，任驻河北省张家口市阳原县辛堡乡四十亩滩村工作队第一书记、队长。

2003年被评为全国优秀人民警察。2016年精准扶贫以来，带领的驻村工作队2017年、2018年、2019年连续3年被评为河北省扶贫脱贫先进驻村工作队，个人被评为2016年度、2019年度全省优秀驻村第一书记。个人还荣获张家口最美扶贫干部、张家口脱贫攻坚先锋个人、河北省脱贫攻坚奖贡献奖、全省最美政法干警提名奖、全省公安机关最美基层民警、“张家口好人”“河北好人”“中国好人”、张家口市优秀党务工作者、“张家口楷模 · 时代新人”“燕赵楷模 · 时代新人”、第七届河北省道德模范提名奖、2019年度“感动河北十大人物”、2019年度十大新闻人物、2021年全国脱贫攻坚先进个人等称号。

孙国亮:“带领乡亲致富是我的职责!”

在河北省张家口市阳原县辛堡乡四十亩滩村蔬菜大棚里,建档立卡贫困户杨明泰正忙着安装滴灌设施。在第一书记的帮助下,2020年他的家庭收入近3.3万元,日子越过越红火。杨明泰满口称赞的书记名叫孙国亮,时任河北公安警察职业学院办公室副主任,已担任四十亩滩村第一书记整整4年。

自己垫钱兴产业

阳原县是河北省深度贫困县,辛堡乡四十亩滩村共有132户336人,其中建档立卡贫困户占一半以上。

2016年春节过后,孙国亮带着两名老师来到四十亩滩村。刚安顿下来,他就组织召开党员村民代表大会,一起商讨脱贫对策,并带领村干部外出调研,确定了发展蔬菜大棚思路,准备流转土地,成立以贫困户为主的合作社,让贫困户“土地流转得租金、大棚打工挣薪金、产业营利分红金”。

项目批下来后需垫付前期资金。为了筹钱,孙国亮四处想办法。单位支持4万元,教工们捐助近3万元,利用扶贫政策贷款10万元,但还是不够,他将平日攒下的6万元都拿了出来。

孙国亮垫钱扶贫的事感动了身边人。在大家的努力下,四十亩滩村65座蔬菜大棚顺利完工。

为了节省用工成本,孙国亮不顾自己的腰疾,与大家一起劳动。妻子董晓娅担心他的身体,也搬到村里开始了共同扶贫生活。

有付出就有收获,四十亩滩村人均收入由2015年的2600元增至2018年的8000元,整村出列,贫困户全部脱贫。

再次返村谋发展

2018 年春节前，第一轮扶贫结束后，按规定，孙国亮完成扶贫任务可以回单位。学院党委却收到四十亩滩村 18 名党员与村民代表的联名感谢信。学院领导笑着说：“国亮，这哪里是‘感谢信’，分明是‘挽留信’啊！村里需要你，学院也需要你，是回来还是留下你自己定，我们都支持你。”

再次回到村里的孙国亮以更高涨的热情谋划全村发展：村里的蔬菜大棚搞起来了，要提高产品附加值；人居环境较差，要加强基础设施建设和提升公共服务水平。

孙国亮在村里购置了 3000 只华北柴鸡苗，在蔬菜大棚旁建起了养鸡场。孙国亮与村两委商量决定在村边再建一个蔬菜交易市场，这样不仅方便本村大棚菜和周边菜农交易，还可将交易后留下的菜叶作为鸡饲料，一举多得。

在上级支持与孙国亮的积极争取下，四十亩滩村完成了村里大街小巷污水管道铺设和终端处理，路面全部水泥硬化并进行路肩彩砖铺设，安装了 26 盏太阳能和 LED 路灯，投放 15 个垃圾箱，对 16 户危房进行改造，每家每户安装了电暖气设备，专设了图书阅览室、村卫生室。村民们由衷感叹：“村容村貌、居住条件、服务保障都今非昔比。环境好了，心里敞亮了，过日子都有了精气神。”

带不走的工作队

为激发村民脱贫致富的内生动力，为这里留下一支“带不走的工作队”，孙国亮与村两委干部充分利用公示栏、座谈会、微信群开展学习教育活动，把课堂从室内延伸到街头巷尾、田间地头。村民从中学到了知识技术、了解了法律政策、转变了思想观念。

村里 20 名留守儿童在镇学校就读。在孙国亮的倡导下，由工作队与村里出面，与校方达成协议，建立“家庭 + 村委会 + 学校”三位一体联合育人机制，定期在村里举办学生、家长、学校老师座谈会，大家一起面对面交流与解决问题。

4 年来，孙国亮和他的战友们把爱心转化为脱贫攻坚的动力，强化了四十亩滩村村民相信党、热爱党、拥护党、永远跟党走的信念。“带领乡亲致富是我的职责也是我的骄傲，我定不负时代、不负组织、不负四十亩滩村的父老乡亲。”孙国亮说。

（图片：河北省张家口市阳原县工业和信息化局，赵伟斌提供）

刘志杰

刘志杰，男，汉族，中共党员，1962 年 11 月生，山西晋中人，中央党校研究生学历，1982 年 1 月加入中国共产党，1983 年 8 月参加工作。现任山西省委农办主任，省农业农村厅党组书记、厅长，中国人民政治协商会议第十二届山西省委员会委员、常委。2021 年 2 月，被党中央、国务院授予“全国脱贫攻坚先进个人”称号。

刘志杰：知重扛重担使命　以身许党践忠诚

在脱贫攻坚战全面打响的关键时刻，刘志杰受命担任山西省扶贫办党组书记、主任，全程参与了这场人类历史上规模空前、力度最大、惠及人口最多的脱贫攻坚战。2021 年 2 月 25 日，作为全国脱贫攻坚先进个人代表，受到了习近平总书记的亲切接见，并受邀参加庆祝中国共产党成立 100 周年大会和“七一”观礼活动。2022 年 2 月，作为火炬手参加了北京冬奥会火炬接力。

五年来，他牢记使命，知重扛重负重，把国家战略和人民期盼一肩挑起，推动习近平总书记脱贫攻坚重要论述在三晋大地落地生根、开花结果。打攻坚战，就得用硬干部，山西省委坚持把“最能打仗的人”选派到第一线。2015 年 12 月，刘志杰带着组织的重托，就任省扶贫办主任，一干就是五年，度过了人生中最难忘的 1848 个日日夜夜。山西是全国脱贫攻坚重点省份，贫困面大、贫困程度深、贫困人口多、脱贫任务异常艰巨。刘志杰事不避难、义不逃责，勇敢地扛起脱贫攻坚的政治责任、经济责任、社会责任。他始终把习近平总书记关于扶贫工作的重要论述，作为打赢脱贫攻坚战的根本遵循和行动指南，悉心体悟其丰富内涵和精神实质，以重要论述武装头脑、指导实践，破解难题、推动工作。他充分发挥脱贫攻坚领导组办公室指挥部、参谋部作用，推动五级书记抓扶贫，坚决兑现军令状。从建档立卡清点贫困底数，到出台超常规举措，再到推动政策落地落细；从面上整体推进，到攻坚深度贫困，再到分类指导分类施策；从首战首胜、再战再胜、连战连胜，再到决战决胜、决战完胜。经过五年艰苦卓绝的持续攻坚，全省 58 个贫困县全部摘帽，7993 个贫困村全部退出，329 万贫困人口全部脱贫。脱贫群众从温饱不足到吃穿不愁，乡村面貌从封闭落后到全面改善，产业就业从单一匮乏到百业竞兴，基层组织从软弱乏力到坚强有力，从吕梁山到太行山、从雁门关到黄河畔，到处呈现出山庄窝铺搬出来、陡坡耕地退下来、荒山荒坡绿起来、光伏产业亮起来、电商旅游火起来、转移就业走出来、基层组织强起来、群众生活好起来的崭新景象。2017年6月、2020年5月、2022年1月，不到五年时间，习近平总书记三次视察山西，每次都到农村、进农家、问农情，对山西脱贫攻坚和乡村振兴工作给予肯定。

五年来，他笃行不怠，苦干实干巧干，把全部精力和心血都投入到伟大事业当中，在红色土地上奋力蹚出一条具有中国特色山西特点的攻坚路径。打攻坚战，就得有硬举措。刘志杰把精准理念贯穿识贫扶贫脱贫全过程，围绕“扶持谁、谁来扶、怎么扶、如何退”四个问题，创新性地提出建设脱贫攻坚数据库、政策库、项目库、人才库“四库”，从系好建档立卡第一粒纽扣开始，到坚持“十个有”分类施策，确保靶向精准、抓手精准、施策精准、指导精准。牵头起草坚决打赢全省脱贫攻坚战《实施意见》，八大工程重点布局，二十项行动专项推进，六大政策机制重点保障，一县一策攻坚深度贫困，打出一套组合拳。瞄准“一方水土养不好一方人”区域，采取精准识别对象、新区安置配套、产业就业保障、社区治理跟进、旧村拆除复垦、生态修复整治“六环联动”、闭环推进的办法，整村搬迁3365个深度贫困自然村，国务院连续四年表扬激励，获全国脱贫攻坚奖组织创新奖。针对深度贫困和生态脆弱相互交织的省情特点，深入推进退耕还林奖补、造林绿化务工、森林管护就业、经济林提质增效和林产业综合增收“五大项目”，在“一个战场上”同时打赢脱贫攻坚和生态治理“两个攻坚战”，带动52.3万贫困人口增收。习近平总书记三次肯定，国家三部委发文推广，全国林业扶贫现场会在吕梁召开。建立完善特色产业带贫益贫机制，依托农产品精深加工十大产业集群和五大平台，延伸产业链、提升价值链、构建脱贫链，带动127.7万贫困人口增收脱贫，贫困村有脱贫产业、有带动企业、有合作社，贫困户有增收项目、有技能“五有”机制入选全国产业扶贫十大机制创新典型，全国产业扶贫现场会在长治召开，光伏扶贫获全国脱贫攻坚奖组织创新奖。在全国率先出台“五进九销”消费扶贫政策，助销贫困地区农产品88亿元，扶贫产品卖了好价钱、农民有了好收成、市民买了好东西、扶贫建立好机制，汪洋、胡春华同志批示肯定，原国务院扶贫办发文推广。实施全民技能提升工程，建设“人人持证，技能社会”，打造地方特色劳务品牌90多个，带动务工就业91.8万人，“吕梁山护工”“天镇保姆”入选全国人社领域精准扶贫典型案例，全国扶贫职业技能大赛在大同举办。兜牢社会保障底线，健全义务教育控辍保学机制，实施健康扶贫“三保险三救助”，在全国率先建立城乡居民补充养老保险制度，为老年人养老和防止返贫致贫提供了制度保障。

五年来，他以上率下，用心用情用力，把善做善成文化和精细严实作风融入血脉，锻造了一支敢打胜仗、能打胜仗、善打胜仗的过硬队伍。打攻坚战，就得有硬作风。五年来，刘志杰把工作当修行，视事业如生命，以“打不赢脱贫攻坚战就对不起这块红色土地”的态度和决心，以“革命加拼命”的精神和干劲，冲锋在前、苦干实干，带病坚持工作，花白的头发、加深的皱纹、佝偻的身躯，都是在向这场伟大的脱贫攻坚战致敬。五年来，他坚持团结干事、带队育人，内强素质、外树形象，提出并不断丰富“善做善成”扶贫文化内涵，深入开展在全省看大局比奉献、在系统看位置比支持、在机关看思想比作风、在基层看服务比形象“四看四比”活动，扶贫系统干部担当作为、干事创业氛围日益浓厚。在他的带动下，广大扶贫干部加班加点、无怨无悔，苦干实干、不计得失，用自己的辛苦指数换取贫困群众的幸福指数，赢得了基层干部群众的广泛赞誉，被群众亲切地称为“咱们自家的人”。

（图片：山西省农业农村厅提供）

王靖文

王靖文，男，满族，中共党员，1987 年 7 月生，吉林辽源人，本科毕业于中国刑事警察学院，吉林大学软件工程硕士学位。2009 年 8 月参加公安工作，2011 年 6 月入党，2017 年 4 月起参加驻村工作，先后在辽宁省大连市公安局特警支队、辽宁省公安厅网安总队、“清网办”、技侦总队、警务督察总队工作，现任葫芦岛市南票区黄土坎乡上松树沟村第一书记兼任辽宁省公安厅驻村工作队队长、警务督察总队四级高级警长。曾荣立个人二等功 1 次、嘉奖 2 次，连续 3 年被评为优秀公务员，被评为省定点扶贫先进工作者、省公安厅机关“三牛”精神践行者特别奖、第五届辽宁省未成年人思想道德建设先进工作者、辽宁好人·最美扶贫人、全国脱贫攻坚先进个人、全国乡村振兴青年先锋。

王靖文：一手扶“志”，一手扶“智”的青年驻村书记

王靖文是辽宁省公安厅选派干部队伍里下派驻村时间最长，且主动连续三期驻村的第一人。自 2017 年 4 月驻村以来，王靖文平均每年驻村 300 天以上，累计协调资金 4800 多万元（含物资折算），他一手扶“志”，扶植眼前产业，协调投入 2492.8 万元，打造环村路产业集群；一手扶“智”，注重长远教育，发起“筑梦计划”，阻断贫困代际传递。

精准定位　攻坚克难

刚到村里的时候，村民对驻村工作队还不是很理解。王靖文不知受了多少白眼，但他没有放弃对村民的帮助：八旬老人刘老汉家被火烧了他马上联系建房，五保户赵大哥没钱取暖他自掏腰包买煤，建档立卡户李大娘家的猪病了他请来兽医治疗……

随着时间的推移，打井、建路、修桥等一系列基础设施建设让全村人对扶贫工作有了新的认识，感念“共产党好”成为一种共识，王靖文趁热打铁：2019 年国庆节前一天，举行了上松树沟村集体升旗仪式，驻村工作队全员换上制式警服担任升旗队，让全村人感受到“国家”二字的分量。这是自建村以来的第一次集体升旗仪式，正值金秋农忙时节，村里人却没有急着下地干活儿，而是主动集中到广场上。村民们手持小国旗，凝神注视国旗冉冉升起，高唱国歌，而八旬老人刘老汉更是在升旗仪式后带头高呼“中国共产党万岁！”

瞄准市场　真抓实干

在驻村工作中，王靖文念当地百姓之所忧，行当地百姓之所盼。村党

支部书记朱玉庄用“斩荆棘，勇担当”六个字，定义了这名驻村的“第一书记”。

王靖文斩断了环境脏乱的“荆棘”，担起改换新颜的大任。共修路3条累计56.6公里，建桥5座，打井15眼，河道清淤3534米，安装太阳能路灯20盏，建起以社会主义核心价值观为主题的文化宣传墙。建设绿化带3公里，增设村级卫生室、健身室、图书角，建设饮水安全工程。

王靖文斩断了生产落后的“荆棘”，担起造血扶贫的大任。他先是提出建设1.6公里长的警民路，形成了环村路，形成了一面出村变三面出村的交通格局；同时建设扶贫产业集群，沿环村路建设了恒丰泳装加工厂、辽宁省公安厅养牛扶贫基地、振兴松岭粉条加工厂，以及正在建设的蒜蓉深加工厂等4个多元化扶贫产业项目，形成了环村路扶贫产业集群。输血不如造血，扶贫产业集群现创造年产值5000万元以上，仅辽宁省公安厅养牛扶贫基地一个产业项目的年利润就近300万元。环村路产业集群建成后，上松树沟村集体收入由“0”逐年递增到现在近10万元，建档立卡户年人均分红1186元。环村路产业集群覆盖了村集体、贫困户、剩余劳动力、致富带头人等多个层次，逐渐形成了村民全员参与、社会整体联动、内涵外延并重的扶贫模式。

摸清实情　借力而行

“有一次急需用笔，可是我走遍村里的小卖部居然买不到一支笔！”王靖文说，“没有笔，说明上松树沟村太需要扶了——扶贫、扶智、扶心……”

当天，王靖文完成手头工作后，迎着漫天黄沙来到了乡里唯一一所小学——黄土坎乡中心小学。刹那间，他感觉时间仿佛倒退了许多年。斑驳的墙面，陈旧的门窗，学校居然没有一个正式的操场。经进一步了解，王靖文又发现了一个揪心的事实：这里的许多孩子带不起午饭，很多孩子到了下午饿得胃疼。

孩子们的状况让王靖文下定决心，要改变当地教育上的贫困。于是，他开始为孩子们忙碌起来。为了山村孩子的未来，王靖文发起了“筑梦计划”，长久支持教育扶贫。帮助黄土坎乡中心小学创建了筑梦系列特色教室——美术室、图书室、舞蹈室、科技室；设立“筑梦奖学金”；协调葫芦岛爱心人士铺垫操场……还有学生需要使用的防疫用品、桌椅书包、全年校服等等，他终于让乡里的孩子们第一次在标准化篮球场上玩上了篮球，第一次在精致的画室里发挥自己的特长，第一次在温暖的图书室里读上了喜爱的图书，第一次吃上了中国福利基金会提供的免费“爱心午餐”。

勇挑重担　青年力量

2021 年 2 月 25 日，王靖文同志在北京人民大会堂参加了全国脱贫攻坚总结表彰大会，作为全国脱贫攻坚先进个人代表受到习近平总书记等党和国家领导人的亲自接见并合影留念。会后，他参与了中央广播电视总台《迈进新征程》全国脱贫攻坚总结表彰专题晚会的录播工作，登台亮相并合唱《伟大时刻》，展现了良好的青年阳光形象。

王靖文说：“要把个人成长和理想追求高度融合到社会主义现代化建设中，现在从事的这项工作带给我的快乐是能体会到老百姓的幸福感，看到孩子的笑容，这是做对了。再累再辛苦都值得。”接下来，王靖文驻村工作会由脱贫攻坚转向乡村振兴，他想打造数字乡村，让科技为乡村赋能，将党建工作通过积分制进行量化，实现看得见的党建工作，开展好人居环境整治，让村民过上更好的日子。“我深信，只要努力，这大山沟必将未来更可期！”

（图片：王靖文本人提供）

陈　华

陈华，男，汉族，中共党员，1959年11月生。黑龙江省机关事务管理局驻绥棱县靠山乡靠山村原工作队长、第一书记。他先后在7个县（市）8个村驻村帮扶，2014年被评为首届全国扶贫先进个人；2017年4月被评为省劳动模范、9月被省委评为“优秀驻村第一书记”；2018年5月被黑龙江省总工会授予“五一”劳动奖章；2019年5月获得全国脱贫攻坚奖贡献奖；2019年7月被评为省“最美奋斗者”；2020年2月荣获全国脱贫攻坚先进个人；2021年7月荣获全国优秀共产党员。

陈华：扶贫十六载　退休未停歇

2019年12月退休的陈华，如今依然坚守在靠山村的扶贫岗位上。

从2006年开始，他先后驻村帮扶过7个县（市）的8个村，俨然成了“扶贫专业户”。16年间，《人民日报》、新华社、黑龙江电视台、《黑龙江日报》等媒体多次刊登他的事迹。

退休是职业终点，但扶贫没有终点

2019年12月23日，黑龙江省机关事务管理局领导带队到靠山村宣布老陈退休，知情的村民很快写了一封请愿书：“我们靠山村的百姓离不开陈书记，恳请组织在陈华书记退休后，让他继续在靠山村工作……”请愿书上按上了一个个红红的手印。如今，在驻村工作队的名单里已经没有了陈华的名字，但靠山村党总支书记王志强说：“他永远是这村的当家人，他退休了还惦记着村里的贫困户。”贫困户吴振清家两口人，2020年8月份家里电跑火，棚都着了，连低保折都烧没了。“我们家着火了，是陈书记领着党员给修的棚，还给争取到救助款。当时可把我们给愁坏了，他领着我们一个地方一个地方去补存折。”吴振清的老伴李殿琴当年72岁，说话时眼睛有些湿润，“我们可不能让他走，他是我们的主心骨。”村民魏国锋说：“陈书记为靠山村太操心了，办成一件事，他高兴的啊，要是有啥事不顺，他就急得睡不着，退休了他也没离开靠山村。”

筑牢党建引领基石，提振贫困村的精气神

靠山村曾是省级革命老区村和省级贫困村，2016年老陈来的时候，全村729户中有113户未脱贫，村集体负债60多万元。当时，靠山村人心涣散，村里有事，叫人叫不动，来人出工不出力。老陈着急，但也认准

了，扶贫必须得从扶正人心入手，得把党员干部的精气神找回来。

他以创建“四有党支部”为目标，调整配齐了村两委班子。他把党员组织起来，扯起了党员义务模范先锋队的旗帜。刚开始大家还观察他是不是真卖力，看到他身先士卒，总是不惜力不惜汗，多脏的活都抢着干。于是，党员先锋队增加到 40 多人，挖水沟、绿化、修路，清理净化村容村貌。他倡导实施“亮旗行动”。为全村 32 名经评定起到先锋模范作用的党员房前都立上旗杆，给予升党旗鼓励。于是，邻里纠纷，党员先让步；公益劳动，党员干在前；脱贫致富，党员走在前。这种转变，来自陈华和党员先锋队的榜样示范力量。在大家面前，陈华从不叨咕“奉献”二字，但他的奉献精神有目共睹，“咱们老陈”的叫法，一点一点传开了。

栽下产业扶贫摇钱树，绘出百姓脱贫致富图

来到靠山村的第一年，老陈发现城市的美化工程需要大量花卉，就带领党员建成了花卉扶贫基地。他又当种植顾问，又当销售员。在老陈的努力下，将花卉等农产品销往哈尔滨市道里区、香坊区、群力新区、省政府幼儿园等多家单位，实行签订化规模种植。新冠肺炎疫情也没耽误花卉种植，1 栋温室 10 栋大棚，自繁自养 80 万株花卉，安置扶贫户和群众务工 45 人，人均增收 6500 多元，还让村集体持续盈利 20 万元。

老陈用争取到的扶贫资金 580 万元购入大马力拖拉机、旋耕机、挖掘机、铲车等机械，村集体建成农机专业合作社和扶贫机械施工队，采取“党支部 + 合作社 + 农户 + 园区”的模式，推行土地规模经营，社会化托管服务，建成现代农业示范园区。入社 428 户，连片种植 8500 亩，提供耕、种、防、收全程服务。每垧增收 1500 元。村集体托管后，统一购买生产资料，每亩节本增收 60 元；统一销售，以量取胜，每斤多卖 3 分钱，每亩地多收 40 元；全程机械化，种植管理仅需 15 人，剩余劳动力通过务工就业，月增收4000多元，实现了多渠道增收。村集体托管增收40万元。六年间，老陈给靠山村打下了很多“家底”，花卉扶贫基地、农机合作社、光伏发电站、苗木基地、晾晒场等。2018 年靠山村已经摘掉了贫困帽，实现了全部脱贫，2021 年末实现村集体积累 582 万元，农民纯收入 15640 元，较脱贫前翻了一番。

用情服务赢得民心，把无私奉献贯穿始终

“不拿群众一针一线”，自带柴米油盐等生活物品“常住沙家浜”，与百姓同吃同住同劳动，这是陈华的真实写照。为解决住房难题，老陈争取扶贫资金264万元。建起了一排排崭新的“幸福大院”。幸福大院里既有淋浴室、活动室，还有扶贫爱心超市，一次性改善了33个贫困家庭的居住条件。其余则采取“一修二建三置换”的方式全部解决到位。

六年来，陈华逢年过节都为贫困户送去慰问金和米面油、组织省机关局干部职工捐送衣帽1.4万件，保障了群众吃穿不愁。为贫困学生发放爱心书包90多套，爱心助学基金3.5万元，老陈还专程将3名贫困学生送到省林业卫校读书，确保他们不因贫困而失学。

如今，已经退休的陈华始终坚守在扶贫岗位上，他还把国家奖励他的3万元钱捐献给了村集体，他觉得自己做得还不够，还要让村民过上更好的日子，他正朝着这个目标奋斗……

（图片：绥化市乡村振兴局提供）

王　煜

王煜，男，汉族，中共党员，1970 年 10 月生，上海春秋国际旅行社（集团）有限公司党委副书记、春秋航空股份有限公司董事长，全国政协委员、上海市工商联副主席、中国旅游协会副会长。作为新一代民营企业家，王煜始终牢记习近平总书记的要求，带领公司转型升级创新发展，实现航空营收、净利润连续多年两位数增长，利润率始终保持在行业领先，连续 83 个月保持着目前中国民航最高安全纪录，春秋航空是唯一一家连续荣获民航局四率（安全、准点、服务、执行）评比全 A 等级的航空公司。王煜带领春秋航空积极投身公益，回报社会，利用“航空 + 旅游”的优势，通过产业扶贫、旅游扶贫、生态扶贫、教育扶贫、就业扶贫等方式，在“万企帮万村”村企结对精准扶贫行动中作出重要贡献。荣获全国脱贫攻坚先进个人、全国脱贫攻坚奖奉献奖、上海市优秀企业家、上海市优秀共产党员、上海市抗击新冠肺炎疫情先进个人。

王煜：让大山深处飞出更多的金凤凰

去过云南红河州红河县车古乡利博村，王煜才意识到，走出大山真难。

到了昆明再驱车 7 小时，绕过一座又一座山头才是县城。接下来，必须换越野车，又经过三个多小时，才抵达目的地利博村。

利博村无法开通航线，也不能输送游客，对于以航空、旅游为主业的春秋航空来说，不易发挥优势，落实“万企帮万村”村企结对精准扶贫行动难度很大。

春秋航空有着长期的扶危助困、回报社会的传统，脱贫攻坚就更是要敢打“硬仗”。经过讨论，集团党委下定决心，“春秋就是要挑硬骨头，对口帮扶就是要到最难的地方去”。

春秋航空党委专门成立扶贫工作组，由王煜担任组长。工作组首赴利博村，开启了调研工作。此后，工作组六次奔赴红河州，实地探索村企结对、对口帮扶的精准扶贫新路。

正如习近平总书记作出的指示，精准扶贫开对了“药方子”，才能拔掉“穷根子”。第一道“药方”，工作组开给了教育。

利博村有 193 户建档立卡贫困户，人均耕地面积不足一亩，以梯田为主，劳动投入很大，收益却不高。村里的平地非常珍贵，最开阔的一块地就被村民们用来建学校。让孩子通过教育走出大山，是山里人世代的渴望。但是，这个地方太远太苦，被分配去的老师 3 年服务期一满，很少有人愿意留下来。

再苦不能苦教育。2018 年 9 月起，王煜带领春秋航空与红河的三个国家深度贫困村以及绿春县中学结对，开展助学、奖学、支教等教育扶贫行动。为这三个村小学满 3 年服务期仍坚持任教的 9 位老师颁发超期服务津贴，为大山留住了优秀老师；捐赠二千多本图书，丰富了 3 个小学的阅览室；为水塘村小学捐赠 10 台电脑，让孩子们第一次上了电脑课；为利博村小学宿舍更换了破烂的棉被，孩子们可以睡上安稳觉了……每年受益师生 600 多位，年均颁发助学、奖学和优秀教师奖金 120 多万元。这些贫困家庭孩子的学习条件有了很大改善。

工作组开出的第二道“药方”是就业。

调研过程中，王煜发现大山里有很多“金凤凰”，我们能不能想办法帮他们飞出来。

王煜在党委会上提出，针对红河地区的实际情况，在符合民航规章的前提下，降低身高、学历等要求，到红河开设最热门的客舱乘务员岗位招聘专场。通过层层选拔，800 多位报名的各族青年中，有 35 名学员脱颖而出，来到上海参加技能培训。经过协调，工作组对建档立卡和少数民族特困户学员总计减免了 50 多万元的培训费用。十几门专业课要在 3 个月内通过考核，尤其是专业英语、航空器基础知识等课程，为了让他们达到要求，客舱部专门安排 35 名党员乘务长“一对一”带教。

半年后，35 名红河学员全部通过了乘务员考试，飞上了蓝天，月平均收入达到 1 万元，实现了一人就业，全家脱贫。

2020 年初，新冠肺炎疫情暴发，航空、旅游业遭受直接冲击。不少贫困地区务工人员滞留家中，断了收入来源，时刻面临返贫风险。王煜响应政府号召，积极组织包机，运送云南、贵州等地建档立卡贫困户来上海务工。累计已运送几十万名返乡务工人员重返岗位。

抗疫、保就业稳就业千头万绪，但春秋航空的脱贫攻坚工作没有一丝一毫放松。疫情导致乘务员航班减少，他主动关心建档立卡贫困户的红河乘务员，对他们实施政策倾斜，尽可能安排飞行任务，让他们不因疫情原因收入减少。

2020 年 4 月，春秋航空扶贫工作组又联合上海开放大学航空运输学院组队前往云南红河，实施“筑梦蓝天计划”，面向建档立卡贫困家庭高中毕业生招生。

有了第一批红河学员的良好示范作用，当地贫困户家庭踊跃报名。5 月 16 日，18 名优秀的红河贫困学生开始了为期两年的学历教育和空乘职业培训，春秋航空全额减免学费，并提供免费食宿，一对一结对帮教，通过扶志与扶智双向持续发力，实现贫困学员学习就业，全家脱贫。

2020 年 5 月 17 日，云南省传来喜讯，春秋航空参与帮扶的红河州红河、绿春、金平三个县全部脱贫摘帽。

在这场没有硝烟的硬仗里，王煜带领春秋航空积极发挥所长，实施航线帮扶，往欠发达地区和老少边穷地区开通了37条航线，许多是春秋独飞航线。

航线开到哪里，春秋航空紧跟着就把游客送到哪里，实施旅游帮扶。2014—2021年，春秋航空向中西部欠发达地区累计组团输送游客超过80万人次，仅上海对口帮扶的云南省，迄今已累计输送40.5万人次。2019年飞行了30趟援疆旅游包机，占上海援疆包机的一半以上。开发摄影、徒步、冰雪季等主题旅游，通过打折、促销等方式吸引游客进疆，同时把新疆瓜果等特产引进春秋航空各大门店，实施消费扶贫，销售额突破200万元，为贫困群众增收了真金白银。

春秋航空是改革开放的参与者、见证者、受益者。王煜一直牢记习近平总书记的话：社会是企业家施展才华的舞台。只有真诚回报社会、切实履行社会责任的企业家，才是符合时代要求的企业家。他说："下一步，我将进一步发扬企业家精神，做好主业、实业报国的同时，切实响应贯彻党的号召，确保贫困人口的长效脱贫，在打赢脱贫攻坚战中，站好每一班岗。"

（图片：春秋航空股份有限公司提供）

张新建

张新建，男，汉族，中共党员，1965 年 4 月生，浙江仙居县人，1987 年 8 月参加工作，曾任台州市机关事务管理局三级调研员、仙居县埠头镇振兴村第一书记、农村工作指导员，现任仙居县政协党组成员、副主席。

张新建同志于 2011 年主动请缨到村工作。扎根农村 10 年，将所驻的第一个村金竹溪，从贫穷山村建设成为国家生态文化村、省美丽宜居示范村、省级农房改造示范村，村集体经济年收入从零增长到 70 余万元，村民人均收入翻两番。四次任期届满，四次被村民集体向上级写信请愿留任。2018 年底，转任振兴村第一书记、农村工作指导员，先后为村里争取扶持发展项目 18 个、项目资金 1000 余万元，村集体经济年收入从零增长到 40 余万元。

2021 年荣获全国脱贫攻坚先进个人。

张新建：被村民一留再留的“第一书记”

十载强根基，田间写初心。从 2011 年 5 月担任仙居县溪港乡金竹溪第一书记、农村指导员，2018 年 12 月底“转战”埠头镇振兴村，张新建用真心真情，走进了群众心里；用实干担当，跑出了村庄发展。他四次任期届满，四次被群众请愿挽留。被村民亲切地称为“老张”。2019 年获得第九届全国“人民满意的公务员”，2021 年获得“全国脱贫攻坚先进个人”“全国优秀党务工作者”和浙江省“十大强基先锋”等荣誉，先后 3 次得到习近平总书记等中央领导同志的亲切接见。

用好政策抓好项目，穷山村迎来新蝶变

金竹溪村离仙居县城 62 公里，地处台金温三地交界处的偏僻山区，全村共有 156 户 532 人。张新建来之前，村里已经 20 多年没盖过新房，村庄环境差，村民收入低。

“既然来了，就要踏踏实实做点事！”张新建下定决心要从新农村建设开始，壮大村集体经济和村庄产业，拔掉祖祖辈辈的“穷根”，让全村人过上好日子。通过挨家挨户走访，张新建心中有了方向，要把村子打造成一个集农家乐、休闲旅游于一体的美丽乡村特色村。

如何制定一份令村民满意的新规划成为摆在张新建面前的第一道“考题”。他花了整整一个月的时间，逐一找在家党员谈心，逐个与在外党员电话联系，并到县规划部门了解情况。经过反复走访，在充分吸收村民对村庄发展的意见后，村庄发展的优势和短板进一步厘清，历经三次大调整的新规划方案在村民代表大会上一次性通过。

当时正值国家大力扶持农村项目，张新建抓住机遇，在锚定走乡村旅游绿色发展道路后，他带着几个村干部天天往涉农部门跑，了解政策、争取项目。靠着跑破脚皮、厚着脸皮、磨破嘴皮的劲，张新建争取到了一个

又一个项目资金；靠着书记领着干、干部抢着干、党员比着干、群众跟着干的劲，一个又一个项目快速落地建成，顺利通过评审验收。

“火车头”带动“加速度”，振兴村里谋振兴

村子变了，但情怀不变。2018 年 12 月，张新建按照组织安排，“转战”埠头镇振兴村。振兴村曾是先进村，但因班子不团结等因素，张新建到任前，该村各项事业发展一度停滞不前。

张新建抓住村级组织换届的契机，通过细致摸排，选优配强村两委班子。换届后，张新建带领班子烧了开门“三把火”。

第一把火立规矩。把学习习近平总书记在基层代表座谈会上的讲话精神作为第一课，同时组织学习《仙居县从严治村十条》《仙居县村级小微权力清单》等村级议事规章制度，从一开始就树牢政治意识、规矩意识。

第二把火取真经。换届完成后不久，张新建就带着党员干部到“全国脱贫攻坚先进集体”淳安下姜村观摩学习，对标先进村找差距不足，围绕村里有什么短板、干部起什么作用进行查摆，把原来良好的自我感觉“敲掉”，村两委班子一下子紧起来。

第三把火办实事。把“大白鹅养殖 + 光伏发电”项目作为“开门一件事”。为了顺利引进养鹅项目，张新建组织村两委干部和党员成立大白鹅项目专班，并与合作方达成“合作社 + 基地 + 困难户”的运作模式，将大白鹅种苗免费提供给困难户和残疾户，无偿提供指导和销售等服务。在这期间，张新建和村干部一起泡在工地加班加点，短短两个月，浙东大白鹅养殖基地正式落户，过不久建在养殖场的光伏项目也正式并网发电。项目建成后，仅光伏发电一项，振兴村每年就有约 25 万元收入。

这“三把火”烧旺了支部，点燃了干部干事激情。振兴村基础设施越来越完善，人居环境越来越好。村集体的“底气”更足了，村民的幸福感和获得感更强了。

真情服务民心暖，乡亲们齐迈共富路

基层坎坎坷坷的事有不少，只有以真心做实群众工作，才能获得群众的支持。“上山头、下田头、到灶头”，这“三字经”是张新建与村民打成

一片的“秘诀”。

心交给了群众，群众用情来回报。从2011年到2018年，由于驻村第一书记任期调整，金竹溪村村民曾四度摁下红手印，向上级请愿让张新建留任。

在更需要他的埠头镇振兴村，为了让村民心“热”起来，劲头“足”起来，张新建在到任的第一个端午节，就早早谋划起了“乡贤同心粽，共筑振兴梦”送粽子行动。建留守儿童“东篱之家”埠头学苑时，他个人捐款1万元；“利奇马”台风来袭时，村中住在低洼处的老人已经入睡，浑然不知危险来临，他帮着穿上裤子，背上就走；村民柯某某是一级残疾，吃饭都要喂，他坐在床前给她读“浙江最美残疾人”的故事，鼓励她要有生活勇气……

“为村民谋幸福，为乡村谋振兴”。张新建始终把村里的事放在首位，用他的实际行动践行着共产党员的初心和使命，“现在，农村又走上了共同富裕的新征程，作为一名老基层，我一定与广大基层党员干部一起，扎根基层、尽责奉献，共同建设好这方热土，守护好‘红色根脉’”。

（图片：沈海松提供）

刘双燕

刘双燕，女，汉族，中共党员，1975 年 6 月生，国家税务总局安徽省税务局党建处二级主任科员，2012 年至 2021 年连续三届扎根农村担任贫困村第一书记，九年多的时间她带领贫困群众攻坚克难、脱贫致富，把九年芳华献给了党的脱贫攻坚事业，献给了热切期盼美好生活的村民。先后获全国先进工作者、全国第八届道德模范提名奖、全国脱贫攻坚奖贡献奖、全国三八红旗手标兵、全国最美公务员、全国最美职工、“中国好人”等荣誉称号。

刘双燕：扶贫九年“衔泥燕”造福一方春满园

“全面小康路上，一个都不能少。”刘双燕把习近平总书记最为深情的牵挂时刻铭记心间，在人生、家庭最重要的时光，毅然响应党中央号召，主动扎根农村九年，用青春和奉献诠释了一位奋战在扶贫一线战士的责任与担当。

坚定信仰，在脱贫一线中砥砺初心使命

2012年3月，刘双燕来到利辛县刘家集乡陆小营村，担任第一书记。那时陆小营村闭塞落后，刘双燕经常深入村民家中拉家常、问冷暖。通过一次次走访，刘双燕发现村里贫困落后的主因，是位置偏僻、交通不便，种植作物也没有销路，导致产业始终发展不起来。她千方百计协调争取到上级拨款50万元，修通了村民期盼已久的水泥主路，让“泥巴路”变成历史，解决了贫困群众“行路难”的问题。

2015年初，结束陆小营村任期的刘双燕，来到利辛县汝集镇朱集村，任第一书记兼扶贫工作队长。朱集村是一个深度贫困村，建档立卡贫困户就有749人，脱贫任务十分繁重。刘双燕刚到村里，做的第一件事就是把自己宿舍装空调的钱省下来，给村里敬老院换了新路灯。

刘双燕挨家挨户走访调查，很快明确了产业脱贫的思路。贫困户周文峰夫妇都是残疾人，对发展养殖没信心。刘双燕不厌其烦做他俩的思想工作。老周夫妇终于卸下思想包袱，贷款做起了鸭业养殖，现在一年能出6棚鸭，每棚能挣8000多块钱。不仅成功脱了贫，还走上了一条养殖致富路。

就这样，她带领村两委成立种养合作社；引进养殖大棚、光伏发电、中药材黄蜀葵加工基地等产业；积极协调争取资金1000多万元，改造全

村电网和危房，建成文化广场和图书室，铺设自来水管道，修建村级公路。截至2020年，朱集村贫困户全部实现稳定脱贫，集体经济年收入60余万元，获评“省级美丽乡村示范点”，昔日贫穷落后的“困难村”终成小康路上的新家园。

直面疫情，在防控阻击战中诠释责任担当

2020年春节，新冠肺炎疫情突如其来，她带领村干部成立了“党员先锋队”，建起了“党员模范哨”，逐户摸排重点疫区返乡人员，严防疫情输入。在得知部分贫困户缺少防疫物资后，她想尽一切办法，在防疫物资极度缺乏的情况下，自费购买了1200只口罩和120斤消毒液发放到村民手中。

刘双燕带领党员守住了防疫阵地，全村实现了零输入零感染，但随着疫情缓和，村民的养殖业又遇到了难题。贫困户周亚军刚刚通过自己的勤奋努力过上富裕的日子，由于疫情饲料运不进来，面临着返贫的风险。刘双燕得知后想方设法联系到农技专家，调整了饲料配方和饲喂量，让他顺利渡过难关。

朱集村共有外出务工人员150多人，受疫情影响他们滞留在家失去收入来源。刘双燕积极寻找企业用工需求，50岁的周文庆原本在湖北打工，受疫情影响，节后一直赋闲在家。因为年龄偏大，很多企业的用工条件要求他都不符合。刘双燕给一家家用工企业打电话，成功帮助周文庆找到了一份养猪场饲养员的工作，包吃包住，一个月能挣4000块钱。

刘双燕常给党员干部说：“咱们是党员，哪里有危险，我们就要冲到哪里，乡亲们哪里有需要，我们就要服务到哪里，这就是共产党员的责任担当！”

只争朝夕，在忠孝两难间播撒为民情怀

2012年刚驻村不久，刘双燕母亲被确诊为肺癌晚期，因为村里工作繁忙，直到临终她都没能床前尽孝；爱人突发急性心梗骤然离世她也没能陪在身边；女儿从小学六年级一直到大学三年级，她几乎错过了孩子的整个青春期。多年扎根农村，她终因劳累过度，患上了髌骨软化症，正常行

走超过十分钟膝盖便疼痛难忍，止痛膏药、理疗护膝，伴她一瘸一拐地走过了这几年。

9年来，两次届满的她本都可以回到家人的身边，但因心系贫困群众，她最终还是选择了留任。9年来她始终初心不改、矢志不渝、忠诚担当，带病攻坚，奔波于精准脱贫第一线，奋斗在为民服务的最前沿；9年来她始终牢记习近平总书记嘱托，把贫困村当故乡，把百姓当亲人，把脱贫当事业，与困难群众想在一起、干在一起，决战全面脱贫目标，带领村民迈进全面小康，无数个日夜辛劳和付出，被贫困群众亲切誉为“党的好女儿、民的亲闺女”。

（图片：吴文兵提供）

孟守东

孟守东，男，汉族，中共党员，1971 年生，管理学博士，籍贯安徽省肥东县，安徽省乡村振兴局产业指导处处长、一级调研员。先后被评为全省扶贫系统先进个人、省直机关优秀共产党员等称号，记三等功 1 次，2020 年获“全国脱贫攻坚奖创新奖”，入选“2020 年度安徽十大新闻人物”。创新提出扶贫小额信贷自我发展、合伙发展、合作发展、合营发展“一自三合”模式，鼓励引导贷款贫困户“自我发展”或“抱团发展”扶贫产业，实现从“贷得到”向“贷得准”“用得好”转变，走出一条具有安徽特色的“金融 + 产业”融合发展、带贫减贫之路，得到国家乡村振兴局（原国务院扶贫办）肯定并向全国推广。

孟守东：创新“一自三合”模式
“贷”动增收脱贫致富

开展扶贫小额信贷是加快扶贫产业发展、促进贫困人口增收脱贫的关键之举。国家政策实施以来，各地积极投入信贷资金，撬动群众增收杠杆，但也出现“户贷企用”情况，滋生出“入股分红”“简单吃利差”“养懒汉”等问题，与金融扶贫制度设计的初衷相背离。2017 年底，国家全面叫停“户贷企用”，重申扶贫小额信贷“户贷户用户还”方向和“贫困户自愿、贫困户参与”原则。安徽省乡村振兴局产业指导处处长孟守东准确领会国家政策，深入调查研究，探索创新了扶贫小额信贷“一自三合”模式，打通了金融扶贫工作难点和阻点，源源不断引来金融源头活水，有效促进了扶贫产业加快发展，激发了贫困群众内生动力，“贷”动了增收脱贫致富，降低了金融风险。

探索创新扶贫小额信贷“一自三合”模式

习近平总书记在中央扶贫开发工作会议上强调，要做好金融扶贫这篇文章，加快农村金融改革创新步伐。作为脱贫攻坚战线中的一员，孟守东认真学习领会，坚持问题导向，针对贫困户普遍存在的选择产业难、筹集资金难、生产经营难、市场销售难和怕亏钱折本而不愿贷、不敢贷等“四难一怕”问题，2018 年 6 月，他深入安徽省灵璧县、定远县、和县、含山县、金寨县和湖北省三门峡市郧阳区、河南省卢氏县等地调查研究，发现在严禁“户贷企用”的背景下，“户贷户用户还”并不是“独木桥”，贫困户可以互帮互助、抱团发展。为此，孟守东认真分析总结基层实践，深入思考提炼，结合产业扶贫实际，创新提出了扶贫小额信贷户贷户用自我发展、户贷户用合伙发展、户贷社管合作发展、户贷社管合营发展“一自三合”模式。“一自”，就是有自主发展意愿和发展条件的贫困户，通过一家一户“户贷户用”自我发展产业；“三合”，指自主发展能力弱和发展条件欠缺的贫困户一家一户贷款后抱团发展，坚持贫困户的主体地位、主体利益第一位，通过合伙、合作、合营，聚合政府有形之手、市场无形之手和群众勤劳之手，精准发力，有效破解一系列难题，努力实现从“贷得到”到“贷得准”再到“用得好”的转变，走出了一条具有安徽特色的“金融 + 产业”融合发展、带贫减贫之路。

促进金融扶贫再上新台阶

实践证明，“一自三合”模式是新形势下完善扶贫小额信贷机制、提升金融扶贫效果的一个创举，对精准使用扶贫小额贷款、提高贷款贫困户产业组织化程度、“贷”动增收脱贫致富具有重要的现实意义。安徽通过积极推广“一自三合”模式，有力促进了产业扶贫发展和贫困群众增收脱贫的步伐。截至 2020 年 9 月末，全省历年累计发放扶贫小额信贷 351 亿元，“贷”动 93.5 万户贫困户实现增收脱贫。

扶贫小额信贷“一自三合”模式的创新提出和推广实践，得到了原国务院扶贫办的充分肯定，2018 年 7 月全国金融扶贫培训班在安徽灵璧县召开，推广安徽经验做法。

在 2019 年和 2020 年全国扶贫小额信贷工作现场会上，安徽省就创新推广“一自三合”模式分别作了典型发言。安徽省扶贫办多次受邀到中国浦东干部学院，在贫困县党政领导班子正职脱贫攻坚专题研讨班上就“一自三合”模式进行讲解交流，引起强烈反响。江西、广西等 10 多个省份到安徽考察学习“一自三合”模式，孟守东还受邀到吉林等地开展培训。2019 年，安徽省扶贫小额信贷“一自三合”模式被国务院扶贫办评为中国扶贫小额信贷优秀案例，同时被世界银行、联合国粮农组织、国际农业发展基金、联合国世界粮食计划署、亚洲开发银行、中国国际扶贫中心、中国互联网新闻中心等 7 家单位评为首届全球减贫案例最佳减贫案例，并收录进南南合作减贫知识分享网站，为有效破解贫困人口“贷款难、贷款贵”的世界性难题贡献了中国智慧和中国方案。

全力以赴心中的梦

“我们都在努力奔跑，我们都是追梦人。”2019 年新年贺词中这句振奋人心的话，引发亿万人共鸣。孟守东用“追梦者”作为微信名，意为坚守初心使命、砥砺奋进作为，做新时代的追梦人。脱贫攻坚战将要打响时，孟守东从安徽省政府办公厅调到安徽省扶贫办，先后在计划项目处、规划项目处、产业指导处等任职，无论是执笔起草省里《关于坚决打赢脱贫攻坚战的决定》《安徽省“十三五”脱贫攻坚规划》等重要文件，完善“1+20+N”脱贫攻坚政策体系，还是大力推进脱贫攻坚“十大工程”，经常工作到深夜一两点才休息，兢兢业业奉献，初心矢志不渝，光伏扶贫、金融扶贫、就业扶贫、消费扶贫等多项业务工作走在全国前列。

由原国务院扶贫办与中央广播电视总台联合录制的《决战的时刻——2020年全国脱贫攻坚奖特别节目》中，对孟守东获得2020年全国脱贫攻坚奖创新奖时的介绍，正是他工作的生动写照：“逐梦前行守初心，不辱使命绽韶华。”

（图片：胡泽慧提供）

林占熺

林占熺，男，汉族，中共党员，1943 年 12 月生，福建连城人，菌草技术发明人，现任国家菌草工程技术研究中心首席科学家、联合国菌草技术项目首席顾问，获全国十大扶贫状元、福建省政府一等功、全国东西扶贫协作先进个人、全国脱贫攻坚奖贡献奖、全国脱贫攻坚先进个人等荣誉称号。

林占熺：用菌草扶贫的智慧实干家

对于年近八旬的国家菌草工程技术研究中心首席科学家林占熺而言，2021年是不平凡的一年，他荣获“全国脱贫攻坚先进个人”、“全国优秀共产党员”、全国“最美人民教师”等多项荣誉。

作为脱贫攻坚主题电视剧《山海情》中凌一农教授的人物原型，他发明菌草技术、解决“菌林矛盾”，将菌草技术传播到全国31个省506个县，为脱贫攻坚、生态治理作出自己的贡献。

被誉为“世界菌草技术之父”的他，培养了国内外博士研究生10人，硕士研究生104人，让菌草技术走出福建、走出国门、走向世界上106个国家，在国际上产生广泛深远的影响。

攻克“菌林矛盾”开拓“菌草学”

被誉为用菌草扶贫的智慧实干家的林占熺，是从闽西连城大山里走出来的农民儿子，农村的一草一木，从小就在林占熺的脑海中留下了难以磨灭的印记，也播下了他一生追求梦想的种子。在小学读书时，当听到老师介绍科学家米丘林把苹果北移的故事后，他就希望也能像米丘林那样运用科学知识为农民服务。

1964年参加高考，改变农村贫苦落后面貌的强烈愿望，促使林占熺填报的志愿全部选择了农业院校。从福建农学院毕业后，他在宁化插过队，为了实现科技报国的理想，他毅然选择了科研创新的艰辛道路。

1983年开始刻苦攻关，1986年发明了菌草技术，林占熺打破了传统“草腐菌”与“木腐菌”的界限，为草业及菌业科学拓展了新的研究领域和应用功能，开辟了菌业生产可持续发展新路，开辟了菌草学这一新兴交叉研究领域和菌草新兴生态产业。联合国粮农组织专家认为“在新世纪，运用菌草技术发展菌草业将成为发展中国家保护生态环境、增加就业、消除贫困的重要途径”。

30 多年来，林占熺通过核心技术的研发和集成，已形成完整技术体系，涉及植物学、作物学、生态学、微生物学、动物学、食品科学与工程科学等多个学科。目前可用 45 种菌草栽培 55 种食药用菌，并实现一草多用、循环利用，形成“菌草—生态治理—综合利用”为一体的产业发展模式，由此开辟了菌草新兴生态产业。

如今，菌草技术发明先后获第 20 届日内瓦国际发明展金奖和日内瓦州奖、第 85 届巴黎国际发明展法国内政部国土整治规划部奖，获省部级以上成果奖 29 项、获国家发明专利 25 项，其中菌草科学研究的 15 项成果处于国际首创、领先和先进水平，《菌草学》以中英文出版，现有 15 种文字在传播菌草技术。

言传身教不懈播种“菌草精神”

躬耕教坛数十载，育得桃李满天下。长期以来奋战在科学教育第一线，林占熺始终担负起人民教师的职责和使命，在思维上培养同学们科技创新精神。在团队教学科研工作中起主导作用，言传身教，表现出对青年教师、学生的示范带头作用。

在林占熺的指导和带领下，博硕士研究生陆续攻克了“鲜草栽培食药用菌”“菌草治沙”“菌草治理水土流失”和“菌草治理崩岗”等关键技术难题，同时实现从理论到实践的快速转型升级。

农民出身的他，笃信“把论文写在大地上”“写在农民的钱袋子里”的理念。30 多年来言传身教、无怨无悔，让菌草技术成果服务于老少边穷地区。

“大家来自五湖四海，你们就是菌草大家庭的一员，没有菌草人解决不了的难题。”林占熺常常以“菌草精神”激励学生。并经常向学生们了解生活中的困难并给予无微不至的关照，为贫困学子家庭提供奖学金帮助，为留学生家庭提供勤工助学岗位、协助子女入学和工作等，因此，学生发自内心地称他“菌草爸爸”。

让菌草成为造福全人类的“幸福草”

寻找到一条能够让广大农民快速脱贫致富并实现可持续发展的新路，

这是林占熺研发菌草技术的初衷和目的。30多年来的不懈研究推广，菌草的潜能得到极致的释放，被群众誉为“致富草”“幸福草”“太阳草”。

自1989年以来，林占熺率团队先后在福建、广西、重庆、云南、新疆、西藏、贵州等省和沿黄河9省区开展菌草治理水土流失、治理荒漠化、治理石漠化、防沙固沙、改良盐碱地、治理砒砂岩、治理洪积扇、修复矿山的研究与示范，攻克一个个难关，取得一系列国际领先成果，形成菌草生态治理技术体系。长期坚持在最艰苦的地方扎根搞科研，付出了常人难以想象的艰辛。2017年，他获“中国生态英雄”称号。

富了群众，美了环境，菌草技术还为国争光。在援外和国际合作中硕果累累。我国政府把菌草技术列为援巴布亚新几内亚、莱索托、卢旺达、斐济等国项目。目前，菌草技术已传播到全球106个国家，在南非、莱索托等13国建立菌草技术研究与培训中心或示范基地。菌草国际扶贫架起了一座座友谊之桥、发展之桥、希望之桥。

人民有需要，国家有召唤，林占熺就出现在哪里，他坚信：“社会一旦有技术上的需要，则这种需要就会比十所大学更能把科学推向前进。”

（图片：林占熺本人提供）

王绍据

王绍据，男，汉族，中共党员，1947 年 10 月生，福建福鼎人，高级记者，曾任福建省宁德市委宣传部副部长、闽东日报社总编，现任福建省宁德市关工委副主任、宁德市诚信促进会常务副会长、福建省扶贫“两会”特约研究员，获全国百佳新闻工作者、全国报业经营先进工作者、全国脱贫攻坚奖奉献奖、全国脱贫攻坚先进个人等荣誉称号。

王绍据：当脱贫致富的“活地图”“活字典”

2016 年 2 月 19 日，习近平总书记与“中国扶贫第一村”福建省福鼎市赤溪村干群代表连线视频时，称赞王绍据“几十年前报道赤溪村的情况就很有新闻价值”，并勉励这位宁德的“活地图”“活字典”，总结扶贫经验，为下一步全国全面摆脱贫困、建成小康发挥余热。

2021 年 2 月 25 日，王绍据在北京人民大会堂参加全国脱贫攻坚总结表彰大会回来后，有感而发：“在打赢脱贫攻坚战、决胜全面建成小康社会之后，弱势群体依然会存在，我们扶贫扶弱、扶志扶智的工作，是不会落幕的。”王绍据表示：“帮扶路上，我不会止步，也不敢停歇。我会牢记总书记的嘱托，不断发挥余热，为群众脱贫致富继续当好‘活地图’‘活字典’。”

敢于担当　大胆呼贫

20 世纪 80 年代初，王绍据在福鼎担任县委办副主任兼县委报道组组长。在一次闲聊时，他听说该县磻溪镇赤溪村下山溪自然村极度贫穷，新闻工作者的责任感让他决心去一探究竟。1984 年 5 月 15 日，他起个大早，从县城乘车一个半小时到镇上，随后沿着崎岖山路徒步 26 公里抵达目的地。这个畲族村寨的贫困，让他十分震惊：村民的口粮除了少量番薯丝就是以野苦菜充饥，居住的茅草房破败不堪，大人小孩衣衫褴褛，连双像样的鞋也没有……

面对贫困，王绍据回到县城的当晚，辗转反侧无法入眠，下半夜起床写就题为《穷山村希望——实行特殊政策治穷致富》的稿子，既反映了这个村寨的艰苦状况，又提出帮助脱贫的具体措施。本着“一定要把这个革命老区基点村的真实情况反映上去”的责任感，他将稿件直接寄往人民日报社编辑部。

1984 年 6 月 24 日，《人民日报》一版以来信形式刊登了王绍据的稿件，并配发评论员文章《关怀贫困地区》，这在全国各地激起了强烈反响。同年 9 月，中共中央发出《关于帮助贫困地区尽快改变面貌的通知》，拉开了新时期扶贫开发工作序幕。

当即，福鼎县委、县政府召开专题会议商讨扶贫办法，确定由王绍据当向导，带领一支由党政领导及相关部门负责人组成的扶贫工作队，对这个自然村进行“输血”式的帮扶，开了全国之先河。默默无闻的赤溪村，因此被称作“中国扶贫第一村”。

在扶贫过程中，王绍据不断发现和总结经验教训，为脱贫攻坚尽心尽责。他的建议得到当地党政领导肯定与支持，最终将下山溪整村搬迁到行政村所在地。当时搬迁集资，王绍据带头捐了两个月的工资。易地搬迁的“造福工程”新思路，后来成为宁德地区脱贫致富的一个好经验。

倾力扶智　关注未来

扶贫扶志更要扶智。王绍据始终牵挂着贫困村孩子们的读书状况。他认为，阻断代际贫困，就一定要加强“扶智”，要让穷孩子们能够读上书，通过学到知识改变自己的命运。

1995 年，下山溪整村搬迁到行政村所在地后，王绍据听到许多村民孩子交不起学费，眼看着辍学。他果断把自己获得中国新闻奖后当地政府颁发的 6000 元奖金全数送到学校，为 18 个适龄入学的孩子解决了全部学费问题。

为了将扶贫真心传承给下一代，2016 年正月初三，王绍据带着全家老少到赤溪村，并从自己的退休金中掏出 6000 元，为赤溪小学 20 名品学兼优的学生颁发了奖学金。

如何做到巩固脱贫攻坚成果，有效衔接乡村振兴？王绍据认为关键是人才。2021 年春，他毅然把国家颁发给自己的“全国脱贫攻坚先进个人”3 万元奖金，全部捐给赤溪村小学，作为培养“品学兼优”奖学基金。

老骥伏枥　余热不减

同习近平总书记视频连线后，王绍据更是激情迸发，老当益壮。为了响应“发挥余热”的嘱咐，他年届古稀，顶着腰椎间盘突出的剧痛，加班加点28天，全面总结了赤溪村从“输血”“换血”到“造血”3个历程的7个方面经验，写出10万多字的《赤溪——“中国扶贫第一村”纪实》一书，由福建人民出版社出版。该书还被评为第三届全国党员教育培训优秀教材。与此同时，他还主编40多万字的《滴水·筑梦》一书，详尽叙说扶贫开发历程的“宁德模式”。2018年，他又撰写了13万字的扶贫专著《下党乡巨变》。为了探讨怎样使“绿水青山真正变成金山银山”，他自费到浙江华东林业产权交易所考察调研，认真总结那里发展林下经济、林产权抵押贷款、碳汇交易等有效经验，采写成《林子变票子，鼓起钱袋子》的调查报告，在《人民日报》全文刊登，为全国各地加强生态建设提供了可借鉴的经验。

为了传播脱贫攻坚经验，王绍据不顾年事已高，共在省内外的各种形式培训班上作了260多场（次）的讲座，生动介绍脱贫攻坚的“宁德模式”。2017年10月26日，正值他七十岁寿辰，却忘了自己生日，应邀到贵州毕节贫困县，3天时间行程2000多公里，深入7个乡村调研考察，为深度贫困地区送去习近平总书记倡导的精准扶贫做法。

（图片：王绍据本人提供）

彭夏英

彭夏英，女，汉族，1967 年 6 月生，江西省吉安市井冈山市茅坪镇神山村村民。2016 年 2 月 2 日，彭夏英得到习近平总书记的亲切慰问，此后，她将总书记的关怀化为脱贫致富的巨大动力，依靠党的扶贫政策，自力更生，开办了全村第一家农家乐和民宿，摆脱贫困过上了好日子。2016 年 9 月当选井冈山市人民代表大会代表，2018 年 10 月当选全国妇女代表大会代表，2018 年获全国脱贫攻坚奖奋进奖，2021 年 2 月获全国脱贫攻坚先进个人。

彭夏英：绽放的“红杜鹃”

彭夏英是井冈山市茅坪镇神山村的一名普通妇女。她心地善良，勤劳肯干，家里收拾得井井有条，村里乡亲有什么难事，她总不忘搭把手。早年，丈夫在外务工时，足部摔残，无法胜任重体力活，彭夏英便成了家中的顶梁柱。由于村庄离城镇较远，使得家庭产业发展滞后，全家主要依靠彭夏英一人务农获得微薄的收入，经常入不敷出，日子很是煎熬，一家老小几十年一直住着不足60平方米的破旧土坯房。

党的十八大后，精准扶贫的春风吹进了神山村。2015年，她家被划定为村里的建档立卡贫困户。2016年2月2日，习近平总书记来到井冈山市茅坪镇神山村视察精准扶贫工作，走进彭夏英家，亲切询问她家的生产生活情况并鼓励她和家人要树立信心，脱贫致富。在各级政府的帮扶下，她放下思想包袱，不等不靠，带领家人自谋出路，积极维护和支持全村脱贫攻坚事业，在自己脱贫后带动周围贫困群众一起致富奔小康，展现了新时代井冈山市农村妇女的风采，成为绽放在脱贫致富奔小康征程中的一朵“红杜鹃”。

有思路才会有出路，做脱贫路上的先行人

“自己动手丰衣足食”，彭夏英身上有股闯劲，她始终坚信“幸福生活是干出来的”。2016年，全国各地游客纷至沓来，神山村迎来了旅游发展的新契机。面对踏破门槛的客人，她感觉到了商机，召集家人商量，拿出了建房的积蓄，开办了全村第一家农家乐。她和丈夫将住了大半辈子的农房腾出来，简单置办了餐具，就开张了。她带领一家人齐心协力，不断改善菜品质量，提高服务水平，年收入超过10万元。更有游客称她为：“神山最美厨娘”。在经营农家乐之余，彭夏英和丈夫还开起了神山特产小卖部，做起了小老板。除向游客出售自家制作的土特产，两口子重新拾起放

下多年的竹篮编织和竹筷制作手艺，制成竹制品，还从山上挖些野生兰花、映山红等做成盆景出售，每月能增收不少，富裕生活如井冈翠竹节节高。

舍小家才能富大家，做脱贫事业的奉献人

夏日清泉，清澈凉爽。彭夏英文化不高，但品性极好，她很有大局观，对人对事的态度极好，如清泉爽朗。2016年，全市推进“消灭撂荒土地，发展致富产业；消灭危旧土坯房，建设美丽乡村”两消专项行动，在其他群众在等在看时，作为市人大代表的彭夏英积极响应政策，带头拆除自家土坯杂房和牛栏厕所，在她的影响下，加快了神山村环境整治和美丽乡村建设的进度。为发展致富产业，村里成立了黄桃、茶叶种植专业合作社，并吸纳全村贫困户入股，享受长期收益。但农村种养问题一直是一对矛盾体，2016年6月村里开会号召大家禁养牛、羊。彭夏英丈夫养了60多只羊，也属村里的养殖大户，当工作组同志劝她丈夫支持种植合作社发展卖掉牛羊时，她丈夫怎么也不理解，还想着能等着冬天卖出好价钱建新房。养殖大户不支持，其他村民也坐等。僵持之际，彭夏英作出了最后决断，她说：“亏就亏点，不要因为我们不同意，影响了全村合作社发展，大家都脱不了贫。”经过彭夏英的劝说，执拗的丈夫平生第一次做了亏本的买卖，推进了黄桃、茶叶产业的发展。无论是在土坯房改造风格的选择上，还是在出资入股合作社的决断上，无论是对村里公益事业的支持上，还是对邻居矛盾纠纷的排解上，彭夏英都能以大局为重，表达自己的观点，落实合理的行动，在群众中产生了积极的影响。

要扶持不是要抚养，做自主脱贫的宣传人

过去的神山村交通闭塞，基础条件差，群众“等、靠、要”思想极为严重，部分群众“等着扶、躺着要”。但尚没有读完小学的彭夏英对此一直存有不同的看法，“我不想当贫困户，贫困户小孩找对象都很困难”，这是她经常同邻居们讲出的内心感受。村里一贫困户是彭夏英同族的亲戚，经过镇村两级帮扶，已完全达到2016年的各项脱贫指标。但该贫困户拒写脱贫申请，梦想得到政府更多的扶持。彭夏英得知这一情况后，主动出

马“现身说法”，她同亲戚讲事实、摆道理，最后一句“政府只能扶持我们，不能抚养我们”让不想脱贫的贫困户顿然释怀。

独享富不如共致富，做共同致富的带头人

致富不忘群众，在自己农家乐和土特产品销售不断发展的过程中，彭夏英并未就此满足，她有着自己的想法：“光自己富不算富，必须在自己富的同时，带动和帮助其他贫困户脱贫致富，共同发展”。因此，她利用自己的优势，积极与平时积累的客源，特别是红色培训机构对接，争取更多的游客前来神山休闲旅游和参加红色培训。为提高村里的接待能力，使更多的群众能在旅游市场中获取收益，她又主动提出成立神山旅游管理协会，并挨家挨户上门宣传动员加入旅游协会。通过她的努力，全村共有16户开办了农家乐，从业人员56人，占到全村总人口的近四分之一，来神山体验农家乐的游客也越来越多了，大伙的生意也越来越好了。

彭夏英凭着内心的坚毅视贫困如“草芥”；凭着内心的善良，将村民利益置于个人利益之上；凭着身上的闯劲，将脱贫路上的天堑变成了通途。她坚定脱贫信心，从依靠“一把斧子、一把刨子、一把锯子”靠天吃饭养家糊口的昨天，走到了组织村民“一桌佳肴、一份特产、一块果园”脱贫致富奔小康的今天，成为了革命摇篮井冈山精准扶贫、致富奔小康路上的一朵艳丽坚强的“红杜鹃”。

（图片：吴加星提供）

吴应谱、樊贞子夫妇

吴应谱（1990—2018），男，汉族，中共党员，1990 年 9 月生，原江西省九江市修水县复原乡雅洋村驻村第一书记，县政府办公室科员。樊贞子（1995—2018），女，汉族，1995 年 4 月生，原江西省九江市修水县大椿乡人民政府科员、结对帮扶干部。2018 年 12 月 16 日下午，吴应谱、樊贞子夫妇在走访完贫困户返回修水县城途中车辆失控坠河，夫妇两人及腹中两个月的胎儿遇难。2019 年获全国脱贫攻坚奖贡献奖，2021 年获全国脱贫攻坚先进个人。

吴应谱、樊贞子夫妇：扶贫路上结伉俪 青春无悔写赞歌

2018年12月16日下午，“90后”基层扶贫干部夫妇在走访完大椿乡船舱村贫困户后，带着帮扶贫困户游承自老人卖的3只土鸡赶回修水县城，当经过溪口镇易家湾路段时车辆失控坠河。28岁的丈夫吴应谱，23岁的妻子樊贞子及其腹中两个月的胎儿不幸溺水遇难，年轻的生命、最美的青春，永远定格在扶贫路上。

志趣相投结连理，人间真爱感天地

2018年，樊贞子驻深度贫困村大椿乡大杨村，同时在深度贫困村船舱村帮扶4户贫困户。吴应谱被派驻深度贫困村复原乡雅洋村担任第一书记。因为有相同的扶贫经历，志趣相投的他们在不到一年的时间里相识、相知、相恋、相爱，作为彼此的初恋走进了婚姻的殿堂。大椿乡在修水的西北角，复原乡在修水的西南角，两地相隔近130公里山路，开车最少3个半小时，同事们开玩笑说他们在同一个县城谈了场“异地恋”。打开吴应谱向樊贞子现场求婚的视频，他深情而愧疚地说：“你在大椿上班，我在复原驻村，确实是两地相隔，但是从今往后，我会努力抽出更多的时间来陪你。”

迎难而上挑重担，无私奉献显大爱

修水是一个“老、大、边、穷”的国家级贫困县，全县共有贫困村133个（含21个深度贫困村），建档立卡贫困人口23543户88982人，脱贫攻坚压力大、任务重。为响应县委、县政府打赢脱贫攻坚战的需要，“95后”的樊贞子，怀揣着为人民谋幸福的初心，主动要求到最远、最深、

最难的深度贫困村大杨村去驻村，同时她帮扶的贫困户又是另一个深度贫困村船舱村的 4 户贫困户。

同样，从山沟沟里走出来的吴应谱，渴望带领乡亲们走出贫困，他主动请缨，前往最偏远的深度贫困村复原乡雅洋村担任第一书记。他在给他父亲做思想工作时说："爸爸，复原乡很远，扶贫工作会很忙，以后可能很少时间陪您。我现在是个国家干部，国家需要我去哪我就去哪，我要对那里的乡亲们负责，您要理解我。"吴应谱到任后的第二天，他就与村两委干部、驻村干部一起了解全村各方面情况，并逐家逐户上户走访，倾听群众心声，和贫困户同吃同住同劳动，与他们促膝谈心，掌握村级基础信息和贫困户信息，通过大量的走访、谈心谈话，掌握了第一手资料，为制定村级三年脱贫攻坚规划及年度计划打下了坚实基础，提供了最详尽、最真实的素材。不到一年的时间里，他写了 8 大本工作日志，密密麻麻地记录着他每天的工作点滴。

真心真情扶真贫，勇于担当善作为

"扎根发芽，拼命成长，成为大树的大树。"这是樊贞子写给自己的话。短短一年时间，热情大方，积极主动，吃苦耐劳，不断成长的樊贞子，很快得到大家的信赖，成为独当一面的扶贫专干。她帮扶的贫困户游承自，儿子、儿媳在温州务工，长年只有他一个人在家。樊贞子考虑老人年迈不能负重，樊贞子帮他制定养鸡增收的扶贫措施，让游承自饲养 50 多只土鸡，自己就帮着给他找销路，时不时在朋友圈发布卖土鸡的信息。游承自老人说："她一直叫我爷爷，每次来都提着水果蔬菜，总是问我穿得暖不暖和。"

复原乡雅洋村与大椿乡相隔近 130 公里，是修水县 21 个深度贫困村之一，基础和产业都十分薄弱，全村建档立卡贫困人口 59 户 261 人。在担任第一书记后，吴应谱以雅洋村为家，在不到一年的时间里，他走遍了雅洋村 14 个自然村的边边角角。通过逐户逐户的走访，他对全村 59 户 261 名贫困对象的情况了如指掌、如数家珍。

他始终把自己当成雅洋村的一分子，为改变雅洋村的村容村貌不断努力。村里各项工程项目，从资金项目争取、规划设计、施工建设到质量监督、验收结算，他总是亲力亲为，全程参与。在他的努力推动下，完成了

25户以上自然村组级公路硬化8.6公里；改造提升了2.6公里主干道并铺设沥青路面；完善了“百吨千人”农饮工程，解决了全村饮水安全；完成了村里生产生活用电以及农村电网改造工程；10个新农村建设点户上项目已全面完成；232栋房屋坡顶改造全部完成；建立了103亩蚕桑基地；配齐了垃圾处理设施，完善了保洁队伍，健全了日常运行制度，极大地改善了全村的生产生活环境。2018年底，雅洋村退出贫困村之列，53户241人贫困人口实现稳定脱贫。

吴应谱、樊贞子用他们年轻的生命书写了人生精彩的时代答卷，书写了对党、对人民、对扶贫事业的无限忠诚，他们短暂的生命发出的耀眼光芒，必将照亮修水脱贫攻坚之路铿锵前行。

（图片：吴应谱家人提供）

刘昌法

刘昌法，男，汉族，中共党员，1963 年 4 月生，大学学历，山东省淄博市人。淄博市乡村振兴局二级调研员，2012 年以来，先后任四个村驻村“第一书记”，抓党建促脱贫，凝聚了党心民心，推动了贫困村、贫困户“双增收”，干部群众称赞他是松穷土、啃穷根的“蚯蚓书记”，先后荣获“山东省优秀共产党员”“全国脱贫攻坚奖贡献奖”、第九届全国“人民满意的公务员”、“全国脱贫攻坚先进个人”“全国优秀共产党员”等称号。

刘昌法：驻村九年松穷土啃穷根，带领 700 多名贫困群众脱贫

刚驻村时，他被认为是“来镀金的飞虫，落一落地就飞走了”。

现在，他被村民们亲切地称为松穷土、啃穷根的“蚯蚓书记”。

称呼的变化，折射了他扎根脱贫攻坚一线的九年。九年间，刘昌法心系群众、攻坚克难，先后担任四个村的第一书记，带领 700 多名贫困群众脱贫，写下 80 多万字“扶贫日记”，留下很多知民情、解民忧、暖民心的故事。

东东峪村的杏花开了

2021 年是刘昌法担任第一书记的第九个年头，东东峪村已是他任职的第四个村。

“全村 298 户村民，有一半曾是贫困户，其中 90%是‘老病残’。依靠政策兜底，虽然实现了脱贫，但没有稳定增收的渠道。”东东峪村党支部书记、村委会主任朱全祥说。

东东峪村依山傍水，一条小河蜿蜒从村中穿过。看到村里山清水秀的自然生态，刘昌法萌生了带领大伙儿做民宿的念头。可这做民宿，头一个要解决的问题就是修路。

路修好了，东东峪村依托叮咚小院精品民宿建设的契机，发动本村有能力、有上进心、想创业致富的五户村民，扶持他们自建自营民宿，并由合作社统一管理，专人负责宣传推广。村民胡立勇，便是这五户之一。仅 2020 年“十一”假期，胡立勇的叮咚小院 · 泉溪人家民宿收入就有 3000 多元。

“一开始，老百姓不了解，参与民宿的积极性不高。如今试点见了效果，已经有不少村民动了做民宿的心思。”刘昌法告诉记者。

43 个鲜红的手印

2012 年 4 月，当年 49 岁的刘昌法，主动请缨担任第一书记。接到通知的当天，他在日记本中写下这样一句话："作为一名党员干部，我要到基层去，亲近一下山村的泥土，吸吸清气，接接地气，为不富裕的父老乡亲做点实实在在的事儿。"

但驻村伊始，却并非一帆风顺。"当时镇上叫我去接人，没想到给派了个精瘦瘦的干巴老头。所以第一眼没什么好感，也没抱多大期望。"而当时，村里正在修河坝，因为没有水泥停了工。"正为难时，昌法书记东奔西走，弄来 35 吨水泥，保障了工程顺利完工。从那时起，大伙儿对他的看法逐渐有了改变。"上小峰村党支部书记牛占月说道。

驻村工作开了局，刘昌法又琢磨着在脱贫上帮大家找门路。经过多方考察，他为上小峰村量身定做了农家乐乡村旅游项目和开发饮用水项目。不到三年时间，刘昌法和村两委带领全村村民一起努力，成功把一个昔日的贫困村变成了全省生态文明村、全国扶贫改革试点典型村。

因为这些看得见的变化，上小峰村的老百姓送给刘昌法一个绰号——"蚯蚓书记"。牛占月解释称："蚯蚓在地里帮助土壤松散，松散了以后才能长庄稼。"

起初，刘昌法挂职第一书记的时间是一年。履职结束，当他要离开时，一封挽留信递到了组织部门。信上写道："上小峰村全体党员和村民恳请领导将刘书记留在我们村继续担任第一书记。"在信纸上，党员和村民代表摁下了 43 个鲜红的手印。这鲜红的手印，摁在了挽留信上，更深深地印在了刘昌法的心上。

于是，这一留便又是两年。村民们用真挚的行动回应着他的真情，用朴素的言语回应着他的真心——"这辈子都忘不了刘昌法的好"。

做身上有土、脚下有泥的驻村干部

"农村工作有农村的特点。对待群众，只有坦诚相见，替他们着想、为他们办事，才能拉近与他们的距离，他们才把你当作自家人。一个人身上没有一点土，脚上没有一点泥，怎么会是合格的驻村干部呢?"刘昌法是这样说的，更是这样做的。

时间长了，刘昌法总结出不少“驻村工作法”。跟群众打交道，他靠的就是两条腿、一双眼、一张嘴，多跑、多看、多替百姓说话。入村走访，他随身必带四样“宝贝”：笔、纸、钱、便民联系卡。

“笔记本太大，带着爬山下坡不方便；更重要的是，当着村民面掏出一个大本子，他们说话会有顾虑。”刘昌法说，所以，他总是揣着几张折起来的白纸，遇到比较熟的老乡，就当面记；遇到不熟悉的老乡，只听不记，离开对方家再赶紧记下来。“好记性不如烂笔头。哪家困难，因何困难，需要什么样的帮助，都记到纸上。”日复一日，他写下了80多万字的“扶贫日记”。

扎根基层九年，刘昌法先后争取项目资金30多笔，总额达1000余万元，带领上小峰、东东峪等村庄建设旅游民宿、农家乐、矿泉水厂、酒坊一条街、蔬菜大棚等项目设施，蹚出了各具特色的脱贫奔小康之路，帮助700多名贫困群众相继脱贫。

“我愿做一条蚯蚓，在贫瘠的泥土里耕耘，让这片土地肥沃起来，为百姓带来丰收的年景。”刘昌法说。

（图片：刘昌法本人提供）

牛伟国

牛伟国，男，汉族，中共党员，1969 年 1 月生，大学学历，1990 年 7 月参加工作，潍坊市发改委重大项目服务中心政研科科长，现任潍坊市峡山生态经济开发区王家庄街道赵戈村第一书记。曾荣获山东省脱贫攻坚先进个人、齐鲁时代楷模、全国脱贫攻坚奖贡献奖、全国脱贫攻坚先进个人。2013 年起，他连续八年奋战在脱贫攻坚一线，两次主动请缨担任驻村第一书记，被大家称为“扶贫战线的老黄牛”，带领帮扶村老百姓蹚出一条脱贫致富奔小康的康庄大道。

牛伟国：驻村扶贫路上的“老黄牛”

牛伟国连续请缨担任驻村第一书记，冲在脱贫攻坚一线。他时刻挂念着村里的工作，舍小家顾大家，带着手术刚出院的妻子住到村里，一头又扎进工作中；他抓党建、兴产业、促发展，带领帮扶村蹚出致富路，被大家誉为“扶贫战线的老黄牛”。

勇担当甘奉献　情洒扶贫工作第一线

“我在农村长大，熟悉情况，我能行！”2013 年，牛伟国主动请缨担任第一书记，把照顾家庭的担子交给妻子，毅然扛起行囊来到距家一百多里的省级贫困小山村——安丘市吾山镇石河村，开启了他的扶贫之路。

石河村村民都说，贫困户刘政志一家就是靠牛书记拉把起来的。残垣断壁、妻子另嫁、俩娃辍学、老刘酗酒，这是刘政志当时的家庭状况。第一次当第一书记的牛伟国昼思夜想，怎么才能把这个家扶起来？这可是一个系统工程。牛伟国从危房改造入手，用两个月时间跑部门筹集资金，首先帮助刘政志家完成危房改造，并自掏腰包为这一家人购置生活必需品。房子搭建好了，还得为这个家解决“生计”问题，在这个依山而居的“新房”前，他帮助刘政志家盖起两排鸡舍，鼓励其发展养殖业，并帮其找销售出路。其实，最难的是刘政志的两个女儿因为种种原因没有户籍，上学工作都寸步难行。前期曾经有志愿者多次想解决这个“老大难”问题，但都无功而返。牛伟国不知多少次跑有关部门协调，终于争取到相关政策，自己又开车带他全家去市里医院做 DNA 检测，5000 元检测费也悄悄给他付上，两个孩子终于落了户籍。最终，辍学半年的小女儿复学，大女儿也在城区找到了工作。

牛伟国说：“工作进行到难处时，不是没有打退堂鼓的念头，但是，始终有一个信念支撑着我：作为一名党员干部，我就是来给群众解决难题的！”

帮扶刘政志一家只是牛伟国扶贫路上的一个缩影。在他的驻村里，每个贫困户家中都有他忙碌的身影，每个困难群众都是他的“心头肉”。

抓党建兴产业　帮扶村形成发展内生动力

让牛伟国花费更多精力的是，“在自己离开驻村之后，如何让农村实现自驱动，贫困户不返贫，普通农户致富有门路，农村发展有活力”。他重点抓住三点：强化基层党建、发展农村产业、夯实农村基建。

支部强了，老百姓就有了“主心骨”。牛伟国深知只有不断探索农村党建新思路新方法，才能真正把党建工作融入脱贫攻坚战中。“党员亮身份”“党员户挂牌”“党员责任岗”，系列合村情顺民意的创新举措，使得党员干部党性增强、作风扎实。他说，“驻村两年，终会离开，最重要的是留下一支带领乡亲们脱贫致富的好班子。”

产业发展了，老百姓的钱袋子就“鼓”了。2019年，牛伟国在大圈村当第一书记，为发展经济，他带领村支部一班人制定长远规划——走好能人带领、党员干部帮包、全村共同富裕的路子。说了算，定了干。当年该村两委就组织发动群众流转土地，种植200亩碧玉猕猴桃，村南果树种植集中区成为集休闲观光、农事体验、农家乐旅游为一体的现代化农场，村集体年收入超过50万元、贫困户人均年收入超过10000余元。

数字见证了他的九年扶贫历程：累计募集款物1820万元，带动吸引社会资金投入6000万元，用于贫困村基础设施改造、扶贫产业发展、民生事业及党建硬件提升等。其中，硬化路面12万平方米、建设文化大院3处、修建温室大棚12座、发展农业基地8处、扶持发展奶牛养殖场1处、建成分布式光伏发电200千瓦、自己捐款捐物2万余元、帮助安置28名弱劳力残疾人就业……

每一个数字的背后都是艰辛的付出和汗水，无不映照着他默默奉献的奋进足迹：为村里产业发展筹集资金四处化缘，冬天冰雪路滑，车掉进路边深沟翻了车，自己挣扎着从车里爬出来，在凛冽的寒风中，空无一人。他说，那种无助的滋味难以忘记，只要有一点能力，就要帮助那些需要帮助的人。

舍小家顾大家　坚守岗位不忘初心

在一个个贫困家庭获得新生的背后，牛伟国的小家庭却经受着考验。2019年，是脱贫攻坚的决战决胜关键之年，牛伟国又向市发改委党组递交请战书，来到峡山生态经济开发区大圈村担任第一书记。驻村不到两个月，妻子因病需要立即动手术。为了不给组织添麻烦、不耽误工作，在妻子出院当天，就带着妻子一起住到了村里。他说，这样可以边工作边照顾妻子，也正好弥补这几年驻村在外对妻子的亏欠。

可事实正如妻子所说：一回到村里，他的心里就只装着村里的老百姓了。他常和妻子一块带着自己买的衣服等物品到贫困户家走访。90岁高龄的困难户高玉莲说："牛书记大年初一带着媳妇给我这个老婆子拜年，待我比自己的儿女都亲，共产党的干部就是好！"

九年扶贫，他努力将初心使命变成一件件群众满意幸福的实事、好事，他无怨无悔，任劳任怨，甘做为民服务的孺子牛，创新发展的拓荒牛，艰苦奋斗的老黄牛。

（图片：牛伟国本人提供）

宋 瑞

宋瑞，女，汉族，中共党员，1964 年 10 月生，南召县人，大学本科，1996 年 6 月入党，国家统计局河南调查总队二级巡视员，河南息县弯柳树村驻村第一书记，濮阳西辛庄农村党支部书记学院特聘讲师，河南畜牧业经济学院特聘讲师。曾任河南调查总队副处长、调研员，南阳市卧龙区政府副区长。2012—2021 年驻村扶贫九年，获“感动中原十大人物”“河南省优秀驻村第一书记”“河南省优秀共产党员”“全国巾帼建功标兵”“全国脱贫攻坚奖贡献奖”“全国脱贫攻坚先进个人”等荣誉。

宋瑞：让“小村大道”越走越宽阔

“能代表全国脱贫攻坚先进个人上台接受国家领导人颁奖，这是一份至高的荣誉。这份荣誉不仅仅属于我个人，也属于弯柳树村全体村民，属于所有关心、支持弯柳树发展的各级领导和朋友们!”2021年2月25日，在全国脱贫攻坚总结表彰大会上被表彰为全国脱贫攻坚先进个人的宋瑞激情满怀，“我有信心和乡亲们一起，把弯柳树村建设成乡村振兴的试点村，让‘小村大道’越走越宽阔!”

这是继2018年被授予“全国脱贫攻坚奖贡献奖”之后，宋瑞获得的又一殊荣。

宋瑞，当得起这崇高的荣誉。自2012年起，她四轮驻村，坚守在脱贫攻坚一线，发挥驻村第一书记“尖兵”作用，带领弯柳树村走出一条“党建引领、文化扶心、道德育人、产业发展、脱贫致富”之路。

昔日垃圾围村、孝道缺失、打架斗殴不断的“贫困村”，变成今日的“全国乡村治理示范村”“全国乡风文明典型案例”“‘中华孝心示范村’弘扬中华孝道示范基地”“精准扶贫推荐案例”“河南省乡村旅游特色村”……

2012年10月，宋瑞被国家统计局河南调查总队党组派到弯柳树村任扶贫工作队长。

当时的弯柳树是出了名的“穷乱村”。有一件事最能说明问题：当她为村里争取到的第一笔扶贫资金下来时，40万元的科技扶贫款竟然没人领，村民说：“给钱就行了，让我们种、让我们养，我们不会。”

精神上的贫瘠比物质上的贫穷更可怕！扶贫必须先扶心扶志！

从改变村容村貌开始，宋瑞带领村干部和志愿者走遍14个村民组的沟沟坎坎，集中攻坚20多天，拉走100多车垃圾。打量着面貌一新的家园，村民们发自内心地笑了。

首战告捷，宋瑞又开启了德孝讲堂。

从开始发放礼品吸引村民听课，到后来大家抢占座位听课。人心觉醒了，村民变了、村风正了，社会主义核心价值观变成了老百姓的好活法。

因车祸导致重度残疾、几度选择结束自己生命的赵久均，重新点燃对生活的热情，坚持为村歌舞团创作节目；被村民戏称“赌博队长”的许兰珍戒掉牌瘾，专心照顾百岁母亲；脱贫户骆同军戒了酒瘾和牌瘾，立志为儿孙做个好榜样，主动将独自在“趴趴屋”居住的老母亲接回家赡养，他到村企业上班，妻子在家开起了农家餐馆，全年一家的收入达到了七万多元，日子越过越红火。

人心一变，奇迹出现，村民勤奋肯干、彬彬有礼，全村洋溢着温暖和幸福。

弯柳树的嬗变吸引了九家企业到村投资，形成了村级扶贫产业园。村民在家门口就能上班了，成了产业工人。全村的人均纯收入，从 2012 年的不足 2000 元，提高到 2021 年的 17000 多元。

村民幸福了，自发成立了歌舞团，他们创作了“手拿锄头心向党”“精准扶贫真是好”等几十个节目，来歌颂祖国、感恩党的好政策。

弯柳树村核心价值观百姓好活法宣讲团，开着大巴车和流动舞台车，在全省宣讲他们的幸福和脱贫的故事。

宋瑞趁热打铁，动员 51 户村民借助富余的住房，建起了孝爱客房。

以孝和家、以孝兴村，弯柳树村迎来了发展的新纪元……全国 360 多个县、乡领导带队到村参观学习，弯柳树村被信阳市委党校、大别山干部学院选为现场教学点。宋瑞文化自信与乡村振兴讲座举办了 200 多场，网络浏览点击量一亿多。

2015 年，弯柳树村整体脱贫，宋瑞的第一轮驻村也到期了。面对刚刚好转的局面，她放弃了回城。2017 年，第二个任期届满后即将回郑工作的消息传开，村民哭成一片，她再次选择了留下。2019 年底，全省驻村第一书记第三次轮换，为了使“弯柳树经验”辐射带动更多的乡村走上“文化自信与乡村振兴”之路，她再次以弯柳树为家四轮驻村，每一次都面临着两难的选择。但她每一次都选择了弯柳树村，选择了乡亲，却辜负了翘首以盼的家人。乡亲们都说，宋瑞是党给他们派来的救星和福星。

2019 年，反映宋瑞事迹和弯柳树村嬗变的长篇报告文学《小村大道》出版，河南省委组织部将其作为“不忘初心、牢记使命”主题教育书目，发给 1.8 万名新派驻村第一书记。

《小村大道》题记这样写道：“什么是不忘初心？什么是牢记使命？什

么是不怕牺牲？什么是无限忠诚？什么是心系百姓？什么是信仰坚定？对于每一个共产党员来说，都需要在全心全意为人民服务的斗争和烈火中去思考、去实践、去检验。大浪淘尘沙，烈火炼赤金。在脱贫攻坚这场不见硝烟的战斗中，驻村第一书记宋瑞同志，就是那迎风绽放的铿锵玫瑰，就是那英勇冲锋的共产党员！”这当是对宋瑞客观而中肯的评价。

“有一天我会离开弯柳树村——此生我血脉相连的第二故乡，离开我一起奋战了九年的乡亲们，但我的心会永远留在这片土地上，和乡亲们一起奋斗不止！”宋瑞动情地说。

（图片：宋瑞本人提供）

黄久生

黄久生，男，汉族，中共党员，1965 年 8 月生，潢川县人，现任中共潢川县驻郑州流动党员工作委员会书记。先后获得“全国敬老之星”“全国优秀共产党员”“全国劳动模范”“全国道德模范”“全国五一劳动奖章”“全国脱贫攻坚奖奉献奖”“全国脱贫攻坚先进个人”等荣誉，当选党的十八大、十九大代表，十三届全国人大代表，中华全国总工会执行委员会委员和河南省总工会副主席（兼职），十次受到习近平总书记亲切接见，被李克强总理誉为“中国农民工的杰出代表”。

黄久生：农民工的好榜样　大别山的好儿子

劳务带贫，他是大别山农民工的“领头雁”

1986年，黄久生与40多名村民一起踏上“征程”，组建了一支建筑劳务队。30多年来，他带领的农民工从晏岗村扩展到双柳树镇、潢川县、大别山区，从几十人到上百人、上千人、上万人，带出了一支建筑行业的“铁军”。

一人就业，全家脱贫，就业就是最有效、最直接的脱贫方式。村里一个叫李光群的，打小麦时不幸胳膊卷入机器中，从此丧失劳动能力，他的父母常年有病，家庭非常困难。黄久生回老家时知道他家的情况后，多次劝他到工地，最初他不愿意出来，后来被黄久生说服在工地学技术，当上了安全员。李光群自己以前吃过安全的亏，更加认识到安全的重要性，工作非常认真负责，黄久生每月给他开8000块的工资。像这样的贫困户、残疾人，过去是家庭的累赘，现在变成了家庭的顶梁柱。

党建战贫，他是流动党员的“主心骨”

信阳是大别山革命老区，改革开放以来，成为国内闻名的劳务输出大市。2004年，信阳市委顺应形势，在全国率先提出“金桥工程”，为流动党员在流入地建“家”。2005年8月，潢川县委针对农民工党建实际需要，成立了第一家双柳树镇驻郑州农民工党支部，黄久生被推选为书记。支部成立后，散居在郑州市的56名双柳树镇籍的农民工党员，找到了“组织”，这极大地增强了流动党员的自豪感和归属感。

依托流动党支部，他组织实施为农民工，尤其是建档立卡贫困户提供技能培训、就业服务。自2004年来，他累计带领40万人次农民工务工增收，每年为家乡带回八亿多元劳务收入，帮助22000多户贫困户增收脱贫。在2020年新冠肺炎疫情防控常态化时期的复工复产工作中，流动党工委联系的60个项目复工近10万人，为疫情期间农民工持续增收、巩固脱贫成果作出了卓越贡献。

产业扶贫，他是贫困乡亲脱贫致富的“带头人”

黄久生时刻牢记习近平总书记的话：全面建成小康社会，一个也不能少，共同富裕路上，一个也不能掉队。他先后投入2800余万元，流转两万多亩山地，支持流动党员返乡创业成立合作社，建立茶叶、油茶扶贫基地，带动126户贫困户稳定脱贫；积极服务驻地的脱贫攻坚工作，土地所在的新郑市具茨山两个贫困村的520户村民整体搬迁，他筹资260万元作为他们搬出大山后开展致富项目的启动资金，发展大棚蔬菜、草莓等产业，实现搬得出、稳得住、可致富。

爱心助贫，他是700多位孤寡老人“共同的儿子”

黄久生6岁那年，母亲去世，他和妹妹相依为命，是乡亲们东家一碗饭，西家一件衣帮衬着兄妹俩度过了人生最为艰辛的岁月。滴水之恩当涌泉相报，用行动报答父老乡亲，成了他今生今世的奋斗目标。

1986年，在他外出打工的第三年，就用自己积攒的人生第一笔3000元钱为全村人购买年货。十年后，他将爱心助贫的范围拓展到全镇，连续25年赡养家乡700多位孤寡老人，捐建敬老院，他还带老人们乘飞机、坐轮船，游武汉、看北京。

捐资扶贫，他是家乡建设永不缺位的“主人翁”

多年来，他累计捐款3000余万元改善家乡的贫困乡村基础设施建设，把水泥路修到了村里的每家每户，给他们安上了自来水，在村头建起了文体广场等。同时，他不断捐资助学，改善家乡的办学教育条件，捐建“晏岗希望小学”，在家乡双柳树镇设立奖助学金，每年向优秀学生颁发奖学金，累计捐资100多万元，资助奖励学生400余人次。

2019年3月8日，习近平总书记参加十三届全国人大二次会议河南代表团审议，黄久生有幸向总书记作汇报，工地上一个70多岁、名叫晏传忠的农民工，用“站着听报告”的方式来报答总书记，报答党的恩情，总书记听后为之动容。审议结束后，总书记称赞黄久生：“你是农民工中涌现出的全国道德模范，也是农民工队伍中的全国优秀共产党员，还获过鲁班奖，真的了不起，不愧是全国农民工的好榜样！”黄久生感动得浑身都涌动着热流。

2021年2月，黄久生获得了“全国脱贫攻坚先进个人”的荣誉。脱贫攻坚已获全胜，支持乡村振兴，实现共同富裕的使命没有终点。他说，自己永远都是晏岗村出来的那个农村娃，永远是那个叫黄久生的农民工，他要团结带领更多的农民工兄弟听党话、跟党走，埋头苦干，继续在建筑工地和乡村振兴主战场上贡献自己的力量。

（图片：黄久生本人提供）

裴春亮

裴春亮，男，汉族，中共党员，1970 年 3 月生，辉县市人，现任河南省辉县市张村乡裴寨村党支部书记兼村委会主任，党的十九大代表，第十一、十二、十三届全国人大代表，中共河南省第十届委员会候补委员，新乡市人大常委。先后荣获“全国劳动模范”“全国道德模范”“中国十大杰出青年”“全国最美村官”“全国最美奋斗者”“全国优秀共产党员”“全国抗击新冠肺炎疫情先进个人”“全国脱贫攻坚奖奋进奖”“全国最美城乡社区工作者”等。2021 年 6 月 28 日，中共中央授予裴寨村党支部“全国先进基层党组织”荣誉称号。

裴春亮：守护乡情　让爱回家

"如果不能守护亲情，就是挣个金山银山，又有啥意义呢？所以我们不惜一切代价在家门口引进企业，党员干部个人垫资建厂房租给企业，如今我们村外出打工者为零，让爱回归家庭。"2021年全国两会期间，河南省新乡市裴寨村党支部书记裴春亮发言时说的这番话，迅速冲上社交媒体热搜榜，收获数亿浏览量和数百万网友点赞，也让裴寨这个小山村声名鹊起，成为"中原名村"。

地处太行山余脉丘陵地带的裴寨村，土薄石厚、干旱少雨，"吃水要过箩，红薯当白馍，光棍排成队，冬天不穿鞋"曾是裴寨的真实写照。当初这样一个"省级贫困村"，是如何在短短十几年间逆袭成为"全国文明村"的呢？

削平荒山建新村

走进裴寨村，映入眼帘的是成排的洋房、宽敞的车道、盛放的樱花以及嬉耍的孩童。

裴寨村巨变要从2005年说起。那年村两委换届，此前村主任一职已空缺九年，老支书裴清泽和父老乡亲们商量后，决定请村里走出去的能人裴春亮回村当主任。同年4月，裴春亮以94%的得票率当选村主任。

当年的裴寨村，大多数人还住着五六十年代的土坯房，其中17人因为房子娶不上媳妇。"盖房子是农村人的大事，一定要让乡亲们住上新房！"2005年6月，裴春亮自掏腰包给乡亲们建新房。这年10月，党的十六届五中全会提出，扎实稳步推进社会主义新农村建设，坚定了裴寨人建新村的信心。

为了不占用一分耕地，新村选址在村南的荒山上，裴春亮说，"光挖山就挖了八个多月，运走土石 80 多万方，平整出 100 亩地的新村村址。”奋战三年半后，集 160 套二层“小洋楼”、幼儿园、体育场于一体的裴寨新村正式落成。

裴春亮还请相关部门为每家每户办了房产证，并当场承诺：“以后这房子跟我没有半毛钱的关系！”2008 年冬至那天，裴寨人放鞭炮鸣礼花，欢天喜地庆乔迁。

就业就在家门口

“听党话、跟党走、同创业、共致富”是裴春亮上任时的誓言，房子问题解决后，创业致富快速提上日程。“不能让乡亲们住着新房，饿着肚皮！”裴春亮和老支书下决心拔掉穷根。

党员干部带头把老村的破土房拆除，复垦土地 600 亩，兴建了钢架地温大棚、玻璃日光温室等 750 余座，成立蔬菜花卉种植专业合作社，带动 350 余户 1250 多名群众发展高效农业。

裴春亮带着党员干部外出考察，梳理出“大产业与小产业结合，传统产业与特色产业结合”的发展思路，用滚雪球的方法先后筹资 15 亿元，创建产业多元的春江集团，让裴寨村实现了“人人有活干、家家有钱赚、户户是股东”的致富梦，人均年收入由 2005 年不足千元增长到 2020 年的超两万元。

贯穿裴寨村的卫吴公路为商业发展带来了极大便利，村两委带领群众规划建设了一条新街，把 7 米宽的老街扩建成 25 米宽的商业街，建起 1000 多间门店；又把村边的荒沟整理成建设用地，采取免费提供厂房、减免水电费等措施，引进上海衣尚、河南禾合、苏州澄新等三家服装企业入驻，打造了可供 2000 人就业的服装产业园，让群众真正实现了“挣钱顾家”两不误。

“我亲眼见证过多少次，夫妻俩出去打工，把孩子丢给老人照顾，春节回家时，爷爷奶奶带着孩子在村口等，让孩子叫爸叫妈，孩子却往爷爷奶奶身后躲，就是不叫。”裴春亮说，以前这种让人心酸的场景在裴寨一去不复返了，现在是农工商齐头并进，人人在家门口就业，彻底斩断了“伤别离”。

文明春风润乡亲

实施乡村振兴战略，乡风文明是保障，治理有效是基础，必须在提升农民精神风貌、创新乡村治理机制上下功夫。裴寨村提出的“情德法”融合治村理念，就是用质朴的乡情团结人、以道德的力量感召人、以法律条文规范人。

有一段时间，村里建设占地2000多亩的薯品产业园，土地流转涉及村里49户村民，原计划三天内签完协议，结果不到一天全部签完，没想到第一个来签协议的竟是村民宋秀清。宋秀清曾经和婆婆关系特别不好，和邻里也有过大小摩擦，可她却把卧床10多年的丈夫照顾得非常好。裴春亮等村干部发现她这个闪光点后，将她评为村里的道德模范。从此之后，宋秀清不仅对村里的大小事务非常热心，和婆婆的关系也缓和了许多。那天签协议时，宋秀清说：“裴书记从回村到现在，带来两个多亿为村里办实事办好事，现在也轮到俺为村里做点事了。”

解密发展“加速度”

裴寨村从2006年开始制定五年规划，以规划引领发展。2021年起，裴寨进入第四个五年规划，主要从“产业兴旺、生态宜居、乡风文明、治理有效、生活富裕”五个方面发力，向着农业高质高效、乡村宜居宜业、农民富裕富足的目标迈进。

裴寨村名气大了之后，总有人问裴春亮跨越式发展的秘诀是什么，对此，裴春亮的回答很简洁：那就是听党话不打折扣！“2005年，党的十六届五中全会提出，要扎实稳步地推进社会主义新农村建设，我们建成了配套设施齐全的裴寨新村；2009年，党中央提出大力建设新型城镇化，建设新型农村社区，我们就整合全乡24个行政村中的11个行政村，建成了入住11800口人的裴寨社区；2017年，党的十九大提出实施乡村振兴战略，我们就大力发展服装加工业，为张村乡妇女提供大量就业岗位……正是听党话、跟党走，让我们裴寨跑出了发展‘加速度’。”

（图片：裴春亮本人提供）

程 桔

程桔，女，汉族，中共党员，1990 年 3 月生，湖北崇阳人，2013 年 9 月参加工作，华东交通大学艺术设计专业毕业，在职研究生学历，现任崇阳县白霓镇党委委员、副镇长，大市村党支部书记。程桔带领大市村的党员、干部群众，建强班子、带队伍，不断完善基础设施建设，2016 年，全村人均收入达 1.2 万元，成为咸宁市首批整村脱贫出列的贫困村之一。截至 2021 年底，村集体经济达到 21 万元，现有中药材、稻虾共养、光伏发电、特色水果、柑橘等产业基地八个，玻璃钢船厂、小康车间等五个小微企业，村容村貌发生翻天覆地的变化，大市村成为新时代美丽乡村。

2018 年，程桔当选为第十三届全国人大代表，先后获“全国优秀党务工作者”“全国脱贫攻坚奖奋进奖”“全国三八红旗手”“中国青年五四奖章”等荣誉。

程桔：回村五年练就一张“婆婆嘴”

湖北省咸宁市大市村，2014年以前，全村基础设施薄弱，集体经济空白，是远近有名的贫困村，2014年，程桔放弃城市高薪工作，回村竞选成为“90后”村党支部书记。此后，程桔带领党员干部新修、拓宽道路9.6公里，并完成刷黑、绿化和亮化；加固河堤、拓宽河堤道路1200米；新建了党员群众服务中心；新建安全饮水池，确保大市村、石山村和雨山安置点近300户村民的饮水安全。在政府支持下，启动60千瓦光伏发电站、150亩淡水龙虾养殖基地等乡村产业项目、九个育苗大棚、800余亩中药材产业基地等。截至2021年，集体经济账本上从“0”元增加到21万元；同年，引进扶贫车间，帮助20多个贫困户实现就业增收。2016年大市村成为咸宁市首批整村脱贫出列的贫困村之一。2019年全国脱贫攻坚奖评选中，程桔获得“全国脱贫攻坚奖奋进奖”。

沟通中选人才　增强村级组织战斗力

“农村富不富，关键看支部”，“班子强不强，关键在班长”。如何破解大市村严峻的发展困境，是摆在这个“90后”村党支部书记程桔面前的一道槛。作为村党支部书记，她意识到，一切先要从制度建设抓起。

和以往做法不同的是，在打造一支过硬的班子队伍上，年轻的程桔，巧妙结合了当前互联网时代的新特点。比如，建立起大市村党员QQ群、微信群等网上“微支部”“微小组”，这些及时沟通方式在落实“三会一课”制度、宣讲脱贫攻坚政策、理论学习等活动上作用明显。在不断沟通过程中，程桔很快发现了人才，并迅速把肯干、能干、会干的群众培养成工作骨干。

在两委班子成员里，担任妇女主任的是一位1993年出生的年轻人。“她是嫁到大市村的媳妇，沟通中，我发现她适合做妇女工作，于是，我到她家做工作，把她‘要出来’。”程桔说，“村委几位成员都是独当一面的能手，只有村级组织的战斗力和凝聚力不断增强，才能发挥党员干部在脱贫攻坚的先锋模范作用。”

大市村的超级推销员

“村子要发展，脱贫是第一步。”程桔和村两委共同商议，把完善基础设施作为精准扶贫首要任务，为村里设定了“基础设施—产业—旅游”三步走的整体发展规划。

程桔每次都说，“美丽乡村建设急不得，得一步一步来。”话虽这么说，但真做起来，推进速度其实一点儿不慢。修建一至四组的安全饮水工程，实施农田整改项目；推进美丽乡村建设，户户进行改厨、改厕，治理牲畜乱跑、粪土乱堆、柴草乱垛、垃圾乱倒、污水乱流“五乱”现象，在短时间内，村容村貌大为改观。

大市村有一家玻璃钢企业是本村村民经营的，之前，厂子建在外村，为了吸引村民回村创业，程桔忙着为玻璃钢企业选址、平整土地，完善基础设施，还带着她为大市村所做的规划设计，和企业主聊过好几次，对方看到大市村的变化，感受到程桔的诚意，决定回村创业。

类似这样的推介甚至“推销”，几乎成为程桔的日常工作，只要是村里需要，她就带着自己做的 PPT，多方争取资金，截至目前，已经先后为村里引进资金 100 多万元。

回村 5 年　小姑娘练就一张“婆婆嘴”

随着程桔的知名度越来越高，她对名人效应开展乡村工作上，有切身体会，“如果是外出招商，最大的好处是，节省了自我介绍的时间；如果是在村里，村民更信任了，对两委工作也更支持。”“但是，做任何事，还是要反复宣讲，耐心做工作。”

为了建设美丽乡村，就要从倒垃圾、维护村域环境卫生开始。如何帮村民养成垃圾分类的习惯呢？那段时间，她只能天天盯着垃圾桶。走访村民的时候，总不忘念叨几句，“大件垃圾哪天扔，扔在哪，厨余垃圾怎么处理，建筑垃圾为什么不能倒在桶里了……”见到不合格的垃圾堆放，程桔都会马上找村民反复宣讲，几年下来，这位曾是都市白领的姑娘练就了一张“婆婆嘴”。

“村集体没有一分土地，所以，发展过程中，需要依法合规占用村民土地时，很多工作都是要反复做，”程桔说，“农村工作，有些时候就是要磨嘴皮子，不断去讲，耐心做工作直到做通。”大到村庄建设，小到邻里纠纷，不管什么时候，都能见到程桔的身影。

平时下班后的业余时间，这位“90后”又迅速回到和她年龄相当的状态里，“自己娱乐一下，比如，玩玩手机游戏，看看笑话，看看电影，啥都看，不挑”。比起记不得刚看过的电影名字，让她念念不忘的是：五组村民汪理军家的油茶苗；四组贫困户程加良承包荒山散养的4000只土鸡；村里承租出去的水稻再过半个月就可以收割了，套养的小龙虾明年四月要争取卖个好价钱……

程桔说，大市村正在向着“三弯九曲西流水，十里画廊绕月行”的美丽乡村发展，“现阶段仍然要做好基础设施建设，打好基础，才能成为咸宁市全域旅游的重要一环，这个还是急不得，慢慢来”。

（图片：湖北电视台，彭佳提供）

刘发英

刘发英，女，土家族，中共党员，1970年3月生，湖北长阳人，现任湖北省宜昌市长阳土家族自治县龙舟坪镇花坪小学副校长。当选党的十八大代表和十三届全国人大代表，先后获“全国优秀共产党员”“全国五一劳动奖章”“全国三八红旗手”“全国先进工作者”“全国最美志愿者”“全国脱贫攻坚先进个人”等荣誉。

刘发英：互联四海情　众育顶梁柱

自发资助 + 网络交友 + 创建网站——助学网络三级跳

1991 年 8 月，刘发英师范毕业后主动申请到长阳最贫困的革命老区黄柏山乡陈家坪小学任教。坚守“不让一个孩子辍学”的初心，省吃俭用，尽力给孩子们开辟继续求学通道。1991 年至 2003 年资助学生 22 人，为他们提供医药费、学杂费、生活费 3000 多元，为学生购买练习本、铅笔等不计其数。2005 年开始利用网络资源解决助学资金问题，网名为“英子姐姐”。2010 年正式设立“英子姐姐助学网”，组建“英子姐姐助学团队”，与互联网正式融通，完成助学体系的“三级跳”。10 多年来，助学团队为受助学生编写 20 万余字的贫困信息，建立 157 本网络助学资料，资助的学生中有 235 人考上长阳一中，有 121 人考上国家双一流大学。

结对帮扶 + 五步资助 + 受助反馈——运作模式全透明

“一对一”资助模式是英子姐姐助学的核心。坚持“不从善款提取手续费、善款全额资助贫困生”的理念，实行家访拍照、上传资料、网上接洽、送达善款、信息反馈“五步资助”工作流程，做到资助人、受助人和平台三方公开透明。由团队成员受理学生或家长的求助请求，安排走访，整理材料，了解公开意愿，再在上网公示信息，对接爱心人士。最后指导受助学生与资助人建立“一对一”联系，让学生在交流中学会感恩、学会做人。受助学生大学毕业后，自动将其受助信息全部删除，让受助学生带着爱心轻装前行。

牢记初心 + 慎始慎微 + 呵护品牌——慈善路上重自律

刘发英始终牢记初心，严守自律底线，坚持利用网络助学帮助贫穷孩子实现求学梦，坚持做纯粹的公益慈善事业，坚决不搞商业化运作。刘发英当选十八大党代表后，武汉某企业老板想利用“英子姐姐”的知名度开展营销活动并支付一定的报酬用于助学，市县一些房地产商也想请她出席一些商业活动并承诺提供助学资金，还有一些网络广告公司认为“英子姐姐助学网”太干净了，提出植入广告将其收入作为办公费用，刘发英都一一谢绝。2017 年，刘发英接受了唯一的聘书，担任“中国社会扶贫网”宜昌形象大使。

信用无价 + 专项委托 + 品牌影响——精准对接新时代

实施精准扶贫后，“英子姐姐助学网”逐渐成为湖北知名扶贫品牌，成为贫困村干部和驻村干部求援的途径之一。2015 年 10 月，常州的戴老资助两个土家族贫困学生后，陆陆续续又资助 10 个贫困学生，他表示在全国所有的助学网站都试探性做了助学项目后，唯有“英子姐姐助学网”是纯粹助学、真心帮扶，是信用最高的平台，并出资 200 万元成立“英子姐姐奖助学金”，期限 20 年，目前共资助学生 57 名，发放资金 16 万元。2015 年 8 月以来，英子姐姐助学团队的足迹遍及长阳县 154 个行政村，资助贫困学生达到 5740 人次，资助金额 1100 万元。刘发英在教学、助学的同时，主动履行代表职责，义务宣讲党代会、人代会精神 110 多场，把党中央和国务院的声音及时带到基层。

不忘初心 + 砥砺前行 + 大爱仁心——助学扶贫不停步

作为脱贫攻坚奖获得者，刘发英始终不忘助学初心，坚持利用业余时间深入贫困学生家庭实地走访。她将募集到的爱心助学款，每一笔都以网上公开的形式直接发放到贫困学生手中。2019 年 12 月，英子姐姐网络助学团队获得“湖北省网络公益典型”称号。2019 年 10 月 18 日至 23 日，还先后随国务院扶贫开发领导小组组织的演讲团到江西、安徽、湖南、湖北四省作汇报演讲。把自己的助学经验传播到外地，并接洽了外省贫困学生的求助。

作为全国人大代表，刘发英经常深入基层进行调研，了解民意，提交的《关于进一步加快民族地区教师培训培养、促进民族地区教育高质量发展的建议》《加强青少年爱国主义教育，探索新时代加强爱国主义教育的路径和方法》等多份建议，都聚焦基层教育事业及青少年健康成长。

作为人民教师和学校副校长，刘发英始终在教学第一线，坚持上课，坚持参与学校管理，积极为学校的发展出谋献力。作为助学团队负责人，她坚守初心，积极募集资金，孜孜不倦推进助学事业，帮助困难学生圆“上学梦”。

（图片：宜昌市乡村振兴局提供）

闻彬军

闻彬军，男，汉族，民进会员，1973 年 12 月生，大专学历，北京大医传承生物科技有限公司董事长，湖北先秾坛生态农业有限公司总经理，中国国土经济学会旅游发展委员会副会长，英山县工商联副主席，黄冈市政协委员，英山县人大代表。荣获 2018 年全国脱贫攻坚奖奉献奖，被评为“全国最美家庭”“全国最美奋斗者”“2017 年度中国工商新锐人物”“湖北乡村旅游 2015 年度人物”“湖北光彩之星”，入选文化和旅游部 2019 年度乡村文化和旅游能人支持项目。

闻彬军：当好乡村振兴领头雁

“为什么我的眼里常含泪水？因为我对这片土地爱得深沉”。生在农村、长在农村的闻彬军，从小就立志改变家乡贫穷落后的面貌。

返乡创业　建设山庄

2013 年元旦，闻彬军毅然返乡，创办湖北先秾坛生态农业有限公司，累计投资 4.481 亿元兴建国家运动员绿色食品基地、中国生命谷——神峰山庄。主体产业园区 6500 多亩，建设果蔬家庭农场、现代农业集约化育苗科技园、先农科技园、先农酱菜园、智慧物流园、大别山农耕文化馆、旅游度假村、神峰·森林海温泉康养小镇，成立了湖北先秾坛旅行社有限公司、英山县新农民培训学院。在武汉、合肥、南昌、黄石、鄂州、黄州、安庆、九江八个城市开设“神峰山庄农乐园”直营店 107 个。

九年来，他以“新文化 + 新农业 + 新健康”复合经营为导向，以“千里挺进大别山生态循环农业四天三夜、二天一夜体验游和 21 天康养幸福营”为纽带，以实施“中国好农业——生态农业进万家工程暨助力冬奥·膳养天年全国惠民工程”为载体，以“文化创意 + 教育 + 培训 + 出版 + 影视 + 农业产业化解决方案”为新的赢利点，打造出闻名遐迩的生态农业产业融合式发展的“神峰模式”。创造了“旅游无淡季，天天游客满”的奇迹，年接待游客 60 万人次，2019 年综合收入 4.5 亿元，2020 年综合收入 4 亿元，2021 年综合收入 4.2 亿元，九年累计纳税过千万元。

探索机制　长效惠民

“赚农民的钱不算本事，帮农民赚到钱才算真本事”，这是闻彬军在都市农乐园打出的横幅，也正是他帮农民有尊严地产业脱贫的出发点和落脚点。2015 年下半年以来，他积极投身举国上下蓬勃开展的脱贫攻坚战，构建了精准扶贫、精准脱贫长效惠民机制。

扶贫先扶智，培养一个新员工脱贫一个农户。凡山庄员工都要进行两个月的技能培训，变身一支在市场经济大潮中的“九大员”（服务员、演员、导游员、市场营销员、社会体育指导员、游泳救生员、农业技术员、业余通讯员、卫生员）复合型人才队伍。九年来，神峰山庄农民培训学校开班 119 期，培训新型职业农民一万人，先秣大医商学院培训农业职业经理人 400 人，直接安排 3456 名农民上岗就业，3456 个家庭直接脱贫。此外，还有 7000 名参训学员投身农业、农产品加工、旅游等一二三产业发展，大部分成为种养大户，带动发展了一批生态农庄、小型加工厂和农家乐，投资总额六亿元，年产值三亿元。

定点促扶贫，定点一个养殖户致富一个家庭。建设了 1 个黑禧猪繁育示范基地、46 个黑禧猪养殖示范基地、2 个眼镜山鸡孵化基地、67 个眼镜山鸡养殖示范基地，在周边 40 个村定点 1304 个贫困户，实施户户“十头猪、千只鸡”养殖计划。黑禧猪高于市场价 20%—30%收购，专业户年均收入过 10 万，户年均收入 3.5 万元。眼镜山鸡每斤高于市场价 13 元收购，户年均增收 8000 元。

流转是要点，发展一批专业村小康一片乡村。流转英山、罗田两县 7 个乡镇 37 个村土地 5850 亩，精准对接建档立卡贫困户 1304 户 3921 人，形成了环神峰山 24 公里休闲农业观光带及万亩种养基地。同时为土地流转后的农民提供了“四重保障”：即生活保障，每亩年 500 斤稻谷；收入保障，在家门口务工老年人 60—70 元 / 天，在山庄的中年人月薪 3000 元左右，在农乐园的年轻人月薪 5000—10000 元；增收保障，业余养鸡增收；致富保障，业余养猪增收。推行村企联姻、群众加盟，37 个专业村应运而生，村集体每年得到公司 10 万元左右的提成奖。郑家冲村流转土地 263 亩，村集体年增收 20 万元，人均年增收 2 万元。以股份合作形式吸纳资金 2200 万元，在孔家坊村流转土地 40 亩建设湖北先农酱菜厂，年产酱菜 340 吨，年收入 3000 万元左右，村自强互助脱贫合作社土地入股 10%，村集体年增收 50 万元以上，吸纳 100 多人就业。

心怀天下　无私奉献

闻彬军日夜奔波在农业第一线，精心探索从种子到筷子的绿色革命，大力发展生态农业“私人订制”商业4.0版，构建线上、线下全网营销体系，发展都市农乐园会员20万个，闯出了一条大别山片区农业供给侧结构性改革之路。

除自有农场外，在14省发展湖北秭归脐橙、房县香菇木耳野蜂蜜、安徽霍山灵芝孢子粉、金寨茶油、内蒙古锡林郭勒羊腿、黑龙江铁力大米、陕西安康雪魔芋、河北西北坡老树苹果、广西桂林永福县富硒砂糖橘、四川大凉山荞麦等，“以购代捐”合同订购二级基地26个，构建四亿元扶贫产品销售平台，直接为贫困群众年均增收3.2亿元，带动周边七万农民增收脱贫，为大别山3省19县精准扶贫和乡村振兴树立了全新样板。

闻彬军在发展神峰产业的同时，兼任孔家坊村村委会副主任、黄林冲村和孔家坊村自强互助脱贫合作社总经理。在他的带动下，一个个“环境美、产业美、精神美、生态美”的美丽乡村呼之欲出，“生态、绿色、文明、宜居、宜业、宜游”的乡村振兴蓝图，正在大别山深处一步步变为现实。

（图片：湖北省英山县神峰山庄提供）

方 璇

方璇（1991—2017），女，汉族，中共党员，1991年1月生，湖南省桂东县青山乡原副乡长。2009年9月至2013年6月就读于湖南中医药大学；2013年8月至2015年7月担任桂东县普乐镇文溪村村主任助理；2015年7月至2016年4月任桂东县清泉镇党政办主任、组织干事、团委书记；2016年4月至2017年8月经考试公选任桂东县青山乡副乡长。2017年8月2日，在下乡途中因公殉职。方璇同志牺牲后，其事迹被省、市、县各级媒体广泛宣传报道，《人民日报》刊发了《方璇，是个美丽的姑娘》、《光明日报》刊发了报告文学《青山留下一首歌》追记“90后”副乡长方璇。2018年10月28日，中共湖南省委、湖南省人民政府追授方璇同志“湖南省脱贫攻坚先进个人”称号；2020年6月30日，中共湖南省委追授方璇同志“湖南省优秀共产党员”称号；2021年2月25日被评为“全国脱贫攻坚先进个人”。2021年3月，被评为“全国巾帼建功标兵”。

方璇：殉职3年了，她仍是山里百姓不愿触碰的痛

留在孩子心底的温暖

2016年4月27日，时年25岁的方璇到青山乡报到。

当年，桂东县委根据上级要求，从大学生村官等人群中选配乡镇领导班子成员。“90后”方璇通过考试，被选派到青山乡政府，提名为副乡长人选。

地处湖南东南边陲罗霄山脉的桂东，是国家级贫困县。青山乡，是全县位置最偏远、条件最艰苦的乡镇。从县城到乡驻地，车子要在山间盘旋两小时。

到青山乡任副乡长3个月后，方璇找到乡党委政府主要负责同志，提出一个很紧迫的问题：应当赶紧建一所幼儿园。她在调研中发现，因为乡里没有幼儿园，家长不得不把孩子送到70多公里外的县城或者30多公里外的沙田镇去。孩子上完幼儿园、小学，加上家长陪读的费用，一个家庭平均要多付出10万元；一些年轻夫妻因经常分居，最终家庭破裂。

建幼儿园，需要300万元。这对青山乡来说，是个不小的数目。在乡党政联席会议上，方璇据理力争，最终取得大家的支持。2017年3月，幼儿园破土动工。2018年9月，青山乡幼儿园迎来了第一批19个孩子。如今，全乡适龄儿童都可以在这里入园了。

2016年初冬的一个晚上，方璇来到乡中心小学，走进学生寝室，翻开一名学生的被褥，发现有一个大洞。校长告诉她，这个学生的父亲去世，母亲改嫁了，跟着叔叔过。全校有70多名留守儿童。

“这么冷的天，盖这样的被子，还不把孩子冻坏了？”方璇跑回宿舍，抱来了自己的被子。

当晚，她就向青山乡乡长郭会勇汇报，想发动社会力量解决留守儿童

过冬的困难。半个月后，当方璇和同事们把71床崭新的被子送到留守儿童手上时，孩子们眨巴着眼睛，似乎不敢相信这是真的。

打造贫困户的新生活

青山乡山高林密，许多农户分散居住在山上，生产生活条件都非常艰苦。要彻底解决贫困问题，易地搬迁是必由之路。

2017年4月，青山乡确定，将宋家村木梓林组一块8.8亩的土地作为搬迁户集中安置点。木梓林组有四个大家庭11户人家，要征用这块土地，必须由全部人家同意签字。困难显而易见，一是土地稀缺，占用谁家的地，谁都不舍得；二是一些老人住惯了老屋，不愿意离开。

宋家村是方璇的工作联系点，她决定“各个击破”，一户一户登门说服群众。

村民郭大稳是老上访户，建安置点要征用他的4亩多地，自然是一百个不情愿。方璇每次上门，郭大稳回答都很痛快：先把他的事解决了，其他好说。他提出的陈芝麻烂谷子的事，大多既不合理也不合情。方璇耐心细致地一次又一次给他解释法律政策，同时帮他积极想办法解决困难，最终以诚心、耐心、热心感动了他，也感化了他。

在方璇锲而不舍的努力下，2017年7月，宋家村安置点完成征地任务。

融入“土茶”的浓香

青山乡出产一种独特的茶，当地人称为斗煨茶。原料采自高山野生茶树，工艺用的是民间土法。一般绿茶，泡水三四遍就没了味道，斗煨茶能泡七八遍。

为做大青山乡的斗煨茶，方璇付出许多心血。青山乡有不少野生高山茶树，不用施肥、打药，纯天然无污染，但生产不成规模，到了采茶季节，农民从房前屋后摘些茶叶，加工成斗煨茶，多是自产自用。好东西没有卖出好价钱。

经过市场调研，方璇认为，扩大生产规模，利用青山优势资源发展茶业，可以带动老百姓脱贫致富。这个建议得到乡党委政府支持。不久后，方璇就动员了一名在县城做生意的女老板，回乡办起了厂子，作为龙头企业，带动全乡发展茶业。

2017年清明前，茶厂开始收购茶叶，高山野生茶鲜叶收购价格每公斤高达240元，许多人家仅靠卖茶叶，就增收两三千元。

“虽然是城里来的姑娘，却格外吃得了苦。”——这是许多山里人对方璇的印象。

扎进泥土的足迹

2017年8月2日上午，下着小雨，方璇和钟桂琴等五人乘坐乡里的皮卡车，前往宋家村新光组验收产业扶贫情况，并为集中供水选址。

了解完贫困户郭履兴蜜蜂养殖情况后，在前往另一户人家的路上，车子滑下山涧，方璇被甩出车外，头撞到了岩石上。出事前八分钟，郭会勇还接到了方璇的电话。方璇欣喜地告诉他：一个熟人回话了，东莞一家企业愿意为青山乡提供12个工作岗位……

事故发生19天后，经市县两级医院抢救无效，26岁的方璇离开了人世。

几个月后，青山乡宋家村易地扶贫搬迁安置点动工建设；大半年后，74户贫困户全部完成搬迁入住；383天后，经国家专项评估检查，湖南省人民政府正式批复同意桂东县脱贫摘帽。

这一刻，方璇没能亲眼见证。可她的青春足迹，却烙印在山里。

（图片：湖南省桂东县乡村振兴局提供）

梁 健

梁健，男，汉族，中共党员，1962年4月生，广东南雄人。中共广东省委党校研究生学历，现任广东省委农村工作领导小组办公室专职副主任，省农业农村厅党组成员，省乡村振兴局专职副局长，是广东省扶贫决策的坚定执行者、扶贫改革的务实探索者、扶贫干部的帮带贴心人，为全省打赢脱贫攻坚战洒下了辛勤的汗水。六年里，他与中直、省直部门及市县召开工作对接会近百次，与中西部22省扶贫部门开展经常性的工作对接，遍访了2277个省定贫困村和桂川滇黔4省（区）14个市（州）93个贫困县，带领全省扶贫系统干部高质量完成各项工作任务，东西部扶贫协作成效考核广东连续三年评价为“好”等次，协作4省（区）14个市（州）93个贫困县全部如期实现脱贫摘帽，省内脱贫攻坚实现161.5万相对贫困人口高质量稳定脱贫，2277个相对贫困村“后队变前队”。

梁健：用脚“闯”出广东特色脱贫路

“自己只是尽了应尽的责任，获得这么高的荣誉，应该归功于党组织，归功于全体扶贫干部，归功于支持参与脱贫攻坚的社会各界。”2021 年 2 月 25 日，全国脱贫攻坚总结表彰大会在京举行，时任中共广东省委农村工作领导小组办公室、省扶贫开发办公室专职副主任梁健在获得全国脱贫攻坚先进个人荣誉后，深怀感恩。

2015 年 9 月起，梁健任广东省扶贫办主任，2018 年 10 月机构调整后任现职，可以说是全程参与了广东的脱贫攻坚战役，为全省打赢脱贫攻坚战洒下了辛勤的汗水。

扶贫决策的坚定执行者

脱贫攻坚战，对广东来说，是“一场战役，两个战场”。一个是省内战场，另一个是东西部扶贫协作战场。

作为广东省打赢脱贫攻坚战的省直部门分管领导，面对省内省外“两个战场”，梁健认真履行当好参谋、做好协调和抓好落实的职责。

在工作中，梁健主动多跑动、多协调、多对接。六年时间，他与中直、省直部门及市县召开工作对接会近百次，与中西部 22 省扶贫部门开展经常性的工作对接。“很多工作都是要靠双腿跑出来的。”

2020 年，国家对 1113 个贫困村实施挂牌督战，广东省帮扶 443 个，占近 40%。时间紧，任务重，怎么办？梁健对任务地市逐个落实责任、重点企业一一动员，疫情一缓解就远赴凉山州三河村研究协调帮扶方案，确保了社会力量助力挂牌督战全覆盖。

功夫不负有心人。自 2017 年国家开展东西部扶贫协作成效考核以来，连续三年在考核中被评为“好”等次，助力我省东西部扶贫协作工作持续走在全国前列。2020 年财政援助资金、社会帮扶资金、社会力量助力挂牌督战投入等九项指标名列全国第一。

扶贫改革的务实探索者

2016年以来，广东帮扶广西、云南、贵州和四川的93个贫困县打赢脱贫攻坚战。其中，深度贫困县有62个，是脱贫攻坚最难啃的“硬骨头”。

“面对最难啃的‘硬骨头’，必须要有‘非常之策’。”梁健说，他带领广东省扶贫办，注重发挥改革开放排头兵、先行地、实验区的优势，勤于思考、大胆探索，为全国脱贫攻坚创造了鲜活经验。

值得一提的是，广东创新设立“6·30”扶贫济困平台，推动社会力量参与扶贫协作和助力挂牌督战。2020年，组织动员643家企业和社会组织助力443个国家挂牌督战贫困村，募集帮扶资金2.8亿元。

除了东西部扶贫协作，在省内脱贫攻坚方面，广东深入实施精准扶贫精准脱贫基本方略，累计投入1200多亿元，派出近6.5万名帮扶干部，实施帮扶项目6.3万个，帮助省内41万贫困劳动力稳定就业，161.5万相对贫困人口、2277个相对贫困村如期脱贫。

扶贫干部的帮带贴心人

作为领导干部，梁健始终不忘初心、牢记使命，坚持把忠诚干净担当作为从政之基、立身之本，在脱贫攻坚一线中以身作则、冲锋陷阵，树立了一个“铁杆扶贫人”的良好形象。

“在敬业奉献上带好头。”这是广东省扶贫办同事对梁健最大的印象。广东省扶贫办副处长唐咸武跟梁健出差较多，据其统计，一年365天，梁健至少有200天出差在路上，从来就没有完整过完礼拜天和节假日，足迹踏遍了广东帮扶四省区的所有市州和深度贫困县，仅凉山州就去了15趟。

作为一名“老扶贫人”和扶贫领域的领导干部，梁健注重对全省扶贫干部的传帮带，工作中手把手教方法、传经验。“他经常与我们面对面谈心、交心，积极协调组织部门出台文件政策，关心支持扶贫干部干事创业。”省农业农村厅扶贫规划处副处长孙多山说。

（图片：《南方日报》提供）

杨国强

杨国强，男，汉族，1955年生，祖籍广东顺德，第十二届及第十三届全国政协委员，碧桂园集团创始人、国强公益基金会荣誉会长。出生于贫困的农民家庭，早年的贫苦经历，成为杨国强积极投身扶贫事业的动力根源。自1997年匿名捐出当时一半身家100万元设立仲明助学金开始，杨国强便带领碧桂园孜孜不倦投身慈善事业。党的十八大以来，碧桂园把扶贫上升为集团主业之一，成立200人的专职帮扶队伍，深入全国16省57县，推进教育、产业、就业、党建等精准帮扶举措，立业至今，累计捐赠慈善资金超100亿元，惠及超49万人次。在乡村振兴阶段，碧桂园以产业振兴、人才振兴、文化振兴、生态振兴、组织振兴为抓手，持续结合集团优势及各地特色，搭建城市与乡村之间的桥梁，通过社区新零售“碧优选”和助农品牌“臻碧乡”，助力转化农产品超690款，惠及超17.5万农户，让更多农民分享产业发展的红利。

杨国强：教育扶贫阻断贫困代际传递

杨国强出身贫寒，受国家资助读完高中，一直心怀感恩，事业有成后，大力开展教育扶贫，创办国强公益基金会，逐步全面参与到脱贫攻坚事业中。党的十八大以来更是把扶贫上升为碧桂园集团主业，成立200人的专职帮扶队伍，发挥高科技综合性企业的全产业链优势，帮扶甘肃临夏州东乡县、四川凉山州昭觉县和广东清远英德市等全国16省57个贫困县，推进教育、产业、就业、党建等精准帮扶举措，探索可造血、可复制、可持续的长效帮扶机制。20多年来累计公益扶贫捐款到位资金87亿元，受益超49万人次，为我国扶贫事业作出了突出贡献，特别是在教育扶贫领域取得了卓越的成就。

1997年，事业小有成就的杨国强，匿名捐出当时的一半身家100万元设立仲明助学金，资助广东省内的贫困大学生，直到十年后企业上市才对外披露，每位受助者自愿签署《仲明助学金道义契约》，承诺有能力时帮助有其他需要的贫困学子。截至2020年，累计捐赠4100万元，1.2万名贫困学子受惠。

2002年，杨国强再次捐出一半身家2.6亿元，创办全国第一所纯慈善、全免费民办高中国华纪念中学，面向全国招收品学兼优、家庭困难的初中毕业生，为他们免费提供优质的高中教育。杨国强经常关心他们的学习生活，定期与他们谈话交流，一直资助他们读到本科、硕士乃至博士，迄今已培养全国29个省市自治区、23个民族的3260名贫困学生，已毕业2582人，其中硕士803人、博士141人，出国深造108人，在科研、教育、部队、政府、企业等不同领域为社会服务。

党的十八大以来，杨国强又投资10亿元先后创办全免费的广东碧桂园职业学院和甘肃临夏国强职业技术学校，大力开展职业教育扶贫，让贫困学子掌握一技之长。截至2020年10月，广东碧桂园职业学院共招收2269名贫困学生，毕业生就业率达100%，其中72人月薪过万。同时，杨国强还为贫困户提供职业技能培训，开展粤菜师傅、家政、技工培训等项目，近年来累计培训 93093 人，推动就业 50426 人，促进实现“一人就业，全家脱贫”。

此外，杨国强还积极发动员工、业主、合作伙伴参与教育扶贫，2018 年以来，超过 25.5 万人、300 余个爱心单位参加捐款，共筹集善款 3568.93 万元，累计帮扶贫困生 20713 人次，有效阻断贫困的代际传递。

杨国强也十分重视乡村振兴人才培养，扶持返乡创业致富带头人，为他们提供资金、厂房、销售渠道，带动贫困地区产业发展；聘请村里的老党员、老村长开展思想扶贫，激发贫困户的内生动力；组织驻村第一书记、村支书到清华大学等高校培训，帮助他们提高政策理论水平。

杨国强因为在扶贫领域的突出贡献，2015 年获得中国消除贫困奖创新奖，受到习近平总书记接见，2016 年获得全国脱贫攻坚奖奉献奖，2021 年获得“全国脱贫攻坚先进个人”荣誉称号。他的女儿，碧桂园集团董事会联席主席杨惠妍也曾在 2019 年荣获“全国脱贫攻坚奖奉献奖”。

（图片：碧桂园集团提供）

黄海军

黄海军，男，汉族，中共党员，1984 年 10 月生，海南省农村信用社联合社乡村振兴金融部副总经理。2017 年获“全国脱贫攻坚奖贡献奖”，2019 年 12 月获“海南省劳动模范”，2020 年 11 月获“全国劳动模范”。

黄海军于 2015 年 7 月至 2019 年 8 月任琼中县湾岭镇岭门村党支部第一书记。他探索创新“流程化帮扶”制度，促进贫困户永续脱贫。他综合采取金融信贷、引进产业、微信平台等手段，带领困难群众脱贫致富。

黄海军："群众一天不脱贫，我就一天不离开"

2015年，黄海军来到了岭门村，开始了他的第一书记之路。到任伊始，黄海军就逐一走访全村25户贫困户，了解致贫原因和帮扶需求。走访结果让他大吃一惊，因懒和因赌致贫的贫困户占全村贫困户一半以上。这让他意识到，岭门村的扶贫之路注定没有那么简单。

锲而不舍，最懒酒鬼变养殖大户

贫困户王成安是村里出了名的"酒鬼"，欠着一屁股债却什么农活也不愿意干，甚至直言不讳自己没什么想法，种养殖又苦又累，还未必能挣上钱，穷也没有什么大不了的，政府多少会给一点，自己也不挑给什么就要什么。

面对扶贫路上的这块硬骨头，黄海军并没有丧失信心。他把目光转向了王成安的弟弟王成业，动员王成业通过小额贷款养起了黑山羊，生活一天天有了起色。

黄海军找到王成安，建议他也贷款养羊。但王成安不为所动，说不懂养。黄海军说："你弟弟都能养好，你比他笨吗？成安叔，你要是错过了这次机会，可能就一辈子这样了。"王成安想了好一阵，端起了酒杯说："养羊可以，但自己不出钱，也不贷款，得政府出钱。"有以往政府给钱养鸡养鹅，却成了下酒菜的先例，黄海军当然不能答应。

眼见第一招"激将法"有了效果，黄海军趁热打铁使出第二招"诱惑法"："农信社资助你5000元，你自己投钱5000元，再贷5000元的全额贴息贷款。你看怎么样？"王成安对免费资助的5000元动了心，还是不愿意借钱投入，只愿意直接贷款一万元。黄海军没有同意，他知道，只有真金白银地投入了，王成安才会珍惜。

跑了一趟又一趟，好不容易说服了王成安借钱投本，过了两天，王成安找上门说希望帮忙盖个羊舍。黄海军一听，马上使出第三招“打气法”：“成安叔你看，资助款都已经批了，家里有木头，自己有劳力，再叫上儿子、女婿一起，盖羊舍不就是动个手的事?”王成安一听资助款已经批了，赶忙盖起了羊舍。

三招下来，王成安贷款养羊的事差不多尘埃落定。但就在这时，贷款担保环节却出了问题，家人亲戚竟然没一个人愿意给他担保。黄海军不想让王成安刚热起来的心又冷了，于是决定自己承担风险，给他放贷 5000 元。受黄海军感染、也发现父亲确有转变的二女儿再借给他 1.7 万元，于是他凑成 3.2 万元，从本村养羊大户那里买了 20 只羊。

自打买羊回来，王成安戒了早上、中午的酒，下午准时放羊，每天天不亮就到羊舍赶蚊子，为受伤的山羊抹药膏，还学会了不少防疫知识。大半年过后，王成安不但提前还清了贷款，还继续贷款扩大养殖规模，发展到了 40 只羊，让全村人刮目相看。

以心换心，用真心真情解决千难万难

在黄海军看来，扶贫一线就是要无处不用心。脱贫“硬骨头”不只王成安一个，但每次遇到棘手的事，黄海军都会用真心真情让难题迎刃而解。

贫困户王海沙有木工手艺，但嗜赌成性，一次输上 5000 元也不眨眼。黄海军多次上门交谈，并用王海沙大哥、二哥住上新房子，而他自己却是破旧瓦房等实例“激将”，王海沙终于打开心扉，说自己也反思过、也羡慕过，但始终戒不掉赌瘾。黄海军就对王海沙说：“把我当朋友，有困难找我，我介绍你到县城做工挣钱，你看怎么样?”就这样，王海沙离开原先的赌友，到县城打工。黄海军多次明察暗访，并请王海沙的老板、妻子帮忙监督，发现王海沙确实没有再赌，才放下心来。现在王海沙每个月工资达 4500 元，还找黄海军办理小额贷款，投钱跟着老板一起搞装修。

创新方式，以“流程化帮扶”促永续脱贫

扶贫就是扶人，黄海军探索创新“流程化帮扶”的制度设计，打破“人穷志短”与“志短人穷”之间的恶性循环，促进贫困户永续脱贫。

金融扶贫中，农信社规定的还款时间是每月 20 日，但绝大多数贫困户没有准时还款的观念，黄海军就提前几天去查他们是否在账户上存钱，如果没有就提醒他们去银行存钱。就这样，慢慢培育起了村民守信的金融意识。两年期间，黄海军带着信贷员在全村发放贷款 137 笔，金额 484.5 万元，其中 25 户贫困户全部办理小额贷款，金额达 56 万元。

产业扶贫中，一方面推动年轻力壮的“村外打工就业”；另一方面推动年老体弱的“村内发展养殖”。成立专业合作社，发展乡村旅游，并通过“海汽快车”和“微信微店”等方式，让贫困户手里的土特产在网上热销。还与海南农垦畜牧集团发展“龙头企业 + 合作社 + 贫困户”模式特色养殖，全体贫困户按劳取得分红奖励，让贫困户更加务本自强。

社宣扶贫中，充分利用电视夜校、村庄标语等方式大力倡导社会主义核心价值观，制定村规民约，倡导健康公众文化活动。争取各方支持，筹集 800 多万元完善基础设施，大力开展村容村貌整治行动。通过两年的真情努力和方法创新，滋生懒惰思想的土壤被逐步铲除，贫困户脱贫致富的内生动力和“造血”能力显著增强。

勇于担当，“群众一天不脱贫，我就一天不离开”

在担任第一书记期间本不必兼顾原单位工作，但黄海军为了解决好贫困户的资金短缺问题，毅然自掏 3 万元缴纳风险金，担任信贷员，他相信只要和村民之间将心比心、以心换心，村民决不会拖欠他放的贷款。在 2016 年首个任期结束时，村干部在《民意测评表》上齐刷刷写下“希望第一书记留任”，他主动向省农信社申请留下来再干两年，他说：“群众一天不脱贫，我就一天不离开。”

这就是一个奔忙在脱贫攻坚一线的共产党员的本色和担当，老百姓的信任就是对他最大的褒奖。

（图片：海南省琼中县文联，冯汉云提供）

杨　骅

杨骅（1970—2018），男，汉族，中共党员，1970年12月生，重庆市忠县忠州街道人，生前系忠县安监局办公室副主任，驻忠县金鸡镇傅坝村工作队队长、第一书记。2018年8月21日，他在与村干部商议扶贫工作时，突发疾病牺牲在扶贫工作第一线。他作风过硬，驻村帮扶工作成绩突出，深受百姓拥戴。2018年10月被追授为“重庆市扶贫开发工作先进个人”“重庆好人”；2018年11月被重庆市政府追授为“重庆市脱贫攻坚模范”；2018年12月被重庆市委追授为“重庆市优秀共产党员”；2019年1月被追授为2018年度“感动重庆十大人物”特别奖；2021年被追授为“全国脱贫攻坚先进个人”。

杨骅：生命定格在脱贫攻坚第一线

“人的自然生命是有限的，党员政治生命是永续的”，这句话是忠县金鸡镇傅坝村“第一书记”、驻村工作队队长杨骅同志在忠县安监局机关支部第一次过“政治生日”会上的感言。

2018 年 8 月 21 日上午 8：20，杨骅同志在傅坝村便民服务中心与村党支部书记陈廷虎商议扶贫工作时，突发疾病倒在了扶贫工作的第一线，用满腔热血和宝贵生命，诠释了对党的无比忠诚，对人民的无限挚爱，践行了一名共产党员的铮铮誓言。

他把“岗位当家庭”，爱岗敬业、任劳任怨、踏实肯干

杨骅同志对待工作的态度，时时充满正能量。在长达八年的安监局办公室工作中，热心耐心，细致周全，从不嫌苦、从不嫌累，总是兢兢业业，埋头苦干，立足本职接待好每一位办事群众，扎扎实实做好本职工作，树立了安监局窗口良好形象，深受同事和办事群众一致称赞。2017 年 3 月，杨骅同志积极响应县委、县政府精准扶贫、精准脱贫工作号召，坚持以大局为重，以工作为重，听从组织调遣，来到全县偏远的金鸡镇蜂水村，投身脱贫攻坚工作第一线。作为一名扶贫驻村工作队员，全新的环境，全新的挑战，他没有胆怯，没有畏难，而是迅速了解情况，迅速进入状态，迅速开展工作，驻村工作有声有色。2018 年 7 月，因驻村工作成绩突出，杨骅同志被调整至金鸡镇傅坝村担任“第一书记”、驻村工作队队长。驻村工作期间，他坚持吃在村、住在村，不嫌环境艰苦，不嫌条件恶劣，不嫌任务艰巨，以更大的担当、更实的作风，主动挑起傅坝村脱贫攻坚工作重任。杨骅同志不管在哪个工作岗位，坚持做到岗位在哪，家就在哪，连续六年放弃公休假，把心思和精力都用在了岗位上，全身心地投入，全方位地付出。因为他的辛勤付出，杨骅同志连续五年被重庆市安监

局评为安全生产统计先进个人，2016 年被县安监局党支部评为优秀共产党员、2017 年年度考核评为优秀。

他把“工作当事业”，虚心好学、刻苦钻研、积极向上

杨骅同志始终把孜孜不倦的学习，作为增强本领、做好工作的前提。坚持以饱满的热情和不懈的努力，向书本学、向领导学、向同事学、向老同志学、向群众学，以过硬的本领、较高的水平、较强的能力，出色地完成了各项本职工作。在驻村扶贫工作中，他全面系统学习扶贫文件和上级相关政策，虚心向镇村干部和群众请教，紧密结合村里实际，有条不紊地谋划工作、推动工作。蜂水村地处偏远，村里产业发展滞后，贫困群众致贫根源，大多因为无稳定的经济来源。为此，他将脱贫攻坚的重点，放在富民产业发展上。他建议依托现有顺篪笋竹专业合作社，成立蜂水村人力资源有限公司，鼓励贫困户以土地入股、劳务合作等形式参与，形成村级特色扶贫产业，实现了产业建基地、发展有奔头、群众有收益、扶贫有成效的目标。同时，他还积极物色能人，三番五次动员回乡发展特色养殖。2018 年 2 月，该村贵妃鸡养殖场顺利建成，规模养殖贵妃鸡 500 多只，经济效益可观。他还想方设法筹措资金，在村里兴建 300 余亩核桃种植基地，千方百计帮助贫困群众拓展了增收渠道。2018 年 6 月，杨骅儿子高考期间，他为抓好蜂水村土地确权工作，坚持每天坚守工作岗位，没有因为儿子高考请过一天假。他把“工作当事业”的精神得到了蜂水村党员干部的认可，在 2018 年准备调整到更偏远的傅坝村任“第一书记”、驻村工作队队长时，蜂水村党员干部都希望他继续留在村里工作。

他把“奉献当快乐”，甘于付出、乐于助人、无悔人生

杨骅同志对待工作，没有该不该做之念，没有分内分外之分，没有自己和他人之别。只要是对科室、对单位、对集体、对社会有益的事，从不挑肥拣瘦，从不拈轻怕重，尽其所能努力做好，无怨无悔辛勤奉献，同事们总能看到他不事声张、默默无闻、忙忙碌碌的身影。2018 年 7 月调整到傅坝村任“第一书记”、驻村工作队队长后，杨骅同志带领村组干部，马不停蹄到每个村民小组召开会议，宣传扶贫政策，开展扶贫大排查。针

对排查出来的问题，逐一建好台账，并提出了具体整改措施建议，落实整改责任人，指导村干部做好扶贫信息录入，不知疲倦查看 C、D 级危房改造，参与“四好农村路”丈量。傅坝村 3 组张启兵，是 2018 年新识别出的贫困户，全家有 4 口人，两个孩子都在上学读书。他得知情况后，迎难而上主动要求结对帮扶，并第一时间到该户进行走访慰问，送去食用油、牛奶等慰问品。“扶贫更要扶志”，杨骅同志不仅注重引导贫困群众发展产业增收致富，更加注重引导他们乐观面对，奋发图强。在得知张启兵女儿张荣梅即将上大学，杨骅同志多次深入张启兵家中交心谈心。“外面世界很精彩，但学习是主要的，学习好了将来才能找到一份好工作”，这句话是杨骅同志与张荣梅最后一次交流说到的。杨骅同志在驻村扶贫中真正把贫困户当成了自己的家人，让帮扶对象感到亲人一般的温暖，用自己的热血青春，谱写了一曲扶贫工作的无悔赞歌。

（图片：重庆市忠县乡村振兴局提供）

蒋乙嘉

蒋乙嘉，男，汉族，中共党员，1959 年 3 月生，四川省遂宁市蓬溪县人，四川力世康现代农业科技有限公司董事长，在 81101 部队荣立三等功、二等功，曾获“全国脱贫攻坚奖奋进奖”“中国生态文明奖先进个人”“全国模范退役军人”“全国乡村文化和旅游能人”“四川省优秀退役军人”“四川省争先创优优秀共产党员”“四川省 2016 川商扶贫优秀个人”“四川省十大杰出村官”“感动遂宁十大人物”“遂宁市返乡下乡创业明星”“遂宁市慈善先进个人”等荣誉称号，2021 年被评为“全国脱贫攻坚先进个人”。

蒋乙嘉：致富“领头雁” 带头谋发展

2007 年 8 月，蒋乙嘉怀着儿时改变家乡面貌的梦想，带着 10 年打拼的全部积蓄，毅然回到穷乡僻壤的拱市村，提出了“让土地充满希望、让鲜花开满村庄、让村里人过上城里人羡慕的生活”的奋斗目标。为了实现这一目标，他 13 年来先后出资 2000 余万元，修建道路水系、发展特色支柱产业，带领乡亲们积极建设“兴业、家福、人和、村美”的幸福美丽新村。

党建引领的“先行者”

在蒋乙嘉的带领下，拱市联村确立了以党建引领为核心的“七联七带”发展思路，构建“1 个党委 +10 个党支部 +10 个产业党小组”的组织框架，把党员干部聚集到管理层、产业链、攻坚点上，充分发挥了共产党员的先锋模范作用和基层党组织的战斗堡垒作用，党委班子及村两委坚持做到“规划进村，资源整合”，以党的基层组织建设为保障，走农业产业、乡村文化、乡村旅游三结合的拱市新村小康路，全力推动村级经济互联共进。

产业扶贫的“带头人”

在蒋乙嘉的引领下，拱市村以特有的千叶佛莲、中药三七、福莲柚等优质产品为龙头，大力发展种植、养殖为主的高附加值特色农业产业，同时加强产业人才培养，吸引优秀人才返乡创业，“走出去，请进来”，招商引资，发展特色产业。蒋乙嘉说“我要尽力带动联村产业更好更快发展，不断壮大集体经济，让乡亲们过上富裕生活”。蒋乙嘉带领乡亲们艰苦奋斗十多年来，从无懈怠，把昔日贫穷落后的拱市村变成今天的山上是银行，山下是粮仓的新天地。

2015 年 7 月，在上级党委的支持和几个村的党支部的拥护下，成立了拱市联村党委，蒋乙嘉当选党委书记。目前拱市联村基础设施基本完善，柏油路九公里，水泥路已修 33 公里，机耕路 75 公里，新修、扩建堰塘 35 口，蓄水池 50 口，休闲观光水渠（竹节堰）4600 米；新村风貌别具特色，新建居民点五个。为增加集体经济，蒋乙嘉与大家一起探索绿色水产养殖、推广特色种植项目、实施“长线高效产业与短线特色产业”相结合，集中成片产业经济林木套种模式已基本成型。2014 年，由蒋乙嘉投资、村集体经济参与的四川力世康现代农业科技有限公司，已在四川省遂宁市、绵阳市，北京市，福建省福州市等地建立了种植基地，并在全国建立了 56 个销售点和 12 个售后服务点。拱市联村成为亚洲最大的千叶佛莲基地，年销售收入 1000 余万元，可以说“让鲜花开满村庄”的梦想已经实现了。

文化振兴的“领航人”

在蒋乙嘉的引导下，拱市联村注重文化招商、农旅结合。大力发展乡村文化产业，传承红色基因、弘扬红色主流文化，同时，开展丰富多彩的文化活动，用更多更好的艺术品来丰富村里的文化生活，不但提升了大家的文明意识，还撬动了村里经济。联村已成功举办拱市联村首届春节联欢会、拱市联村桃花旅游文化节、首届佛莲文化艺术节，由拱市村文化艺术有限公司组建的拱市村佛莲文化艺术团在市、县、村活动 50 余次。该村建立了博物馆，引进沈阳收藏家为博物馆捐赠佛事及文化艺术藏品一万余件；组织百名退役军人建设“全民国防教育示范基地”，践行军民融合国家战略，实现退役军人创业带动退役军人就业。目前，正在筹备全国最大的乡村佛莲文化艺术馆的规划建设。

生态立村的“践行者”

在蒋乙嘉提议下，联村坚持生态立村，大力发展乡村旅游、带动旅游脱贫致富。2019 年引进四川发展现代服务业投资有限责任公司开展全领域、多方位的合作，一期投资 6000 万元建设拱市村乡村酒店，立足将拱市联村乡村振兴旅游项目打造成国内具有知名度的乡村振兴示范基地以及特色农业旅游目的地。

2017年，蒋乙嘉引进解放军某部队为蓬溪县下东乡紫槽村（贫困村）、花果村捐赠100万元，新建紫槽花果群众文化活动中心。活动中心的建成，极大地丰富了东宁片区11个村万余名群众文化生活，成为军民融合、助力脱贫攻坚的典范。

习近平总书记说："绿水青山就是金山银山"。蒋乙嘉带领联村党委及各支部正按照乡村全面振兴的战略部署，大力发展乡村集体经济，壮大旅游业、实施乡村旅游提升计划，建设田园综合体、农业主题公园、佛莲谷森林康养基地等乡村旅游项目，坚定不移地走生态优先绿色发展道路，打造能带领农民群众脱贫致富奔小康的"金山银山"。

（图片：蒋乙嘉本人提供）

陈望慧

陈望慧，女，藏族，中共党员，1974 年 4 月生，四川省阿坝州小金县人。阿坝州小金县夹金山清多香野生资源开发有限责任公司董事长，曾获“2019 年全国脱贫攻坚奖奋进奖”“2016 年度四川省农民专业合作社建设发展工作先进个人”“四川省三八红旗手”“四川省五一巾帼标兵”“阿坝州优秀共产党员”“阿坝州脱贫攻坚奉献奖”“小金县巾帼建工先进个人”等荣誉。2021 年被评为“全国脱贫攻坚先进个人”。

陈望慧：铿锵玫瑰绽放在小金

在高原涉藏地区发展玫瑰产业的“玫瑰姐姐”陈望慧，十年如一日，用铿锵玫瑰之品行，书写了“风雨之后见彩虹”的传奇人生。

野猪拱出玫瑰新世界

2010 年，陈望慧当选冒水村村主任，冒水村人均耕地少，传统农作物产量低，加之野猪猖獗，种下的种子一夜之间就被野猪拱食，成活的所剩无几。陈望慧一个人来到受损的庄稼地里，无意发现地里两株小金本地品种的玫瑰开得娇艳欲滴、安然无恙，还散发出诱人的香味。原来是玫瑰枝上有刺，所以野猪避而远之。陈望慧心里一亮，“能不能种玫瑰？”就这样，发展玫瑰种植的想法被野猪“拱”了出来。

她把这个大胆的想法告诉村民，大家认为玫瑰种植在小金没有先例，看不到希望，都觉得不现实。为了转变大家的想法，陈望慧收集关于国内玫瑰种植和玫瑰产业的相关知识。她了解到，玫瑰产品在时下各类人群中都深受青睐，市场前景好，从而坚定了自己的想法，发展玫瑰产业成为她带领群众转型创业、致富奔康的又一个人生梦想。在她的坚持下，大家决定试一试。她进一步向农业专家请教，在专家实地考察之后，得出了“小金县是世界上少有的几个适合发展大马士革玫瑰的地方”。

胸怀乡亲　不忘初心

陈望慧玫瑰产业起步之时，正值国家首次提出精准扶贫精准脱贫战略思想。2016 年合作社建成 4000 多平方米的玫瑰精深加工厂在冒水村建成投产，玫瑰精油、玫瑰花冠茶、玫瑰露、玫瑰酱等十几种产品实现了就地加工，远销全国各地和日本、韩国等，并建立“公司 + 合作社 +

农户＋基地”产业发展模式。截至 2020 年，玫瑰种植总面积达到 13200 亩，遍布 12 个乡镇 38 个村。也因为多年的坚持，同行皆亲切地称她为“玫瑰姐姐”，感谢她多年的坚持和付出。

回想起玫瑰事业刚起步之时，陈望慧苦笑了一下：玫瑰花采收完了以后，就要和农民结账了。可刚开始哪有这么多钱呢？陈望慧决定卖掉家里的房子来支付农民的货款，为此家里的人坚决不同意。亲戚朋友都认为她疯了，陈望慧认为山沟里的村民每个月就算记着这些钱来过日子，如果她能把钱准时地付给村民，村民就能对未来的日子看到希望，对继续种植玫瑰，更有信心。

为了让辛苦终年的村民，能实实在在看到这些劳动成果，陈望慧还特别带上了几大麻袋的现金。村民大会上，她将成叠的现金亲自送到农民的手里。陈望慧知道，许多年轻的村民都外出打工去了，家里的老人，往往是种玫瑰的主力。这些老人并不识字，如果将钱打到储蓄卡里，老人往往还要通过年轻人帮他去取钱。如果家人孝顺还好说，如果遇上别有用心的家人，这笔钱是否能顺利地到达老人的手里，实在不好说。为了避免增加老人家的麻烦，陈望慧决定亲自把现金送到老人的手里。

每当村民心怀感激地从陈望慧的手里，接过这些玫瑰货款，陈望慧说这就是她最开心的时候了。

玫瑰文创旅游　非常玫瑰体验

2019 年小金县高原玫瑰体验中心开始动工，中心占地 111 亩，种植了 150 多种玫瑰、月季、蔷薇等品种。未来规划玫瑰欣赏、DIY 教学、品尝和玫瑰 SPA 体验小木屋等各种服务。位于大型停车场旁边的停机坪，也将规划直升飞机空中游览服务，为高端旅游创造了有利的条件。由于疫情的关系，部分项目暂停了下来，但对于未来，陈望慧仍然深具信心。期待疫情过去之后，接待来自全国各地的游客。

让生命在香气中绽放

在陈望慧的规划里，高原玫瑰实验室是下一个筹备的项目。这个中心将为高原玫瑰的品种分析、规范种植、产品提炼和研发建立行业标准，为将来的产业发展提供更多的支持。她希望把毕生的努力回报祖国，将这些人类宝贵的知识宝藏，分享给更多需要的同胞，让更多的乡亲能透过高原玫瑰脱贫致富，让玫瑰文创旅游疏解都市人的压力，让玫瑰产品进入人们身心疗愈的世界，让生命在玫瑰香气中绽放。

为充分激发和释放群众自身活力，她还改变了玫瑰鲜花款发放模式，玫瑰鲜花收购结束后，将一年的玫瑰花款现金摆在各个村委会的桌子上统一集中发放，并且总结经验，给他们讲怎样去种植和看护玫瑰花，为什么张三家比李四家种得好，同时鼓励大家，现在扶贫政策越来越好，大家要常怀感恩的心，将日子过得更好。然后一户一户上来领取自己的花款，引导他们竞相比较，激发斗志。2020 年公司在全县各村镇集中发放花款 610 多万元，激励效果十分明显。

陈望慧所创办的公司，在每年收花加工期间为当地村民及贫困户、残疾人可提供就业岗位 180 多个。公司已辐射带动全县 13 个乡镇 46 个村，其中 31 个贫困村 1200 多户（包括 470 多户残疾家庭），占全县贫困人口二分之一以上，总人口七分之一以上的乡亲从事玫瑰产业。

（图片：四川省阿坝州乡村振兴局提供）

李　君

李君，男，汉族，中共党员，1985 年 5 月生，四川省广元市苍溪县人。广元市苍溪县白驿镇岫云村委员会村支部书记，曾先后被表彰为“第八届全国农村青年致富带头人”“全国农村青年致富带头人标兵”“全国脱贫攻坚奖奋进奖”“全国五四青年奖章”“四川省十大扶贫好人”。

李君：青春无悔　农村有梦

2008年，“汶川大地震”过后不久，李君放弃成都的高薪工作，回到了家乡广元市苍溪县岫云村，先是当村主任助理，两年后村两委换届，他成功当选村党支部书记，这一年他25岁。

岫云村位于秦巴山深处，面积3.2平方公里，距苍溪县城52公里，辖六个村民小组，共264户994人，其中贫困户就有170户。“汶川大地震”后，原本基础就很薄弱的岫云村，更是雪上加霜，成了远近闻名的“空心村”。在李君当选村党支部书记组织召开的第一次村两委班子会上，他根据实事求是的原则把岫云村贫困落后的根本原因，主要归结为偏僻闭塞，交通困难。他最后总结说，要想从根本上改变这个局面，首先就要修路，这是当务之急。当他提出修路这个建议之后，大家都保持沉默。修路需要钱，钱呢？

“钱的问题我来想办法。”

他当即立下军令状，带着写好的扶贫申请报告，到镇里、县里逐一递交上去，寻求上级政府给予政策帮扶。从申请到批复，中间需要一个等待过程。在这个等待过程当中，他自掏腰包，先后到江苏江阴华西村、山西晋中大寨村、四川彭州宝山村，四处“化斋求缘”，一次次空手而归。

第一次不行，就去第二次，第三次……

通过前后十三次登门拜访，他终于赢得了宝山村贾正方老书记的信任，得到了10万元的资金资助。同时，在县委县政府的支持下亭子口水利水电开发有限公司与对口帮扶的岫云村，商定了三年帮扶计划。400万元的投资，加上国家政策扶持的配套资金，岫云村修路的资金落实了下来……

这下，岫云村人动容了，村两委班子成员对他的信任也建立起来了。

但要想让岫云村人真正走上一条致富之路，就必须开拓思维，就必须求新求变，就必须根据城里人消费观念的转变，走一条创新发展之路。

岫云村全村 994 人当中，有 480 多人在外务工，留在村里的大部分都是老人孩子，以及身体患有疾病的人。根据农村这一普遍现象，再结合家家户户都喂养大量鸡鸭家禽这一特点，李君接下来做的，就是首先成立秀云土鸡专业合作社，要求岫云村所有人家全部加入到这个专业合作社里来，按照“支部 + 协会 + 农户 + 市场”的产业发展思路，合作社成员分工明确，有专人负责管理岫云村各家各户散养的土鸡、土鸡蛋等等，将其进行统一收集，统一包装；也有专人负责管理统一品牌，统一运输，统一销售。

李君为此给大家算了一笔账，以一只土鸡为例，合作社以保护价 1.5 元 / 枚收购土鸡蛋，一只鸡年产蛋 150 枚左右。一只鸡一年可为养殖户增加 225 元收入，两年后一只老母鸡可卖到 200 元左右。按照一般的老年人在家养殖 10 只鸡、10 只鸭计算，平均每年一户可增收 4000 元左右，作为基本没有劳动能力的老年人来说，这是一笔不小的收入。

秀云土鸡专业合作社正式开始运作之后，他亲自带队，一边建立互联网销售平台，一边到苍溪县城、到成都市区开拓营销渠道和营销市场，实施线上线下多措并举的营销策略。与此同时，他又开始精心构思谋篇，为他下一个大手笔做好充分的准备，举办一场“远山结亲 · 以购代捐”活动。

在苍溪县扶贫办的大力支持下，“远山结亲 · 以购代捐”活动如期在岫云村举行，活动请来了多家企业和无数的爱心人士。活动现场摆放了土鸡蛋、鸭皮蛋、菜籽油等 10 余种农产品。作为这次活动的组织者，在阐述举办这次活动的目的和意义时，李君讲了一个抱着金饭碗讨饭的故事，他说岫云村和许多贫困山村其实都一样，他们有资源，有自己的特色农副产品，但他们却缺少向外沟通的渠道，他们饲养的家禽，种植、采摘的各种山货，都是标准的、一等一的生态绿色食品。所以，此次举办这样的活动，就是希望通过“认亲戚”这种方式，来建立一条渠道，一头连接城市，一头连接乡村，让爱心人士在付出爱心的同时，能够得到及时回报，能够吃出味蕾，吃出健康；也让拥有这些生态绿色食品的乡亲们走上一条致富之路。

李君的讲话热情洋溢，极富感染力。参加活动的爱心企业和爱心人士纷纷采取“一对一”“一对多”等方式结对认亲，当场认购了价值 56 万元的农产品，活动取得了较为理想的效果，也打开了一条独具特色的扶贫新路。

在成功实现了“远山结亲 · 以购代捐”计划的基础上，为了真正打好打响“岫云生态”这个品牌，李君一方面把着力点放在建好“一品一家”这个电商平台，真正实现线上线下多措并举的新经济发展战略；另一方面，又迅速在苍溪县城、成都闹市区推出他的“扶贫餐馆”——“岫云村 · 汤馆”，以及“苍溪县生态农产品线下销售体验中心”。

在这个“岫云村 · 汤馆”，以及“苍溪县生态农产品线下销售体验中心”，所有的食材和农副产品，都来自300公里之外的岫云村；所有的经营管理人员，也都来自岫云村。“岫云生态”品牌真正成为连接城市和山区农村的经济纽带和情感桥梁。

说起现在的岫云村，李君很自豪，全村264户村民当中，存款在20万元以上的至少接近100户，开上小汽车的大约有180户。不仅如此，在“岫云生态”的示范带动之下，周边59个村、2882户小农户也已加入到了岫云村的品牌计划之列。

站在岫云村的高坎放眼望去，绿油油的庄稼、田间散养的鸡鸭和挨家挨户崭新的双层楼房……炊烟袅袅，村民们笑意盈盈。

李君说，他一直相信，奋斗的人生是幸福的人生。

（图片：四川省广元市乡村振兴局提供）

李桂莲

李桂莲，女，汉族，中共党员，1942 年 11 月生，陕西华阴人，大学学历，贵州省农业科学院名誉院长。贵州反季节蔬菜创始人，贵州省农科院研究员。李桂莲是一位淡泊名利、甘于奉献的农业科学家，数十载如一日把初心写在黔中大地上，78 岁高龄仍在为贵州产业扶贫坚守初心使命。她从事农业科研工作 58 载，带领团队创新发展了冬春、夏秋、秋冬、春夏四个错季蔬菜栽培理论和技术体系，累计推广面积 8500 多万亩、总产量突破 2.5 亿吨、总产值高达 6000 多亿元、惠及农户超过 150 万人，为贵州蔬菜产业发展、农民增收、农业增效作出了重大贡献，被老百姓誉为“红水河畔的女财神”“脱贫致富的引路人”。

李桂莲：脱贫致富的引路人

提起贵州省农业科学院名誉院长李桂莲，贵州科技界家喻户晓，广大干部群众都对她充满敬意。她50年如一日战斗在蔬菜科研第一线，从事蔬菜育种栽培技术研究、示范和推广，创立、发展、运用反季节蔬菜栽培理论和技术体系，为贵州农业科学事业的发展、山区人民的脱贫致富贡献青春和才华。群众亲切地称她为“红水河畔的女财神”“脱贫致富的引路人”。

专注事业　硕果累累

“作为一名蔬菜科学工作者，解决贵州蔬菜生产发展滞后，缓解全省蔬菜淡季吃菜难问题，是我坚定不移的努力方向。”李桂莲1964年从原贵州农学院园艺系毕业后分配到贵州省农业科学院工作，一直致力于蔬菜科学研究。

李桂莲从贵州的实际情况出发，按照一条渐进式的贵州反季节蔬菜发展之路，使贵州反季节蔬菜产业从红水河畔起步，向打帮河流域、高海拔地区延伸，不仅在数量上满足了省内及部分省外市场的需求，而且在质量上不断优化，实现了出口创汇。

50年来，李桂莲长期深入贫困落后农村蹲点，先后主持早熟蔬菜、冬果菜、夏秋反季节无公害蔬菜的研究、示范、推广，主持贵州蔬菜产业发展研究及蔬菜良种选育项目攻关，选育出“黔茄”系列、“黔甘”系列、“黔白”系列等蔬菜优良品种12个，获得国家和省科技成果12项，累计辐射推广蔬菜面积1150万亩，产值230亿元。

走村串寨　一心为民

“帮助农民脱贫致富，是我的分内工作。”50年来，李桂莲足迹遍及全省60多个县（市、区），培训了3万多名农业技术人员和科技二传手，培训农民40万余人（次）。无论是给农民现场指导和示范，还是到各地举办蔬菜技术培训班，她都乐此不疲。针对不同地区的群众，制定不同的培训和示范内容，毫无保留地将自己的研究成果传授给群众。

罗甸县是国家级贫困县，也是李桂莲决心重点突破的地区之一。她花了整整5年时间蹲点搞试验、示范、培训、指导，带领群众发展早熟蔬菜。“由于群众对科技知之甚少，所以既要调查各个乡村的自然条件，又要对群众进行说服动员。那段时间经常起早贪黑，有时一天要步行几十里到农户家中、田间地头去讲解。”李桂莲回忆说。由于白天忙于走村串寨，只能晚上查阅整理资料进行系统研究。

就在这几年，罗甸县早熟蔬菜栽培获得成功，新鲜蔬菜源源不断运往贵阳和周边城市。由于李桂莲在农村生活没有规律，常常饱一顿饥一顿，长年累月，患上了胃病和胆囊炎。为了对付病痛，她下乡时随身带着干粮和药品，饿了吃点饼干，病痛难忍时再服上一点药。即便这样，她的脚步也从来没有停下来。

刻苦钻研　精益求精

“搞农业科学研究，必须深入田间地头，以获取第一手的资料。”李桂莲每年都有三分之一的时间在乡村住宿、在田间地头度过。对试验项目、对每一块苗圃，她都像母亲一样小心翼翼地孕育、精心看护。

2001年秋，李桂莲到关岭县农村考察蔬菜示范基地时，不慎扭伤，脚踝骨折，疼痛难忍，大家都劝她回去治疗一下，可她说没关系，贴张膏药后坚持看完蔬菜示范基地。回贵阳后伤未痊愈，她又马不停蹄地前往其他蔬菜基地，导致脚再次扭伤，行走吃力，很长时间没有治愈。

50年来，从她手里出来的每一组数据，都是走破无数双鞋得来的；从她笔下出来的每一篇专著，都是经过多年实践论证的。李桂莲对科学刻苦钻研、精益求精的态度，感染着身边的科学工作者。

淡泊名利　朴实无华

李桂莲虽被誉为“女财神”，但她只为别人带来财富，自己家庭并不宽裕。她全部的心愿就是让贫困山区人民富起来，自己却始终守住清贫，不为名利所动。

20世纪80年代，罗甸县委、县政府奖给她的5000元奖金，她捐给了罗甸县“希望工程”，用以资助少数民族女童上学；安顺地委、行署奖给她的2万元科技贡献奖，她捐给了自己的母校——安顺八小；2009年李桂莲获贵州省最高科技奖奖金50万元，她将40万元作为科研项目经费，剩余10万元捐给了省农科院建立“党员关怀帮扶基金”……50年来，政府发给她的生活补助费和奖金没有留下一分归自己。

“荣誉属于大家，工作就是奖赏。”在全省、全国科技界，李桂莲都是重量级人物，获得国字号、省字号荣誉一大堆。面对众多的光环，她却表现得十分淡然。

如今，李桂莲已年近八旬，但她还继续奔走在遍布全省多个县乡的试验田里，因为她的心中还有一个梦，那就是用贵州蔬菜的“四季高产梦”去圆更多山区群众的“小康梦”。

（图片：贵州日报天眼新闻提供）

余留芬

余留芬，女，汉族，中共党员，1969 年 8 月生，贵州盘州人，大学学历，贵州省盘州市淤泥乡岩博联村党委书记。

20 年来，余留芬以富裕一方百姓为己任，凭着以人民为中心的执着信念、敢于拼搏的闯劲和在外经商的经验，将强党建、打通道、抓实业作为治贫之策，锲而不舍、驰而不息。昔日人均收入不足 800 元、1/3 村民没过温饱线的岩博，而今集体资产 7600 余万元、集体经济积累 610 万元、人均收入 1.86 万元。“带领群众换个活法”“一村富裕不算富，村村富裕才算真的富”“把岩博村建设成为产业强、农民富、农村美的全国百强村”，这是余留芬的心声。

余留芬:“战天斗地”带领村民奔小康

“现在的美丽村庄曾经却是‘穷山恶水’，一锄头挖下去全是石子包，又被弹回来。”回忆起1988年刚嫁到岩博村时的景象，余留芬仍感慨万千。

余留芬留着齐耳短发，嘴角有颗痣，和人说话总是面带微笑。很难想象这样瘦弱的双肩扛起了偏远小山村的脱贫致富梦，在她的带领下，“盘县火腿”“人民小酒”等当地特色产品飘香世界。

岩博村位于中国西南乌蒙山区，30多年前，山高坡陡、土地贫瘠，少数民族占比71%，是典型的少数民族贫困村。当时村里流传着这样一句顺口溜:“家家住的老土房，出门就是猪粪塘，一年种粮半年饱，有女不嫁岩博郎。”

穷则思变。为了改变现状，外地嫁过来的媳妇余留芬开始“创业”。先是走村串户为乡亲们照相，一张照片可以赚五角钱，随后开小餐馆、小卖部。余留芬成了村里少有的“万元户”。

2001年，32岁的余留芬被推选为岩博村党支部书记。“不当就算，当就要当出一个样子来。”余留芬在心里暗下决心:当了支书，就要担起责任，一定要带动当地村民脱贫致富，换一种活法。

“要想富，先修路。”面对全村路不通、水不通、家家户户生活窘迫的现状，余留芬提议在村里修一条“出山公路”，引起一片哗然，在当时温饱都难以解决的情况下，很多村民不相信，“这个女支书能够成功?”

为了打消大家的顾虑，余留芬先垫资四万元买钢钎、大锤、铁铲、水泥、沙子等。白天，余留芬和村民们一起在工地上挖泥巴、搬石块、掌钢钎;晚上，她又挨家挨户去动员。历经三个多月奋战，岩博村修通了一条四公里长的通村公路。

路通了，村里怎么发展? 2002年，村委会几经商议，余留芬通过自己垫资和抵押贷款，赎回了以前村里转卖出去的1480亩林场，并通过间伐木材还清了借款，还获得八万元利润，岩博村赚到了“第一桶金”。

尝到“甜头”的岩博村，在余留芬带领下，先后办起了煤矸石砖厂、休闲农家乐山庄、小锅酒厂、特种养殖场、火腿加工厂，外出务工的村民也纷纷回乡，实现了在家门口就业、创业。

2011 年，余留芬看准了村里传承了 600 多年的传统酿酒工艺，采取“招商引资 + 集体入股 + 村民入股”的方式，引入公司注资重组酒厂。在争取茅台集团的技术指导下，研发推出了“人民小酒”等 10 多个系列产品，并逐渐畅销市场。

一村富裕不算富，村村富裕才算真的富。2015 年，为了带动其他村一起脱贫，岩博村和附近的鱼纳村、苏座村组成联村，实现“抱团发展”。三个村建档立卡贫困户从 2014 年 440 户 1088 人减少到现在的 27 户 62 人，截至 2018 年底，两个村均已实现脱贫。

如今的岩博村，一栋栋白墙灰瓦小别墅干净耀眼，水泥路通到了每家每户门口，很多村民还买了小汽车。村里养殖、酿造、加工等特色产业发展得风生水起，还搞起了乡村旅游。昔日人均纯收入不足 800 元的“穷旮旯”变成了全国闻名的“小康村”。

余留芬先后获得“全国优秀共产党员”“全国三八红旗手标兵”“全国脱贫攻坚奖奋进奖”“贵州省劳动模范”等称号，还是党的十七大、十八大、十九大代表。面对荣誉，余留芬却说：“当时的愿望很简单，既然选择了做村支书，就要担好责任，就是一心想要改变这个村的命运。”

（图片：贵州省盘州市淤泥乡岩博联村党委提供）

郭彩廷

郭彩廷（1972—2019），男，汉族，中共党员，1972年7月生，腾冲市猴桥镇轮马村人，1993年7月参加工作。1993年7月至2008年8月，先后在猴桥民族小学、轮马民族小学、蔡家寨民族小学任教，曾任教导主任、校长等职务。2008年8月至2019年3月，先后在腾冲市猴桥镇安监站、企业办、经济发展办工作。2019年3月至2019年7月，任腾冲市猴桥镇胆扎村党总支部副书记、第一党支部书记。2019年7月11日，47岁的他在下乡扶贫、抢险救灾的路上不幸遇难。

郭彩廷同志牺牲后，他的先进事迹受到全市全省各级各部门的关注，分别被云南省委、保山市委、腾冲市委追授为“优秀共产党员”；同时，云南省总工会授予“云南省五一劳动奖章”，在第五届寻找“最美腾冲人”大型公益活动中被评为“最美扶贫干部”，2021年被党中央、国务院追授为“全国脱贫攻坚先进个人”。

郭彩廷：初心如磐　使命如山

脱贫攻坚的“好战士”

2019 年 3 月，郭彩廷被镇党委派往中缅边境傈僳族聚居区胆扎村，任党总支部副书记、第一党支部书记。

2019 年 7 月 11 日，这一天清晨的短短几个小时内，郭彩廷做出了三个不同寻常的选择。

11 日清晨，大雨倾盆，猴桥镇多个村庄被漫天的洪水包围，通行的路段多处出现塌方、洪流。郭彩廷心忧着 40 公里外居住在危房中的两户傈僳族贫困户，不顾妻子和同事的再三劝阻，义无反顾地驱车前往胆扎。这是他做出的第一个选择。

郭彩廷约同辅警谷立奇各自驾车前往胆扎村，途中路遇塌方，他立即联系挖掘机对道路进行疏通，因为路的那头有他始终牵挂的困难群众。道路抢通后，他继续驱车前行，一心只想着尽快到达傈僳寨子，了解群众的安危。这是他做出的第二个选择。

雨越下越大，路越来越难走。郭彩廷走在前面，突然发现路旁山坡的泥土在滑动。这一瞬间，他从车窗不停地挥手示意谷立奇后退，并大喊：“快退！快退！有泥石流。”在灾难突然降临的瞬间，他毫不犹豫将生的希望留给了年轻的同事，这是他做出的第三个选择，也是他生命中最后一个选择。就在短短两三秒的时间里，郭彩廷却被泥石流连人带车冲了下去。那快速的挥手竟成了永诀！

而就在郭彩廷遇难前十多分钟，他还将一张山体滑坡的险情照片发送到猴桥镇的工作群里，并标注“地点位于苏江 1.5 公里处”，以此提示同事们警觉。时间是上午 9 点 16 分。他在工作群里发的这最后一张图，成了他一生工作的永恒定格。

扶贫路上的“阿依帕”

郭彩廷，傈僳同胞的“阿依帕”(傈僳族语“好大哥、好兄弟”的意思)。

2019 年 7 月 11 日，是郭彩廷入驻胆扎村的第 105 天。这 105 天中，他走遍了全村 735 户农户，组织参加村组脱贫攻坚相关会议 37 次，带领评定了 169 户农村低保户。走访 76 户建档立卡贫困户和 62 户住房短板户的次数，多得连村干部都记不清。

胆扎村蔡国帅户是典型的傈僳族低保户，全家五口人挤在一间低矮的瓦房里，主房因年久失修，柱子已腐烂，厢楼是七年前买来的旧房，一直没有钱装修，已成危房。郭彩廷得知情况后，及时帮助申请了专项资金并联系工匠，对房屋进行加固改造，现已到达了安全稳固、遮风避雨的标准。

傈僳山寨的“搓机帕”

在乡亲们的心里：郭彩廷是“搓机帕”(傈僳族语“好人”的意思)。

2019 年，12 岁的傈僳族建档立卡学生余生强因父亲去世，母亲长年外出，成了“事实孤儿”，在胆扎社区，郭彩廷最先关注到的就是他。郭彩廷经常去看望他，还向镇民政办申请了 1900 元的临时救助，请胆扎完小的蔡文凤老师代管。

针对边境群众法制意识淡薄的问题，他联系了猴桥镇司法所、腾冲出入境边防检查站胆扎分站相关工作人员，开展法制宣讲 13 场次，受益 3000 余人，让胆扎群众进一步强化了遇事找法、依法办事的意识。

郭彩廷辛勤的付出，换来了群众的一致认可，“有事就找郭老师”成了当地人的口头禅。

边疆基层的“哈勒波”

村民们都说，郭老师心里有我们，他是一个地地道道的“哈勒波”(傈僳族语“做事认真，可靠，板扎”的意思)。

郭彩廷总爱揽群众的事，轮马、胆扎距离镇政府较远，群众出行不便都喜欢找他帮忙。郭彩廷总说这是群众对他的信任，只有办好了心里才踏实，他的办公桌抽屉里放满了为群众代办事需用到的土地证、身份证、户口簿等重要证件。将业务材料和印泥盒随时摆放在车上是郭彩廷多年的习惯，在哪里做通群众工作，就在哪里签字按手印，私家车成了他的流动办公室。

“群众利益无小事，只要我们真正尊重群众、关心群众，倾听群众诉求、积极为群众办好事办实事，群众就会积极配合我们的工作。组织信任我，把我派来做群众工作，我就要好好干，哪怕流泪、流汗、流血，也要干好本职工作，因为我是一名共产党员……”郭彩廷同志在工作总结中是这样写的，也是这样做的，更是用生命来践行的。

永不消逝的“尼奴帕”

无论是在儿子、爱人眼里，还是在朋友、同事的心里，郭彩廷始终是活在大家心中的“尼奴帕”（傈僳族语“贴心、知心”的意思）。

郭彩廷家里还有年近九旬的老父亲，常年生病。照顾老人的重任都是爱人李秀明来承担。后来，李秀明患了肾积水，又患上了甲状腺疾病。郭彩廷曾许诺妻子：“再坚持坚持，等我把胆扎的事情处理完，我就陪你去手术。”然而，这个承诺再也不能兑现……

郭彩廷同志是新时代中国共产党员的先进代表，是扎根基层一线党员干部的优秀榜样，是脱贫攻坚工作中涌现出来的先进典型。他用生命诠释了一个共产党员的初心和使命，是“信念坚定、为民服务、勤政务实、敢于担当、清正廉洁”好干部的真实写照。

（图片：腾冲市猴桥镇人民政府提供）

朱有勇

朱有勇，男，汉族，中共党员，1955 年 11 月生，博士研究生，云南省农业大学名誉校长，云南省科学技术协会主席。首次提出利用农业生物多样性来控制病虫害，并开发出一系列相应的新技术，将稻瘟病的发病率平均控制在 5%以下，减少农药施用量 60%以上，亩增产优质稻 42—74 公斤。2015 年，中国工程院开始对边疆少数民族深度贫困区云南省澜沧县定点帮扶，当时即将 60 岁的朱有勇院士自告奋勇，挑起了扶贫的重任，助力当地经济实现跨越式发展。2020 年 11 月，澜沧县退出贫困县，拉祜族、佤族、布朗族实现整族脱贫，真正实现全国“直过民族”区域最大、人口最多县“一步千年”的历史性跨越。2021 年荣获“全国脱贫攻坚先进个人”。

朱有勇：写给大地的绿色论文

有人说，土地孕育了地球上的万物，是人类的衣食之源。朱有勇对土地总是有难以割舍的感情与牵挂。正如他所说："我是农民的儿子，农民需要什么，我就研究什么。"

减农药控病害　遗传多样性研究破解世界难题

追溯世界农业历史，依赖化学农药控制作物病害不足百年。然而在几千年的传统农业生产中，农民靠什么控制病虫害？这是朱有勇的研究生导师段永嘉先生留下的"一道不会回答的考题"。为了解答这道题，朱有勇开始了数十年的科学探索之路。

20 世纪 80 年代，云南很多地方的水稻稻瘟病很严重。一次，正为稻瘟病防控之法苦苦思索的朱有勇出差路过石屏县，路边田野里一个奇异的现象引起了他的注意。他发现，有些稻田出现了稻瘟病，而另一些间栽了高矮不同两种水稻的田里患病现象很轻微。"难道稻瘟病的发病率与水稻间栽有关？"带着疑问，朱有勇展开了近千次的试验研究。

然而，想要走通这条途径需要回答三个问题，一是能否控制病害？二是控制病害机理是什么？三是能否推广应用？

在不断提出问题、解决问题中，攻克病虫害的"细节"慢慢勾勒出来，效果越来越明显。经过 30 多年的研究，朱有勇和他的团队逐渐掌握了作物多样性是如何控制病害的科学原理。

2000 年，朱有勇的研究成果以"水稻遗传多样性控制稻瘟病理论"为题，作为封面文章在《自然》杂志发表。如今，这项成果已大面积推广到滇、黔、川、湘、赣等省份，及老挝、柬埔寨、印度尼西亚等国家。

"天拉长、地拉宽、站好队、换好位。"为了能把这些复杂的机理简单化，让老百姓易懂，朱有勇把作物多样性抗病害的机理，编成了十二字简单的顺口溜。“其实就是改变播种节令，打破传统的农业结构；以前都是散种，现在排好队，科学地排列行距和株距；今年这里种这样，明年就种另外一样，利用植物间的相克相生减少病害，达到优质高产。”朱有勇笑着说。

推广间作套种　促进农业增效农民增收

从引起作物病害发生的寄主品种、病菌和气象因子“三要素”入手，朱有勇摸清了控病的主要机理，并且在几万亩面积的田地也试验成功了。但能否推广到更大面积、更大的范围的田里？为此，他带领团队在传统技术基础上，进行了品种搭配、空间配置和时间优化的技术创新，发明了马铃薯间套玉米、玉米间套辣椒、烟套粮（豆）等一系列作物多样性控制病虫害新技术。

把成果奉献给大地，造福云岭千万农户，是朱有勇的心愿。2009 年，朱有勇将生物多样性控病增产技术推广应用到昭通，为昭通市粮食生产开创了新的时代。“我每次到昭通，都能感受到那里泥土的芳香，物种的呼吸，大地的律动，人民的欢笑。”朱有勇常常对他的团队成员这样说。

“昭通是云南脱贫攻坚的主战场，也是朱有勇作物多样性控病增产新技术示范推广的主战场。”昭通市农业局副局长赵高慧介绍，在昭通推广新技术三年中，朱有勇教授团队近两千人次到昭通市开展生物多样性控病增产技术研究与推广应用工作。

自 2001 年以来，这一被国内外专家鉴定为处于国际同类研究前沿的技术成果，在云南、四川、重庆、贵州、陕西、甘肃等省（市）累计应用面积三亿多亩，降低马铃薯晚疫病、玉米大小斑病、玉米螟、魔芋软腐病等主要病虫害 33.7%至 62.1%，减少农药用量 51.6%，促进粮食增产 270 余亿千克，农民增收 300 余亿元，为全球应用生物多样性促进粮食安全提供了成功范例，并被列为云南省重大技术成果推广应用。

注入科研成果　促农业特色产业高质量发展

在石屏县、建水县 10 万亩冬季马铃薯地里，村民们忙碌着，每一道工序都有条不紊地推进着。

“冬春季节，北京各地餐桌上的洋芋丝，五盘中有四盘是云南产的。”提起冬季马铃薯，朱有勇很自豪。“每年春节过后至5月中旬，国内市场都没有马铃薯鲜薯，云南发展冬季马铃薯可填补市场空白，提高产品效益。”朱有勇说，利用云南“冬无严寒”的特殊气候条件，避开降雨导致的病害多发期，种植冬季马铃薯。从2013年开始，朱有勇带领团队在云南种植冬季马铃薯，并迅速推广了1000多万亩，逐渐发展成为山区农民的一大致富产业。

无独有偶。2019年10月9日，在朱有勇的院士扶贫点，澜沧拉祜族自治县竹塘乡大塘子村举行了林下有机三七竞卖。当天，闻讯赶来的商家现场激烈竞拍，最终以高价拍走刚挖出土的有机鲜三七。

“三七种植有个难题，就是种完一茬后，十几年都不能在这片土地上继续种植三七，农业上称这种现象为‘连作障碍’。”朱有勇说，半个多世纪以来，科学家不停地探索解决“连作障碍”的方法，但收效甚微。他表示，大肥、大水的高产栽培才是导致“连作障碍”的根本原因，因此必须改变生产方式。朱有勇带领团队模仿三七生长最适合的温度、光照条件以及水肥的需求条件，形成了一套克服连作障碍的人工仿生技术，2015年以来已在石林、寻甸、文山、澜沧等地示范应用，较好地解决了中药材种植中“连作障碍”难题。

朱有勇结合云南多样化的气候地理特点，将生物多样性研究成果“注入”特色农业中，一步一个脚印地穿行在田野间，一滴滴汗水撒在农作物上，一份份实惠送到农民手中，朱有勇正用实际行动将一篇篇论文实实在在地写在云岭大地。

“把论文写在大地上，比写在纸上更有价值，看到自己的科技成果漫山遍野开花结果，心里的欣慰，是发表论文无法比的！”朱有勇常说。

（图片：朱有勇本人提供）

张顺东、李国秀夫妇

张顺东，男，汉族，1974 年 6 月生，云南省昆明市东川区乌龙镇坪子村村民。2006 年，张顺东当选坪子村残疾人联络员，为坪子村 106 名残疾人做起了服务工作。通过练习，他已经学会使用手机、微信等，主要负责在残联的信息平台 APP 上传资料、坪子村残疾人信息登记、政策宣传和其他工作。他对村里的残疾人情况非常了解，经常给村里的残疾人送康复用具，村子里有人需要领轮椅，或者做假肢，张顺东都尽其所能地帮忙，给残疾村民脱贫致富共奔小康树立了榜样。李国秀，女，汉族，1969 年生，云南省昆明市东川区乌龙镇坪子村村民。天生没有双臂，但身体的残疾并没有让她变得自卑，反而激发了她异于常人的毅力。

2019 年，张顺东家的总收入达到 22661 元，成功脱贫。张顺东夫妇用勤劳的付出和不屈的意志，靠一只手、两条腿实现脱贫的事迹在当地广为流传，激发着东川干部群众勤劳致富。2020 年张顺东、李国秀荣获“全国脱贫攻坚奖奋进奖”。

张顺东、李国秀夫妇："一只手＋两条腿"拼出幸福生活

2020年10月17日上午，全国脱贫攻坚奖表彰大会暨先进事迹报告会在北京举行。来自昆明市东川区乌龙镇坪子村芭蕉箐小组的村民张顺东、李国秀夫妇荣获全国脱贫攻坚奖奋进奖。

多年来，他们凭借"一只手＋两条腿"相依为命、自强不息，在战贫斗困中奋发、奋斗、奋进，书写"无脚踏出脱贫路，无手撑起半边天"的感人事迹。张顺东、李国秀夫妻俩都是一级残疾。丈夫右手和双脚先后截肢，只剩下一只左手；妻子生下来就没有手，只有一双脚。在常人眼里，他们并不适合组建家庭。"当初，我到她家提亲时，她哥哥不同意，她本人也不同意，怕两个残疾人在一起无法生活。"张顺东说，他并没有放弃，最终以真诚打动了她，组建了这个特殊的家庭。结婚后，他们经历了短暂的甜蜜，但生活中的各种困难相继而来。家里贫穷、住房破旧，感觉"日子过得像爬大山一样难，两人想死的心都曾有过，觉得自己的命实在是太苦了"。

"我是你的手，你是我的脚"

随着两个孩子的出生，一家人生活更是雪上加霜。李国秀常常流着泪说："我这一生最大的亏欠，就是不能给孩子一个拥抱。别人家的孩子都是用双手抱大的，而我家的两个孩子是用双脚抱大的。"儿女是全家人的希望。"决不能把贫困传给下一代，再苦再难也要供孩子读书。"不论阴天还是下雨，常常是别人还没有起床，夫妻俩就上山找猪草，下地种庄稼。"靠养牲口、种庄稼增加收入，是我们靠自己努力能够做到的。"张顺东说，妻子虽然没有双手，但她的脚像手一样灵活、有力，煮饭、喂牲口、针线活等家务，她样样能干；除草、收花生、种红薯等农活，她样样在行。面对困难，张顺东总鼓励妻子说："我是你的手，你是我的脚，没有什么坎过不去。"夫妻俩就这样相互扶持着走过了一个个春夏秋冬。春天，他

在山沟山洼围水，她在稻田里用脚插秧；夏天，他修枝打杈，她在地里除草；秋天，他用一只手掰苞谷，她背着篮子站在地里接着；冬天，他劈柴、生火，她缝补衣服、教孩子读书。

“党的政策好，我们很幸福”

“生得再平凡，也是限量版。”张顺东说，身体残疾并不可怕，可怕的是不能直面生活、改变命运。所以，在自身奋力拼搏苦干的同时，他还担任残疾人联络员，为村里的 87 户 97 名残疾人提供联络服务。他坚信，一根草顶一颗露水珠，只要自立自强、奋发向上，每个人都会像小草一样活下来，残疾人一样能够脱贫奔小康，过上幸福美好的生活。白天忙着栽秧、薅谷子，晚上还要去放田水。张顺东被电击伤的双脚因经常泡在水里而发炎，加上没钱医治，2013 年时右脚溃烂得厉害，晚上洗脚就是一盆红水，不得不截肢。幸运的是，国家给报销了两万多元医药费。手术后，张顺东筹钱买了一辆三轮车作为代步和生产工具。2017 年，政府补助他们家5.1万元盖新房，材料全是他一车一车拉的。工期紧张时，他白天拉、夜晚拉，一天拉 20 多趟，连续拉了一个多月，仅运输一项就为家里节省了一万多元。新房盖好了，他也累垮了，左脚严重发炎，先后做了两次手术。疾病无情人有情。东川区委、区政府确保各项政策逐一落实到位，还安排挂钩联系干部定期走访、帮扶，为他们解决思想上的问题和困惑，帮助他们坚定脱贫奔小康的信心和决心。乌龙镇党委、政府和坪子村党支部及相关帮扶单位，经常帮助他们解决生产生活中的困难。2019 年 6 月，李国秀生病无法劳作时，村里便组织群众帮助他们把五亩红薯秧全部种了下去。如今，在各方的关心帮助下，张顺东成功安上了假肢；女儿顺利大学毕业，成为一名教师；儿子初中毕业后参加技能培训，正在靠勤劳的双手实现务工增收。张顺东还买了一台电脑，积极参加残疾人电商培训，希望把更多特色农产品放到网上去销售，找到一条增收致富的新路子。“党的政策好，我们很幸福。”张顺东说，妻子用双脚一针一针绣出了“感恩党、听党话、跟党走”“忆党史、颂党恩、跟党走”“不忘初心、砥砺前行”“永远跟党走”四幅刺绣，字字句句都是心里话。

（图片：昆明市东川区乌龙镇人民政府，陈飞提供）

云登加措

云登加措，男，藏族，中共党员，1978 年 8 月生。现担任工布江达县朱拉松茸加工农民专业合作社党支部书记、工布江达县朱拉松茸加工农民专业合作社理事长、工布江达县政协委员兼工商联副主席、西藏鼎峰环保产业科技开发有限责任公司董事长、林芝市工商联常委。曾获得“林芝市民族团结进步模范个人”“林芝市优秀农牧民科技特派员”“全国农村青年致富带头人”；2018 年荣获“全国脱贫攻坚奖奋进奖”；2019 年受邀参加中华人民共和国成立 70 周年国庆大阅兵，站在“脱贫攻坚”的彩车上接受全国人民的检阅并获得“中华人民共和国成立 70 周年纪念证书”，获得“全区非公有制经济组织和社会组织优秀共产党员”称号，2021 年获得“全国脱贫攻坚先进个人”等荣誉。

云登加措：为贫困户开辟致富路

每年7月，来自印度洋的暖湿气流滋润了林芝的每个角落，漫长的雨季虽然困扰人们的出行，却也是松茸生机勃发的时节。对于当地百姓而言，7月意味着他们又将上山，整日穿梭于青岗林间，探寻松茸的踪迹。而对于云登加措创办的朱拉松茸加工农民专业合作社而言，7月意味着又到紧张繁忙的季节，也是收获和喜悦的季节。

走出来的创业路

跟所有中国优秀的民营企业家一样，勤劳、质朴、坚韧的云登加措，敢于创新，敢走新路子。“我也没什么资本，年轻的时候就是闯嘛！”云登加措说，“建立松茸专业合作社，还要从2009年发生的一件事说起。”

那一年，已过而立之年的云登加措依然为自己的前途发愁。“那段时间我父母的身体不太好，采松茸的任务就落在了我的身上。”在乡间，采挖松茸是一年的头等大事，什么事都可以草率而过，唯有采挖松茸不可轻率对待，它将决定人们一整年生活用度的多少。“我每天凌晨4点出发，一天下来在山里至少要待11个小时，最多的一次我采了10斤松茸。”虽然采摘量很大，但是收入却没有保障，这让云登加措感到很失望。“有时候还来不及卖出去，松茸就坏在手里了，真心疼！”

采松茸的经历让云登加措思索：“乡亲们都苦于没有稳定的销售渠道，我能不能统一收购、统一销售呢？”

有了想法就要付诸实践。云登加措筹措300万元资金建立朱拉松茸加工农民专业合作社，他说：“我们的松茸在国外很受欢迎，在日本甚至被称为‘神菌’。”物以稀为贵，国际市场对于松茸产品旺盛的需求加快了当地群众脱贫致富的步伐。“由于松茸迄今为止还无法实现人工种植，所以非常珍贵，更加提升了它的价值。”

以前，69 岁的朱拉乡那木勒村村民扎西一直靠养羊为生，他对于大家趋之若鹜的松茸没什么兴趣。“我年轻时也采过松茸，但是很多都没能卖出去，坏在了手里，我也就不想再费那个力气了。”但是，扎西大叔一家的情况随着朱拉松茸加工农民专业合作社的成立而发生了改变。“现在，每年 6 月底，我都会打电话让在外打工的三个儿子回来，帮我采挖松茸。”通过售卖松茸，扎西大叔一家的收入连年翻倍，已经实现稳定脱贫。

如今，云登加措拥有数不清的荣誉称号，这让他既感到了荣耀，又感受到压力。“我会不断提高自身能力与综合素质，以充沛的精力和刻骨钻研的精神来努力工作，与贫困群众共命运，与企业同发展。”云登加措说。

真情回报社会

云登加措虽然通过自身的不懈努力取得了脱贫攻坚的最高荣誉，但还是坚持将扶贫事业和公益事业放在前面，作为一名党员，他深知惠从何来、恩向谁报。他先后为朱拉乡三名因意外火灾导致房屋烧毁的困难群众每户送去了 5000 元的慰问金，救助贫困大学生两名，每年每人解决生活费 4000 元，同时解决了六名高校毕业生的就业问题，提供相适的工作岗位，每人每月平均工资为 5000 元；2015 年，在朱拉乡崩嘎村修建桥梁时捐赠 28 万元；从 2016 年到 2019 年，合作社参与林芝市工商联组织的百企帮百村扶贫捐款活动中合作社兑现了每年捐赠六万元的慰问；2018 年 8 月，为改善朱拉乡崩嘎村农民交通更加便利，合作社再次捐赠 32 万元的修路费；2019 年，为朱拉乡波村换肾病者（拉巴卓玛）捐赠医疗费一万元，同时合作社安排人员陪护去内地治疗；2020 年起为县里 10 名贫困大学生每人资助 5000 元的学费。截至目前，合作社为全县贫困群众送去了各类慰问物资近 390 余万元。

云登加措说：“对于成绩我永不自满，对于困难我永不服输，对于工作我永不放松。我将永远铭记党恩，绝不辜负党的好政策，绝不辜负各级领导的关怀，更不会辜负全体会员对我的信任，我将积极带领乡亲们共同致富，着力打造西藏高原特色优质产品和品牌，将合作社做大做强，为家乡建设作出更大的贡献！”

（图片：云登加措本人提供）

旦增称来

旦增称来，男，藏族，1991 年生，本科学历，西藏江孜县年堆乡尼玛藏式卡垫加工农民专业合作社理事长、西藏江卡尔孜文化发展有限公司董事长。因成功研发了独具特色的“看照片纺藏毯的纸样使用技术”，2017 年，企业创始人旦增称来当选为十一届西藏自治区人大代表，被授予 2020 年“全国脱贫攻坚奖创新奖”、2021 年“全国脱贫攻坚先进个人”，并先后获得了“全国农村创新创业优秀带头人”“全国乡村文化与旅游能人”“2019 年西藏自治区脱贫攻坚创新奖”等奖项，当选为西藏自治区第九届青联委员会常委，江孜县农牧民专业合作社协会副会长，第十届江孜县政协委员。

旦增称来：3D 藏毯织就致富路

藏毯是藏族家庭中不可缺少的生活用品。对于从小听着织机声长大的旦增称来来说，手工藏毯中留存着家园的温暖。受从事藏毯修剪工作的哥哥的影响，他特别喜欢研究藏毯工艺文化。2014 年，旦增称来从西藏大学建筑系设计专业毕业，顺利考上了公务员。在平时的工作中，他发现身边具备修剪、纺织藏毯技艺的人非常多，但大部分依靠在外打工来维持生活，也无法照顾家中的老人孩子，如果把他们组织起来生产藏毯，一定会有发展前景。想到这些，他萌生了返乡创业的念头。怎么才能有效地把这些手艺人组织起来呢？经过多方考察，他决定选择最适合带动贫困群众增收致富的农民合作社方式走上自己的创业之路。

2014 年，旦增称来毅然辞职回到故乡江孜，带领八名群众创办了江孜县年堆乡尼玛藏式卡垫加工农民专业合作社，开始了他的筑梦历程。

从“传统技艺”到“创新技术”

合作社创立初期，主要沿袭“按旧毯打结来纺新毯”的技艺。但随着时间的推移，因产品品种单一，不符合现代人的审美要求，产品出现滞销，大家的信心开始动摇。

文化为经，情感为纬，江孜人的血液中流淌着英雄城永不服输的性格。2016 年初，在旦增称来与传统老艺人才、合作社技术人员的反复研究与摸索、试验的努力下，利用传统“江孜藏毯”本身的纺织特点，再结合他自己的设计专业知识与现代人们的审美要求，合作社成功研发了独具特色的“看照片纺藏毯的纸样使用技术”。运用该技术，每张藏毯先在电脑上设计，然后出图，最后利用设计图和独特的打结以及渐变色处理的方式，将历史、宗教、建筑、绘画、书法等文化元素灵活地结合起来、融为一体，而且产出的藏毯具有3D效果，突破了藏毯产品花色单一的瓶颈，成功实现了“私人订制”。该技术的研发使用，不但继承和发扬了江孜藏毯的传统民族手工艺文化，推动了藏毯编织的转型升级，也有力促进了西藏文化产业的发展。

从“助脱贫”到“帮致富”

扶贫不是喊口号，而是做实事。旦增称来采取了“合作社＋贫困户”模式，带动26名贫困户劳动力“不离乡不离土”就近、就便就业，年人均增收达六万元左右。在春耕、秋收等农忙时节，他又采取“合作社＋贫困户社外＋培训就业”的创新模式：一方面，通过安排从事挂毯装裱、货运等工作，带动贫困群众社外灵活就业；另一方面，经过合作社技术培训合格后，农牧民可在家纺织图案比较简单的藏毯，或从事毛纺、捻线、缠线团等技术含量较低的工作，帮助贫困群众社外“不离家”就业。截至2020年，已有42人通过新模式就业，年人均增收4200元至30000元。每次看到大家领取工资时流下激动的眼泪，旦增称来就暗暗发誓：不管遇到多大的困难，都要在这条帮扶道路上坚定地走下去。

从“授人鱼”到“授人渔”

能力越大，肩负的责任越大。针对无劳力贫困家庭，合作社采取无偿分红的方式，帮助他们实现脱贫增收，2020年，已向358名无劳力贫困群众分红54万元。每逢节日，旦增称来都会向员工发放价值300—1000元的慰问品。

旦增称来深知“授人以鱼，不如授人以渔”。2019年，旦增称来帮助周边比较分散的中小型合作社完善了销售体系，加强了乡村产业人才队伍建设，累计培训各类人才70人次，培训后就业率达100%。

现在，旦增称来又有了新的奋斗目标。他将带领合作社与公司不断提升品牌影响力，进一步延伸产业链条，逐步实现一二三产业融合发展，让江孜藏毯走出英雄古城，畅销全国乃至世界，成为中华民族非物质文化遗产中的代表性品牌。

星星之火，可以燎原。旦增称来坚信，通过藏毯产业的创新发展，将会带动更多群众和大学生返乡就业、创业，在增收致富的路上越走越远，为巩固脱贫攻坚成果、推进乡村振兴作出贡献。

（图片：旦增称来本人提供）

任 帅

任帅，男，汉族，中共党员，1988 年 1 月生，陕西省铜川市耀州区人。2017 年 7 月，毕业于陕西省委党校研究生学院公共管理专业，研究生学历。历任铜川市耀州区扶贫开发局副局长，铜川市耀州区扶贫开发局党组书记、局长，现任铜川市耀州区乡村振兴局党组书记、局长。2020 年荣获“陕西省脱贫攻坚奖创新奖”，2021 年荣获“全国脱贫攻坚先进个人”。

任帅：奔跑在脱贫路上的“拓荒牛”

1500多个日夜，他一心扑在脱贫攻坚工作上，周末和节假日向来与他无缘。长年超负荷的工作，让刚刚三十出头的他身体开始亮起红灯。在脱贫攻坚这场没有硝烟的战场上，他四年如一日，勇当“拓荒牛”，用年轻的肩膀扛起“硬核”担当，同全区干部群众一同走出了一条脱贫新路，助推耀州区历史性地告别了绝对贫困。他就是耀州区乡村振兴局局长任帅。

开拓创新解难题

耀州区脱贫攻坚进入摘帽冲刺的关键阶段，可任帅却从几次工作反馈中发现政策落地效果并不理想。究其原因主要是责任网织得不够密，出现了真空地带，压力常常传导不到。这让他开始重新审视当前的工作推动体系。

在区委、区政府的坚强领导下，在他的谋划建议下，全区上下掀起了一系列改革创新：推行“双11”领导制、推广“总队长”工作制、同步出台《责任捆绑机制》和《问责问效办法》，组建区脱贫攻坚联合督查组，跟踪督导、定期通报、上挂一级问责问效，“一荣俱荣、一损俱损”的行动自觉在全区范围内快速形成。

“反反复复地讲，但部分贫困群众对其享受的扶贫政策就是记不清、说不全。”不少帮扶干部对如何打通政策宣传“最后一公里”的问题很是头疼。

问题是创新的源泉和动力。本着发现问题、解决问题的态度，任帅组织各方力量集思广益、反复研究，探索总结出“261”工作法（为每户贫困户制定政策和获得“2项清单”，对帮扶干部提出6个清楚，推动干群关系达到1个融洽）、问题整改“十看”工作法（看问题排查，看研判分析，看清单制定，看具体表现，看措施制定，看领导责任，看完成时限，看进展成效，看举证资料，看群众知晓）等实用办法，很快成为扶贫干部手中的一把利器。

这一系列行之有效的创新举措，极大地推动了耀州区脱贫攻坚责任、政策、工作“三落实”，为全区一举摘掉穷帽子，所有贫困人口动态清零奠定了坚实基础。

铜川市共有七个深度贫困村，全都在耀州区，产业单一，增收无门，是脱贫路上最难啃的“硬骨头”。

如何破？任帅用双脚寻找答案。地处山区的深度贫困村，户与户之间，往往隔山相望，坡上坡下，路十分难走。“跑得快，一天下来能跑十来户。”任帅感慨道，但要是碰到雨雪天气，上不去，下不来。

“走访中发现，村里的群众一直以来有种养习惯，山里的林草资源也很丰富，有大片的荒山荒坡，而且有劳动能力的群众都希望在家门口就能把钱挣。”任帅说。

从实地调研结束到《实施方案》正式出炉，任帅与“战友们”经常在办公室熬到深夜。一轮一轮改、逐字逐句审，反复研究、多次论证，最终形成了《耀州区深度贫困村脱贫攻坚实施方案》，深度贫困村产业扶贫“五个一工程”也随之落地。

每村一座光伏电站、一个规范化种植示范区、一个规模化养殖场、一个标准化设施蔬菜基地、一个扶贫社区工厂，不仅契合村民的生产习惯，而且实现了群众家门口赚钱的愿望。村集体经济从无到有、从有到强，实现了跨越式发展，仅光伏产业一项年均收入就超过40万元，为乡村振兴打下了坚实基础。

“八星励志”激动力

贫有千种，困有百样。脱贫攻坚战打响以来，针对一部分贫困群众存在“等靠要”心理和脱贫信心不足等问题，要着力激发贫困人口内生动力。

怎么激发？任帅一时有些找不着头绪。直到在关庄镇道东村遇上了省委宣传部派驻在村的工作队长韩亮。

韩亮告诉他，“内生动力可以进行量化”，这让任帅受到启发。“可量化”就意味着“可评比”？再想到以往开展的“十星级文明户”评选，任帅心里豁然开朗。

此后一段时间里，任帅得空就往道东村跑。星目怎么设，怎么评，谁来评，钱从哪里来……任帅和韩亮以及其他同事们一起忙得不亦乐乎，你一句我一句，“八星励志”的星目设置、活动流程、管理办法等一系列标准化制度开始慢慢形成……

在省委宣传部的精心指导下，区委区政府的坚强领导下，任帅的积极参与下，“八星励志”扶贫扶志经验日趋成熟并在全省推广，先后评选出四星以上贫困家庭 4086 户，涌现出了海浪、崔普选、左林斌等 400 余户励志脱贫典型，极大地激发了贫困群众的内生动力。

在脱贫攻坚的艰辛历程中，任帅一路披荆斩棘，奋勇当先，他说：“这些成绩的取得有我的付出，可更多的是全区上下共同奋斗结果，他们才是打赢这场攻坚战的中流砥柱，而我只不过是其中的一颗‘螺丝钉’。”

（图片：铜川市耀州区乡村振兴局，寇飞提供）

袁 博

袁博，男，汉族，中共党员，1987 年 9 月生，陕西潼关人，2009 年 3 月参加工作，现任潼关县扶贫信息监测中心主任。先后拟定了潼关县产业扶贫管理办法、制定了每周重点工作提示机制、创新了贫困户“电子化”档案管理、提出了实行科级干部对 2020 年剩余贫困户“一人一户”包抓工作制度等多项创新工作机制，先后多次被评为先进个人。2021 年 2 月荣获“全国脱贫攻坚先进个人”称号。

袁博：用初心坚守使命担当 用精心确保精准严实

攻坚大厦上的“一块砖”

2016年，将近而立之年的袁博从县畜牧局来到了扶贫办，在脱贫攻坚战打响的关键时刻，他作为一名共产党员自告奋勇、请战而出，被组织抽调至扶贫办（当时叫农办）工作。他清晰记得刚刚上手脱贫攻坚工作的时候，满脑子疑问，心想“精准扶贫”是一项什么样的工作呢，难道是“发救济款、享惠民政策”？

离开专业领域去新的领域、新的环境，他就从最基础的工作做起。为了快速地投入脱贫攻坚工作中，他每天坚持学习、吃透政策，严格做到见文件必学、学习必记、政策必懂，快速把自己从外行变内行。“对象先要精准，才能施策精准，才能脱贫精准。”从那时起，袁博和同事们一起走村入户，摸清底数，核实哪一户没有安全住房、哪一户吃水困难、哪一户用水不方便、哪一户学生就学有困难等致贫原因，及时整理出清晰、准确的扶贫对象数据。当时六七个人经历了100余天，前前后后组织政策宣传、摸底统计、实地走访、逐户核实，可以说是苦不堪言，反复制定下发了20余份档表卡册，反复采集、核实，几乎跑遍了最初识别的所有贫困户，他们一行人被称为“表哥、表姐”，但就是这些“表哥、表姐”通过仔细认真建档造册，为精准扶贫工作开了一个好头。

2017年，进行建档立卡户动态调整工作，公平公正公开地把真困难、真贫困的户筛选出来，袁博不间断到各村(社区）讲解培训，一度“失声”，顺利完成了又一轮的精准动态调整。随着工作程序及“八个一批”政策的逐渐清晰、明朗，脱贫攻坚工作迈向了稳定有序的局面。

甘当扶贫“铺路石”

认真、细心、“斤斤计较”、毫无怨言，这是同事们对袁博工作状态的评价。扶贫数据的准确度事无巨细，一个数字有误，一次时间对不上，甚至一个身份证号码的问题都会导致数据不能正常上传。一次，一个项目表最后金额的小数点后两位对不上，有人说，差这几分几毛钱没啥大问题。但是，袁博却像有强迫症一样把几百项数据重新一一核实核对，最终让所有数据完全一致。

扶贫工作是平凡而艰辛的，不需要豪情壮志的语言。精准扶贫，必须保障信息准确。每天早上不到八点，袁博就打开电脑开始统计，一个一个地录信息，一点一点地核实比对，在工作群中不厌其烦地收集数据、督促进度，有的表格处理有难度，有时真的是趴在电脑上一个一个地数，一遍一遍地反复核查。为了得到更准确的数据，袁博时常从早上一直工作到晚上七八点钟，时间紧、任务重，三餐随便应付。从年初忙到年尾，常常是加班加点，“5+2”“白加黑”都是家常便饭，几乎没有时间照顾妻儿，像亲子活动、家长会等活动，袁博从未参加过。

袁博说，他是农民的儿子，自己的初心就是服务“三农”，投身于脱贫攻坚工作至今，得到了很大锻炼，在同事们的帮助支持下，成长得很快，工作思路和视野有了大的提升。

辛勤付出终得回报

根据自己的工作经验，袁博建议潼关县创建贫困户基础信息电子化台账、“两不愁三保障”存在问题台账、三类人群帮扶监测台账，通过网络技术处理、行业数据与扶贫数据比对和层层审核，有效提升了数据信息质量。在上级指导下，袁博结合平时进村入户掌握的实际情况，建议潼关县拟定产业扶贫管理办法、制定每周重点工作提示机制、创新贫困户“电子化”档案管理、提出实行科级干部对 2020 年剩余贫困户“一人一户”包抓工作制度，有效完善了精准扶贫的机制体系。

在他和同志们的努力下，潼关县防返贫监测预警和动态帮扶等多项创新先后被评为全省建档立卡动态调整工作先进单位、绩效考核工作“优秀”格次、渭南市“三联三包”工作先进县，数据质量名列全省前茅。他本人也荣获“全国脱贫攻坚先进个人”称号。基于政策熟悉、业务精通，协调能力较强，袁博多次代表省市县参与督导、考核、第三方评估等工作，得到了被检市县的一致好评。

袁博说，在今后工作中，会把全国脱贫攻坚先进个人这项殊荣当作一种责任、一种动力，继续一如既往地努力工作，戒骄戒躁，不忘初心，不辱使命，在乡村振兴的道路上，继续发扬伟大的“脱贫攻坚精神”，与全县扶贫干部一起，为巩固拓展脱贫攻坚成果、促进乡村全面振兴作出自己应有的贡献。

（图片：渭南市潼关县乡村振兴局提供）

伍先忠

伍先忠，男，汉族，中共党员，1965 年 10 月生，现任岚皋县蔺河镇蒋家关村党支部书记、村委会主任。2021 年 2 月，伍先忠被中共中央、国务院授予“全国脱贫攻坚先进个人”称号，且连续两年获评岚皋县“优秀党支部书记”。在脱贫攻坚期间，他身患疾病，仍然带领全村乡亲同奔小康，为老百姓的好日子殚精竭虑。2013 年，伍先忠身患食道癌，在术后未等完全康复，就立即投身于村级建设。他充分发挥支部书记“领头雁”作用，组织村民发展魔芋、中药材、黄金茶三大产业，积极完善水、电、路、讯、房等基础设施，推动穷村旧貌换新颜。

伍先忠：做群众的贴心人

1995年，而立之年的共产党员伍先忠担任蒋家关村党支部书记。那时，村子依然贫困。山大沟深之地，即便有时收成不错，富余农产品也运不出去。年轻人一茬茬外出务工，村里一片萧条。上任后的头一件事，伍先忠决定从通电开始，让村里彻底告别煤油灯时代。

“愿意通电的，请举手！”伍先忠的话刚出口，会场就齐刷刷地举起了手。群众有热情，伍先忠就有了干劲。初步匡算，各家需要均摊600元左右的费用。村民们纷纷想办法凑钱。可是近半年时间过去了，仍有好几户没凑够钱。“伍书记，不是我们想拖后腿，是真的想不出办法！”“莫事，我来！”伍先忠组织几名村干部到信用社贷款6000元，先凑齐材料款，开始栽电杆拉线。随后，他又把贷款分次全部转到自己名下，一人扛起了所有的还贷压力。

1997年春节，沉寂了多年的小山村终于通上电。一些老人喜不自胜：“真没想到，老土屋还能挂上电灯泡。”然而，那头，伍先忠家却闹翻了天，直到信用社上门催收贷款，妻子袁永翠才知道伍先忠给家里捅了个大窟窿！袁永翠红着眼睛数落：“背着这么多的债，日子怎么过？”伍先忠一声不吭。“你把娃娃带好，我去挣钱回来还账。”那一年春节没过完，伍先忠就出发去浙江打工。年底，伍先忠用打工挣的钱还了贷款。

10多年后的2011年春天，为了修通一条长3.5公里的产业路，伍先忠再次找到银行贷款。与当年一样，伍先忠先让村干部贷款，交上工程款如期动工后，他又一次把贷款全转到自己名下，一人扛起所有的还贷压力。至今，伍先忠还有15万元银行贷款没还上。妻子责怪他做事冒失，他却满怀信心：“村集体经济发展壮大了，一切都好说。”

2014年初夏，伍先忠病倒了。一检查，早期食道癌，需立马做手术。那时，他的妻子也因病刚做手术不久。村民们得知后纷纷说：“就是花再多的钱，我们也要救伍书记的命！”正在四处筹钱的伍先忠婉拒了这份好意，他只捎给乡亲们一句话："大家安心在家等着，等我回来。"手术前夜，伍先忠怕第二天出现不测，便找来纸和笔写下："这可能是我最后一次向组织汇报思想了……如果我回不来，请找一个作风过硬的同志带着乡亲们继续奔光景……我还有一些贷款，用于修路，请组织相信我，这些年我没有乱花一分钱，没有还上的贷款，我让儿子替我还清……"他又给两个儿子留下话："如果我下不了手术台，要照顾好你们的母亲，这些年，跟着我，她没享到一天福。银行贷款你们一定还上，不要给组织提任何要求，一定不能……"

四个月后，伍先忠和妻子袁永翠刚刚回到家中，乡亲们便接踵而至，全村 500 多户，没有一家落下。

"品行比成绩更重要。"伍先忠这样教导两个儿子。"我爸活在信仰里！"在伍鑫的记忆里，家里是父亲的另一个办公室，村民来办事，他总是不厌其烦。

长期的耳濡目染，在儿子的心中种下正直善良的种子。"长大后，一定要做父亲这样的人。"怀揣着这样朴实的想法，伍鑫光荣地加入了党组织。从那以后，伍鑫感觉和父亲靠得更近了。二儿子伍军也紧跟哥哥的步伐，23 岁那年加入了党组织。

一天，伍先忠给儿子打电话，以"我和你妈想你了"为由，让在西安工作的伍鑫得空回家一趟。回家后吃完饭，伍先忠提议，父子俩一起出门散散步。伍鑫了解父亲，父亲一定是有事情要和自己说。还没等伍鑫张口，伍先忠问儿子："这几年，村子发展得还行吧？"伍鑫接过话："那还用说，和小时候相比，可以说是巨变啊！"伍先忠长叹了一口气："只可惜啊，眼下村里需要有能力、能吃苦的年轻人，好多事情还得再推一把。"伍鑫瞬间反应了过来："爸，你是不是想让我回来？""嗯，有那个想法，所以想征求下你的意见。"伍先忠满脸温和。"爸，我听你的！"让他没想到的是，儿子回答得斩钉截铁。伍鑫明白，父亲想让自己回来，一定有他的道理。

很快，伍鑫出现在村里，出现在伍先忠的身旁。

看到伍鑫放着每月上万收入的工作不干，回家创业，大家先是想不通，后来想通了：这都是为了村上长远发展着想啊！受此触动，一些村民纷纷动员子女回村发展。30 多位年轻人先后从外地回乡创业。在年轻人的推动下，村里的特色产业发展得越来越红火。

术后几年来，伍先忠的身体恢复良好。医生说他创造了奇迹。伍先忠却说："哪来的奇迹哦，我的命是乡亲们拽回来的，和他们在一起，心里踏实，也舒坦，往后再苦再难我都要坚持下去。"

在伍先忠的带领下，蒋家关村大步走在乡村振兴的路上。2021 年"七一"前夕，随着两名预备党员转正，全村的正式党员人数从 30 多年前的 10 多名，发展到整整 100 名。这是又一件让伍先忠倍感欣慰的事。

（图片：安康市岚皋县蔺河镇人民政府，王琼提供）

张雷威

张雷威，男，汉族，中共党员，1955年生，陕西省米脂县人。国家电网陕西榆林供电公司原工会主席，曾担任驻村工作队队长、挂职副县长、第一书记等职。目前受陕西省电力公司邀请，担任乡村振兴顾问，仍然奔波在农村一线，不仅驻村还在指导其他村的乡村振兴工作。荣获“陕西省扶贫先进个人”“优秀第一书记”“三秦楷模”“全国扶贫先进个人”“全国脱贫攻坚奖贡献奖”“全国劳动模范”等称号。

张雷威："点子王"老张的扶贫"真功夫"

乡亲们的自家人

2002年，张雷威第一次到神木县芹菜沟驻村扶贫，最初是早上进村，晚上返城，三天过去，只认得几个村干部。村民的眼神满是不信任。老张决定就把家安在村头废弃的学校。村书记解兰兰、村长解礼兴两位村干部都极力反对。老张心想："我可不能'水上漂'，得沉下去，得扎下根。"他除杂草、刷房子、安玻璃、盘土炕……两天后，炊烟升起。之后，他白天到地头和村民拉家常，晚上把灯开得亮亮的，引来村民谈天说地。一周后，召开村民大会，"咱村"的村容村貌村情，谁家几口人几亩地几头牲口，谁家娃在上学，谁家孩子在哪儿打工，老张说得头头是道。村民刮目相看：这个老张真不简单啊！

老张把村民当成自家人，乡亲们也把老张当自家人。十天后，老张采取了第一个行动，把在外打工的劳动力，也是各家的主心骨叫回来栽树。可当200棵枣树苗从外地拉回之时，遮天蔽日的沙尘暴来了。"这还栽不栽呢？"村民们缩在村委会议论纷纷。老张心想："首次行动失信，以后还怎么叫人呢？"他留下一个村民做饭，自己带头扛起一捆树苗走进风沙里。老张还组织村民修整进村道路，联系供电公司党员服务队改造老旧农电线路，培训村民科学饲养技术，引进新品种牛羊，带领村民搞适度养殖。三年后，仅靠适度养殖一项，就实现户均增收15000元。

行家里手真扶贫

行家伸伸手，就知有没有。村民喜欢和懂农经的行家打交道。22年的扶贫，让张雷威这个国家电网的工会干部成了一位懂农经的扶贫专家。玉米秆是养牛的好饲料，但村民的传统做法是将掰完玉米棒子的玉米秆在野外焚烧。为了转变村民的观念，张雷威给大家算了算经济账。把玉米棒子和玉米秆都当饲料卖，一斤两毛钱，一棵就能卖两块多钱，要是一棵结两个棒子，可能一棵玉米就能卖到四五块钱了，还能节省收割玉米棒子的劳动力，总体算下来可比晒干了脱粒卖玉米收入高。村民们一算，还真是这个理。村民们把玉米秆卖给了牛场，增加了收入，也解决了野外焚烧问题。

2014年开始，张雷威走村进户加大调研力度，落实习近平总书记指示。在全面摸底的基础上，将贫困人口按照年龄和劳动能力分类施策，组织适度养殖，实现了年初实施、年底见效、次年脱贫、三年致富。

扶贫扶志靠组织

贫困户自身的脱贫愿望，才是扶贫工作最长久的动力。张雷威对此颇有感触，从扶贫工作一开始就注重扶志。

史家坬村村民冯学胜，48岁，因好吃懒做，不务正业，妻子离开了他；又因交通事故，脚受了伤，生活很艰难。张雷威和工作队驻村以后，鼓励劳动能力强的村民养羊，劳动能力较弱的养牛。精准扶贫工作有效地调动了村民脱贫致富的积极性。年龄还不算大的冯学胜看在眼里，急在心里，也想养牛致富。

张雷威知道后，很认真地想了想，说："学胜啊，你连自己都养不好，你能养好牛？"冯学胜脸一下子就涨红了，说："老张，你不要小看我，我冯学胜这一次一定要喂好牛，在全村人面前争一回气。你信不信？"

张雷威笑着答应了。在以后的持续扶贫中，张雷威还资助他买了柴油三轮车、微耕机、碎草机。冯学胜把他哥外出留下的土地也全都耕种了。对于冯学胜这样大的进步，张雷威不但在大会上表扬，而且逢人就表扬。冯学胜勤劳致富的劲头更足了，他依靠自己双手，重新过上了好日子。

扶贫走出创新路

2015年11月，党中央吹响了打赢脱贫攻坚战的号角，张雷威在扶贫日记中写道："精准扶贫事未竟，脱贫攻坚再上阵。"他的扶贫路也从最开始的"一村一品、一户一策"，适度养殖，发展到产业扶贫，成立合作社，打造富硒生态村。

2017 年，在他的带领下成立了米脂县和富顺养殖合作社，通过采取“贫困户 + 非贫困户 + 村集体经济”入股的方式带动贫困户脱贫。2020 年 4 月，张雷威联系合作社使用拖拉机帮助村民深耕土地。经统计，春耕期间合作社免费为全村 480 亩能机耕的土地进行了深翻土地，解决村民劳动力短缺的问题，大大降低了新冠肺炎疫情对村里春耕的影响。同时利用村民废弃的玉米秸秆互换有机牛粪，廉价向村民提供有机肥料 90 余吨。

2020 年 5 月 26 日，张雷威还参加陕西省电力公司和国网电商公司共同策划的“长安十二食辰”主题扶贫产品直播活动，在临潼兵马俑供电所现场直播带货，通过介绍地方特色以及扶贫小故事，推销米脂小米、粉条和陕南茶叶等农产品。经统计，一周的线上线下销售额达 103 万余元，帮助更多的贫困户扩大了农产品销量。

扶贫 22 年，张雷威就像“老黄牛”一样默默耕耘；扶贫 22 年，这位“老黄牛”还在夕阳红里自奋蹄。奋蹄，只为那些对美好生活抱着无限向往的人们。

（图片：榆林市电视台，郝延烽提供）

任燕顺

任燕顺，男，汉族，中共党员，1964 年 10 月生，甘肃省定西市岷县人。曾任甘肃省扶贫开发办公室（省两西农业建设指挥部）党组副书记、副主任（副指挥），甘肃省庆阳市委副书记，甘肃省扶贫开发办公室党组书记、主任，甘肃省民政厅党组书记、厅长。2005 年参加财政部《财政扶贫资金投向分析》课题，获中国农业科学院颁发的“中国农业科学院科学技术成果一等奖”；2021 年荣获“全国脱贫攻坚先进个人”。

任燕顺：三十多年铸就脱贫梦

任燕顺同志自 1985 年大学毕业一直扎根甘肃扶贫事业，倾心倾情奉献 30 多年，用“一生专心干好一件事”的信念和坚守诠释了对党的扶贫事业的无比忠诚，为苦甲天下的甘肃如期脱贫乃至全国脱贫攻坚事业作出了较为突出的贡献。

甘肃扶贫改革创新的排头兵

脱贫攻坚战打响以来，任燕顺把多年的理性思考和贫困地区实际贯通起来，勇于改革创新，推出了一批在全国立得住、叫得响的创新举措。率先探索建立“互联网 + 精准扶贫”模式。在省政府主要领导的支持下，2015 年建成甘肃精准扶贫大数据管理平台，是全国第一个实现扶贫对象动态管理、脱贫措施实时监测、部门数据实时交流共享的信息化、数字化、系统化管理的省份，成为到户到人检查政策落实情况、考核验收扶贫成效、明察暗访发现问题的有效手段。

围绕做到“六个精准”、实施“五个一批”、解决“四个问题”，他研究提出了一系列作用直接、效应显著的政策举措，形成了一批机制创新成果，走出了一条具有甘肃特色的扶贫开发路子。先后研究制定“12345”精准识别退出程序、建档立卡管理模式、4000 元脱贫收入标准，以及退出验收、考核评估、“一户一策”操作模式、扶贫资金“721”因素分配法、“四个不摘”、防止返贫监测帮扶、村户档案管理等一揽子政策文件，有效发挥了规范和保障作用。近年来，甘肃精准识别和精准退出准确率一直保持高位，财政专项扶贫资金绩效评价六年被国家评为“优秀”等次，在 2018 年、2019 年国家东西部扶贫协作成效评价中连续两年被评定为“好”等次。

统筹统揽脱贫攻坚的“厨师长”

脱贫攻坚是一项系统工程，需要协调各级各部门同心同向同力，“各炒一盘菜、共办一桌席”。

任燕顺主持制定出台脱贫攻坚责任制实施办法，推动建立省级领导联县包乡抓村和挂牌督战机制及组建产业、就业、基础设施、资金保障等12个脱贫攻坚专责工作组，研究制定《责任清单及问责办法》，将重点任务量化为具体指标，每月以柱状图的形式通报工作进展情况，激励先进、鞭策后进。每月谋划承办一次省脱贫攻坚领导小组或专题会议，落实中央要求，引领指导市县及时落实精准方略。他创新推出重大扶贫工程建设和到村到户帮扶措施落实情况专项监督机制，协调民主党派甘肃省委员会、党校、社科机构、省内高校等19个单位，对涉及“两不愁三保障”和“五个一批”工程的14项重点工作开展监督检查，及时向省委省政府报告进展、指出问题、提出建议，推动各项工作落地见效。

他负责制定出台脱贫攻坚考核工作实施办法及年度实施方案，通过交叉考核、第三方评估、资金绩效考核、东西协作成效评价等方式，考准考实责任政策工作“三落实”、识别帮扶退出“三精准”，有效发挥考核“指挥棒”作用。

自身正自身硬的好干部

任燕顺几十年如一日，时时处处以“舍我其谁”的担当奉献和“向我看齐”的高度自觉，干在先、走在前、作表率。

敢于担当，较真碰硬。他主持制定贫困县摘帽退出指导时序和减贫人口滚动计划，在全国率先出台了退出验收办法，将原来的“量化打分制”变成“一票否决制”，做到一户人家脱贫、八个部门盖章认定。他以对贫困群众高度负责的精神，带头为省委省政府把好关，坚决回退“贴着地皮”脱贫的贫困人口，2016年以来共回退15.6万人继续扶持，提请否决达标不过硬的拟摘帽县和约谈单项工作滞后的市县部门负责人，对非贫困县、非贫困村容易被忽视的贫困人口开展“回头看”、实施“回头帮”，确保脱贫质量和成色。

勤奋敬业，作风务实。几十年如一日，他夜以继日、废寝忘食，一心扑在工作上。近年来，他用一半以上的时间下乡调研，跑遍了全省有贫困人口的 84 个县区和多数的贫困村，不打招呼、不听汇报，直奔基层、直插现场，了解群众的“急难愁盼”，听取基层干部的意见建议，掌握扶贫脱贫工作的第一手材料。

严以律己，不徇私情。面对扶贫资金多、项目多，他始终按照党的纪律和各项规定规矩办事，从不给基层打招呼，从不插手扶贫工程项目，从不乱花国家一分钱。他严格执行中央八项规定和省委“双十条”规定精神，带头抓好扶贫领域腐败和作风问题专项治理，营造了扶贫系统风清气正的良好环境。

多年来，他付出了许多常人难以想象的努力，承受了许多常人难以承受的压力、克服了许多常人难以克服的困难，为甘肃的脱贫攻坚事业付出了全部的智慧和心血，彰显了一个党员干部执着前行、永不止步的奋斗精神和担当奉献、造福百姓的初心使命。

（图片：甘肃省乡村振兴局提供）

李 平

李平，男，汉族，中共党员，1970 年 5 月生，甘肃省天水市秦安县人。曾任金川集团股份有限公司社会帮扶办公室主任，临夏州积石山县刘集乡肖家村挂职第一书记，临夏州积石山县麻沟村第一书记、工作队队长，金川公司社会帮扶办公室主任。现任金昌居佳生态农业有限公司副总经理。2018 年荣获临夏州脱贫攻坚优秀工作队队长、“2018 年全省脱贫攻坚奖贡献奖”、甘肃省脱贫攻坚优秀工作队队长；2020 年荣获最美甘肃扶贫人、金川集团公司劳动模范；2021 年荣获全国脱贫攻坚先进个人。

李平：奔跑在田间地头的扶贫“战士”

2013 年，还在矿山工作的李平主动请缨到积石山县脱贫攻坚一线工作，一干就是 6 年。先后担任刘集乡肖家村第一书记，寨子沟乡麻沟村第一书记兼工作队队长。2021 年荣获“全国脱贫攻坚先进个人”称号。

产业帮扶带领群众齐致富

初到积石山县帮扶工作点，没有扶贫工作经验，李平虚心向村民请教，拜访村里的长者、能人，问计于大家，将调研记录整理成册向公司汇报，并组织专人多次实地论证，最终确立了以工业化的理念助推农村快速发展和农民持续增收的帮扶工作方向，探索出符合公司帮扶村实际的“1234 帮扶工作原则”：即一个目标——确保农民群众人均收入持续稳定增长，两条途径——产业培育和农民培训，三新运用——推广运用新品种、新技术、新设施，四化要求——精细化施策、产业化帮扶、市场化发展、职业化培训。

在肖家村，李平与村文书带领部分村民种植冬花，成熟后每亩产湿量 900 斤、干量 400 斤，在药材市场售出后，每亩产值达 15000 元以上。肖家村成立中草药产业合作社，入社农户 100 户，公司一次性注资 10 万元帮助合作社发展，种植中草药 150 亩。

2017 年 8 月，李平任寨子沟乡麻沟村第一书记兼工作队队长。“晴天一身土、雨天一身泥”是他日常工作的真实写照，也曾经是麻沟村村民看了心酸又心疼的“风景”。那时，由于高寒阴湿的自然条件，全村建档立卡贫困户 144 户，贫困面积 70.24%。

李平依据当地实际情况，认真总结经验，探索出一条“五级干部联动 + 群众内生动力激发”的脱贫攻坚新模式；协调帮扶单位金川集团公司筹资 34 万元，动员 52 户贫困户自筹资金 36 万元，引进 52 头基础母牛，发展壮大牛养殖产业；同时在村上由金川集团公司出资 315 万元建立了肉牛养殖合作社，增强了村集体经济发展，建立有效的收益分配方式，使贫困户又多了一条重要的脱贫增收渠道。与陇西县天士力中天药业公司签订购销合同，探索出“村集体 + 合作社 + 农户”的产业发展模式，合作种植中药材 125 亩。

在公司支持和李平及村两委班子、帮扶工作队不懈努力下，在村民积极配合下，肖家村、麻沟村实现脱贫摘帽，贫困户全部脱贫。

扶智扶志点燃生活新希望

扶贫先扶志，扶贫必扶智。要想彻底脱贫，就得从扶志、扶智上下功夫。经过李平和村“两委”班子多次入户做工作，肖家村先后有 70 多名孩子被送往金昌技师学院学习各类技术，并取得技能鉴定证，改变了一个个家庭的命运。他还协调金川集团公司职工培训中心，举办培训班六期，共计培训 1776 人，劳务收入较培训前普遍提高 2500—5000 元 / 月，培训对农民家庭收入增长的贡献率达 35%以上。

2017 年到麻沟村工作后，根据村上未就业的青壮年不在少数的情况，李平联系公司培训中心和县劳务办举办装载机和挖掘机培训。但起初报名参加的没几个人，于是李平多次组织召开村民知情大会，带上村干部到那些有劳动力的家庭进行动员，反复和村民们讲，“掌握机械技术，挣钱的渠道广、挣的钱也多”，同时推荐他们到周边的工地去务工。

许多村民抓住这次技能培训机会，短时间内学习掌握了装挖机操作技术，开始了自己的创业梦想。

情系百姓修路助学暖人心

交通是帮扶村的另一个大问题，雨雪季，娃娃上学难，农产品运输困难，由于交通不便，部分农田出现撂荒现象。

“要想富先修路”这句话没有过时。脱贫路上决不让一个贫困村因交通掉队。在李平的申请下，公司投资上百万元硬化道路，建成通往肖家村十二社和八墩山的两条“致富路”。争取资金 300 万元，为肖家村小学新建教学楼；协调援助单位投资 30 万元，为学校安装远程网络教育系统；看到两个村社吃水难，李平带领村干部到山顶寻找水源，结合当地地貌特征制订引水方案，用双脚丈量大地，反复论证，向公司申请投资12万元，建设了一条集中聚水、分流入户的饮水工程，解决了两个村社吃水难问题。

六年里，总能看见李平拿着笔和本，奔波在田间地头，记录困扰百姓、亟须解决的扶贫难题。他把困难群众当亲人，为贫困户东奔西走，足迹遍布帮扶村的角角落落，困难家庭情况了然于胸，被当地群众亲切地誉为脱贫致富的“带头人”。

至今，李平还惦记着麻沟村的八墩山。调离帮扶一线后他又多次回到积石山县，当看到寨子沟乡麻沟村多年未种的坡地，提出将山上一百多亩地按梯田重新平整，冬天把牛粪埋到土地里，来年种植紫花苜蓿的建议，这一提议得到大家一致认可，现在，这项工作正在有条不紊地进行着。

（图片：甘肃省乡村振兴局提供）

冯小明

冯小明，女，汉族，中共党员，1975 年 2 月生，甘肃省天水市清水县人。曾任清水县土门乡梁山村委会主任、清水县土门镇梁山村党支部书记、清水县土门镇梁山村党支部书记兼村委会主任、清水县土门镇副镇长。2018 年 11 月被甘肃省脱贫攻坚领导小组评为“抓党建促脱贫攻坚致富带头人”；2019 年 2 月被甘肃省委、省政府授予 2018 年度全省脱贫攻坚“奋进奖”荣誉称号；2019 年 3 月被全国妇联授予全国巾帼建功标兵荣誉称号；2019 年被评选为甘肃省“最美扶贫人”；2020 年 3 月荣获甘肃省三八红旗手荣誉称号；2020 年 12 月被评为“甘肃省劳动模范”；2021 年荣获“全国脱贫攻坚先进个人”。

冯小明：带着习近平总书记的关怀和嘱托奋力奔跑

冯小明从2013年至今担任梁山村党支部书记。2018年2月12日，习近平总书记在四川成都召开打好精准脱贫攻坚战座谈会，冯小明作为基层代表，在会上向总书记汇报了村上的脱贫产业培育发展工作。带着总书记的关怀和嘱托，她肩负梁山村的脱贫攻坚重任顽强拼搏，用心用情用力展现了一名村支书的脱贫攻坚时代风采，抒写了一个深度贫困村的美丽蝶变。

以村两委引领办实事

——支部“强”了，全村的干劲大了。群众富不富，关键在支部。清水县是国家六盘山片区扶贫开发重点县。2013年底有建档立卡户213户947人，贫困发生率高达52.88%。担任村支书后，冯小明通过组织外出观摩学习、召开党员问政会、村民代表会和群众大会，始终让村两委班子成员和全体党员的心思和干劲，与村上的精准脱贫和群众的脱贫致富心愿紧紧贴在一起，让全村群众的所思所盼与村两委的顽强拼搏紧紧贴在一起，始终切实发挥了村党支部坚强战斗堡垒作用。在村支书岗位上，她始终把群众的事当成家事来干。面对贫困面大、发展基础弱、增收产业培育难、群众脱贫致富信心不足的现状，面对史无前例的精准扶贫大好机遇，她立志带领全村群众脱贫帽、拔穷根，以咬定青山不放松的决心发展了符合村情实际的富民产业，得到了群众的认可。

从成都回来之后，在总书记的亲切关怀鼓舞下，在县乡两级的高度重视和精心指导下，冯小明带领村两委一班人，按照遍访群众、掌握实情、聚焦重点、先易后难、稳步推进的工作思路，全面“透视”自然条件差、贫困程度深，基础设施薄弱、产业发展不足，生产生活不便、部分群众“等靠要”思想严重等内外根源，集思广益确立了以全力推进致富不忘党恩、富民产业培育、传统文化保护、村容村貌治理、基础设施建设、林业生态建设、精准关爱行动、内生动力激发、农村“三变”改革为主攻方向的“九个精准脱贫专项行动”。在一次次的两委会、党员会和群众会上，她反复讲述着总书记在打好精准脱贫攻坚战座谈会上的谆谆嘱托，反复和大家一起学理论、提认识、算细账、促共识。在建强班子、做实产业、完善设施、改变面貌、扮靓村子、提振精神的坚实足迹中，她和村两委的群众威信高了，群众的脱贫致富干劲大了，梁山村的美丽蝶变有希望了。

以产业带动促脱贫

——产业“实”了，群众的增收稳了。发展产业是脱贫致富的根本之策。针对产业发展缓慢、群众认识不足的问题，她精心确立了“选准一个产业、打造一个龙头、建立一套利益联结机制、扶持一笔资金、培育一套服务体系”的“五个一”产业扶贫模式，咬准林果、畜牧、劳务三大产业不放松，不断拓宽生产经营、入股分红、就业增收三种渠道，实现了产业就业全覆盖，户均增收两条线。在她的示范带动下，村集体建成全县第一个 60 亩无刺大叶梅花椒种植示范基地，全村苹果、花椒、核桃等主导干鲜果产业达到 3356 亩；建成村级果品交易市场，年均交易苹果 10 万公斤以上，解决了 16 名贫困群众就业，人均务工收入达到 5000 元以上。

采取“党支部＋合作社＋贫困户”模式，主导成立“党社联建”农民专业合作社，吸纳合作社社员 224 名；合作社建成 100 头规模养牛场 1 个，养殖能繁母牛 77 头，每年为贫困户和村集体分红 6 万多元，带动 36 户贫困户发展牛羊猪养殖产业，存栏量达到 298 头（只）。始终把劳务作为保收入、保脱贫的关键举措，开展技能培训 122 人次，年均输转劳动力 580 人；面对疫情影响，她逐家逐户上门做工作，让能输转的早输转、能返岗的早返岗，全村输转 602 人，比 2021 年增加 5.2%。建成村级电商服务中心，将手工粉条、五谷杂粮、农家浆水、土蜂蜜等通过网络销售，年均线上交易额达到 60 万元以上。通过建果园、种花椒、搞养殖、抓劳务，全村呈现出“人人有事干、户户有产业”的喜人局面。

村容靓人心暖：脱贫奔小康之路越走越宽

——村容“靓”了，乡亲们的日子越过越红火了。要想富，先修路。在冯小明的努力下，在省市县的大力支持下，梁山村不仅硬化了3条8.5公里通村路，硬化了39条22.4公里村庄巷道，还完成陈窑自然村动力电改造，完成危旧房改造76户，实现了安全饮水、安全住房、道路硬化、宽带网络全覆盖，全面补齐了基础设施短板。村里不仅建成了60平方米的标准化卫生室，还把便民金融中心和“爱心超市”开在了群众的家门口。2018年以来，全村改造厕所230户，实现了卫生厕所全覆盖。与此同时，全面推行环境卫生网格化管理和农村居民生活垃圾“户分类、村回收”机制，实现了村庄卫生保洁常态化。邀请专业人员修缮陈窑自然村古戏楼、建设农耕文化园，让脱贫路上的梁山村有了深刻的人文内涵。梁山村成了县上“十佳美丽乡村”，村民都过上了“行有安全路、住有安全屋、吃有安全水、病有放心药”的好日子。

——人心“暖”了，脱贫奔小康的道路宽了。让党的政策和总书记的殷切关怀深入人心、温暖人心，是冯小明最大的心愿。她不仅带领干部群众深入学习习近平新时代中国特色社会主义思想，深入贯彻习近平总书记关于扶贫工作的重要论述，还把新时代文明实践站建在村里，常态化开展“三提五讲一解决”新时代文明实践政策面对面活动，不断增强群众跟党走的坚定信念。她注重思想脱贫，坚持扶贫同扶智、扶志相结合，采取“输血”与“造血”并举的扶贫模式，通过政策宣传、技能培训、教育引导，鼓励群众到扶贫车间就业等措施，发动贫困群众甩开膀子干起来，靠辛勤劳动改变贫困落后面貌。

梁山村2020年全部贫困人口实现脱贫。如今，支部强、产业实、村容靓、人心暖的梁山村，正以昂扬的姿态向着脱贫奔小康的目标迈进。

（图片：甘肃省乡村振兴局提供）

牛得海

牛得海，男，土族，中共党员，1969年9月生，青海省达日县委书记、青海省果洛藏族自治州委常委、玛沁县委书记。2019年1月，高原最冷的时候，49岁的牛得海临危受命，从海东市来到平均海拔4200米的果洛藏族自治州达日县任县委书记。他克服高原带来的诸多身体不适，把忠诚融进血脉，一心为民、务实清廉，每天工作13个小时以上，两年行程18万公里，在修复政治生态上积极作为，在增进民生福祉上精准用力，在保护生态环境上真抓严管，以担当对照初心、用实干践行使命。2021年荣获“全国脱贫攻坚先进个人”。被当地群众亲切地称为“百姓书记”“卖牛书记”“‘牛得很’书记”等。

牛得海：心系群众福祉　倾力脱贫攻坚

“只要你把心交给群众，群众才会把心交给你”，这是牛得海常挂在嘴边的话。自1991年参加工作到现在，已经有30多个年头了，他的为民初心始终不变，为民情怀始终如一。2019年1月，高原最冷的时候，49岁的牛得海临危受命，从海东市来到平均海拔4200米的果洛藏族自治州达日县任县委书记，面对高寒缺氧、气候恶劣的自然条件，语言不通、生活迥异的生活环境，很多人都发出这样的感叹：他这个年龄能扛得住么？答案出乎所有人的预料。他不但扛下来了，而且创下了多个不可能。

以“为民”立场不懈奋斗

刚一上任，摆在牛得海面前的是决胜全面小康、决战脱贫攻坚的重大政治使命，他便下决心攻下脱贫攻坚这个“堡垒”。那段时间，牛得海利用一切能利用的时间，伏案细学，和同志们探讨研究，深入基层调查研究，赴上级部门请教咨询，向文件学，向政策学，向同志们学，向群众学。正是凭着这股咬定青山不放松的执着，在很短的时间内，他就成了同志们眼中的行家里手和达日县社情民意的“百事通”。

“群众利益无小事，群众的小事是党委、政府的大事”，他是这样说的，也是这样做的。两年的时间里，牛得海扎根达日，真情服务群众，时刻把牧民群众的安危和冷暖挂在心上，竭尽全力解决群众困难，以善作善成的实干精神，认真履行自己的职责，带领群众解决温饱、脱贫致富奔小康，践行了一名共产党员的初心和使命。为避免脱贫攻坚工作走弯路，牛得海仅用三个月便走遍了达日县33个行政村，尤其是13个贫困村，尽管事情多、任务重，他不管工作再忙再累，几乎每天都奔走在脱贫攻坚一线，带领县四大班子及相关部门负责人逐乡逐村进行调研督导，反复深入到贫困程度深、自然条件差、问题多、脱贫任务重的乡镇、村社进行走访调研指导帮助、督促检查、明察暗访脱贫攻坚各项工作落实。

以“无我”精神拼搏奉献

在带领全县牧民群众脱贫致富奔小康的路上，他甘为孺子牛、愿当奉献牛、勇做拓荒牛。面对加快发展、加快脱贫各项繁重工作任务，他又提出“三四五”工作法，要求干部当日工作当日清、当周工作当周清、当月工作当月清；县级干部带头下沉到乡镇、县直机关科级干部主动下沉到支部、统战宗教干部及时下沉到寺院、乡镇干部持续下沉到村社。牛得海以身作则、率先垂范，经常是白天深入乡村、贫困户家中调研督导脱贫攻坚，深入项目工地现场办公，推进项目建设，晚上回办公室召集扶贫等相关部门负责人讨论研究脱贫攻坚中遇到的“硬骨头”，夜以继日奔走在脱贫攻坚第一线。出现身体不舒服时，身边工作人员劝他去医院看看，他的回答总是那句话：“等过几天再说，还有一些工作必须完成”。到任以来，除出差开会外，在达日县他从未休过双休日，也从未在晚上12点前休息过。有的时候都是被同事硬拉着，他才回宿舍。他总说，我们达日的干部，就是要把达日的事情办好，把达日老百姓的事情办好，这是我们作为一名共产党员最基本的担当和责任。在他的带领下，班子的凝聚力更强了，思路更宽了，目标更一致了，各级党员干部的干劲更足了，作风更实了，工作实绩也逐步提升了。随之而来的，群众的满意度更高了，干群关系更紧密了。

以“实干”姿态笃定前行

实干就是能力，落实就是水平。“再好的政策，落实不到位，就是一句空话，群众也不会满意。”这是他经常对干部们说的一句话。面对达日县贫困面广、贫困程度深、脱贫难度大的实际，他始终亲力亲为、苦干实干，把脱贫攻坚作为全县最大政治任务和头号民生工程。在经过充分调研后，他发现达日县脱贫攻坚工作中最大的短板就是部门间协调配合机制不健全，工作中单打独斗的多，协同作战的少，结合实际牵头制定了《脱贫攻坚决战决胜方案》《达日县2019年7个预脱贫退出村实施“领导出征蹲点、干部承包推进”制工作方案》《达日县创新“1376”脱贫攻坚新模式》，牛得海当起了“施工队长”，形成了15个工作小组共同作战的扶贫体系。他始终坚持严字当头、真抓实干、精准施策，保障了达日县扶贫工作务实、脱贫过程扎实、脱贫结果真实，全面完成贫困村退出、贫困户脱贫各项指标，全县贫困人口人均可支配收入达到8762元，“两不愁三保障”目标全面实现，区域性整体贫困得到全面解决，达日县脱贫攻坚工作得到了省州的肯定和达日群众的认可。决战决胜脱贫攻坚收官之年，达日县经受住了新冠肺炎疫情考验。

“老百姓是天，老百姓是地，让老百姓幸福是党永恒的事业。”牛得海深爱着达日人民、深爱着达日草原，虽然作为国家级深度贫困县的达日如期脱贫，但后续发展任重道远，他坚信只要初心不改、使命不怠、目标不移、责任不松、担当不减、力度不变，就一定能够抓好巩固拓展脱贫攻坚成果和有效衔接乡村振兴各项工作。

（图片：中共达日县委办公室，潘顺慧提供）

李 伟

李伟，男，回族，中共党员，1984年8月生，宁夏彭阳人，2005年7月参加工作，2012年3月加入中国共产党，现任宁夏回族自治区乡村振兴局综合处处长。他是宁夏脱贫攻坚重要政策文件的起草者、审核者，重要报告、汇报和文稿的直接执笔者，重要会议、考核督查、调研督导的组织协调者，是宁夏脱贫攻坚战的亲历者、参与者，好参谋、好战士。2021年荣获“全国脱贫攻坚先进个人”。

李伟：不破“楼兰”终不还

在宁夏回族自治区决战脱贫攻坚主战场，有这样一个人：他对全区9个贫困县、1100个贫困村、80.3万建档立卡贫困人口的情况了如指掌，对产业扶贫、易地搬迁扶贫、教育扶贫、生态扶贫、社会保障兜底扶贫等精准扶贫措施了然于胸，他就是服务协调全区脱贫攻坚战的好参谋、好战士——李伟（时任自治区政府办公厅秘书三处副处长，现任自治区乡村振兴局综合处处长）。他始终坚守自治区脱贫攻坚“中军大营”，谋划扶贫政策措施、督促脱贫工作落实、协调扶贫政务事务、保障脱贫考核检查，这些工作看似平凡，实则不凡。2020年底，宁夏如期打赢脱贫攻坚战，与全国同步全面建成小康社会，这份亮丽的成绩单背后，饱含着他这个“作战参谋”付出的智慧和心血。

执着的“三农”情怀

树高千丈总有根，水流万里总有源。作为农村长大的孩子，他深知人间辛苦是“三农”，对农民特别是城乡贫困群众有着天然的感情。他始终把初心落在行动上、把使命担在肩膀上，用自己的行动践行着共产党员的铮铮誓言。正是他对脱贫攻坚工作的热爱、投入和钻研，2016年11月时任自治区政府分管领导工作分工调整时，点名把他调整到新的处室继续服务脱贫攻坚工作。他始终以更高的标准严格要求自己，用习近平新时代中国特色社会主义思想特别是总书记关于“三农”工作、扶贫工作的重要论述武装头脑、指导实践、推动工作。正是他对脱贫攻坚工作的情况掌握全面、政策把握精准，有时就会显得“不可或缺”。

精准的政策保障

在自治区政府“中枢”工作，政治关、政策关、文字关，关关重要；细心、耐心、责任心，缺一不可。他充分发挥“以文辅政”作用，对全区脱贫攻坚工作推进中的每一个方面、每一个细节、每一项内容，提请党委、政府决策前都反复考量、严格把关，为自治区领导精准高效推进脱贫攻坚工作提供了科学决策参考和有力服务保障。他是自治区党委、政府脱贫攻坚重要政策文件的直接起草者，自治区脱贫攻坚系列配套政策文件的直接审核者。先后重点参与起草制定了自治区党委、政府《关于推进脱贫富民战略的实施意见》《打赢脱贫攻坚战三年行动实施方案》《深度贫困地区脱贫攻坚实施方案》《解决“两不愁三保障”突出问题实施方案》和《宁夏“十三五”脱贫攻坚规划》《宁夏“十三五”易地扶贫搬迁规划》及脱贫攻坚督查巡查、考核评估、脱贫退出、脱贫攻坚责任制等顶层设计文件，审核出台了产业扶贫、就业扶贫、金融扶贫、教育扶贫、健康扶贫、综合保障性扶贫等系列配套政策文件250余份，建立完善了符合宁夏实际的“1+N”脱贫攻坚政策体系，让党中央、国务院脱贫攻坚决策部署在宁夏精准落地。

优质的文稿服务

他不是领导，但要“身在兵位、胸为帅谋”；他不作决策，但要拿出决策的合理建议，将自治区领导推进脱贫攻坚的施政意图、工作思路提炼为明确的要求、务实的举措，传达到基层、落实到基层。他能够适应不同领导的文风，起草的文稿既符合中央要求，又紧贴宁夏区情；无论材料大小，他都认真对待、精心准备，为了让文稿观点精辟、论证精确、文字精练、事例生动、数据真实、举措扎实，有时为了一段文字、一个观点、一个数据甚至一个词绞尽脑汁、反复推敲。文稿质量越来越好，领导肯定越来越多，李伟的头发却越来越稀。五年来，累计起草主席、分管副主席在脱贫攻坚方面的讲话、汇报、发言等文稿260多篇、超过130万字。连续五年执笔起草了自治区党委、政府上报中共中央、国务院的脱贫攻坚工作报告，其中2017年工作报告得到汪洋同志批示肯定。

高效的工作落实

他通过组织会议、安排调研、督查督办等有效形式，协助自治区领导将自治区党委、政府的脱贫攻坚决策部署落实落地落细。五年来，围绕打赢脱贫攻坚战，组织协调服务召开了实施脱贫富民战略推进会、闽宁协作联席会、全区脱贫攻坚工作会等重点会议和政府专题会、推进会、部署会及扶贫开发领导小组会等各类会议 140 多次。对自治区党委、政府作出的决策、部署的工作、定下的事情，他都紧抓快办、事不过夜、盯着落实，从方案制定、动员部署、推进实施，到总结宣传等各环节，做到了零错误、零延误、零失误。连续六年服务保障了国家脱贫攻坚督查、交叉考核、巩固拓展脱贫攻坚成果同乡村振兴有效衔接考核、第三方评估组来宁督查考核评估，宁夏脱贫攻坚成效考核连续五年为较好以上等次，其中 2018 年位列全国第三。

无悔的青春奉献

哪有岁月静好，只是有人负重前行。无论政策谋划、文稿起草、事务协调，还是督办落实，这些工作政治关、政策关、文字关，关关重要，细心、耐心、责任心，缺一不可，很多时候表现为勤勤恳恳、加班加点、熬夜通宵，困了就在折叠床上躺一会儿，有时连续四五天睡办公室成为常态。他始终坚守精神追求，见贤思齐，持续发扬“特别能吃苦”的精神，兢兢业业、全心全意、无怨无悔地做好各项工作。他始终保持饱满的工作热情，任何时候，只要所服务厅局工作遇到的问题，从来都不说不行或不能，而是积极想办法、解难题，得到服务厅局领导和同志的交口称赞。

不破“楼兰”终不还！这是李伟笔记本扉页上的一句话。2022 年是党的二十大召开之年，也是抓巩固促衔接的关键一年，到乡村振兴部门工作的他，将持续做起而行之的行动者，当攻坚克难的奋斗者，涵养久久为功的心态，锤炼实干苦干的硬功，不弃微末、不舍寸功，持续为宁夏巩固脱贫攻坚成果，接续推进乡村全面振兴贡献自己的智慧和力量。

（图片：李伟本人提供）

李 鹏

李鹏，男，汉族，中共党员，1951 年生，新疆沙漠枣业有限公司董事长、新疆维吾尔自治区和田地区策勒县智慧果业农民专业合作社理事长。曾任新疆阿克苏地区行署副专员、塔城地区行署副专员。2009 年退休后，他来到新疆策勒县践行自己对脱贫攻坚事业的责任和担当。不占农民土地，向沙漠要效益，经过多年的努力，开发沙漠 2300 余亩，其中建设防风固沙林 100 亩，栽植杨树 5 万株，定植红枣 70 万株，使万古荒漠变成绿洲。

李鹏：扎根沙漠做产业　扶贫济困献真情

他是脱贫攻坚路上一名浴血奋战的斗士，他是2019年“全国脱贫攻坚奖奉献奖”获得者，他就是李鹏。李鹏用一腔热情和坚韧不拔的毅力，一边防风治沙、改善环境，一边种植红枣，带领乡亲脱贫致富，将2000亩黄沙地变成了“绿宝盆”。

2009年，李鹏退休后，本该颐养天年的他却做出了一个让所有人意想不到的决定：到最艰苦、最需要改变的地方去，做些力所能及的、自己喜欢的、对社会有意义的事。经过再三考虑，他选择了去我国最大的沙漠——塔克拉玛干沙漠种树。2009年12月，他卖掉在乌鲁木齐的房产，拿着全部积蓄，只身来到受风沙侵蚀严重的新疆和田地区策勒县策勒乡阿日希村。

因地制宜发展产业

新疆沙漠枣业有限公司地处万古荒漠，这里大小沙丘林立，在高低相差二三十米的茫茫沙海中，在沙进人退的大风口上，一无路二无水，连走路都是进一步退半步。公司就是在这样的沙漠环境中开荒种田，目前已建成标准化科学种植示范基地2000亩，主要种植骏枣、七月鲜两个品种。通过疏密改造、品种改良、系统化病虫害防治、现代化植保技术等措施，已达到亩产优质红枣400公斤，真正实现现代化种植示范基地。

在政府的支持下，公司先后建立7500平方米食品级初级加工厂一座（3条自动化清洗、烘干、分级生产线，5条自动化包装生产线，可以加工全县50%的红枣产量），新建保鲜库19座、暂存红枣场地2万平方米，注册有“沙天红”“阿日希”“库尔班大叔”“沙漠种枣人”四个品牌，有礼盒、袋装、瓶装等多种包装形式，建立企业网站，手机App，对接内地网络销售平台。2000亩地监控全覆盖，通过中国质量万里行平台可溯源。

公司坚持“种好枣、创品牌、多产品、促营销、增效益、共同富”的理念，计划再建精深加工厂一座，根据公司现有条件，计划逐步推出初加工高品质原枣、鲜枣、熏枣、烘干枣片系列产品，以及枣泥、枣浆、枣酱、冻干枣片、高品质枣粉、早餐营养粉、枣饮料、红枣姜茶、枣酒、膳食制品、全营养素食等精深加工产品，促进林果业产业化、多元化发展。

以公司带动当地脱贫致富

依照“公司＋合作社＋基地＋贫困户”模式，公司积极吸纳周边的贫困户发起成立了策勒县智慧果业农民专业合作社，目前社员达到80人，其中建档立卡贫困户63户、一般户5户、林果大户12人。其中63个贫困户社员零出资入社，优先在公司就业，免费享受销售平台、技术培训、优惠价加工、包装、冷藏保鲜等红枣产品升级服务。公司签约使用当地长期务工人员有119人，员工月收入1800元至5000元；同时还能季节性增加用工量，每人每天收入可达100元。十年来，公司累计用农工130000人次、发放人工工资总额1400余万元。

公司已建设成为集科研、培训、推广为一体的红枣标准化示范基地，累计培训红枣栽培技术人数6000人次以上，前后培训林果种植技术骨干100余人。为达到扶贫先扶智，稳定脱贫，不返贫的目的，使附近农民尤其在公司就业的贫困户都能初步掌握红枣栽培、灌溉、施肥、修剪、坐果、病虫害防治、全方位精细化管理的红枣管理技术，公司为其提供免费培训，同时做到通过给予劳动报酬的形式鼓励农户在示范基地内边学边干边挣钱，农户自家种植的红枣亩产也能达到200公斤以上，做到了帮带贫困户转变观念、厘清思路、学习技术，促进群众致富增收，为策勒县红枣产业的发展和努力解决当地农民就业起到了积极的带动作用。

民族团结一家亲

李鹏数十年如一日坚持搞好民族团结，他说：“新疆是我的家，我热爱新疆，热爱少数民族，更热爱少数民族农民。”他深刻认识到，稳定是硬任务，发展是硬道理，民族团结是生命线。他是这样说的也是这样做的，他自行投资修的路、修的渠一直与村民共用，还无偿给大家建了两座小桥。这些年来无偿送给当地村民1500车柴火，10000多车饲草。2018年八月底九月初策勒县连续降雨，洪水很大，已经淹没了村民麦吐送·麦托合提家的房屋和棚圈，李鹏发现后立即开闸引洪到自己的枣地里，老百姓经济没有受到损失，而他却为此损失100多万元。2021年秋天，他得知刚刚大学毕业的牙克普江·艾山得了严重的肾衰竭，治病已经花掉了几十万元，家境十分困难，便主动与他结对认亲，和两位朋友一次资助15万元。

李鹏在阿日希村这块热土上，不仅干好了自己的事，还积极参加村里的各项活动，与少数民族同志相处十分融洽，像亲戚一样。得到大家交口称赞，评价他不仅为人厚道，而且尊重当地的风俗和文化，这些年来他做了很多好事，是一个看得见摸得着的身边的民族团结模范。

他的夙愿是扎根策勒，和当地维吾尔族同胞像石榴籽那样紧紧抱在一起，同呼吸共命运，携手一起走，在实现乡村振兴的交响乐中，演奏新时代的强音！

（图片：李鹏本人提供）

岳　敏

岳敏（1984—2020），男，汉族，中共党员，1984年6月生。生前为新疆生产建设兵团第十四师皮山农场九连党支部书记。2014年4月29日习近平总书记视察新疆时，岳敏作为优秀复退军人代表受到习近平总书记亲切接见。岳敏18岁报名参军，来到新疆，从此他一直扎根边疆、奉献基层，用带领各族群众脱贫致富奔小康的实际行动，践行了一名共产党员的初心和使命；用始终牢记习近平总书记教导、坚守理想信念的一生，诠释了一名兵团战士的忠诚与信仰。2020年7月12日，这位优秀基层扶贫干部36岁最美好的生命，永远定格在了脱贫攻坚的路上。2021年，被追授“全国脱贫攻坚先进个人”荣誉称号。

岳敏：用生命谱写脱贫攻坚壮歌

2020 年 7 月 12 日，新疆生产建设兵团第十四师皮山农场九连党支部书记岳敏驾车和妻子及两名同事前往和田联系办理脱贫攻坚宣传业务。在高速公路上，他们遭遇车祸，岳敏夫妻二人不幸去世。岳敏年仅 36 岁，妻子年仅 32 岁。

岳敏用生命谱写了一曲基层扶贫干部脱贫攻坚壮歌。

在祖国南疆，有一个美丽的地方——新疆生产建设兵团皮山农场。周恩来总理曾称赞这里的人民是“生龙活虎皮山人”。这里维吾尔族居民占 99%以上，也是兵团四个深度贫困团场之一，是扶贫主战场。

曾经的皮山农场九连，是贫困连队。2014 年，组织派岳敏担任九连党支部书记，去“救火”。

岳敏二话没说，坚决服从组织安排。刚来到九连，呈现在他眼前的是三排破烂不堪的草把子房，墙里面是红柳枝扎的架子，外面糊上一层泥，白天房子里面黑黑的没有光线，晚上能穿过屋顶看到星星……草把子房不但住人，有的群众和牛、羊甚至骆驼混居在一起。

岳敏没有被眼前的状况吓倒。既然来了，加油干就对了！

多年后，九连“访惠聚”工作队队长胡宝华回忆：“岳书记曾对我说，最大的愿望就是把这些草把子房拆掉，让群众都住上宽敞明亮的新房子。”让群众告别这些既不挡风又不遮雨的草把子房，实现党中央提出的全面小康“百年梦想”，岳敏深知，必须建设一个好支部，扛起脱贫攻坚重任，带领群众走上致富路。让贫困群众过上好日子，成为岳敏矢志不渝的追求。

2014 年 4 月 29 日，习近平总书记视察新疆，岳敏作为兵团优秀复退军人代表在五家渠市受到总书记的接见。习近平总书记的关怀和鼓励成为岳敏的动力，更加坚定了他扎根边疆为基层各族群众奉献的信心和决心！

为了打赢这场脱贫攻坚战，岳敏没有周六周日，没事时，他就在连队里转转，看看谁家里有什么难处。

他常说，“我要随时随地和九连的群众在一起。基层群众最朴实、讲真情，只要心里有群众，为群众排忧解难，就能把大家的心拢到一起。”

岳敏的妻子是农场财政局职工，平时工作也很忙，两人照顾不了小孩，就把两个女儿送回甘肃老家让老人帮忙照看。

六年来，通过大力加强基层党组织建设、推动红枣种植提质增效、成立养殖业合作社抱团增收、鼓励就地就业和外出务工、改造提升人居环境、抓好扶志扶智工作等，岳敏带领连队干部群众苦干实干，蹚出一条路来。如今的新九连：家家住上新房子、户户收入有保障、人居环境大变样、脱贫攻坚打胜仗……

岳敏的梦想和心愿实现了，九连从原来的“软弱涣散党支部”变成现在“先进基层党支部”，从原来的“烂摊子”变成了如今公认的“最美连队”。

岳敏出身于甘肃陇西一个贫困家庭，深知百姓生活不易，他时刻把群众的冷暖忧乐放在心上。岳敏工作笔记本的扉页上工工整整写着五句话：“相信职工群众、帮助职工群众、服务职工群众、为了职工群众、幸福职工群众”。他是这样写的，也是这样做的。

贫困职工没工作，他多方联系帮助解决工作；职工务工讨不到工钱，他多次去找包工方、找人社局，直到要到工钱为止；有职工家里漏雨了，他爬上房顶去给老百姓修；职工有小孩生病，他凌晨四点钟开车接送去皮山医院；有一年在养老保险缴费关门的最后期限，有三名职工一时实在拿不出钱，他当天晚上组织连队干部、两委干部先凑钱帮他们交上，自己先出了6000元。他说，不管职工还不还得上，先把这个关过了再说……质朴温暖的话语、大爱无疆的赤子情怀，他用军人般的执着坚毅、勇猛果敢，带领着九连群众克服重重困难，走在脱贫致富的阳光大道上。

几个月过去了，皮山农场九连职工仍不愿相信，他们那个工作起来能拼命、待人谦和热情的党支部书记走了，倒在脱贫攻坚的路上。

维吾尔族大娘布阿西·阿不力孜伤心地说：“我的儿子走了，以后我身边没有亲人了！”布阿西·阿不力孜是留守老人，儿子不在身边，生活无人照顾。岳敏主动与老人结成亲戚，亲切地叫她娘，他的妻子跟着他叫娘。两个孩子叫老人奶奶。

岳敏生前最惦记“娘”一辈子没有离开过和田，曾和她商量好了，下次回甘肃陇西探亲时带上“娘”，一起去见见自己的父母，让老人们见见面。而现在，这成了永远实现不了的愿望。

注视着熟悉的连队党支部门前来来往往的人群，却再也见不到那个熟悉的身影。普罕・喀吾孜大娘止不住眼泪，喃喃说道：“岳书记走了，我就像自己的儿子去世了一样难过。如果世界上有什么办法让他复活，我愿意付出一切！”

九连的亲人等不到他了。他的两个女儿再也等不到他了。岳敏的微信名是“明月”，既是名字的谐音，也寄托着他对家人的思念，明月千里寄相思。

（图片：新疆生产建设兵团第十四师皮山农场提供）

崔　波（右一）

崔波，男，汉族，中共党员，1971 年 6 月生，现任西藏军区某处处长。先后被表彰为山东省拥政爱民模范，全国拥政爱民模范，2021 年荣获“全国脱贫攻坚先进个人”，荣立三等功三次。

崔波：最是爱民情难了

2016年，崔波从内地调到西藏。当地平均海拔4000多米，这对当时已经45岁的崔波来说是个考验，崔波不惧艰险，在雪域高原深深扎根，爱军精武、爱岗敬业，牢记人民子弟兵宗旨本色，积极投身脱贫攻坚特殊战场。

惠民：助力拓宽致富路

来到西藏不久，崔波发现，在距离日喀则市600多公里的仲巴县，世代生活于此的都村村民守着丰美的草原，但养殖技术落后，畜牧业发展水平较低，近些年，村民生活虽逐步改善，却常因一场风雪又致贫返贫。

崔波看在眼里，急在心里。他立即协调申请扶贫资金，为村民修建防寒羊圈、成立养殖合作社，还联系专业人员上门传授技术。如今，都村村民终于将草原变成"金饭碗"，加入合作社的村民领取了分红，个个喜笑颜开。

距拉萨市不远的乃琼镇波玛村，新建了集花卉种植、民族手工艺品制作等于一体的文化产业园，园区产品却没有打开销路。崔波凭借在内地开展扶贫工作积累的经验，帮助村民搭上网络快车：对接多家电商平台，拓展网络销售渠道；开办培训班，帮助村民掌握电商营销技巧；紧跟潮流，组织村里青年直播"带货"……

来到西藏的五年间，崔波先后协调部队与130个村寨结成定点帮扶对子，援建汽车修理厂、民族特色藏毯厂、粮油加工厂等特色产业项目70余个，帮助驻地群众拓宽了致富路。

助学：点燃未来新希望

常年穿行高原，崔波发现，一些适龄儿童因贫辍学，早早挑起了家庭重担。

了解到这些情况，崔波的心情再难平静。怎样补齐贫困地区教育短板，不让一个学生因为家庭经济困难而失学，成为他经常思考的问题。

“读书虽然看不到短期的经济效益，但积蓄的是筑梦未来的力量。”在崔波的倡议下，西藏军区“雏鹰育才资助行动”全面启动，青藏、川藏公路沿线的运输部队、兵站成为助学的重要力量。

崔波带着某汽车团官兵，在雅鲁藏布江畔的东雅村办起希望小学，村里的学龄儿童陆续走进课堂。他还发动官兵与贫困学生结成助学对子，选派高学历官兵担任“校外辅导员”，帮助村里多个孩子圆了大学梦。

支教兴教，反哺地方。崔波欣喜地看到，川藏兵站部巴塘大站与四川省巴塘县团结学校结成助学对子以来，资助的贫困学生毕业后大多重返家乡，成为助推当地经济发展的新生力量。

这些年来，崔波协调组织部队与70多所驻地学校结成助学对子，先后资助1700余名贫困学生完成学业。

上下学途中，学生们看到部队车辆驶过时都会驻足敬礼。每每看到这样的场景，崔波都会露出欣慰的笑容。

固边：共享发展新成果

翻过雪山，抵边调研，崔波深切感受到，“村看村、户看户，群众看党员，党员看支部”。崔波认准这个理，改变贫困村现状，必须把巩固党的基层组织作为重点来帮。

厚厚一摞帮扶方案出炉，以共学党的理论固信仰信念、共建基层组织固一线堡垒、共促民生改善固脱贫成果、共树文明新风固民族团结、共守神圣国土固边境安宁“五共五固”为抓手，探索建立军地临时联合党组织，边防一线连队和抵边行政村村干部互兼编外职务；边境村和边防连共建“一对好支部”；在巡逻、放牧路线上开办“流动党校”“红色夜校”，让戍边兴边同频共振……

隆子县玉麦乡村民扎西罗布在玉麦边防连支委的帮助下开办家庭旅馆，通过连队官兵介绍到山南市接受培训、联系旅游客源，年均增收5万余元。通过军地协同发力，玉麦也从过去的“三人乡”变为如今名副其实的“小康乡”。

一片兵心聚民心。崔波还推动部队组织238个小分队进村入户宣传党的惠民政策，引导边境一线村民家家挂国旗、党员人人戴党徽，动员上千名优秀退役军人主动留在西藏、投身扶贫一线，打造一支不走的绿色扶贫工作队。漫漫边境线上，各族人民群众共享发展成果，内心更加坚定，做好神圣国土的守护者，建设幸福家园。

（图片：中央军委政治工作部提供）

段玉平

段玉平，男，汉族，中共党员，1975 年 8 月生。2016 年 7 月至 2019 年 8 月，作为中组部选派的第八批援藏干部，任西藏阿里地区行署副秘书长，改则县委常委、副县长，中国移动浙江公司党委委员、纪委书记。三年援藏期间，他坚守在平均海拔超过 4700 米的改则县，在高寒、缺氧、缺水、缺电的羌塘高原上，抓民生、兴产业、助教育，助力改则县摆脱贫困。2019 年，荣获“最美支边人物”“中国好人”称号；2019 年，荣获“全国脱贫攻坚奖贡献奖”；2021 年，荣获“全国脱贫攻坚先进个人”“全国优秀共产党员”称号。

段玉平：将扶贫诗篇写在海拔 4700 米

2021 年 2 月 25 日，全国脱贫攻坚总结表彰大会在人民大会堂举行。中国移动江苏公司盐城分公司的段玉平被授予“全国脱贫攻坚先进个人”荣誉称号并作为代表上台领奖。“能有幸亲身参与脱贫攻坚，倍感自豪！我将不忘初心，继续砥砺前行。”接受完表彰后，段玉平说。

“让改则的老百姓吃到新鲜的绿叶蔬菜，生活更有滋有味”

2016 年 7 月，段玉平响应国家号召，主动报名前往西藏阿里地区改则县对口支援。从鱼米之乡到贫瘠高原，三年间，他凭着执着的精神和不懈的努力，让绿色蔬菜摆上百姓餐桌，让更多贫困孩子走进课堂，也为改则县带来了致富的“春风”。

改则县平均海拔 4700 多米，自然环境极其恶劣。

通过走访调研，得知受限于当地自然条件，居民吃的蔬菜都是从 1100 多公里外的拉萨转运而来，因此很多人只能吃土豆、洋葱等根茎类蔬菜，段玉平随即明确了他在改则的第一使命——“让改则的老百姓吃到新鲜的绿叶蔬菜，生活更有滋有味。”

知易行难。“土壤不行，我们项目团队先挖掉 1 米多深的冻土，到 800 多公里外的日喀则运回上千立方的熟土，加上河里的泥沙和当地的羊粪一起填进去，这样就解决了土壤问题。”段玉平说，没有水，就打井抽水；气温低，就盖大棚；棚温不够，就在大棚上加盖棉被……历经失败和考验，2018 年，芹菜、西葫芦、白菜、香菜、菠菜等棚产蔬菜陆续端上了百姓的餐桌。目前，中国移动投资近 3000 万元参与援建的 46 个蔬菜大棚已经全部开始种菜，夏季旺季可供应改则县 30%的蔬菜需求量，不仅新鲜，也让老百姓得到了实惠。

“有机会在祖国最需要共产党员奉献的地方工作，是一种特殊的历练”

到达改则县的当月，段玉平在参观“进藏英雄先遣连”革命遗址时得知：1950 年，由 136 名官兵组成的“进藏先遣连”从新疆出发，翻越昆仑山，将五星红旗插上改则县。由于高原反应和补给中断，先后有 63 名官兵壮烈牺牲。

作为分管旅游的副县长，段玉平想结合这段历史规划红色旅游。由于时隔久远，搜集相关历史资料并非易事。一年多时间里，段玉平奔波数千里，看望健在老战士、寻访知情人、查找相关资料，积极推动建设先遣连革命纪念馆。

这段热血历史，也一直鼓舞着扶贫路上的段玉平。进藏后，段玉平记忆力衰退，视神经衰弱，左心房左心室肥大、三尖瓣血液回流……但他说：“有机会在祖国最需要共产党员奉献的地方工作，是一种特殊的历练。”

段玉平说过的话，都在行动里。组织收购牧民用珍贵草药手工做的藏香，注册商标后销售，打造“麻米藏香”品牌；建设“改则县旅游产品商店”，集中展销羊毛衫、围巾等土特产品，截至 2018 年底，改则旅游产业盈利超 100 万元。

“贫困不仅是缺衣少穿，更可怕的是禁锢了眼界、局限了思维”

来到改则不久，虽不分管教育，但深知教育重要性的段玉平走遍了全县九所中小学校，发现 30%以上中小学生来自贫困家庭，不少贫困生还有退学的念头。“我在农村长大，深知贫困不仅是缺衣少穿，更可怕的是禁锢了眼界、局限了思维。”段玉平决心通过自己的努力，撒下希望的种子。

从 2016 年 9 月在朋友圈发送第一条爱心帮扶的微信开始，段玉平的微信群、朋友圈渐渐成了藏族孩子与内地爱心人士联络的渠道。援藏三年，段玉平组织发动 10 省区 157 名爱心人士、20 多家爱心企业，结对帮扶贫困生 397 人次，助学捐款 145 万多元，帮扶贫困学生 397 人次，捐赠学习物资 97 万多元。

段玉平回到江苏后，江苏移动南京分公司团委、社会爱心人士及企业在他的感召下，继续帮扶当地的贫困儿童，为孩子们添置了电脑、衣服和鞋子，让他们能够接触更多现代化信息，安心学习。

“一个人的价值不是自己得到了多少，而是为社会留下了什么”

2019 年 9 月援藏结束回到江苏后，段玉平始终牢记党员的使命与担当。出任中国移动江苏公司盐城分公司党委书记、总经理后，他以苦想、苦带、苦干的“三苦”精神继续奋斗，坚持深入基层，盐城有多少集团客户、多少社区村庄、多少基站，摸得一清二楚。

在响水县云彩村的农房改造中，段玉平提出将其打造成新型农村社区的构想，以千兆光纤宽带覆盖全村近 800 户居民为基础，构建涵盖人脸 / 车辆识别、人流量分析等技术手段的智慧社区系统，将原来的落后村变成远近皆知的示范村。他还积极推动开展“村企宽带普惠”行动，通过送资金、扶产业、助增收等措施，推进特色产业发展和重点项目建设，将脱贫攻坚工作落到实处。

2020 年初，新冠肺炎疫情暴发，得知建湖、滨海、响水等地的 1400 多名贫困学生和留守儿童疫情期间无法在家上网课，段玉平立即安排，通过免费送宽带、赠送免费流量包等方式，帮助这些孩子停课不停学。

三年援藏，让段玉平觉得有机会在祖国最需要共产党员奉献的地方工作，是一种特殊的待遇和历练。从青藏高原到江苏沿海，段玉平把中国移动关心援助边疆和脱贫攻坚的“力度”，变成民生改善的“温度”，送到成千上万同胞身边。

（图片：段玉平本人提供）

邱 军

邱军（1981—2021），男，汉族，中共党员，1981 年 9 月生。生前是中国化学工程集团有限公司派驻甘肃省华池县的挂职副县长。2018 年底，他主动请缨，踏上了帮助革命老区的“长征路”，为华池县脱贫攻坚作出了重要贡献。他舍身忘我，病倒在工作岗位上，2021 年 1 月 8 日医治无效，把 39 岁年轻的生命永远定格在扶贫路上。邱军多次荣获甘肃省脱贫攻坚帮扶先进个人；2021 年 2 月荣获“全国脱贫攻坚先进个人”，3 月被安徽省追授为五一劳动奖章，6 月被国务院国资委追授为“央企楷模”称号，7 月被追授为“中央企业优秀共产党员”，8 月被中宣部追授为“时代楷模”称号。

邱军：我要珍惜回馈乡亲们的机会

2018 年 12 月，37 岁的邱军，从中国化学工程集团有限公司到甘肃省华池县挂职副县长，2021 年 1 月 8 日因病去世。来到华池后，邱军推广奶牛养殖、沙棘育苗，紧抓技能培训、促进劳务输出……他一步步带领当地人民摆脱贫困，自己的生命却永远定格在脱贫攻坚的征程上。

“我要珍惜回馈乡亲们的机会”

2018 年 12 月，邱军主动请缨，经过集团选拔，来到华池县，挂职副县长。“我要珍惜回馈乡亲们的机会。”邱军在日记中这样写道。

华池是革命老区，20 世纪 30 年代，刘志丹、谢子长、习仲勋等老一辈无产阶级革命家，以华池县南梁为中心，建立了陕甘边革命根据地。这里干旱缺水、资源匮乏，直到 2019 年前还戴着“穷帽子”。“贫穷不该是革命老区的代名词!”邱军曾对同事说。

“邱副县长天麻麻亮出发，夜幕四合才返程。”华池县政府办公室干部魏建飞记得，初来华池，邱军水土不服，嘴唇皲裂、起皮，却工作忙不停。一个多月，邱军走遍了华池县 15 个乡镇、75 个行政村，不仅厘清了思路，还学会了当地方言。

几番走访，数次调研，邱军打算在城壕镇发展奶牛养殖。想法一说出，便引来一片质疑。镇上人这样评说，既没养殖经验，也无启动资金，“不切实际，纯属空想。”邱军不争辩，只是埋头干。他引进养殖企业，对接销售市场，打通上下游。“养殖企业与农户签订保底收购协议，群众没了后顾之忧。”华池县扶贫办干部闫育刚说，当年城壕镇养牛户户均增收 5000 元以上。

2020 年，邱军多方筹措资金，在城壕镇新建了一座肉牛养殖场，引进国内龙头企业托管代养，使农民年底能分红，带动了 6 个村集体增收

15 万元以上。

“黄土高原并不意味着贫穷”

近处是山，远处还是山。一道道黄土梁，看不到树，也没石头，带状的塬，残缺不全。“黄土高原并不意味着贫穷。”望着荒岭上长得欢的沙棘，邱军动了心思。

在邱军积极协调下，中国化学工程集团投入 138 万元产业发展资金，在城壕镇庄科村范台组流转土地 55 亩，新建钢架大棚 62 座，并配有灌溉机井，“邱副县长打算发展沙棘育苗，然后移栽到荒山岭上，让绿水青山变金山银山。”庄科村党支部书记阎鑫说，村里一共育苗 620 万株，贫困户来务工，人均增收 1.5 万余元。

城壕镇余家砭村的燕刚、燕丽兄妹，父亲早逝，母亲瘫痪，兄妹二人守着母亲，靠低保、种地度日。2018 年底，邱军了解情况后，主动联系定点帮扶单位，让千余名像燕刚、燕丽这样的农村贫困青年，有了一技之长。燕刚取得了焊工资格认证，找到了一份月薪数千元的工作。“邱大哥让我家的生活一下亮堂了。”燕丽说。

一人学会技能，全家摆脱贫困。2019 年 8 月，在邱军推动下，华池县 27 名高中生到陕西西安学习交流。邱军还对接中国化学工程集团及所属企业举办就业扶贫专场招聘会，先后有 175 名大学生、23 名贫困农村青年实现稳定就业。

“他的心里全是扶贫和工作”

华池县出产的白瓜子、黄花菜、小杂粮等农产品，口感纯正品质佳，却因山大沟深，交通不畅，大量农产品“养在深山人未识”。

“电商或许大有作为。”2020 年丰收节，邱军亲自直播带货，收获 3700 多单，销售收入突破 20 万元。在邱军带动下，党的十九大代表王雅丽、民间工艺大师赵星萍等纷纷走进直播间，推荐家乡土特产。

“他的心里全是扶贫和工作。”同事这么评价邱军。2020 年 11 月 17 日，正在写总结的邱军，身体突感不适，但他并未在意，喝了水后，继续工作。然而，没多久，不适加剧，疼痛难挨，被送往县医院。经诊断，是主动脉夹层 A 型。后因病情严重，连夜转往西安西京医院。

病情日渐加重，邱军连话都说不出。在重症监护室最后的日子里，他向妻子要来纸和笔，颤抖着写下一段话：

“一是把自评报告交宋部长。”

“二是全年和四季度工作总结，数据完善到 11 月 30 日。”

“三是明年的牛产业要做大，菊花产业要做强，乡上和村上工作要加强……”

写写停停，呼吸沉重，笔端如游丝，一个个字，像是画出来的。邱军缓了缓，鼓劲在纸上写下：“千万不要告诉奶奶。”陪护的家属和同事，早已泣不成声，邱军用最后的力气写道：“好想一家人一起吃顿饭，我去买(菜)，给你们做。”

邱军走了，他的生命永远定格在脱贫攻坚征程上。他为群众幸福倾心付出，为脱贫事业无私奉献，以生命生动诠释了一名共产党人的初心使命。

（图片：华池县融媒体中心提供）

王小权（中）

王小权（1976—2019），男，汉族，中共党员，1976 年 4 月生，湖北汉川人，生前为中央组织部干部三局二处副处长、一级调研员。2019 年 3 月，主动申请参加定点扶贫工作，挂职任贵州省台江县老屯乡党委副书记，2019 年 5 月兼任长滩村党支部第一书记。王小权认真学习贯彻习近平总书记关于脱贫攻坚的重要论述，发挥驻村第一书记作用，带领党员群众筹措资金修建党群“连心桥”、改造饮水和灌溉管网、开展“厕所革命”，推动文旅融合发展，为长滩村脱贫致富贡献全部力量。2019 年 12 月，因公出差途中遭遇交通事故，后经多方救治无效不幸殉职。2021 年 2 月，被追授为“全国脱贫攻坚先进个人”。

王小权：初心，闪耀在脱贫攻坚征程上

践行初心，以无我之境奋勇前行

1996年9月，初入大学的王小权，在军训期间“怀着难以掩饰的兴奋和美好向往”，正式递交了入党申请书。从事组织人事工作17年，不管在哪个岗位，他都勤勉踏实、担当尽责，出色完成组织交给的任务，得到领导和同志们充分肯定，曾荣获中组部机关“青年岗位能手”“讲党性、重品行、作表率”活动先进个人称号。到台江扶贫，是他和家人深思熟虑后的共同选择。他总觉得，“能实实在在地帮到老百姓”，就“很充实、很有成就感”。

脱贫攻坚战役怎么打，乡村振兴之路怎么走？王小权同志一到任，就和当地干部群众一道认真学习习近平总书记关于脱贫攻坚的重要指示批示，深入领会党中央和贵州省委、黔东南州委有关决策部署，踏山涉水，访贫问苦，挨家挨户“取经”，用行动寻找答案。挂职不到一个月，王小权同志就走遍全乡20个村寨，看望慰问200多户贫困户。

初心指引行动，行动践行初心。王小权同志想到就做、说到就干。他充分发挥党员和党组织力量，帮助老屯乡党委优化村党组织设置，在全乡推行“党员积分制”管理，引导党员承诺为民办理十件实事，带领党员签订“百户千人集体脱贫奔小康承诺”。他帮扶指导的皆蒿村，因为党建工作成效显著，村党总支被评为全省“脱贫攻坚先进党组织”。

兼任长滩村党支部第一书记后，了解到村里用水管网老化，漏水现象时有发生，间歇性用水、季节性缺水问题一直困扰全村百姓，王小权同志白天带领村干部一起找水源，晚上挑灯画图、做测算，没日没夜连轴转。看到他“比当地干部还能吃苦”，干部群众也自觉加班加点，最终解决了缺水难题。

为了改善长滩村人居环境、提升旅游接待条件，王小权同志与大家一道抬朽木、搬旧瓦，拆除 8 个废旧厕所，身体力行带头开展了一场“厕所革命”。

为了进一步挖掘长滩村的旅游优势，王小权同志推动建设徒步步道，改善民宿条件，组织开展各类培训，提升农家乐服务水平。在他和大家的共同努力下，长滩村顺利建成 AAA 级旅游景区，被评为“全国第一批重点旅游村寨”。

志比金坚，以不渝之姿助力脱贫

在贫困山村发展文旅融合，光靠自身努力远远不够，还得因势利导、巧借外力。王小权同志千方百计请文化和旅游部的专家为长滩村进行规划设计，争取国家体育总局全国青少年公益示范夏令营项目落地生根，想方设法跑项目、找资金。2019 年 8 月，来自全国的 100 多名中小学生在长滩村开展了民族传统文化体验活动与户外运动，有效提升了长滩村的研学、旅行项目知名度。

王小权同志格外注重引入市场主体参与脱贫攻坚。然而，以一乡之力引入企业投资绝非易事。他在洽谈过程中没少吃闭门羹，但他毫不气馁，一次又一次叩响企业大门，以诚心换同心，终于打动了企业。

湖北当代教育集团（武汉）有限公司董事、总裁李巍回忆，“王小权书记阳光、真诚、实在，所有的精力都在扶贫事业和苗寨发展上。他的投入让我们感动，他的思路让我们钦佩，他的作风让我们振奋，他的精神让我们鼓舞。我们都愿意支持和投入他的事业！”

在王小权同志努力下，到长滩村参加夏令营、研学活动的游客不断增多。2019 年，吸引游客 10 万余人次，全村实现旅游收入 150 余万元，12 户农家乐年收入突破三万元大关，村民人均纯收入比 2018 年增加了 1932 元。

除了文旅融合发展，王小权同志还在农业产业发展、劳动力转移就业上做实功、下苦功。皆蒿村发展了 57 万菌棒的食用菌产业，但苦于市场销路不畅，王小权同志多次到湖南等地对接市场，打通产销渠道。

扎根群众，以忧民之心纾难解困

皆蒿村四组被巴拉河阻隔在村寨一角，每到汛期河水高涨，村民外出只能靠几艘小船渡河，既不方便，更不安全。为了彻底解决村民渡河难的问题，当地政府2017年开始建桥，但由于资金问题，项目断断续续，推进缓慢。王小权同志了解情况后，立即想方设法协调到240多万元资金，将桥修建完工，修通了党和群众间的“连心桥”。

桥建好了，到组里的却还是一条土路。路要不要修？怎么修？钱怎么出？占用老百姓的山林、自留地怎么办？村民意见短时间内难以统一。王小权同志挨家挨户做群众思想工作，从帮扶专项资金里挤出两万元经费，协调有关方面请来挖掘机做好修路前的准备，带领大家把路修到了各家各户的家门口。

通了桥、修了路，皆蒿村还有200多亩耕地，由于沟渠年久失修，难以引水灌溉。王小权同志又从帮扶资金中挤出八万元，为村里建起了全新的灌溉管网系统。如今的皆蒿村，组连着路，路连着桥，桥连着人，水更浇灌着干部群众的心田。

王小权同志扎根基层，清廉自律，真正把自己当成一名普通的基层干部，从不向组织提特殊要求。他生活简朴，一件棉衣穿一个冬天，却多次个人出资购买电视、碗柜等物品慰问困难群众。他全身心投入工作，车祸发生前四分钟还在手机上修改扶贫项目计划，这条未发出的信息成为他最后的留言。

“不忘初心矢志为民浩气长存扶贫路，勇担使命鞠躬尽瘁真情永驻苗岭天。”这副挽联寄托了苗乡百姓对他的无尽哀思，也是王小权同志的真实写照。王小权同志虽然走了，但他没有走远，他勇担使命的赤诚、为民奉献的初心，将永远萦绕在雷公山下、丹江两岸，闪耀在台江人民脱贫致富的康庄大道上。

（图片：邰春提供）

谢留强（中）

谢留强，男，汉族，中共党员，1967 年 3 月生，河南郏县人，曾就职于应急管理部机关服务中心交通处，现任应急管理部大连康复中心主任。2011 年 7 月至 2021 年 7 月，选派到山西大同阳高县挂职开展定点扶贫工作，先后担任阳高县人民政府副县长，县委常委、政府副县长。2014 年荣获“中央国家机关等单位定点扶贫先进个人”；2018 年荣获“大同市脱贫攻坚贡献奖”“中央和国家机关脱贫攻坚优秀个人”；2019 年荣获“2018 年度脱贫攻坚优秀帮扶干部”；2021 年被授予“全国脱贫攻坚先进个人”荣誉称号。

谢留强：矢志扶贫一条路　十年沧桑终不悔

他把个人的成长进步融入到党和人民的事业中去，把精力充沛旺盛的 10 年奉献给党的扶贫事业，奉献给贫困群众，在崎岖的田间地头、泥泞的山间道路中实现人生最大价值。他叫谢留强，是应急管理部一名普通党员干部。2011 年 7 月 15 日，受组织委派，他只身来到山西省阳高县开展对口扶贫工作，从此他像当地的河儿柳一样在黄土地上扎下了根，十年来，他用双脚丈量土地、用真情温暖群众、用才智谋划脱贫，以实际行动助力当地群众摆脱贫困。

摸着石头过河，用心思考，真情实干

阳高县地处丘陵，没有地下资源，没有工业产业，当地大多数农民主要靠种植玉米为生，产业结构单一，农民年人均收入不到 3000 元，仅仅可以维持温饱。“阳高的贫困扶什么、怎么扶？通过什么样的扶贫方式才能让农民真正走出贫困，彻底拔除穷根？”行走在阳高田野坡梁，谢留强一次次地谋划着这里的扶贫之路。

最初的那几年，他用部里的扶贫资金帮助贫困群众解决饮水困难、兴修旅游道路、加固河道堤坝，一件件实事解决了群众的揪心事，乡亲们打心眼里高兴。接下来几年，针对贫困农村医疗卫生条件差，缺医少药的实际情况，他多次主动联系应急总医院及专家教授，长年协助当地卫生部门，深入边远山村，开展义诊活动，累计为 3000 多人提供医疗救助，累计免费发放几十万元的医疗器材、药品、防疫物资等，让困难群众足不远行就可享受优质医疗服务。为了扶“志”又扶“智”，他结合阳高县实际，对困难群体按照年龄、劳动能力、健康状况分类，有针对性地开展救助活动，组织县劳动部门开展职业新技能培训，开展“炕头经济”“村头车间”等灵活就业，扶助有能力的困难家庭就业创业，稳定增收。

因地制宜挖潜，培育增长新动能，让群众持续增收

“扶贫不仅仅是给农民送点粮、拿点钱就能解决的问题，根本的出路是构建扶贫产业，改变农民的生产生活方式，让农民从根子上摆脱贫困、富裕起来。”谢留强深深感到，改变贫困地区的落后面貌关键在发展产业。

鳌石乡是一个传统农业乡，长期以来主种玉米，农民增收无望。为了破解农业发展瓶颈，谢留强找来书籍自学、约专家请教，过不了多久他自己也就成了专家，他沉下身子，走在田间地头，向当地干群宣讲科技富农途径、农业政策、市场方向，帮助老百姓转变种养思路、谋划转型出路，通过几年努力，鳌石乡建起了5000亩林药套种扶贫产业园，为247户560名贫困人口量身定做了中短期脱贫“菜单”。

2016年年关岁末，谢留强冒着严寒再次来到侯官屯村，同干部群众一起谋划脱贫，成立了产业扶贫专业合作社，先后实施两期温室项目建设，日光温室达到30栋，温室矮化樱桃、油桃、葡萄等特优产品成了市场的抢手货，侯官屯人的脱贫路越走越宽畅，贫困户每户每年可获得2000元的分红，并可入社务工增加工资性收入，抱上了持续稳定增收的“金饭碗”。

2016年以来，谢留强先后联系北京新发地、海南佳伟等10多家国内知名农产品营销企业入驻阳高发展高端水果西红柿，不仅引进了新产品，还引进新理念、新模式。到2021年谢留强离任之际，阳高县“阳高红”高端水果西红柿产业规模已达到6000多亩，相继配套建设了冷链、仓储、包装、分拣、物流等产业链条。因糖分高达9—12个百分点，口感独特，且在7—9月份上市，弥补了国内水果西红柿市场空白，备受消费者青睐，产品打入沪浙闽高端市场，带动全县3000多户贫困户脱贫致富。

筑起一道安全风险防范屏障，让老百姓更有安全感

阳高县自然条件差，雨雪、干旱等灾害时有发生，县域经济结构较为单一，企业安全投入不足，加之疫情影响，统筹发展和安全的任务还很艰巨。作为应急管理部干部，做好应急管理、防灾减灾救灾、安全生产工作义不容辞，谢留强把加强乡镇应急管理体系和能力建设，夯实基层安全保障基础作为切入点，主动向上级单位反映县情，每年为阳高争取冬春灾害

救助资金千余万元，有效保障了受灾后老百姓生产生活秩序。他主动与消防救援局、森林消防局对接，共争取2000多万元，在阳高建设了大同地区首座县域一级消防站，集中配置千余件器材装备、被装和消防车；推动县乡两级增招160名专职消防队员，为阳高县提供一支重要的专业应急救援力量，为全县经济社会发展保驾护航。

天道酬勤。十年扶贫之路，谢留强终于盼来了阳高贫困群众整体脱贫的那一天——2020年底，阳高县1.1万名贫困群众摘掉了贫困帽，与全国人民一道奔小康。十年扶贫之路，谢留强得到了组织和群众的广泛好评，并多次获得荣誉。面对诸多荣誉，谢留强说："金杯银杯都不如群众的口碑，群众有了好日子，就是对我最大的褒奖！"

（图片：应急管理部提供）

张　琦

张琦，男，汉族，中共党员，1963年生，著名农村发展及扶贫政策研究专家。现任北京师范大学经济与资源管理研究院党总支书记、二级教授，北京师范大学中国扶贫研究院院长、北京师范大学中国乡村振兴与发展研究中心主任，原国务院扶贫开发领导小组专家咨询委员会委员。张琦从1988年开始长期致力于农业农村和扶贫政策研究，主持国家和省部级扶贫课题100多项，出版专著40余部，发表论文300多篇。多项研究成果获中央领导批示。2020年荣获“全国脱贫攻坚奖创新奖”，2021年荣获“全国脱贫攻坚先进个人”荣誉称号。

张琦：用行动诠释中国共产党人不变的初心

张琦出生于陕西省眉县一个贫困的农村家庭，他深知贫困对于一个家庭来说意味着什么。1986 年，张琦大学毕业后，自愿到西部艰苦地区农业院校——陕西汉中农业干部培训学校工作，之后经过硕士和博士研究生阶段的学习经历，特别是多领域的工作经历和实践积累，造就了张琦更加注重理论联系实际的能力和前瞻性的思维方式。

1988 年，张琦开始致力于农业农村经济与扶贫政策研究，至今 30 余年，一直潜心扶贫理论政策和实践创新的学术深耕工作。以学术服务社会，用创新助力发展。他创立的高端智库“中国扶贫研究院”，直接服务国家脱贫攻坚重大战略决策部署。聚焦精准扶贫，张琦常年深入贫困山区第一线调研，在扶贫脱贫机制的理论与政策、中国绿色减贫理论与实践、中国扶贫经验推广应用和国际交流合作等领域，取得了一系列丰硕成果。

勇担新时代中国知识分子的责任与使命

张琦在习近平新时代中国特色社会主义思想的理论研究和宣传上起到表率作用。以“绿水青山就是金山银山”为遵循，践行习近平生态文明思想和中国特色反贫困理论，倡导“绿色减贫”新理念，2014 年首次构建“中国绿色减贫指数和指标体系”，在绿色减贫理论研究与方法创新上实现新突破。2019 年以来承担和参与中宣部和中农办委托的习近平总书记关于扶贫工作的重要论述、中国特色反贫困理论和伟大脱贫攻坚精神研究，同时多次参与了中央国家机关、地方政府和基层、人民日报、光明日报等媒体脱贫攻坚政策解读宣讲和讲座活动，宣传习近平新时代中国特色社会主义思想，努力成为习近平新时代中国特色社会主义思想尤其是反贫困理论的研究员和宣传员。

他积极参与国际减贫合作与交流，总结中国减贫经验讲好中国故事，为构建一个没有贫困的人类命运共同体贡献中国智慧和中国方案。携手减贫合作，促进共同发展。近年来，在各大减贫国际会议上，时常可以看到张琦的身影。张琦期望通过与他国分享中国扶贫的成功经验与创新做法，为破解国际扶贫难题提供中国智慧和中国方案，让中国的扶贫经验被世界各国广泛借鉴，向世界讲好中国的减贫故事。

投身扶贫一线，为脱贫攻坚重大战略决策建言献策

张琦积极为脱贫攻坚重大战略决策建言献策，在精准扶贫精准脱贫机制、2020 年我国减贫战略研究和 2020 年新冠肺炎疫情防控三大领域取得突出的科研创新成果。其中《2020 年后我国跨越绝对贫困后的多维反贫困新目标、新重点》等成果分别获中央主要领导批示共 6 次。2020 年响应党中央号召，积极主动参与应对疫情阻击战和脱贫攻坚战的政策研究，撰写的《新冠肺炎疫情对我国脱贫影响及政策建议》等 5 项成果被有关部门采纳，1 项成果获中央领导批示。这些研究，也让张琦获得了教育部全国教育科学研究三等奖，第十四届、十五届北京市哲学社会科学优秀成果二等奖。

他积极投身于脱贫攻坚第一线，将论文写在祖国大地上。张琦用十余载时光，足迹遍布全国 28 个省（自治区、直辖市）、300 多个贫困县、2000 多个贫困村。2008 年至 2009 年，张琦不顾个人安危，冒着余震危险，克服对高原气候强烈反应，先后深入到四川、陕西、甘肃和青海玉树等开展防灾减灾与防贫减贫调研；2010 年以来先后到四川、云南、新疆等深度贫困地区和极度贫困乡镇进行调研。从实践中来到实践中去，基于丰富的实地调研，张琦在扶贫理论与实践等领域发表国内外核心期刊已超过 300 篇，研究成果以其调研基础扎实、理论联系实际、建议行之有效而在国内相关领域得到高度认可，对国家和地方发展起到了很好的支撑作用。

三十载，坚守在教师岗位上

张琦作为北京师范大学“最受研究生欢迎的十佳教师”，张琦始终按照“四有好老师”标准要求自己，甘于奉献，默默奋斗在教学和科研一线 30 多年。1986 年大学毕业自愿到秦巴山区陕南从事农业干部培训教学工

作。2011 年，张琦倡导设立了 400 万元的励志成才扶贫基金，专用于资助贫困学子，目前已经资助了 400 余名大学生和研究生完成学业。在张琦培养的学生中，有 10 余人先后担任贫困村（脱贫村）第一书记，贫困县（脱贫县）委副书记、副县长和帮扶工作队成员。张琦本人也因在教学科研方面的重要贡献获得“首都精神文明建设奖”、北京市高校优秀共产党员、北京师范大学“最受研究生欢迎的十佳教师”等荣誉称号。

多年来，张琦深入贫困村调研一直“在路上”，他的学生形容张琦是一有空就带着学生往山里“钻”的教授。正是这种孜孜不倦、学践合一的精神，造就了北京师范大学中国扶贫研究院的人文精神，他们所到之处，遍是动人的激励与温暖的光辉。

张琦长期从事扶贫研究，心怀贫困乡村、情系贫困百姓，以国家重大需求为己任，服务国家重大战略需求，为我国打赢脱贫攻坚战和乡村振兴战略提供了重要的理论支撑、为我国推进高质量发展作出了重要的贡献。

（图片：张琦本人提供）

第四部分

全国脱贫攻坚先进集体

北京首农供应链管理有限公司

北京首农供应链管理有限公司系北京首农食品集团有限公司的全资子公司。公司在做强做优做大自身国际贸易、供应链金融、国内农产品生产加工等经营项目的同时，积极履行社会责任，践行国企担当，承担着北京市消费帮扶的重任，建成北京市消费帮扶双创中心，构建了“1+16+3+N”消费帮扶网络，建立线上线下销售平台，打造了“永不落幕的消费帮扶展销会”，为北京市助力脱贫攻坚取得全面胜利发挥了重要作用。2018 年荣获“全国脱贫攻坚奖组织创新奖”；2019 年荣获“全国消费扶贫典型案例奖”；2021 年荣获“全国脱贫攻坚先进集体”称号。

北京首农供应链管理有限公司：全力推进消费帮扶　持续助力乡村振兴

北京首农供应链管理有限公司在做强做优做大自身国际贸易、供应链金融、国内农产品生产加工等经营项目的同时，承担着北京市消费帮扶的重任，在北京市消费帮扶办、市国资委和首农食品集团的指导和帮助下，为北京市脱贫攻坚取得全面胜利发挥了重要作用，做出了巨大贡献。

聚焦消费帮扶工作重心，打造永不落幕展销平台

北京市消费帮扶双创中心项目（以下简称“双创中心”）作为全国首家消费帮扶工作平台，2018 年初由首农供应链参与筹备。按照“政府搭台、企业唱戏、政策支持、全民参与”的运营模式，双创中心聚焦北京市对口帮扶 7 省 90 个旗县的帮扶产品销售，致力于建立“北京与受援地区产业发展高速公路”。

2019 年 1 月，双创中心正式运营。构建了“1+16+3+N”的联动运营模式、建立线上线下展示展销平台，全面开始帮扶产品渠道销售，打造线上、线下、社会动员“永不落幕的消费帮扶展销会”。一是构建了“销、补、推、搭、带”帮扶机制，即“销”是线上线下结合，打造市区联动展销平台；“补”是补足产业短板，构建受援地区企业的产业链帮扶体系；“推”是加强宣传推介，让购买扶贫产品献爱心的理念深入人心；“搭”是搭建平台机制，动员社会各界参与消费扶贫；“带”是聚焦精准脱贫，完善销售扶贫产品的带贫机制。二是建立了北京消费帮扶双创中心体系（工作体系、企业目录体系、产销服务体系、进京销售标准体系、运营服务体系、社会动员体系、价格及监管体系、宣传推介体系）、“五联动”（线上线下联动、前后方联动、双创联动、市区联动、政企联动）协作模式等，保障消费帮扶工作有序推进。

广动员、办基地，推广消费帮扶事业。创建“党建＋消费帮扶”主题教育基地，进行充分的舆论宣传和社会动员，引导基层党组织发挥战斗堡垒作用，吸引广大基层党组织和广大党员积极参与“党建＋消费帮扶”活动。通过聆听一堂帮扶主题党课，重温一遍入党誓词，购买一份帮扶产品，参加一次党日活动，献上一份首都爱心，使各级党员干部在深受教育的同时，宣传推广了消费帮扶事业。截至目前，共组织“党建＋消费帮扶”活动2000多场，服务10万多名党员，起到了较好的教育宣传效果。

创新帮扶模式。围绕“菜篮子＋消费帮扶”，推进首农集团和物美集团合作，成立“首农物美帮扶超市”，设立247处帮扶专区。创建了“互联网＋消费帮扶”模式，建设直播基地、开设直播专场50多场次，带动帮扶产品销售超过1亿元。推广“工会＋消费帮扶”模式，搭建企事业单位工会、食堂帮扶产品大宗采购渠道，仅2021年就带动帮扶产品渠道销售16.7亿元。推广“政企银＋消费帮扶”模式，与中国建设银行北京分行、北京银行等金融企业合作，发行消费帮扶爱心卡，带动社会各界购买帮扶产品突破100亿元。

强化市场运营。为提升帮扶产品竞争力，首农供应链先后孵化了首食惠帮扶油、兴安盟大米、丹江口鱼块等一批定制化的自有产品，培育消费帮扶拳头产品。打造产品跨界营销，与大型市管国企合作推出“和田玉盲盒”“虎年生肖卡”“和田玫瑰丝巾”等多个帮扶新IP，带动帮扶产品销售近600万元，拓宽帮扶领域，推动帮扶产业多元融合发展。

履责任、勇担当，助力兴仁市薏仁米产业发展。首农供应链积极组织实施贵州省兴仁市薏仁米帮扶项目。截至目前，累计带动政府专项收储贷款6.3亿元，将谷价从1.8元/斤，拉升到3.8元/斤；精准收储，累计带动政府联动收储6万吨左右薏仁黄米，带动户均增收5000元以上，提振兴仁谷农尤其是脱贫人口的市场信心，带动当地近一半的脱贫人口增收致富，实现了带动薏仁米产业保价托市和谷农致富增收的互惠共赢。

探索创新成果丰硕，消费帮扶荣获认可

经过不懈努力，首农供应链培育了10家受援地区头部企业，将500多家帮扶企业、4000多种帮扶产品引入北京市场，引导市民消费累计超100万人次。2021年带动全市消费帮扶销售额突破240亿元直接或间接带

动受援地区近 28 万贫困户增收脱贫。

在全国探索实现了“六个率先”。双创中心开创了全国消费帮扶先河。率先建立了消费帮扶产业链服务体系；率先运营了市级消费帮扶市场化平台；率先形成了消费帮扶市区网络体系；率先建成了消费帮扶电商网络联盟；率先探索了“党建 + 消费帮扶”宣传动员模式；率先会同中国建设银行发行了全国第一张消费帮扶爱心卡。

荣获全国各项表彰。消费帮扶工作取得了丰硕成果，受到了党中央、国务院及相关国家部委的表彰。

消费帮扶只有起点，没有终点。首农供应链将以习近平总书记关于巩固拓展成果和全面推进乡村振兴重要讲话和指示精神为指引，全面落实北京市委市政府、市国资委和市援合办及首农食品集团的消费帮扶战略部署，为全力推进消费帮扶，持续助力乡村振兴贡献新的智慧和更大的力量。

（图片：北京首农供应链管理有限公司提供）

天津市人民政府研究室驻津南区北闸口镇前进村工作组

天津市人民政府研究室是天津市人民政府直属机构，主要职能是组织或参与对改革开放和经济社会发展中的重大问题进行调查研究和决策咨询，提出政策性建议和咨询意见；起草、修改或组织、协同有关方面起草、修改市政府有关重要文稿、市政府领导同志重要讲话稿及重要会议文件；对国内国际经济社会发展形势及有关政策进行分析和研究，收集、分析、整理和报送政治、经济、科技、教育、文化等信息资料等工作。自 2017 年驻村帮扶以来，高度重视结对帮扶困难村工作，充分发挥职能优势，坚决落实帮扶责任，帮助前进村加强村党支部建设，加快发展绿色生态产业，改善村庄人居环境，提升乡风文明水平。2021 年天津市人民政府研究室驻津南区北闸口镇前进村工作组荣获“全国脱贫攻坚先进集体”称号。

天津市人民政府研究室
驻津南区北闸口镇前进村工作组：
扎根基层　立足村情　真帮实扶

2017年8月，按照天津市新一轮结对帮扶困难村统一部署，天津市人民政府研究室派出驻村工作组帮扶津南区北闸口镇前进村。

前进村位于津南区北闸口镇西南方向，全村户籍户数350户895人；全村耕地面积675.97亩、人均0.7亩。前进村是典型的困难村，村小地偏，是北闸口镇最小的村。针对前进村存在的集体经济相对落后、村民收入水平较低、公共基础设施不够完善等薄弱环节，驻村工作组立足村情实际，抓紧脱贫攻坚、绿色生态屏障建设等重要机遇，全面加强村党支部建设，加快发展绿色生态产业，改善村庄人居环境，提升乡风文明水平，精准帮扶困难群体，使曾经的困难村一跃成为绿色发展、高质量发展道路上的“先进”村。

着力加强支部建设　切实打造坚强战斗堡垒

驻村伊始，驻村工作组刘玮、李大为、王鸿雷三位帮扶干部深入每家每户，走遍田间地头，和党员群众聊家常、问期盼，厘清发展思路，形成帮扶工作规划和具体帮扶措施。把加强党建帮扶摆在首位，带领全村党员深入学习贯彻习近平总书记关于精准扶贫和乡村振兴的重要论述，以严肃认真的态度开展“两学一做”“不忘初心、牢记使命”等主题教育，制定前进村“抓党建、促发展”工作方案，整理印刷前进村组织制度汇编，完善组织架构，健全党组织全面领导隶属本村的各类组织和各项工作的组织体系，为党员家庭悬挂标识牌，进一步压实党员责任，激发干事创业、担当作为的工作热情。在津南区委组织部、区农业农村委和北闸口镇党委政府的大力支持下，规划建设了前进村党群服务中心，整体面积1000余平方米，内部设有党员活动室、老年人日间照料中心、农家书屋、文体活动室、益农信息社等，集党员教育、群众活动、旅游接待等多功能于一体，成为党员群众开展活动的重要阵地。

发展绿色生态产业　带动村民就业增收

产业兴、百业兴。驻村工作组把发展壮大村集体经济、增加农民收入作为结对帮扶的重要内容，邀请接待多家单位为前进村发展高效生态农业和乡村旅游出谋划策，向单位申请帮扶资金为村里购置了拖拉机、旋耕机等农机具，支持村里种植小站稻。2018 年，前进村被划入绿色生态屏障一级管控区内，如何抢抓机遇推进绿色转型呢？驻村工作组组织开展“抢抓重大历史发展机遇，走出津南绿色高质量发展之路”大讨论活动，大家统一了思想，前进村要放弃过去传统粗放的发展模式，探索一条生态优先、高质量发展的新路子，真正把绿水青山转变成为金山银山。

思路明确了，接下来就是实干。驻村工作组和村两委班子积极探索“社会资本 + 村合作社 + 农户”的模式，依托田园生态优势，大力发展绿色生态产业。种植高品质水稻 500 亩，其中 150 多亩地实施稻蟹混养，利用 200 亩林地发展林下经济，散养鸡鸭鹅等家禽，在 30 亩地的荷花池里养殖河蟹，在 40 亩地的鱼塘养殖野生鱼，让绿色农产品成为吸引市民前来消费的一大卖点。根据农作物生长不同时节推出稻田插秧、水田捕鱼和等你“稻”来、“蟹蟹”有你等系列农事体验活动，丰富乡村旅游品类，促进了产业发展、村民增收，村民们尝到了绿色转型的甜头。

全力推进村庄建设　提升人居环境质量

打赢脱贫攻坚战，既是政治任务，更是民心工程。驻村工作组把推进人居环境整治作为实施乡村振兴战略的一项重要工作，从改变村庄面貌入手，加大治理力度，建设美丽乡村。与群众一起动手，把过去狭窄、衰败、不起眼的村口打造成宽敞、开阔、富有乡土田园气息的景观。把村民乱堆杂物、乱丢垃圾的荒地整理出来，打造成休闲花园和健身广场，在村口设置特色景观小品，建设荷塘景观长廊和音乐喷泉，用乡村彩绘扮靓村庄。优美的人居环境和绿色生态产业不仅吸引来游客，还吸引了市区文化界人士来村里租下小院旅居兼创业。驻村工作组同这些新村民积极沟通，邀请他们帮助村里拍摄美丽前进 MV 宣传片，在抖音等新媒体平台播出，快速提升村庄的影响力和知名度，前进村成了远近闻名的“网红村”。

（图片：天津市政府研究室提供）

中共阜平县委员会

河北省保定市阜平县，全县面积 2496 平方公里，辖五镇八乡一个社管会。2012 年 12 月 29 日、30 日，习近平总书记到阜平亲切看望慰问困难群众，考察扶贫开发工作，向全党全国发出脱贫攻坚动员令。全县上下时刻牢记总书记殷切嘱托，感恩奋进，苦干实干，富民产业蓬勃发展，住房条件、饮水安全、公共服务、基础设施显著改善，综合保障全面提高，群众精神面貌焕然一新。2020 年，10.81 万建档立卡贫困人口全部稳定脱贫，全县农民人均可支配收入从 2012 年的 3262 元提高到 2020 年的 10830 元，总书记寄予的“让乡亲们过上好日子”的嘱托正在变成现实。

中共阜平县委员会，2020 年被河北省委、省政府评为“河北省脱贫攻坚先进集体”,2021 年荣获“全国脱贫攻坚先进集体”荣誉称号。

中共阜平县委员会：阜平脱贫记

“只要有信心，黄土变成金。”河北省阜平县骆驼湾村公路旁，红底金字的标语格外醒目。2012 年，习近平总书记对阜平的考察和殷殷关切，给阜平人民以巨大的温暖和激励。阜平人民牢记总书记嘱托，凝心聚力，苦干实干，经过八年艰苦奋斗，交出了一份合格的答卷：全县农民人均可支配收入从 2012 年的 3262 元提高到 2020 年的 10830 元。2020 年初，随着河北最后一批 13 个贫困县摘帽，阜平县脱贫了！

五级书记抓扶贫、打硬仗

2012 年 12 月 29 日，党的十八大后仅 40 多天，习近平总书记第二次外出视察，就来到老区、山区、贫困地区三区合一的阜平县。20 多个小时，往返奔波 700 多公里，总书记为的是看真贫。他踏着皑皑白雪，走进龙泉关镇骆驼湾村、顾家台村这两个特困村。在村民家中，他盘腿坐在炕上，同乡亲们手拉手，嘘寒问暖，了解他们日子过得怎么样。

在这里，习近平总书记向全党全国发出了脱贫攻坚的进军令：没有农村的小康，特别是没有贫困地区的小康，就没有全面建成小康社会。

在河北省委、省政府的带领下，阜平干部群众深入贯彻习近平总书记关于扶贫工作的重要论述和重要指示，汇聚各方力量，统筹推进精准扶贫精准脱贫。阜平将全县划分为八个片区，实行县委书记、县长“双组长”负责制，坚持每周召开常委扩大会研究脱贫工作，每月举办一次乡镇党委书记脱贫攻坚“擂台赛”。从复退军人、离退休干部等群体中选拔优秀党员担任村党支部书记，动员能人返乡治村，选树 462 名农村致富带头人。省市县 209 名驻村第一书记吃住在村，战贫斗困，不胜不还。

八年来，阜平以脱贫攻坚统揽经济社会发展全局，10.81 万名建档立卡贫困人口全部稳定脱贫，群众收入、基础设施、基本公共服务等方面都发生了翻天覆地的变化。阜平人世代希冀的“兴旺昌盛”，就这样从梦想照进现实！

六大产业找对路、能创富

习近平总书记在阜平考察时，为脱贫工作指明了方向：“推进扶贫开发、推动经济社会发展，首先要有一个好思路、好路子。”

必须因地制宜，充分利用资源优势发展产业。经过深入调研论证，阜平县干部群众发现，食用菌种植在当地大有可为。产业选定，钱从哪里来？这是困扰许多贫困地区产业发展的普遍问题。2015 年，借助创建金融扶贫示范县的契机，阜平县在省金融办帮助下，探索出“保险＋贷款”的金融扶贫模式，每个棚可根据情况贷款五万到十万元，政府贴息。产品销售如果低于市场价格，由保险公司补齐差价。

虽然有了定心丸，想挣怕赔的心理还是让许多农户不敢尝试。马秀英是顾家台村干部，家里又穷得叮当响。一咬牙，她成了阜平第一批贷款承包大棚的菇农。头一年，马秀英挣得并不多。但就这一万多块钱，已经让乡亲们羡慕得直咂嘴儿，“看来，种香菇还真能挣钱！”一时间，顾家台村的 54 个大棚成了香饽饽，被一包而空。阜平县的食用菌大棚也越建越多。2015 年起步，五年时间，阜平县食用菌面积达两万亩，覆盖 140 个行政村，年产值达五亿元。

这几年，阜平结合自身独特的自然资源和气候条件，逐步形成了现代食用菌、高效林果、中药材、规模养殖、家庭手工业、生态旅游等六大扶贫产业。2020 年，全县六大扶贫产业总收入 11.8 亿元，形成了稳固、持续的扶贫产业链条。一年接着一年干，一仗接着一仗打，阜平创富的脚步坚定向前！

为了过上好日子

在骆驼湾村口，乡亲们新立起“我们过上了好日子”八个大字；在顾家台村口，“只要有信心、黄土变成金”的标语闪闪发光。这一切都在向世人宣告，依靠苦干实干共建共享美好生活的内生动力，已经在阜平干部群众心中扎下了根。

“充分调动广大干部群众的积极性，树立脱贫致富、加快发展的坚定信心，发扬自力更生、艰苦奋斗精神，坚持苦干实干，就一定能改变面貌。”习近平总书记鼓励阜平干部群众的话语，已经化作了脱贫攻坚的火热实践。

为把村民引向向贫困宣战、向小康进军的新境界，阜平全部行政村都设立了脱贫志气榜、光荣榜，大张旗鼓表彰致富带头人。吴王口乡三岔村村民李树国，和乡亲们一起种植香菇实现了脱贫致富，村里“志气榜”的橱窗里有了他的名字。李树国对此很自豪，每次路过橱窗，他都会对着自己的照片看上几眼。

摆脱贫困不是终点，而是新生活、新奋斗的起点。阜平县将始终践行“绿水青山就是金山银山”的理念，在厚植生态优势基础上，巩固脱贫成果，夯实脱贫质量，谱写新时代阜平乡村全面振兴新篇章。

（图片：《河北日报》提供）

山西省产业扶贫工作站

自 2015 年开始，山西省产业扶贫工作站抢抓机遇，指导全省建成 294.4 万千瓦光伏扶贫电站，累计发电收入 60 余亿元，惠及 9554 个村、72 万脱贫人口，脱贫村年均增收 20 万元。2021 年，山西省村级电站年度发电收益达 19.57 亿元，位居全国第一。光伏帮扶项目作为脱贫攻坚亮点品牌，已成为山西省巩固脱贫成果推进乡村振兴重要产业支撑，百姓的“阳光银行”。2019 年获得“全国脱贫攻坚奖组织创新奖”；2021 年获得“全国脱贫攻坚先进集体”。

山西省产业扶贫工作站：“太阳出来就赚钱”

“太阳出来就赚钱，光伏给我好光景”，这是山西脱贫群众对光伏扶贫工作的心声。在跨越了吕梁与燕山—太行两个连片深度贫困区的山西，光伏扶贫成为最大的产业扶贫项目。截至2020年底，全省光伏扶贫电站装机规模294.4万千瓦，其中村级电站5479座、155.4万千瓦，实现了原贫困县贫困村全覆盖。2020年山西光伏扶贫的发电收益与到村收益均居全国前列。这些成就，山西是如何做到的？

村民脱了贫　村子光景新

“我能帮着村里的人上网买东西哩！”安文兰咧嘴笑着说。自从有了电商站，村里的人交话费或者网购，都来找她。

走进山西“光伏第一村”大宁县而吉村，村委会对面一栋白色的房子在蓝天下格外醒目，门上挂着块“电商便民服务点”的牌子——这就是安文兰的“办公室”。村里很多年轻人出去务工，对老人来说，网购和看病成了难题。后来，村里设置了光伏电站的公益岗位，她当了电商管理员，丈夫做起了村医。两人一起，既帮助了村民，自家也脱了贫。

“村子发展光伏产业后，集体经济破了零，贫困户也陆续都脱了贫。”村支书许玉生介绍，过去的而吉村是没有集体经济的贫困村，从2014年试点建设光伏电站以来，源自光伏收益的村集体平均收入可达30万元。村里有了钱，面向贫困群众开设了清洁员、保安员、电商管理员、村医等公益性岗位，群众通过自己的劳动实现增收，生活有了保障。

个人脱了贫，村里的小型公益事业也发展了起来。平整道路、修剪树木、翻新广场……面对这些变化，80多岁的马月恩感慨：“真是享了国家政策的福喽！”自从有了光伏电站，他不仅领着养老补助，还能免费领村里买的化肥。为了鼓励赡养，村里规定子女每给老人1000元赡养费，村里会追加200元。

“我们光伏电站重点向深度贫困县、深度贫困村与贫困群体倾斜，10个深度贫困县光伏扶贫规模占全省43%。”山西省扶贫办产业站站长张临阳说。

党的政策好　生活有奔头

这几年同样变化明显的，还有山西原来规模最大的贫困县临县。

临县是典型的黄土高原地貌，沟壑纵横。县领导为了节约土地，因地制宜集中建设了电站。这座联村光伏电站一年可发电4400万千瓦时，年收益可达3700万元左右，惠及白文镇6个村的群众。走到跟前，会发现这些光伏板下还种着知母、白芨等作物。“有了电站，老百姓可以多渠道受益——电站占用土地的租金收入、作物种植的务工收入，村集体二次分配收入，以上叠加可带动53个贫困村4997户贫困户增收，巩固脱贫成果。”临县县委常委高泽荣说，光伏在贫困人数多、贫困发生率高的临县对脱贫攻坚发挥了大作用。

木瓜坪乡康家湾村的王小兰穿着保洁工衣，刚扫完村里广场的卫生，张嘴就夸起来了，“现在的日子是党的政策好！生活有了保障，村民天天都是乐呵呵的。”

光伏电站不仅让村里面貌一新，群众也有了精气神。随处走访，可以发现康家湾村每家门口都放着一个村里统一配置的垃圾桶，村容整洁有序。

此外，一些村子还开设了爱心超市，村民可以通过文明道德积分换取生活用品。开设了日间照料中心，村里的孤寡老人可以每天免费吃饭、洗衣服，这些支出都来自光伏扶贫电站。

分配公平透明　助力乡村振兴

据电网数据显示，截至2020年底，山西光伏扶贫项目累计结算收益36.1亿元，其中分配到村32.61亿元，惠及9965个村。仅2020年当年的结算收益就达19.6亿元，成为脱贫收官交账、抗击疫情影响的硬支撑。

这么巨大一笔收益，光伏电站在村里要是出故障怎么办？村子里有了钱，这些钱如何确保都花在老百姓身上？

为了保证收益分配公开透明，山西在全国率先自主研发了光伏扶贫收益分配管理系统，各县村的收益分配信息与原始材料都能实时上传到系统，确保分配公平透明。光伏扶贫检测调度平台的工作人员介绍："所有电站全部接入了全国光伏扶贫信息监测系统，能随时监测电站运营情况。""为了配合系统，我们建立了绩效评价、生产调度和风险防范等制度，这也是山西能够在光伏产业上取得这么多收益的秘诀。"

"我们还给每个村级电站都买了保险，无论是风刮雨打还是失窃都不怕。下一步，要谋划的是如何利用好这笔稳定的收益，巩固脱贫成果，进一步助力乡村振兴。"张临阳充满信心与期待。

（图片：临县光能扶贫电站运营维护有限公司提供）

中共四子王旗委员会

内蒙古自治区四子王旗地处祖国正北方，与蒙古国接壤，拥有104公里的边境线，是国家乡村振兴重点帮扶旗。辖区面积2.55万平方公里，辖13个苏木乡镇、121个嘎查村，总人口20.6万人，其中农牧区常住人口2.3万户、5.1万人。2020年3月，四子王旗退出国贫旗序列，实现8062户18293名贫困人口脱贫。2021年农牧民人均经营性收入10590元，比2020年增加784元，增幅8%。2021年荣获“全国脱贫攻坚先进集体”荣誉称号。

中共四子王旗委员会：聚焦乡村振兴　共绘农牧民美好生活画卷

内蒙古自治区四子王旗曾是国家级贫困旗。因当地自然条件比较恶劣，经常遇到干旱，所以在一些地方，还没有彻底扭转靠天吃饭的局面。打赢脱贫攻坚战的号角吹响以来，全旗广大干部群众大力弘扬吃苦耐劳、一往无前的蒙古马精神，攻克了脱贫攻坚路上一个又一个难题，在2020年，四子王旗成功退出国贫旗序列。

群众富不富　关键看支部

宽阔的209国道两旁是广袤无际的草原，马群、牛群、骆驼群点缀其上；一条条黑油油的乡村公路通向一排排整齐亮堂的农家新房；嘎查村党群活动中心内，三三两两的农牧民围坐在一起，畅谈着富裕、幸福的生活；干净整洁的农家小院里，利索的女主人屋里屋外忙活、张罗着，一幅幅美丽图景让人难以相信，四子王旗曾是国家扶贫开发工作重点旗。

巨大的变化背后，与四子王旗深入学习贯彻落实习近平总书记关于“三农”工作重要论述，严格落实“四个不摘”要求，充分发挥党支部战斗堡垒作用密不可分。在巩固拓展脱贫攻坚成果同乡村振兴有效衔接工作中，四子王旗委找准党建与乡村振兴的切入点和着力点，通过选优配强作战指挥员、培育锻造一线排头兵和打造最强战斗堡垒，推进组织、人才“双振兴”，为乡村振兴提供“双保障”。

大黑河乡土格木村曾是个贫困村，在乡党委、村党支部的引领下，成为远近闻名的富裕村。土格木村原党支部委员李宏的儿子李亚平，是村里发展马铃薯产业的紧缺人才，返乡流转耕地8000多亩，成立宏宇马铃薯种植专业合作社，建成一座万吨现代化冷藏保鲜库，带领村民发展马铃薯产业，吸纳206户农户参与经营，为周边两村民提供务工岗位600余个。

土格木村成为全旗马铃薯种植示范村。

共筑北疆繁荣梦　一个民族也不能少

四子王旗是民族边境旗，在巩固拓展脱贫攻坚成果衔接乡村振兴中，认真贯彻落实习近平总书记“全面建设社会主义现代化国家，一个民族也不能少”的重要指示，把经济社会发展和少数民族人口致富放在首要位置。巴音敖包苏木夏布格嘎查党支部大力发展集体经济，将集体耕地改造成高标准饲草料基地对外出租；购置大型农机具，通过农耕服务增加收入；在旅游景区建设住宿蒙古包、入股光伏扶贫电站。通过一系列措施，集体经济收入翻了三番。集体经济壮大后，嘎查党支部将收入重点用于资助教育、养老和医疗保障。说起边境地区经济社会发展和民族团结，“人民楷模”都贵玛深有感触。她说：“现如今，牧民生产生活水平的变化真是翻天覆地，牧民都在感谢共产党，感谢习近平总书记。”近年来，四子王旗解决了三万余户农牧民住房保障问题、12.8 万人次饮用水安全问题，架设农网线路 1900 余公里、建设“智慧广电”宽带网络基站 37 座，修建二级公路 316 公里、通村公路 1000 余公里，实现了嘎查村通沥青水泥路，让农牧民的生产生活条件有了极大提升。

依托龙头企业　兴旺产业富足群众

“以前养 30 多只普通羊，一只羊一年才能产下一只羔羊，一只羔羊才能卖 700 多块，还不怎么好卖。”四子王旗库伦图镇马安桥村 73 岁的脱贫户刘存义说。在驻村干部的帮助下，刘存义了解到养殖内蒙古赛诺种羊科技有限公司高繁杜蒙母羊出栏快、产羔率高，就购买了 20 只杜蒙羊，一年内 15 只杜蒙羊产下 21 只羔羊，一只羔羊价格可达 1200 元。仅此一项，他家一年的纯收入增加 15000 多元。四子王旗始终把产业兴旺、百姓富足作为乡村振兴的主攻方向，深挖优势潜力，突出区域特色，依托龙头企业，不断发展壮大特色优势主导产业，为农牧民稳定增收夯实了基础。目前，全旗九家龙头企业和三个专业合作社通过订单回收、聘民为工、土地流转、资产收益等模式，带动农牧民 2.3 万余户，其中脱贫户和监测户 5821 户，带动农牧民人均增收 8000 元以上。2021 年农牧民人均经营性收入10590元，比2020年增加784元，增幅8%。

此外，四子王旗还依托类型多样的天然草原优势，大力发展乡村旅游产业，建成星级牧家乐95家，举办“亚草赛”、房车嘉年华等活动，全年接待游客100万人次，旅游综合收入近八亿元，旅游业成为农牧民新的增收路子。

生态宜居，绘就美丽乡村图景

村庄干净整洁是小康社会的基本要求，是乡愁得以安放的基础。四子王旗把生态优先、绿色发展作为推动乡村振兴的关键，严格落实禁牧与草畜平衡政策，兑现生态补助1.5亿元，公益林补贴3800万元，聘用生态护林员1280人，全旗草原综合植被盖度达到29.4%，生态环境持续改善。

该旗大力实施人居环境整治行动，初步建立“村收集、乡集中、旗处理”的垃圾处理体系；把“厕所革命”作为乡村振兴的一项重要工作，作为改变生活习惯的首要抓手，户厕改造普及率达到39.7%；加强公共文化服务建设，累计建成苏木乡镇文化中心16个、嘎查村级文化活动室121个、“草原书屋”136家，开展文化惠民演出和文化活动350场次，配送图书1.4万册；深入开展“文明村镇”“最美家庭”“文明家庭”“美丽庭院”等各类评选活动30余次，选树先进典型286个，让文化“软实力”为乡村振兴添动力。

（图片：中共四子王旗委员会提供）

宽甸满族自治县扶贫开发办公室

宽甸满族自治县扶贫开发办公室（以下简称宽甸县扶贫办，现为宽甸满族自治县乡村振兴局）成立于2001年7月，现编制11人。在脱贫攻坚过程中，宽甸县扶贫办始终紧盯“两不愁三保障”和饮水安全问题，依托当地资源，大力发展小浆果产业，通过产业、就业带动贫困户稳定增收、稳定脱贫，建档立卡贫困户人均收入从2016年底的2780元增加到2020年底的9945元，先后完成106个贫困村出列，15868户、38850人建档立卡贫困户稳定脱贫的攻坚任务。宽甸县扶贫办先后荣获“丹东市先进基层党组织”和“全国脱贫攻坚先进集体”等荣誉称号。

宽甸满族自治县扶贫开发办公室：昔日高山深谷变身金山银山

位于辽宁省丹东市宽甸满族自治县，曾经是脱贫攻坚的主战场。当地在宽甸县扶贫办的引导下、探索出适宜县域实情的产业扶贫模式，创新扶贫方式，给农户带来了实实在在的收益。从前锁住村民的高山深谷，如今变成了百姓致富的金山银山。

借力电商扶贫谋新路

宽甸县的贫困人口大多生活在该县中北部山区，这里交通不便，农副产品销售困难。宽甸县扶贫办不断创新扶贫模式，大力发展电商扶贫。电商扶贫的创新扶贫方式在全省推广，成为“借力电商谋新路，消费扶贫开新篇”的典型案例。宽甸县以“满乡印象”“品味宽甸”等电商企业为龙头，以“丹东宽甸牛毛坞土特产联盟”、各乡镇电商扶贫服务站和贫困村电商服务点为分支，建立了“京东宽甸扶贫馆”，通过京东、淘宝等第三方平台实现线上运营。依托县级电商扶贫培训中心，开展电商从业人员培训。发挥“党旗红宽甸电商产业扶贫联盟”的推进作用，构建了纵向到村、覆盖全县的电商网络体系，摸索形成了“电商＋合作社＋贫困户”“电商＋企业＋贫困户”等一批具有长期性、稳定性的扶贫模式。完成全县 179 个村互联互通的运输和仓储服务网络建设，实现与全县贫困户的有效对接，确保广大贫困户生产的农产品能够卖得出、卖得好。通过网络为贫困户代购生产资料、生活用品等，有效带动了建档立卡贫困户增收节支脱贫。“满乡印象”“品味宽甸”2 个电商龙头企业与 23 家农村合作社、基地合作，覆盖贫困户 6568 户，实现年均销售额 1780 万元。

发挥参谋助手作用，以党建品牌为引领

在脱贫攻坚过程中，宽甸县扶贫办充分发挥参谋助手作用，积极突破就扶贫抓扶贫的思维定式，不断创新实践，形成了一系列符合当地实际的创新成果。脱贫攻坚期内，宽甸县扶贫办先后统筹资金2.1亿元发展产业项目，积极壮大村集体经济，在106个贫困村落实集体产业项目281个，实施“飞地”项目44个。大力实施到户产业。投入资金1.2亿元，落实了大榛子、蓝莓、中药材、食用菌、养牛、养猪等到户脱贫产业项目，保证贫困户至少有两个以上产业项目。宽甸产业扶贫模式在中央《求是》杂志上作为典型进行报道。中药材产业扶贫案例入选为国扶办产业扶贫典型案例，在全国产业扶贫现场会上推广。

在脱贫攻坚过程中，宽甸县扶贫办以“鸭绿江畔党旗红”党建品牌为引领，深入宣传贯彻党的各项惠民惠农政策，深入推进“百村脱贫致富”工程，创新“党建+”扶贫模式，充分发挥党支部战斗堡垒作用，菜单式推广“支部+合作社+基地+农户”等7种村集体经济发展模式，打造特色鲜明的“一村一品”特色产业生产基地53个。

有效解决困难群众民生难题

宽甸县扶贫办想贫困群众之所想、急贫困群众之所急，持续聚焦“两不愁三保障”政策落实。紧盯“两不愁三保障”薄弱环节，先后完成C、D级危房改造5123户，协调相关部门开展“暖屋行动”，有效改善了建档立卡贫困户的住房条件。全面落实教育、健康、就业、低保兜底、饮水安全各项扶贫政策。全面开展就业扶贫，实施了“春风行动”、提供公益性岗位、建立扶贫车间等方式，解决建档立卡人口就业1728人；实施农村饮水安全工程巩固提升建设，累计投入3000多万元，实施农村饮水扶贫解困工程51处，惠及14个乡镇，有效解决贫困群众饮水困难问题；全面落实医疗、教育、低保兜底扶贫政策。将建档立卡贫困人口全部纳入重特大疾病医疗救助，新农合门诊和住院费用报销比例分别提高了5%，建档立卡贫困户参保做到应保尽保，落实家庭签约医生38939人，慢病签约服务6061人。落实义务教育“两免一补”和贫困大学生资助政策，共投入950万元，完成12380名贫困户家庭子女资助工作，资助率达100%，确

保义务教育阶段无因贫辍学学生。

截至2020年底，宽甸县106个贫困村全部销号，现行贫困标准下15868户38850人全部脱贫。贫困发生率已由2015年的12.1%下降到0%。2015年全县的建档立卡贫困户年人均收入由原来的2780元增加到2020年的9945元，远超过脱贫标准。乡村面貌明显好转，贫困村的基础设施得到全面的完善，公共服务能力明显提高。特色产业得到长足发展。基层党组织战斗力明显增强。群众收入明显增加，脸上笑容也越来越多。

（图片：孙秀梅提供）

中国第一汽车集团有限公司
扶贫工作领导小组办公室

中国第一汽车集团有限公司（以下简称中国一汽）是国有特大型汽车企业集团。2002年至2021年，中国一汽陆续定点帮扶及对口支援五个国家级贫困县（市），累计投入帮扶资金超15.6亿元，超过10万建档立卡贫困人口从中受益。

中国一汽的帮扶工作连续四年获得中央单位定点帮扶成效考核“好”的评价，2021年荣获“全国脱贫攻坚先进集体”荣誉称号。

中国第一汽车集团有限公司扶贫工作领导小组办公室：践行央企责任担当 书写脱贫攻坚新时代答卷

2002年起，中国一汽陆续开始定点帮扶及对口支援西藏左贡县、吉林镇赉县、广西凤山县、吉林和龙市、西藏芒康县五个国家级贫困县(市)。帮扶工作开展以来，中国一汽党委不断提高政治站位，坚持把定点帮扶和对口援藏工作作为重要政治任务抓紧抓实，主要领导亲自谋划、亲自部署、亲自推动。截至2020年，共选派11批34名优秀干部到对口帮扶地区挂职，累计投入扶贫资金15.6亿元，实施特色项目400多个，超过十万建档立卡贫困人口从中受益。

中国一汽始终立足县域发展实际，初步探索出中国一汽“五位一体”精准扶贫模式，以基建筑基础、以产业赋动力、以教育展蓝图、以消费助市场、以健康护幸福，探索出一条具有中国一汽特色的扶贫之路。

基建扶贫，改善人居环境，打造乡村振兴样板

在开展扶贫工作过程中，中国一汽持续推进基础设施建设，开展“一汽小镇”建设项目，着力建设美丽宜居乡村。“十三五”时期，中国一汽累计投入1.12亿元，建成富有特色“一汽小镇”11个，受益贫困人数达8000余人。如今，在中国一汽的大力帮扶下，贫穷落后的乡村发生了翻天覆地的变化，为乡村进一步发展奠定了良好的基础。2018年，中国一汽援建的镇赉县架其村先后获评省、市两级新农村建设示范村、全国文明村。2019年，广西凤山县被命名为广西生态县，被农业农村部、国务院扶贫办等部门联合命名为“四好农村路”全国示范县。2020年，和龙市南坪镇柳洞村凭借“一汽小镇”入选中国美丽乡村。

产业扶贫，增强“造血”功能，提升脱贫内生动力

中国一汽精准把握县域产业新特点，因地制宜、因应施策，帮助当地农业增效、农村发展、农民增收。“十三五”时期，中国一汽累计投入9634万元，开展产业扶贫项目20余个。2018年至今，中国一汽累计投入3560万元支持镇赉肉牛养殖产业，集中建设养殖基地，联合合作社、贫困户运行“寄母还犊”生产模式，助推肉牛养殖产业向标准化、规模化、品牌化发展，实现基础母牛单体牧场存栏量全省第一，59个村1.3万人受益。此外，中国一汽还投入897万元在镇赉县建设吉黑蒙水产品交易市场，支持镇赉县发展“一田两用、一水两养、一地双收、蟹稻共作”的生态立体高效种养模式，进一步延长产业链，为帮扶地区持续发展注入新动能。

教育扶贫，强化特色帮扶，阻断贫困代际传递

扶贫先扶志，扶贫必扶智。中国一汽高度重视教育扶贫，积极创新帮扶举措，开展特色教育扶贫项目。2017年，中国一汽发起“高举红旗，精准扶贫，走好新时代长征路”项目，在红军长征路沿线105个国家级贫困县开展教育专项行动。截至2021年，中国一汽累计投入资金1.5亿元，建成红旗梦想智慧学校15所，开设红旗梦想自强班211个，资助贫困家庭高中生10575名，培训基层教师1700多名，项目惠及贫困学生34万余人。该项目荣获国家民政部第十一届“中华慈善奖”、中宣部全国学雷锋志愿服务“最佳志愿服务项目”等多项荣誉。

消费扶贫，强化渠道拓展，架起增收致富桥梁

中国一汽积极发挥体系协同效应，进一步助力帮扶地区农产品拓宽销路，以品牌化助推产业可持续发展。加强内部协同，员工福利和食堂采购总量超7000万元；拓宽销售渠道，旗下各品牌开通线上“公益助农”专区，将消费帮扶从十万员工拓展至百万用户；助力打造品牌，积极推广镇赉大米、镇赉矿泉水、凤山凤栖源、和龙朝鲜族酱菜等特色县域及产品品牌，实现销量品牌双提升。

健康扶贫，关爱弱势群体，改善群众就医条件

没有全民健康，就没有全面小康。“十三五”时期，中国一汽累计投入 2562 余万元，支持定点县和对口援藏地区医疗事业发展及基层医疗卫生服务体系建设，聚焦特殊群体，持续开展“同舟工程——中央企业参与‘救急难’行动”，为防止因病返贫、因病致贫发挥了积极作用，1580 人从中受益。

脱贫摘帽不是终点，而是新生活、新奋斗的起点。中国一汽将坚持以习近平新时代中国特色社会主义思想为指导，全面贯彻习近平总书记关于乡村振兴战略重要论述，坚持帮扶力度不减，不断巩固“两不愁三保障”成果；围绕“五大振兴”，通过“五个着力、五个提升”，不断创新帮扶模式，持续巩固帮扶效果，为助推定点帮扶地区经济社会高质量发展贡献一汽力量，谱写乡村振兴新篇章。

（图片：中国第一汽车集团有限公司提供）

桦川县苏家店镇集贤村党支部

桦川县集贤村位于黑龙江省东北部，1938 年形成村落，现有户籍人口 449 户 1099 人，耕地面积 11141.34 亩。村党支部共有党员 29 人，流动党员 6 人。截止到 2021 年底，全村脱贫户 49 户 87 人，监测户 1 户 2 人。2021 年荣获“全国脱贫攻坚先进集体”称号。

桦川县苏家店镇集贤村党支部：半个世纪脱贫路　薪火相传两代人

集贤村位于黑龙江省桦川县南 15 公里处，在 20 世纪 70 年代集贤村因地甲病、克汀病严重，引起世界卫生组织高度关注。半个世纪以来，新老两任村支部书记带领村民励精图治、求索拼搏、实干苦干、开拓创新，挖掉病根挖穷根，挖掉穷根扎富根，实现了从“治水治病治愚”到“致富致美致强”的华丽转身。

治病治愚：选准改水突破口

20 世纪 70 年代，集贤村是严重的地方病患区，地甲病和克汀病患者占全村总人口 76.8%。村民饱受疾病摧残，智能普遍低下，村集体经济薄弱、年年吃救济。1971 年，许振中临危受命，接任村支部书记，通过研判分析，走访调研，初步判定是本村水土出了问题。通过县防疫站检测，发现每升水含碘不足一微克。找到症结后，历经七年坚持不懈奔波，上下沟通，引起中央地方病防治领导小组的关注，派工作组到集贤村帮助研究改水。1979 年 9 月 8 日，第一座高 10 米、蓄水 42 吨的水塔建成，村民们从此喝上自来水。村党支部把 9 月 8 日这一天定为集贤村“改水节”，让村民永远铭记党恩。

改水的同时，请来医疗队为全村患者精心治疗，党员、干部分工包干，对重患每天都送药到手。到 1984 年，已治愈地甲病患者 790 人、治愈率达 92%，新生婴儿再未出现此类病例。从此，“食盐加碘防治地方病”被中国乃至其他发展中国家广泛应用，集贤村也被称为“中国食盐加碘第一村”。

1998 年，王喜林从许振中手中接过“接力棒”，继续在“水”上做文章。村党支部投入十万元对全村自来水管路进行检修，每五年更新一次水处理设备。2018 年，在村两委积极争取下，桦川县投资 125 万元，为集贤村打水源井、建井房，铺设供水管网一万余延长米。实行水源地保护措施，50米内不建厕所、不搞养殖，垃圾实行日产日清、密闭收运、无害化处理。国家地方病防治中心每两年到村里进行水质检测，得出的结论显示：水质优良达标率100%，完全符合天然饮用矿泉水标准。

治穷致富：走出脱贫增收路

挖掉了病根，集贤村开始向穷根宣战。1981年，许振中提议建砖厂，砖厂投产仅一年就纯盈利12.9万元，村民人均收入由43元一跃增至223元。1990年又办起酿酒厂，冠名“傻子酒”，远销北京、湖南等10余个省市和地区，企业连续三年上缴税金超过300万元，成为桦川的利税大户和支柱产业。

王喜林接任党支部书记后，发扬“求索拼搏、实干苦干、开拓创新”的“傻子屯”精神，带领村两委坚定走产业脱贫之路。2019年，经过两个月的奔波洽谈，促成肉鸭养殖基地落户集贤村，带动全村51户建档立卡贫困户增收。同时，王喜林召集村两委班子集思广益，在考察市场的基础上，确定发展“金猪、肉鸭、鸵鸟、傻酒”四大产业。发展“金猪”产业，依托桦川县洪源畜牧养殖专业合作社，采取扶贫户投资经营、合作代养、保底回收方式，新建一万平方米生猪场，年出栏6600头，扶贫户当年分红5300多元。发展“肉鸭”产业，与肉鸭公司合作，新建两栋3000平方米的肉鸭养殖棚舍，年出栏肉鸭10万只、获利20余万元。发展“鸵鸟”产业，总投资212.44万元，建设占地8000平方的鸵鸟养殖基地，通过“支部＋基地＋致富带头人＋队伍”的运营模式带动全村农户务工增收15人，人均年收入超过两万元，带动村集体收益12万元。发展“傻酒”产业，在集贤村原址重建傻子白酒酿造厂，2019年新酿制“傻流香、傻柱子”白酒20万斤，获利近60万元。

王喜林还利用村西原废弃沙坑建设光伏发电项目，促进村集体经济年增收7.2万元，并将光伏设备下方闲置土地，免费提供给贫困户种植小杂粮等矮科作物，通过“农光互补”拓宽增收渠道。到2020年，全村51户贫困户全部实现“两不愁三保障”，户均增收超过3000元。

致美致强：唱响文明励志曲

从贫穷走向富裕，从愚昧走向文明，集贤村的发展史见证了新老两任书记的接续奋斗，也让这个昔日的“傻子屯”成为远近闻名的省级文明村。

重教启智一直是集贤村的优良传统。许振中最早提议办育智班，以滴水穿石精神把一批批有身体残疾或智力缺陷孩子培养成有用之人。在老书记的感召下，村党支部筹资200余万元，建成全县最好的村级小学，建立教师奖励补贴机制，吸引优秀教师到村执教。对智力低下的孩子实行个性化送教送学，尽心竭力阻断贫困代际传递。如今，集贤村已先后考出本科以上大学生70余名，研究生和博士生7名，培育出社会各界人才30余名。集贤村，终于实至名归！

2005年，村党支部投资12万元建成村史馆，组织村民和学生参观，引导他们不忘治愚初心，牢记“傻子屯”历史，树立自强意识，坚定脱贫信心。

党的政策如甘露滋润这片曾经愚昧的土地，使其绽放出文明的花朵。作为“美丽乡村”建设首批试点，集贤村积极实施“厕所革命”“垃圾革命”和“风貌行动”，让“方便”更方便，让“乡愁”不再愁，让“村貌”有颜值。如今走进集贤村，干净整洁的街道两侧绿树成荫，宽敞明亮的砖瓦房遍布全村，村民们在修葺一新的广场上跳起欢快的舞蹈，抒发着对党的感恩之情和对幸福生活的美好憧憬。

（图片：桦川县乡村振兴局提供）

上海市师资培训中心交流协作部

上海市师资培训中心（以下简称中心）是上海市教委直属单位，承担全市 20 多万高校、中小学、幼儿园各学段公办、民办学校和上海对口支援地区中西部教师的职后培训。中心在编教职员工 86 人，在职党员 58 人，退休党员 61 人。近年来，中心汇聚教育内外各行业的优质资源，逐步构建起包括高校、研究机构、政府、中小学与社会力量的合作、共享、互动、多赢的平台，为上海 25 万教师的专业发展做出贡献；在深入实施区域重大战略和区域协调发展战略，促进东、中、西和东北地区协调发展，全面推进云南全省、西藏日喀则、贵州遵义、新疆喀什、青海果洛、江西上饶、吉林长春等革命老区、民族地区和边疆地区的加快发展等方面做出突出贡献。2021 年，被授予“全国脱贫攻坚先进集体”称号。

上海市师资培训中心交流协作部：积极打造新时代教育精准扶贫专业团队

上海市师资培训中心承担上海市对口支援地区的高素质专业化创新型教师队伍建设任务。中心始终致力于贯彻落实国家扶贫政策，承担上海对口支援地区七省20地州101个县的智力帮扶工作，每年为新疆、西藏、云南、青海果洛、贵州遵义、重庆万州等地区培养两万名以上的教育行政干部、中小学幼儿园校园长以及学科骨干教师，为西部地区培养教育界的造血干细胞，培养带不走的高素质的师资队伍。多年来这支团队始终以富有激情的理想、乐于学习的心态、追求卓越的精神，锐意进取，开拓创新，为推进我国的教育均衡工作积极贡献智慧和力量，形成了对口支援上海模式，获得各方认可。

坚定信念、求真务实，不断提高团队学习力、创新力和影响力

中心承担的对口支援工作政策性强、任务重，需要既能应对得了日常事务性的工作，又要具备政治高度和敏感度。为此，全体同志自觉学习党的十九大精神、习近平谈治国理政系列评述、关于教育的论述理论和上海"五个中心"和社会主义现代化国际大都市建设所需的经济科学文化理论知识；认真学习对口支援项目各项要求以及国家对西部扶植和建设的各项政策方针，与学员一起学习《校长专业素养标准》、核心素养、课程领导力等专业领域的知识，力争做到因地制宜，把教育扶贫真正扶在点上、扶到根上。工作中注重党的建设，将支部建在项目中，党课纳进课程里。带领每个来沪学习的团队重走一大路，重温建党史，引导学员们探寻上海文化教育资源。全体人员教学相长，道德修养、理论素养、文化素质和业务能力都得到了提升，打造构建了一个既有理论高度、又有实践深度的拉得出、打得响的为西部教育人才培养服务的上海西部援助团队。

立足岗位、争创佳绩，积极推进上海对口支援地区教育人才培养事业发展

习近平总书记多次强调：“扶贫必扶智，让贫困地区的孩子们接受良好教育，是扶贫开发的重要任务，也是阻断贫困代际传递的重要途径。”中心把中央的决策部署落地落细落实，精准对接上海对口支援地区的教育，助推国家教育均衡发展。

建立科学规范的管理机制，精准对接各项教育援助项目。中心对口支援项目注重工作的前瞻性、主动性、过程性和规范性，注重研制专业标准，开展基于标准的教师培训项目质量管理，构建全程质量管理模型。项目实施遵循“五步三原则”的管理机制。即“需求调研、课程设置、课程实施、效果测评、效果跟踪”；“不做方案论证不开班、不做针对性备课不上课、不做总结交流不结项”。通过研究评价考核指标、关注评价程序的合理性和科学性，实现培训效果呈螺旋式提升，让上海的教育理念和经验在对口支援地区落地生根、开花结果。

科学设计各项培训方案，丰富课程内涵。培训要基于需求，同时要引导需求。多年以来，中心严格按照“五步三原则”管理机制组织实施各项培训项目，关注培训实效。主要做法是：一是需求导向，解决参训者工作中碰到的实际问题。二是项目引领，破解参训者实践中碰到的瓶颈问题。三是科学评价，提升培训项目的实效性。

创新思路，不断拓展教育人才培养的形式和内容。工作中，中心大胆尝试，边实践、边总结，做到传承与创新并存：一是理念创新。针对不同类型的研修主题，尝试打破传统的以面授课堂为主的培训格局；借助互联网信息技术，探索线上线下相融合的混合式研修模式；深入基地学校教育现场，构建以体验式研修为主的课程架构，提供伴随式专业成长支持；转化运用第三方机构专业研究成果和智慧，为学员提供多元的视角、学习过程体验。二是技术创新。不断完善互联网＋教育的培训机制，在“上海名师遵义行”等项目的实施中利用信息技术手段为边远地区的校园长和骨干教师传递教育教学经验；创设“双师课堂”为新疆莎车地区提供国家通用语言口语培训；为贵州遵义九个深度贫困县提供部编三科教材教师的全覆盖培训。远程培训不但解决了教师的工学矛盾，同时也为国家节约了一大笔财政经费。

面向未来、勇于创新，主动挑战新时代带来的机遇

《中共中央 国务院关于全面深化新时代教师队伍建设改革的意见》中提出：要把全面加强教师队伍建设作为一项重大政治任务和根本性民生工程，建设一支政治素质过硬、业务能力精湛、育人水平高超的高素质教师队伍。作为上海市师资培训中心的一个承担上海优质教育资源对外辐射和服务的团队，需要不断提升自己的内生动力，主动作为、勇于创新，以科研为抓手，重点攻克教师教育理论和实践难题，创新线上线下混合式培养模式，研制开发精品课程，通过内涵发展提升自身的实践能力；通过规范流程提升工作效能，通过课题研究提升培训品质。

各族人民一家亲、把学员当成亲人。从顶层设计—项目实施—会务安排—病床陪护，九个人带领着一个有志于上海对口支援教育扶贫工作的团队在自己平凡的岗位撑起了一个多民族多地区的无边界教师专业发展学校。

（图片：上海市师资培训中心提供）

中共张家港经济技术开发区（杨舍镇）善港村委员会

2009 年以来，江苏省张家港市杨舍镇善港村依靠党的好政策，三年实现自我脱贫，又与周边三个村“四村合一”同奔小康，同时开启了“先富帮后富”的新征程，分赴陕、赣、黔、鄂、苏五省六村开展结对帮扶，探索出产业、生态、治理、文化、党建“五位立体”的整村帮扶模式，并自力创办善港农村干部学院，培训全国各地学员 1.7 万余名，学员创业成功率达 83.5%，走出了脱贫攻坚和乡村振兴的有效衔接之路。先后获评“全国民主法治示范村”、“全国乡村治理示范村”、全国“一村一品”示范村等荣誉称号。2021 年，中共张家港经济技术开发区（杨舍镇）善港村委员会被授予“全国脱贫攻坚先进集体”荣誉称号。

中共张家港经济技术开发区（杨舍镇）善港村委员会："整村帮扶"铸梦新时代

2012年以来，江苏省张家港市善港村响应党的号召，相继与陕西、江西、湖北、贵州、江苏等五省的六个村结成"对子"，善港村与全国六村携手齐心并进、克服重重困难，带领全国六个村一起踏上了脱贫致富路，探索东西部扶贫新路径、创新实践了"五位立体"的"整村帮扶"新模式，共同铸就了千百年来脱贫致富的梦想，谱写了一个"携手奔小康、共圆致富梦"的动人故事。

"一村富不算富，全国贫困村都富才是真富"

2009年以来，在村党委书记葛剑锋的带领下，善港村用三年时间把村级可用财力从连年亏损提升到百余万元。2012年，脱贫不久的善港村与邻近的三个贫困村"四村合一"，村域面积达9.07平方公里，村民超过8000人。靠着"誓去穷苦貌、争当先进村"的坚定信念，通过加快工业转型升级，发展现代生态农业，推动一二三产业融合发展等有力举措，善港村书写了村级收入三年翻两番的励志故事，如今的善港村年总产值21亿元，村集体资产总额2.57亿元，村级可用财力2500万元，村民人均年收入4.8万元。

并村当年，善港村响应党中央号召，在自身脱贫致富道路上阔步前行之时，走上了跨地区携手发展之路。善港村结对帮扶的第一个村，是陕西安塞县沿河湾镇方塔村。善港村在方塔村建立有机山地苹果种植基地，不仅为其带去资金和技术，还帮方塔村联系市场和销路。在善港村的帮扶下，方塔村的山地苹果实现品牌化经营，使原来不到8元/公斤的苹果升值到20元/公斤，实现贫困户农业生产由"产量"到"产值"的蜕变，村民的口袋日益满了起来。

方塔村的“穷变富”，让善港村干部群众产生了更强烈的扶贫志向。随后，善港村与江西省井冈山古城镇沃壤村、陕西省安塞县沿河湾镇侯沟门等相继签订结对帮扶协议，送理念、扶技术、育人才，通过“飞地模式”建成辣椒、茶叶等十多个产业基地。

不经意间，善港村开创了一个村结对帮扶五个村先河，在全国脱贫攻坚的“大棋局”中，开拓出一条扶贫“新路径”。

“思路决定出路，大刀阔斧才能开山辟路”

贵州省沿河县中界镇高峰村是善港村帮扶的第六个村。2018 年 3 月 25 日，第一批善港村赴高峰村精准脱贫驻村工作队进驻高峰村。针对高峰村的民情民困，善港村从走访每一个贫困户、在山脚建立一块方方正正的实验田开始，一步一步带领高峰村群众走上脱贫致富之路。

“思路决定出路，有多大格局就能成就多大事业。”这是工作队总指挥葛剑锋常挂在嘴边的一句话。在土地贫瘠的高峰村，工作队硬是建起来 200 亩高峰产业园、350 亩生态茶叶公园和 100 亩生态养殖基地，引进了不少优质畜养品种。产业园建成后，全村贫困户都能在“家门口”工作。2020 年 1 月，高峰村产业园实现首次分红十万元。不仅如此，善港村坚持“富口袋”也要“富脑袋”，从加强基层党组织建设、推广文化教育、完善乡村治理等多个方面开展工作，帮助高峰村建起来党群服务中心、文化礼堂，享受上了“城里人”的公共服务。

至 2019 年底，高峰村农民人均收入从 2017 年底的 2600 元提高到 9000 元，贫困发生率从 34.1%降至 0%，完成高质量脱贫。

“让经历变经验，经验变实践，实践变推广”

善港村在五省六村的帮扶之中，实实在在地探索出了一条“五位立体”的“整村帮扶”新模式：是“以加强党的建设为根本，加强文化建设为抓手，以提高乡村治理水平为保障，以促进富民增收为目标，以生态保护为基础”的有效探索实践之路。

随着帮扶愈加深入，善港村工作队更加深刻地认识到：“输血”能缓一时之难，“造血”才能解永久之困。正确处理好“输血”与“造血”的关系，就要变授之以鱼为授之以渔。

2018年5月，善港农村干部学院在善港村成立。同年9月，国务院扶贫办批复同意设立“贫困村创业致富带头人培训（善港）基地”，2019年7月，江苏省委组织部挂牌“江苏省党支部学院农村分院（苏州）”。自此，一个以推广复制善港村脱贫扶贫经验、致力于培育创业致富带头人、基层党建带头人和各类农村干部的“农村学堂”享誉全国。

截至2021年12月，善港农村干部学院已成功办学149期，来自贵州、甘肃、青海、江苏等全国各地的1.7万余名学员来到善港学习，并带回了先进经验开启了创业致富新征程，创业致富成功率超过83%。

这种以“农民为教员、田园为课堂、合作为纽带、共富为目标”的交互式帮扶，为全面推进脱贫攻坚与乡村振兴有效衔接提供了有力支撑。

在完成脱贫攻坚任务后，善港村依旧在整村帮扶的道路上奋斗着。2021年7月，善港村走进了湖北省随州市随县刘庙村，开启了又一段新的整村帮扶之路。“整村帮扶”只有进行时，没有完成时。善港村将会帮扶更多的村、善港农村干部学院将会培训更多的带头能人，但不论走多远、走多久，善港人的初心不改、担当不变，一直在乡村振兴的伟大事业中摸索经验、贡献力量。

（图片：江苏省张家港市杨舍镇善港村党委提供）

安吉县溪龙乡黄杜村党总支

黄杜村位于浙江省安吉县溪龙乡南部，素有“中国白茶第一村”的美誉。村域面积约 11.5 平方公里，下辖 6 个自然村，农户 420 户，人口 1536 人。村党组织下设 2 个党支部，4 个党小组，党员 59 名，村两委班子成员 6 人。目前全村共有茶园面积 1.2 万亩，2020 年全村白茶产值突破 4.5 亿元，村级经营性收入 104 万元，农民人均收入 5.6 万元。

安吉县溪龙乡黄杜村党总支：党旗领航致富路　共同富裕当可期

以茶脱贫前，黄杜村多山少地，交通落后。在经历坎坷的产业探索下，通过自主培植优势茶树品种，黄杜村品种，黄杜村渐渐变得生机勃勃，实现了“一片叶子富了一方百姓”。

一片叶子撬动一门大产业

20世纪80年代，黄杜村人均年收入不到400元，1981年，安吉县林科所科研人员扦插繁育“白叶一号”成功，1998年，改造村林场260亩老茶园种植白茶，并以每亩100元的出租方式承包给村内经济实力较强的农户进行管理生产，安吉县计生协会联合各级部门在林场内种植17亩“白叶一号”作为示范基地，黄杜村白茶开始步入发展轨道。2005年，建立起国家级标准示范园，核心区有茶园4000余亩。2009年村党支部在扩增面积同时，大力提升品质，品牌化发展。

一项倡议传递一份帮扶情

2003年4月9日，时任浙江省委书记习近平到黄杜村调研考察，赞誉“一片叶子富了一方百姓”，历经18年发展，黄杜村发生着翻天覆地的变化。

饮水思源，不忘党恩，富裕起来的黄杜村党员们时刻不忘各级党委政府的支持、关爱，坚守创业初心，积极回馈社会。黄杜村党总支部和全体党员提出倡议：“向贫困地区捐献我们的致富叶子，教他们种茶，让他们像我们一样富起来。”倡议发出后得到全村百姓支持，黄杜村计划向贫困山区支援1500万株“白叶一号”茶苗。

2018年5月，通过选址最终确定向四川省青川县，湖南省古丈县，贵州省沿河县、普安县等34个建档立卡贫困村捐赠“白叶一号”茶苗。此后三年里，黄杜村以村内党员为骨干成立了捐苗扶贫技术指导志愿服务队，累计向各受捐地派出技术人员76批460余人次，先后8次组织受捐民族地区茶农赴黄杜村实地学习培训种植技术、管护技术，在技术层面充分给予全方位保障。

黄杜村捐苗一事受到了社会各界的广泛关注，为解决产业扶贫“最后一公里”问题，村党总支协助各地落实解决茶叶销售问题，联合浙茶集团、中国国际茶文化研究会、中国供销集团及各受捐地打造“扶贫茶”，并注册了“携茶”商标，“携茶”的“携”，除了携手的含义，还蕴含着协作、和谐的含义，代表着“携手共奔小康”的美好寓意。2021年3月，各受捐地已全面开采茶叶，有效带动2064户6661名建档立卡贫困人口增收脱贫。

在安吉县委组织部牵头下，黄杜村还携手三省五县联合建立“白叶一号”乡村振兴党建联盟，通过开展支部结对共建，成立产业发展联盟、农产品合作社，建立专项发展基金等形式，积极探索形成党建引领乡村振兴、共同富裕新路径。

一套机制点亮一个共富梦

黄杜村始终坚持组织共建、资源共享、产业共促、完善机制、推动产业的发展理念，构建党群互助服务网络。

全力推行“党员创业中心户”带动优势，建立一名党员创业能手+三名党员骨干+六户群众的党群帮扶联合体，积极推动“五促五进”协调发展。2009年，黄杜村党总支部与中国农科院茶叶研究所第二党支部结对共建，形成支部+人才+科技+产业的党建富民新模式。通过支部共建“田间学校”，促进茶农技术提升。黄杜村在2011年正式成立“农民田间学校”，强化茶园技术指导和服务，解决茶园管理疑难杂症，提升白茶内在品质。紧紧围绕习近平总书记提出的“绿水青山就是金山银山”，坚持党员干部带头，在发展产业的同时注重生态套种保绿，建立和谐绿色家园。

一座堡垒汇聚一村精气神

特色产业的有效发展带动了黄杜村各项事业的全面发展，但随着发展水平的不断进步，发展环境的不断变化，发展条件的不断改善，白茶产业单一化逐渐成为影响黄杜村发展的短板。村党总支部认识到形势的严峻性，推动产业发展转型升级，大力发展休闲旅游业。在乡党委政府的支持帮助下，2013 年成功引进帐篷客休闲度假酒店，酒店的顺利落户打开了黄杜村发展旅游的大门，也让黄杜村百姓看到了发展前景，主动配合溪龙乡推动的白茶小镇项目建设。

黄杜村“一片叶子富了一方百姓”的故事是习近平总书记“绿水青山就是金山银山”理念的生动实践，如今的黄杜村将美丽资源真正转化为美丽经济，绿水青山转化为金山银山。而“一片叶子富了一方百姓”的故事又是对实现“共同富裕”的鲜活诠释，更是黄杜村人对感党恩、跟党走这种感恩奋进精神的传承发展。

（图片：浙江省安吉县溪龙乡政府提供）

中共阜南县王家坝镇委员会

王家坝镇地处淮河上、中游结合部，蒙洼蓄洪库上游，是两省（皖、豫）三县（淮滨、固始、阜南）三河（淮河、洪河、白鹭河）交汇处，总面积33.4平方公里，耕地面积2.38万亩，下辖5个村和3个居委会，111个村民组共7451户34652人，共有自然庄台29座，其中库内湖心安全庄台19个、沿堤庄台10个。王家坝镇地理位置特殊，庄台文化富有特色，是“王家坝精神”的发源地。2021年中共阜南县王家坝镇委员会被授予“全国脱贫攻坚先进集体”荣誉称号。

中共阜南县王家坝镇委员会：没有奉献，就没有山河

2021 年 2 月 25 日，在北京人民大会堂隆重举行的全国脱贫攻坚总结表彰大会上，中共阜南县王家坝镇委员会荣获“全国脱贫攻坚先进集体”荣誉称号。这是一份来之不易的荣誉，面对新冠肺炎疫情、汛情叠加的“加试题”，王家坝全镇上下尽非常之责、举非常之力，书写了脱贫路上“一个都不能少”的精彩篇章；这也是一份至高无上的荣誉，激励着王家坝人民砥砺前行、接续奋斗，过上更加幸福美好的生活。

脱贫攻坚　干群齐心啃下最硬骨头

王家坝镇地处蒙洼蓄洪区上游，始建于 1953 年，素有“千里淮河第一闸”之称的王家坝闸就坐落在这里。

自 1954 年至 2020 年，王家坝闸先后 16 次开闸蓄洪，为削减淮河洪峰、确保汛期安全，起到至关重要的作用。

生于淮河边、长于淮河边的86岁村民刘克义，亲历了16次开闸蓄洪。尽管随着淮河治理的持续推进，蓄洪区内庄台的安全性大大提升，但其间经历的心酸与磨难，依旧令老人难以忘怀。

是啊，有谁愿意家园被洪水淹没，有谁愿意家园成为“孤岛”？但舍小家为大家的王家坝人民一直以来都是这样顾全大局、不畏艰难。多年来，因水灾频繁，王家坝镇形成了积贫积弱的深度贫困局面。

“王家坝人骨子里有股劲，越是艰难就越要向前。”镇党委书记张涛说，虽然现实情况并不乐观，但全镇上下坚持以全面小康为目标，发扬敢啃硬骨头的精神，为打赢脱贫攻坚战凝聚了强大力量。

火车跑得快，全靠车头带。镇党委带头履行主体责任，以实干抓落实，通过成立扶贫开发领导小组及七个扶贫专班，定期研究谋划、部署推

进脱贫攻坚重点工作，通过一系列务实举措的落实，在全镇营造出人人参与、人人尽责的良好局面。

一分耕耘一分收获。2016 年以来，王家坝镇 3 个贫困村全部出列，1524 户 5920 名建档立卡贫困户全部脱贫，经济社会发展水平显著提升，村容村貌和群众精神状态焕然一新。

以民为本　民生洼地变成幸福高地

雨后的蒙洼蓄洪区一碧万顷，点缀其间的庄台升起袅袅炊烟。

在王家坝镇居民迁建安置点，67 岁的杨春明已经做好午饭，“现在这房子多好，宽敞明亮，配套齐全，交通便利，以前想都不敢想”。

杨春明原先住在和谐村自由庄台。“人均二十平，抬头一线天，污水靠蒸发，垃圾靠风刮”，这曾是当地广为流传的顺口溜，道出了庄台群众的生活窘境。

在王家坝镇，像杨春明一样改善居住环境的群众不在少数。

从 2018 年 1 月开始，王家坝镇党委以脱贫攻坚为统领，以改善庄台环境为突破口，加快打造宜居生态庄台，通过实施绿化、亮化、净化、硬化、美化工程，修建文明路、干净塘、文化墙和小广场等，实现了庄台“从内到外”的大变身。与此同时，实施三年庄台居民迁建计划，动员部分群众从拥挤的庄台里搬出来。

“说句实在话，起初的工作并不好干。”王家坝镇专职扶贫副书记张方说，在庄台上住习惯了，尽管生活中有着诸多不便，但许多群众并不愿意搬迁，“为了让大家放下思想包袱，全镇党员干部白天上门走访，晚上总结工作，最终才有了今天的工作成效。”

申报实施到村项目，贫困村的基础设施大大改善；开展就业技能培训，许多贫困户有了立身之本；开展教育扶贫，有效阻断贫困代际传递……一系列扎实有效举措的落地，让这片昔日的民生洼地逐渐变成了眼下幸福生活的高地。

传承精神　续写新时代的奋斗篇章

让老百姓有一个挣钱的门路、有一份稳定的收入，才是稳脱贫、防返贫、能致富的根本之策。洪水过后，根据土壤、气候等特点，王家坝镇党委在深入调研的基础上，于各庄台成立了临时党支部，积极推行“夏季作物早秋补、粮食作物蔬菜补、牲畜损失家禽补、产业损失就业补”四补稳收入措施，全镇补种绿豆4600亩、香葱2000亩、萝卜1500亩、荞麦1000亩、西兰花100亩，实施旱稻灾后综合防治6000亩。

红亮箱包有限公司也是王家坝镇带动贫困户脱贫的一大主力。2020年8月18日，习近平总书记来到该公司，了解就业扶贫有关情况，并同企业职工亲切交流，希望企业有效克服困难，把灾害造成的损失抢回来。

“不辜负总书记的希望，我们对生产抓得很紧。”红亮箱包有限公司总经理王恒亮说，一段时间以来，公司持续扩投资、添设备，订单已经排到了几个月后。目前，企业136名工人中，62人是脱贫户。

2020年初的新冠肺炎疫情和年中的历史罕见特大洪水，加大了脱贫攻坚的难度，但王家坝人依然积极自救——疫情期间积极开发公益性岗位，有效带动贫困户就业；洪水过后第一时间用“绿色”追赶，确保不留一分白茬地，至今尚未发生返贫致贫现象。

（图片：杨冠友提供）

菏泽市扶贫开发办公室

菏泽市扶贫开发办公室牢记习近平总书记嘱托，精准施策，攻坚克难，昼夜奋战，苦干实干，截至2021年，累计减贫170.15万人，855个省定扶贫工作重点村全部出列。菏泽市扶贫开发办公室先后荣获2018年“山东省脱贫攻坚先进集体”、2019年“全国脱贫攻坚奖组织创新奖”等称号；2021年被授予“全国脱贫攻坚先进集体”荣誉称号。

菏泽市扶贫开发办公室：牢记嘱托坚决打赢脱贫攻坚战

2013年11月，习近平总书记视察菏泽时提出了要“坚决打好扶贫开发攻坚战，不断改善贫困人口生活”的明确要求。殷殷嘱托催人奋进，谆谆教诲铭记于心。8年来，菏泽市扶贫开发办公室牢记总书记嘱托，不断从中汲取力量，在市委市政府的坚强领导下，精准施策，攻坚克难，昼夜奋战，苦干实干，截至2021年，全市累计减贫170.15万人，855个省定扶贫工作重点村全部出列，为山东全省打赢脱贫攻坚战作出了菏泽贡献、展现了菏泽担当。

以初心“铸魂”，始终牢记“贫困不除、愧对历史”的铮铮誓言

菏泽市扶贫开发办公室自2014年2月19日成立以来，就坚定不移把打赢菏泽脱贫攻坚战作为重大政治责任和历史使命，始终保持决战决胜的清醒头脑和政治定力。切实提高政治站位，扶贫机构成为“参谋部”“作战室”。主动加强统筹协调，坚决贯彻落实中央决策部署和省委工作安排，严格按照市扶贫开发领导小组指示要求，充分发挥脱贫攻坚作用，紧跟上级扶贫政策导向，第一时间提出落实建议。始终保持攻坚态势，扶贫干部争当“敢死队员”、争做“拼命三郎”。全体扶贫干部本着对历史、对人民、对市委高度负责的态度，以开局就是决战，起步就是冲刺的精气神，有效发挥了脱贫攻坚“突击队”“尖刀班”作用。持续压实工作责任，扶贫格局实现“横到边”“纵到底”。从市到乡全部建立党政主要负责同志任“双组长”的扶贫开发领导小组，市县部门单位全部成立扶贫工作办公室，全市所有行政村均配备扶贫包村干部和扶贫联络员，层层拧紧责任链条，压紧压实扶贫责任，为推进脱贫攻坚做了充分组织保障和力量配备。

以民心“施策”，坚决践行“人民不富、寝食难安”的精准方略

始终坚持精准方略，深入开展“三个一”脱贫攻坚工程，推动各项扶贫措施落实落地。深入开展“一户一案”精准扶贫。严格按照贫困人口认定要求和标准，组织基层干部群众开展贫困识别，摸清贫困人口数量、贫困程度、致贫和返贫原因等情况，在此基础上，对贫困人口实施动态管理，逐户建立精准扶贫手册，完整记录帮扶措施和脱贫效果。脱贫攻坚期间，累计为贫困群众报销 93.1 万人次、8.4 亿元；全市 1.5 万名严重精神障碍患者得到了免费救治；共完成建档立卡贫困户危房改造 39774 户，累计拨付危房改造资金 5.32 亿元。深入开展“一村一品”产业扶贫。大力发展芦笋、山药等特色种植业，鲁西黄牛、青山羊等畜牧养殖业，纺织、服装等劳动密集型加工产业，建成市级“一村一品”示范村镇 168 个、省级 19 个、国家级 14 个。深入开展“一人一岗”就业扶贫。从发源于鄄城县董口镇的“小窝棚”中汲取灵感，在全市推广建设扶贫车间，实现贫困群众就地就近就业增收。扶贫车间做法被《中办通报》作为精准扶贫案例刊发，获评中国稳岗就业优秀案例、“全国脱贫攻坚奖创新奖”。脱贫攻坚期间，建成运营扶贫车间 3107 个，累计安置和带动 38.1 万名群众家门口就业，10.2 万名群众稳定脱贫。

以信心“克难”，全力兑现“小康路上、不落一人”的庄严承诺

一方面，积极推动黄河滩区居民迁建。黄河滩区环境条件恶劣，生产、生活条件较差，发展能力受限，因房致贫问题尤为突出。为确保“小康路上、不落一人”，2014 年，市扶贫办组织提出“将黄河滩区列为深度贫困地区”的建议，被党中央、国务院采纳。2017 年 8 月，菏泽黄河滩区脱贫迁建工程全面开工。工程首创就地就近筑台迁建模式，抽取黄河泥沙为主体材料淤筑 28 个村台，节约了大量成本。2021 年 5 月，投资 150 多亿元，集结 8 万建设者，历时五年的黄河滩区居民迁建重大民生工程、德政工程完成，14.6 万滩区群众彻底摆脱黄患之苦，过上了安居乐业的幸福生活。另一方面，努力补齐“老弱病残幼”特困群体短板。针对特困儿

童教育难题，探索建立养教并重的全日制寄宿式公益学校。针对贫困老人养老安居难题，探索建设了 2279 套集生活居住、日间照料、休闲娱乐等于一体的养老周转房，入住贫困老人 2848 人。

目前，菏泽市扶贫开发办公室整体已改组为菏泽市乡村振兴局，这些人将继续弘扬脱贫攻坚精神，开拓奋进、埋头苦干，确保跑好脱贫攻坚与乡村振兴的“接力棒”，在打造乡村振兴齐鲁样板“菏泽路径”的新战场上贡献更大的力量。

（图片：山东省菏泽市乡村振兴局提供）

新乡市长垣市驻光山县脱贫攻坚帮扶工作队

河南省新乡市长垣市驻光山县脱贫攻坚帮扶工作队自 2019 年成立以来，坚持从长垣和光山两地实际情况出发，以长垣产业之“长”补光山产业之“短”，统筹基础建设、产业帮扶和消费扶贫等帮扶渠道，有效增强了光山县县域经济快速高质量发展的内生动力，实现了双方优势互补、合作共赢。2020 年，荣获“河南省扶贫先进集体”称号；2021 年，荣获“全国脱贫攻坚先进集体”称号。

新乡市长垣市驻光山县脱贫攻坚帮扶工作队：牢记“两个更好”嘱托 “飞地经济”飞出产业帮扶“金凤凰”

2018年长垣市结对帮扶工作队一行，带着长垣市委、市政府的信任和重托，带着对家人的不舍，驱车400公里，来到了大别山革命老区——光山县。自结对帮扶光山县以来，长垣市按照河南省委、省政府要求，带着责任和感情结对帮扶，特别牢记习近平总书记视察河南深入信阳革命老区考察时提出的“两个更好”重大要求。长垣市和光山县在精准合作的基础上，成功探索出了“飞地经济”产业帮扶模式。目前，总占地345亩，总投资6.5亿元，年产值7.2亿元的“长垣光山飞地经济健康产业园”已陆续投入运行，贫困山区里飞出了一只产业“金凤凰”。

深入调研谋产业

长垣市委坚决落实好帮扶光山老区脱贫的任务，及时派出工作队入驻光山一起并肩战贫。市委决定，工作队必须是最优的，战斗力必须是最强的，业务素质必须是最好的，于是工作队四人便结缘光山。刚开始的时候，如何开展帮扶的问题困扰着他们。光山县是农业大县，工业是高质量发展短板，经过充分调研了解，光山县是全国最大的羽绒服加工基地，从业人员近十万人，有相当一部分熟练缝纫工。长垣市是“中国医疗耗材之都”和全国三大卫材耗材生产基地，两地在产业融合上可以相互补充。于是工作队提出利用光山县劳动力密集优势，发展医疗耗材产业。同时，卫材产业符合国家扶持政策，具有广阔市场前景，是一项可持续、财力增收显著的朝阳产业。这一结对帮扶思路确定后，得到长垣市委和光山县委的充分肯定，2019年11月，双方在充分考察论证的基础上，签订了“长垣光山飞地经济健康产业园”的合作模式。

扎根光山促落地

2020年春节，一场突如其来的新冠肺炎疫情打乱了早已谋划好的项目落地路线图。武汉封城，光山和武汉又近在咫尺，作为工作队队长的宁俊博清醒地认识到，抓项目落地要快、作风要实，疫情不知什么时候才能结束，项目落不了地怎么办？心急如焚，寝食难安，妻子劝他说，项目落地不在乎晚几天，等疫情控制住了再说吧！三岁的孙女听说他要出远门，紧紧拉着他的手一刻也不愿松开。职责驱使他向险而行，正月初四，在妻子和孙女的含泪目送下，他独自一人驾车奔赴光山项目工地。临行前，妻子担心他因疫情封闭后无法购物，特地在家做了四个编织袋的包子和馒头，从此，光山干部亲切地称他为“包子市长”。返回工作岗位后，宁俊博丝毫不敢懈怠，疫情封闭期间，他联系设计单位，对产业园区进行高起点规划。2月16日，光山县疫情缓和后，他立即投入到项目筹备建设中。由于平时工作繁忙，节假日很少回家，有时甚至忘却了自己最疼爱的孙女。直到有一天，和孙女视频聊天时，孙女竟认不出爷爷了，那一刻，他双眼模糊了，他知道是时候该回家看看了。2021年5月，宁俊博的母亲患肿瘤病在郑州住院做手术，他请假一天，匆匆安排好弟弟和妻子照顾母亲，就返回到工作岗位。在他的全力推动下，投资2.9亿元、占地131.62亩、建设十万平方米的标准化厂房一期工程已交付使用，二期项目厂房主体已建成，开创了重大项目建设的“光山速度”。

协调推动破难题

栽下梧桐树，如何引来金凤凰？为了让长垣光山飞地经济产业园成为国内卫材一流标杆企业，工作队重新思考如何引进企业和促进当地长远发展的问题。宁俊博先后十余次南下广州、深圳、惠州等地招商，有时为了赶火车一天只吃一顿饭。最难忘的是为了引进广州一家在国内知名的医疗器械公司，宁俊博动用乡情、友情，经过7次洽谈，这家企业最终落户光山园区。精诚所至，金石为开。在工作队的不懈努力下，目前，已有三个产业项目成功落地，引进资金1.52亿元。为建立支持产业发展的长效机制，宁俊博积极向长垣市委汇报，争取到市财政大力支持，在光山县财政局设立产业发展资金池，引导和激励医用卫生材料及关联企业到光山县投资兴业。协调光山县建立项目推动联席机制，在征地拆迁、手续办理、招工培训等方面给予支持。

全力做好产业项目落地的同时，在长垣市委的支持下，工作队一班人还持续开展了劳务协作、人才支援、财政援助、消费扶贫、社会参与等帮扶工作。因为脱贫成效突出，中共光山县委员会和长垣市驻光山县脱贫攻坚帮扶工作队均被评为“全国脱贫攻坚先进集体”。

因为脱贫攻坚这项伟大工程，工作队深深爱上了老区光山这片热土。下一步，他们将大力弘扬好脱贫攻坚精神，持续做好结对帮扶，成立“长垣光山联合党支部”，让党旗在民营企业一线飘扬；成立信阳市长垣商会，聚集在信阳地域内的长垣企业家，走进光山、投资光山，继续助推光山乡村振兴，让“飞地经济”产业大树枝繁叶茂，在落实“两个更好”中贡献长垣智慧和力量！

（图片：新乡市长垣市驻光山县脱贫攻坚帮扶工作队提供）

中共兰考县委员会

中共兰考县委员会始终牢记作为第二批党的群众路线教育实践活动中习近平总书记的联系点的光荣使命，大力传承弘扬焦裕禄精神，深入践行县域治理“三起来”，2016年底，兰考县在全国第一批率先脱贫摘帽，如期兑现了对总书记的庄严承诺。兰考县先后荣获“全国脱贫攻坚奖组织创新奖”“全国文明城市”“全国首批脱贫攻坚交流基地”等。2021年，中共兰考县委员会荣获“全国脱贫攻坚先进集体”称号。

中共兰考县委员会：脱贫攻坚的兰考启示

脱贫攻坚战打响后，兰考人民以“敢教日月换新天”的气魄，成功走出了一条具有自身特色的扶贫路径。2021 年，站在“两个一百年”奋斗目标的历史交汇点，回看“三年脱贫、七年小康”的奋斗历程，兰考县的脱贫攻坚给人以启迪。

新发展理念在县域的集中体现

50 多年前，焦裕禄在这里打响了治理盐碱、风沙、内涝“三害”的第一枪，时过境迁，曾经贫瘠的盐碱地上如今已结出了蜜瓜、车厘子。

“这几年，兰考以落实新发展理念为基准，就是将创新、协调、绿色、开放、共享一以贯之，坚持可持续发展。”开封市委常委，兰考县委书记、县长李明俊说，兰考没有干急功近利的事，做的都是打基础、利长远的工作。

2002 年兰考县被确定为国家级扶贫开发工作重点县，2011 年被确定为大别山集中连片特困地区重点县。2014 年建档立卡时共有 115 个贫困村，贫困人口 23275 户 77350 人，贫困发生率 10.2%。

作为习近平总书记第二批党的群众路线教育实践活动联系点、焦裕禄精神的发源地，兰考县委、县政府以脱贫攻坚统揽经济社会发展全局，在全国实现首批脱贫摘帽。

坚定县域治理“三起来”路径

历史上的兰考县，群众吃不饱穿不暖，尽管焦裕禄带领人民除去了“三害”，但贫困却始终如一座大山压在百姓头上。

把脉问诊才能精准施治。

病因何在？“‘等靠要’思想根深蒂固，加上黄河水患、恶劣气候影响，造成兰考发展底子薄，群众创业内生动力不足，干部干事创业激情不够，特色产业培育、城乡一体化推进等短板突出，贫困面貌长期无法改变。”李明俊分析。

民要富，县要强，兰考应该选择怎样的一条路径？

2014年春天，习近平总书记调研指导兰考县党的群众路线教育实践活动时，作出了“把强县和富民统一起来，把改革和发展结合起来，把城镇和乡村贯通起来”的指示。

按照总书记指明的路径，兰考县紧扣县域治理“三起来”，持之以恒将其作为推进经济高质量发展的根本遵循，在高质量党建引领下，围绕强县和富民统一，做大做强做优特色产业；改革和发展结合，盘活资源，激发县域发展活力；城镇和乡村贯通，实现城乡一体化发展，彻底摆脱贫困。

在脱贫攻坚中，兰考县工业化、新型城镇化、农业现代化、信息化均迈出坚实步伐，高质量发展体系逐渐形成，“兰考之变”成功实现。

“以人民为中心”不是一句空话

兰考县坚持把发展产业作为强县之基、富民之本，持续培育壮大特色产业，城乡统筹、一二三产融合发展的产业布局基本形成，在增加财政收入的同时带动更多群众增收致富。

以人民为中心，有利于群众的事就多干，不利于群众的事就不干，宗旨意识树牢了，内生动力问题、产业发展问题、就业创业问题等也随之迎刃而解。

如今的兰考县，营商环境风清气正、政务服务廉洁高效、干部群众干事创业氛围浓厚，这正是吸引永旺宏润集团董事长程玉旺返乡创业的原因。

2012年，程玉旺响应政府号召，从北京返乡创业。2017年，他的公司积极对接兰考县贫困户最多的小宋乡，对38个村、231户贫困户进行人居环境改造，使群众的居住环境焕然一新。

“我们开展了一系列公益活动，为家乡建设贡献力量。”程玉旺说，因为主动回馈家乡父老，企业的发展也得到了群众的认可，业绩喜人。

“兰考的党员干部用城乡面貌的改变、群众脸上的笑容，兑现着‘三年脱贫、七年小康’的庄严承诺。”兰考县委组织部副部长闫涛说。

开放共享让新兰考迸发巨大活力

“兰考脱贫攻坚取得如此成果，经济社会发展快速突破，还有一个比较好的秘籍，就是一个开放的、包容的、共享的兰考正在形成。”李明俊认为。

兰考县惠安街道办事处乔庄村村民仁丹杰，通过做好房前屋后的环境卫生，每月都能挣到奖励积分，到爱心超市兑换生活用品和孩子的文具。仁丹杰逢人就说：“感谢办事处办起了爱心美德公益超市，让俺过上了既幸福又有尊严的日子。”

兰考县创新开启以巧媳妇工程、人居环境扶贫、助学扶贫为支撑的“1+3”社会扶贫模式，让贫困群众靠自己的劳动、自己的表现获取社会捐赠，打破了过去的“等靠要”思想。

这只是兰考由封闭转向开放的一个缩影。如今的兰考，成功创建国家文明城市，县域之内文明乡村、文明庭院比比皆是，城区机关、村委会全打开了院墙大门，一个开放、共享的兰考在展现给群众的同时，也展现给社会，以文明程度的提高改变着城市形象。

环境越来越好，吸引着越来越多项目来此落地。“兰考发展还得靠开放，用社会资本来促进我们的产业发展。”

在脱贫攻坚的伟大实践中，兰考探索出的一条条成功经验，给人以深刻启迪。在接下来推进乡村振兴的征程中，兰考驰而不息的探索仍在继续。

（图片：中共兰考县委员会提供）

国网湖北省电力有限公司巴东县供电公司

国网巴东县供电公司内设7个职能部门，2个业务实施机构、11个乡（镇）供电所、1个供电服务站、省管产业单位2个。现有在岗职工412人（其中全民职工319人，供电服务职工93人）。现有220千伏变电站2座42万千伏安、110千伏变电站6座26.9万千伏安、35千伏变电站24座18.795万千伏安。用电客户20.32万户，户均容量2.717千伏安。2021年2月，公司被党中央、国务院表彰为“全国脱贫攻坚先进集体”；2022年2月，公司被恩施州委、州人民政府表彰为“2021年乡村振兴战略实施工作先进集体”；2022年3月，公司被中共巴东县委表彰为“实施乡村振兴战略”驻村帮扶工作突出集体。

国网湖北省电力有限公司巴东县供电公司：电暖山乡处处春

山乡吐绿，春暖花开。在湖北省恩施土家族苗族自治州巴东县水布垭镇麻石坪村，51岁的脱贫户胡善能正在地里查看贝母和木瓜的长势。

过去，胡善能一家因学、因病致贫。在国网巴东县供电公司驻村扶贫工作队帮助下，他种了4亩贝母、5亩木瓜，还养了10多头猪，从“贫困户”转变为“种养能手”。

位于长江中游巫峡和西陵峡之间的巴东县，曾是集老、少、边、穷、库于一体的国家重点贫困县。自1995年开始，国家电网公司定点扶贫巴东县公司以行业扶贫、光伏扶贫、定点扶贫为抓手，扎实推进各项扶贫工作，成效显著。

点亮峡江动力足

柑橘是巴东县东瀼口镇绿竹筏村增收致富的支柱产业，全村有柑橘4000多亩。然而，2020年因遭遇旱灾，全村有2700亩柑橘严重亏损。绿竹筏村决定增建2个泵站和6个泵房来解决柑橘灌溉难题。

有了动力电，泵站和泵房才能正常运转。国网巴东县供电公司争取资金165.02万元，新建及改造配电台区8个，新组立电杆171根，架设高压及三相四线动力线路9.5千米，确保了泵站及泵房引水灌溉用电。

哪里有需要，电就送到哪里。国网巴东县供电公司始终将社会责任扛在肩上，持续推进农网改造升级工程。2012年以来，累计完成电网建设投资17.66亿元，全县户均容量提升至2.63千伏安，供电可靠率提升至99.87%，电压合格率提升至99.85%，为巴东县打赢脱贫攻坚战提供了充足的电能保障。

过去官田村没有支柱产业，由于电压不足，官田村一养殖户只能避开用电高峰期，在每天晚上 11 时到第二天凌晨 4 时加工饲料。了解到这一情况后，国网巴东县供电公司为官田村新增改造 4 个配电台区，全村供电容量由以往的 50 千伏安增加到 200 千伏安，翻了 4 倍。

有了稳定电能的支撑，官田村新增 3 个专业合作社，年产值近 300 万元，为村民们提供了 30 多个就业岗位。生猪、茶叶等产业稳健发展，2016 年全村 127 户贫困户共 386 人全部脱贫，2020 年人均年收入达 5400 元。村民都说，日子越来越有奔头了。

精准施策活山乡

过去，巴东县溪丘湾乡高家坡村是无支柱产业、无致富门路、无集体经济的“三无村”。2017 年，国网巴东县供电公司在已投资 6580 万元为巴东捐建 3 座集中式光伏电站的基础上，又在巴东县投入 2.32 亿元实施“国网阳光扶贫行动”，为巴东县 118 个建档立卡贫困村各捐建一个 200 千瓦的光伏扶贫电站，溪丘湾乡高家坡村名列其中。

光伏电站建成投产，让原本属于“空壳村”的高家坡村集体经济有了来源。“三年来，光伏电站发电量达 80.85 万度，为村集体增加了 87.32 万元的收入。”许贤龙介绍，村里把这些收益用在产业奖补、小型公益事业建设等方面，现在村里的变化一年一个样。

阳光照亮山乡，也照亮了村民们的致富路。截至 2020 年 12 月底，巴东县 121 座光伏电站累计上网电量 1.14 亿千瓦时，累计发电收入 1.05 亿元，全县 118 个建档立卡贫困村集体经济有了稳定来源。2021 年，巴东县 118 个脱贫村利用光伏电站收益设置公益性岗位 3344 个，优先解决脱贫户在家门口就业问题，每个公益岗位人均年增收 6200 元。

为促进脱贫产业发展，国网巴东县供电公司捐赠定点扶贫资金 160 万元，为巴东县沿渡河镇神农硒茶叶有限公司建设了一条红茶生产线。借助电气化的生产线，神农硒茶叶有限公司每年可加工茶叶 405 吨，实现销售收入 2300 万元。公司为脱贫户提供就业岗位 40 个，带动周边 5 个村、1000 多户农户增收致富。

27 年来，国网巴东县供电公司累计捐赠 7300 万元资金，在巴东县精准实施定点扶贫项目 166 个。仅在助推产业发展上就投入扶贫资金 2700 万元，实施茶叶、药材、水果等 48 个产业扶贫项目，带动全县 221 个村

33284户户均增收3000元。

汗洒山寨践初心

2016年9月，时任国网神农架供电公司副总经理的李斯君，来到巴东县挂职副县长。为了将国网公司扶贫项目落到实处，助力巴东县尽早实现脱贫目标，4年多的时间里，李斯君走遍了巴东县118个贫困村，对每一个扶贫项目都了如指掌。2020年7月1日，为缓解新冠肺炎疫情导致的农副产品滞销问题，李斯君走进直播间，向广大网友热情推荐巴东土特产。

在巴东，每一位供电职工都把扶贫当成事业来做。

今年57岁的国网巴东县供电公司职工贾继定，从1995年开始参与国家电网公司定点扶贫巴东工作，27年来，他既是扶贫政策的宣传员，又是国家电网公司扶贫项目实施的协调员、项目建设的监督员。

巴东县沿渡河镇官田村地处深山峡谷，为解决村民饮水难题，贾继定身背干粮，手拄木棍，徒步上山找水源，在大山上一走就是一天。巴东县官渡口镇凉水井村山高路远，贾继定乘坐客船渡过长江，再换乘面包车进村检查定点扶贫项目质量进度。由于山高坡陡，弯急路窄，车辆突然打滑，险些翻下悬崖，幸好路边一块大石头抵住了车轮。虽艰苦，但贾继定从不曾退缩。

贾继定一心扑在扶贫工作上，家里的很多事情都顾不上。父亲离世时，他在扶贫一线；母亲病重住院，他也极少在病床边照料。2019年6月14日，贾继定在赶往扶贫点的路上，接到家人的多个电话，得知母亲病危。他完成工作后赶回时，母亲已经与世长辞。他擦干眼泪，妥善处理完母亲的后事，又出现在扶贫项目实施现场。

如今，他依然奔走在巴东县的山山岭岭间，为实施好国网公司定点扶贫项目、助推巴东县乡村振兴而不懈努力。

（图片：王祖满提供）

十堰市人民政府扶贫开发办公室

十堰市人民政府扶贫开发办公室（现为十堰市乡村振兴局）成立于 1987 年，是全市扶贫开发和老区建设业务主管部门，主要负责贯彻落实党和政府各项扶贫开发政策，制定全市扶贫规划，统筹推进全市扶贫开发和老区建设等工作。全办有干部职工 29 人，其中局机关干部职工 24 人，二级单位（十堰市扶贫开发发展中心）5 人。十堰市人民政府扶贫开发办公室连续多年获十堰市委、市政府年度综合绩效考核优秀等次。2019 年 6 月，十堰市人民政府扶贫开发办公室荣获第九届“全国人民满意的公务员集体”称号，2021 年 2 月，十堰市人民政府扶贫开发办公室荣获“全国脱贫攻坚先进集体”称号。

十堰市人民政府扶贫开发办公室：书写在秦巴大地上的时代答卷

十堰集老、少、山、边、穷、库于一体，是秦巴山集中连片贫困地区、湖北省深度贫困地区，所辖 8 个县（市、区）均被纳入国家秦巴山片区扶持范围，6 个县（市、区）属国家级贫困县，其中 5 个县（市）是深度贫困县。全市建档立卡贫困人口 83.4 万人，贫困发生率 36.7%，高于全国 24.9 个百分点、全省 19.2 个百分点，贫困村 456 个，易地扶贫搬迁对象 35.5 万人。不仅脱贫攻坚难度大，生态保护、转型发展任务也十分艰巨。十堰市扶贫办作为主力军和先锋队，主动担当，攻坚克难，为全市夺取脱贫攻坚全面胜利作出了巨大贡献。

高站位抓部署

始终把对党绝对忠诚作为根本政治要求和最重要的政治纪律，把脱贫攻坚作为重大政治任务和第一民生工程，作为检验“四个意识”的重要标准，真正把脱贫攻坚的政治责任扛在肩上，坚持把习近平总书记关于扶贫开发的重要论述作为打好打赢脱贫攻坚战的根本遵循，第一时间传达学习习近平总书记的重要讲话、指示批示精神，确保政治上、思想上、行动上同以习近平同志为核心的党中央保持高度一致。严格落实“市县抓落实”的要求，紧扣“两不愁三保障”标准，坚持“六个精准”，实施“五个一批”，多次组织召开市扶贫攻坚领导小组会、专题会、现场推进会，研究部署、统筹推进全市脱贫攻坚工作，确保中央、省委关于脱贫攻坚的各项决策部署在十堰落地生根。

高质量当参谋

把当好参谋助手作为重要任务，充分发挥领导小组办公室职能，超前谋划，精准地为市委、市政府确定脱贫攻坚工作思路和方向建言献策。推动构建了完善的责任、工作、投入、帮扶、动员、监督考核等脱贫攻坚体系，健全了会商、督查通报、约谈问责机制，完善了全市精准扶贫“1+N”政策体系，协调制定多个全市脱贫攻坚全局性政策文件，提交了10余个专题调研报告，协调扶贫攻坚领导小组成员单位统筹推进“五个一批”，推动脱贫攻坚责任、政策、工作“三落实”。超前谋划的“户户走到”和“两不愁三保障”查补短板工作，成为全国全省示范样板。

高标准抓落实

始终用最严的标准狠抓工作落实，要求机关干部职工手机24小时开机，随时做好拎包下乡的准备。局机关大部分干部每年三分之二的时间行走在全市偏远乡镇、偏远村庄。把绣花功夫下到脱贫攻坚的各环节各领域，推广“五方协议、四金联结”的产业扶贫模式，构建了政府引导、企业参与、平台支撑的产业扶贫格局；易地扶贫搬迁“六个坚持”的做法得到时任中共中央政治局委员、国务院副总理汪洋同志的批示肯定，国家发改委、国务院扶贫办转发各地学习借鉴；在全省率先开展补充医疗保险，构筑“基本医疗＋大病保险＋医疗救助＋补充保险”四位一体的健康扶贫运行机制，经验做法在全省推广；建立“金融＋保险＋资本”“三位一体”金融扶贫模式，全国金融扶贫现场会等多个会议在十堰召开。

高要求抓作风

把作风建设贯穿脱贫攻坚全过程、各环节，坚持以作风攻坚推动脱贫攻坚，以严实作风确保高质量打赢脱贫攻坚战。按照“为民、务实、清廉”的要求，深化作风纪律教育，狠抓干部队伍作风建设，干部的执行力、战斗力不断提升，任劳任怨、比拼赶超、务实工作在机关蔚然成风。会同纪检监察部门持续开展扶贫领域执纪问责，坚持党政同责、上下同责、部门与驻村同责，对工作推进不力、工作成效较差的单位和相关责任人实行约谈问责，以严明的纪律保证脱贫攻坚任务如期完成；扎实运用“扶贫领域政策落实监察系统”开展监督检查工作，及时发现和解决群众身边的不正之风和腐败问题，推动精准扶贫政策公平公正落地，确保贫困群众真正得实惠。严格落实中央减轻基层负担各项要求，对各类督查考核工作进行整合，切实为基层减负；坚决克服形式主义官僚主义，坚决防止虚假脱贫数字脱贫，积极防范化解扶贫领域的信访矛盾，定期对扶贫领域信访化解不力的县、市、区和乡镇进行约谈，组织干部挨家挨户与群众交流感情、宣传政策、理顺情绪、化解矛盾，真正把党的关怀和温暖送到群众心坎上，不断提高贫困群众满意率、认可度。

经过十堰市上下共同努力，全市贫困人口人均纯收入由2014年的2559.2元增长到2020年的11208.6元，年均增长27.9%；现行标准下贫困人口全部实现“两不愁三保障”；实施产业、就业、综合保障、防贫保险等政策，脱贫成果全面巩固；累计完成83.4万贫困人口全部脱贫、456个贫困村全部出列、35.5万人易地扶贫搬迁全部完成、8个贫困县（市、区）全部摘帽的脱贫任务，贫困地区基本生产生活条件明显改善，区域性贫困问题得到基本解决。十堰连续七年在湖北省扶贫开发工作成效考核中被评定为优秀等次，2019年十堰市扶贫办被中组部、中宣部授予第九届“全国人民满意的公务员集体”，2021年荣获“全国脱贫攻坚先进集体”称号。

（图片：蒲玉书提供）

中共宜章县委员会

湖南省宜章县属罗霄山片区扶贫攻坚重点县，在脱贫攻坚过程中，中共宜章县委员会始终坚持问题导向，积极改革创新，在扶贫小额信贷、健康扶贫、社会扶贫等方面拿出实招硬招，实行“三级平台 + 四员服务 + 五步清收”模式，推动扶贫小额信贷健康可持续发展，创新“四个一”大数据管理和“一站式”结算模式，打通健康扶贫“最后一公里”，构建“中国社会扶贫网 + 好人军团”线上线下齐发力格局，不断提升社会扶贫工作实效，2019 年荣获“全国脱贫攻坚奖组织创新奖”，2021 年荣获“全国脱贫攻坚先进集体”称号。

中共宜章县委员会：
创新“三招”解难题　干出脱贫新天地

宜章县地处湖南省最南端，为罗霄山脉片区扶贫攻坚重点县。近年来，全县深入贯彻习近平总书记关于扶贫工作重要论述，始终以问题为导向，积极改革创新，在扶贫小额信贷、健康扶贫、社会扶贫等方面拿出实招硬招，探索出可复制、可推广的经验。

扶贫小额信贷“贷”动幸福新生活

2015 年 5 月，宜章县成立了以县委书记任组长的金融扶贫工作领导小组，紧紧围绕“贷得到、用得好、收得回、可持续”，扎实推进该项工作落地落实。

一是建立“三级”服务平台，确保“贷得到”“方便贷”。建立了县金融扶贫服务中心，在 19 个乡镇和 246 个行政村分别建立了金融扶贫服务中心（站），负责扶贫小额信贷工作的宣传发动、协调推进和综合管理服务。县财政安排了 4500 万元的风险补偿金。宜章农商银行将贷款审批权限下放到乡镇支行，乡镇支行增设扶贫小额信贷专柜，实行“一站式”业务办理，3 个工作日内即可发放贷款。同时，自主开发扶贫小额信贷管理系统，实行三级信息联通、数据共享、统一调度。

二是实行“四员”跟踪服务，确保“用得好”“有效益”。对每一个用款主体，明确信贷管户员、产业指导员、科技特派员、电商销售员“四员”进行“一对一”服务，全县共安排“四员”643 名，负责跟踪信贷资金使用情况、产业项目实施情况，及时帮助解决发展产业过程中遇到的政策、资金、技术、销售等方面的问题。

三是探索风险防控“五步法”“四提前”，确保“还得起”“主动还”。依托扶贫小额信贷信息管理系统，根据用款主体贷款到期时间、生产经营状况、盈利能力等，按“红、黄、蓝、绿”4个等级，分别对应“一天、一周、一月、一季”的时间段，进行系统自动预警。乡镇和放贷银行根据预警情况，实行“一季一走访、一月一排查、一周一调度、一天一汇统”工作机制，既可掌控风险，又能因户施策，避免“一收了之”。

四是创新可持续发展新机制，确保“可持续”“稳增收”。县委、县政府明确在脱贫攻坚期内，扶贫小额信贷及续贷、展期各项政策保持不变，已经还清扶贫小额信贷且享受3年财政贴息政策的贫困户，符合再次贷款条件的，可以多次发放扶贫小额贷款。每年开展金融扶贫信用户、信用企业、信用乡镇评选表彰活动，并将评比结果作为增减贫困户评级授信等级和授信额度、涉农资金安排的重要依据。对按期归还贷款的贫困户按贷款额度的2%、带贫主体按贷款额度的5‰予以奖励。

打通健康扶贫政策落地的“最后一公里”

2017年9月，宜章县依托城乡居民医保信息系统，创新建立“一站式”结算平台，实现“让信息多跑路，群众少跑腿”。

一是为了解决贫困户“看病贵”的问题，实行“一揽子政策保障”。把人社、民政、保险、财政等各相关部门的基本医疗、大病保险、扶贫特惠保、民政医疗救助、民政生活补贴、医疗减免、财政兜底等健康扶贫政策，有机整合在“一站式”结算系统内运行，实行电脑自动计算，一个平台结算，做到应报尽报。

二是为了解决贫困户“住院难”的问题，实行“一张卡看病就医”。通过开设结算专户，各相关部门将报销资金预拨划入专户，与报账窗口单位实行统一结算，贫困群众到县内定点医疗机构住院，可享受“先诊疗后付费”政策，只需出示身份证，便可办理住院手续。

三是为了解决贫困户“报账难”的问题，实行“一站式即时结算”。在县内医疗机构和城乡医保设置“健康扶贫一站式结算窗口”，统一运用“一站式”结算系统分别对在县内县外住院的贫困患者进行业务办理，出院时只需凭出院证在健康扶贫“一站式”结算窗口缴纳个人自付部分，整个结算过程不到一分钟。

四是为了解决贫困群众“获得感不强”的问题，实行“一张单明示待遇”。通过一张报销单明白展示各项政策享受情况，以及与非贫困户享受政策的对比情况，有效提升了群众满意度和获得感。基本实现了“小病不出乡、大病不出县”，贫困群众县内就诊率达93.7%，建档立卡贫困户县域内住院实际医疗费用报销比例达85%以上。

凝聚社会力量尽锐出战助力脱贫攻坚

宜章县2016年12月成立了宜章好人协会，构建了县乡村三级好人协会（工作站）网络，投入脱贫攻坚战中来。

一是发挥好人资源优势，积极开展扶贫帮困。在脱贫攻坚工作中，全县好人组织充分发挥成员分布广、人数多、力量足、爱心浓的优势，主动承担全县脱贫攻坚结对帮扶工作，建立了好人帮扶与国家干部帮扶同标准、同要求、同考核机制。2018年底，由好人协会结对帮扶的贫困户全部实现脱贫。同时，好人协会还与社会扶贫网进行线上线下对接帮扶合作，社会扶贫网宜章管理中心第一时间将求助信息转给好人协会，好人协会及时走访核实情况，制定救助方案，积极对接帮扶。

二是弘扬好人道德风尚，倡导乡风文明。好人协会结合全县开展的扶贫政策“五个讲清楚”活动，成立了30余人组成的“好人义务宣讲队”，每个村级好人工作站相应成立了“好人基层扶贫讲堂”，广泛发动各界群众来讲自己身边的好人好事、道德礼仪等，用身边的典型影响乡里乡亲。

三是强化好人励志引领，激发贫困群众内生动力。在宜章好人协会组织中，既有白手起家的创业能人，也有脱贫后加入好人协会的贫困户，这些身边的励志故事深深影响和激发了一大批贫困户自我发展的内生动力，营造了“要我脱贫”变为“我要脱贫”的良好氛围。全县共有3600余名贫困户加入好人协会，实现从受助者向援助者的转变。

（图片：邓加亮提供）

广州市协作办公室

2016年以来，广州承担对口帮扶全国8个市州44个县（市、区）的脱贫攻坚任务，广州市协作办公室始终以强烈的政治责任和使命担当，坚持不懈地高强度、大力度、超常规推进对口帮扶工作开展。截至2020年底，广州累计投入财政帮扶资金114.59亿元，筹集社会帮扶资金84.56亿元，选派扶贫干部1600多名，带动减贫超210万人，助推对口帮扶地区所有贫困县、贫困村摘帽出列，建档立卡贫困户全部脱贫。广州创造的“小车间大就业”“粤菜师傅、广东技工、南粤家政”职业教育就业帮扶、组团式教育医疗帮扶、旅游扶贫、易地扶贫搬迁点后续帮扶，以及“刺梨、生猪、蔬菜、南瓜、鲜花”五大示范产业、协作共建“现代农业产业产供地、黄金旅游休闲目的地、承接产业转移集聚地”等多项经验在全国推广，6个集体被表彰为“全国脱贫攻坚先进集体”，4人被表彰为“全国脱贫攻坚先进个人”。

广州市协作办公室：
践行时代担当　助力全面小康

2016年以来，广州承担了东西部扶贫协作、省内对口帮扶、省外对口支援全国8个市州44个县（市、区）的脱贫攻坚任务。广州市协作办公室充分发挥市委市政府参谋部、指挥部、作战部“中枢神经”作用，始终以强烈的政治责任和使命担当，坚持不懈地高强度、大力度、超常规推进，截至2020年底，累计投入财政帮扶资金114.59亿元，派驻扶贫干部1600多名，带动减贫超210万人，推动毕节、黔南等地实现GDP年均增速达10%，助推对口帮扶地区实现所有贫困县、贫困村摘帽出列，所有建档立卡贫困户全部脱贫。

对标对表中央要求，统筹谋划、督导跟进，推动脱贫攻坚任务如期高质量完成

一是及早谋划强设计。总书记有新指示、中央有新部署、省委有新安排，坚持第一时间传达学习、研究谋划、统分结合、精准施策，做到政策早明确、任务早分解、工作早展开。累计印发各类政策文件130余份，协调出台各行业帮扶政策规定50余份。

二是统筹协调聚合力。加强统筹协调，优先保障“人、财、物”重点要素投入。累计选派扶贫干部1600多名、专业技术人才5000余名到对口帮扶地区挂职帮扶，投入财政帮扶资金114.59亿元。推动落实党政一把手第一责任，市、区和各帮扶单位主要领导、分管领导累计实现5万余人次交流互访。动员引导社会各界参与脱贫攻坚，累计筹集社会帮扶资金84.56亿元。

三是加强督导促落实。分类制定和完善资金使用管理办法、项目监管规定等，全流程严格审批把关，确保依法依规。突出重点工作，建立任务

台账、成立专班跟进。强化问题导向，结合专项巡察、年度考核等工作，开展自查自纠，狠抓问题整改落实。

扭住发展产业根本之策，挖潜赋能、补短强弱，打造被帮扶地区永续发展特色产业

一是盘活土地资源。充分整合企业资本和被帮扶地区土地资源，引导推动广州农业龙头企业实施产供销“一条龙”服务，打造规模化、标准化、现代化生态农业模式。

二是打造产业名片。组织广药集团发挥企业技术、资金、品牌等优势，助力贵州打造百亿级刺梨时尚生态产业，成为贵州省第四张名片，研发的“刺柠吉”系列产品年销售额超20亿元，带动贵州刺梨生产加工企业销售额同比提高30%以上。以园区共建为重要抓手，助力招商引资，引导推动一批世界和中国500强企业落户毕节、黔南，实际投资164.63亿元，带动64.55万贫困人口增收。

三是释放消费潜能。充分整合各方优势资源，全力推动“黔货入湾”“粤客游黔”。成立消费扶贫专班，推动组建广州消费扶贫联盟，搭建一个全国消费扶贫服务中心、十个批发市场、百家线上电商、千个连锁超市、万台专柜，形成消费扶贫规模化效应。建设粤港澳大湾区“菜篮子”平台、东西部扶贫协作产品交易市场等优质平台，推广直播带货助农新模式，促进线上线下产销对接，累计销售被帮扶地区农产品超350亿元。

坚持就业是最大的民生，培训强能、稳岗拓岗，推动实现贫困群众持续增收稳定脱贫

一是实施“就业拓岗”。在毕节、黔南累计援建扶贫车间、扶贫农场229个，吸纳贫困劳动力就业约5000人。设立“山海心连之家”劳务协作工作站，引导贫困人口转移就业。组织培训被帮扶地区贫困人口16.38万人次，实现转移到广东省就业2.44万余人、就近就业14.07万余人。

二是创新“订单培训”。深入实施“广东技工”“粤菜师傅”“南粤家政”三项工程，采取校校合作、校企合作开办订单班，贫困学生免费就读，定向就业，实现招生即招工，入学即入职，毕业即就业。

三是激活“非遗技艺”。深入挖掘贵州非物质文化遗产发展潜力，引导广州唯品会开设电子商务公益平台“唯爱工坊”，在毕节市织金县创办蜡染、刺绣合作社，手工作坊共166家，帮助当地3000多名少数民族绣娘实现家门口有尊严就业、高质量脱贫。

聚焦“两不愁三保障”突出问题，强基固本、提质增效，提高被帮扶地区步入全面小康社会成色

一是科技助力端牢“饭碗”。组织科技专家与黔南州携手攻关《在“冷烂锈阴瘟”低产田中创水稻优质高产示范》项目，在海拔1400米以上“少边穷寒瘟旱”典型冷凉山区，研发“浅肥密嫩”栽培技术，引入“滇杂31”“滇禾优615”等水稻良种，累计推广种植4万亩，实现亩产由300公斤左右增加到600多公斤，带动贫困户人均增收3000多元。

二是志智双扶拔掉“穷根”。充分发挥广州教育、医疗资源优势，在毕节市、黔南州17个贫困县通过帮带队伍、帮建学科、帮抓规范等，创新开展教育、医疗组团帮扶，累计指导开展医疗新技术新业务700余项，填补空白学科近50余个。

三是打造安居乐业“样板”。围绕“稳得住，有就业，逐步能致富”，统筹做好易地扶贫搬迁点后续帮扶。累计投入财政帮扶资金7.8亿多元用于毕节、黔南搬迁点学校和医院项目建设，实施扶贫项目133个，从就业、产业、教育、卫生、社区治理、文化体育、基础设施、长幼服务等八个方面开展全面帮扶，其中援建的毕节市七星关区柏杨林街道“长者饭堂”和“长幼日间托养照料中心”成为全国首家三者合为一体的综合服务平台。

（图片：广州市协作办公室提供）

中共环江毛南族自治县委员会

位于广西西北部的环江毛南族自治县，创新“党委第一书记、大村长”制，实施易地扶贫搬迁“六联一带”；打造脱贫后续增收和村集体经济扶贫产业园；创新教育扶贫，是国家级学前教育改革发展实验区；创新毛南族文化品牌，在国际舞台上讲好中国故事。2020 年习近平总书记对毛南族实现整族脱贫作出重要指示，环江县荣获“全国脱贫攻坚奖组织创新奖”。2021 年荣获“全国脱贫攻坚先进集体”称号。

中共环江毛南族自治县委员会：幸福是这样炼成的

毛南族曾因居住条件恶劣，过去叫“毛难族”，意思是受苦受难的民族，1986 年经国务院批准改为“毛南族”。

新一轮脱贫攻坚战打响以来，得益于党的精准扶贫政策，毛南山乡发生了翻天覆地的变化，实现整族脱贫，幸福敲开了每一户毛南族群众的家门。

搬出大山

环江县是全国唯一的毛南族自治县，由于自然和历史原因，许多毛南族群众祖祖辈辈生活在深山之中，实施易地扶贫搬迁和生态移民，是帮助贫困群众实现跨越式发展的根本途径。

环江县委书记黄荣彪说，近年来县里累计帮助 1880 户毛南族贫困户实施危旧房改造，同时把 2356 名毛南族贫困人口从“一方水土养不好一方人”的地方搬迁到 2 个大型集中安置区和 7 个安置点，彻底拔掉穷根。此外，县里还引进 27 家龙头企业进驻安置区，创建 102 个“扶贫车间”，让搬迁户在家门口就业，努力实现稳得住、能致富。

做衣领、上拉链、缝袖口……坐在整洁的“扶贫车间”里，莫桂圆熟练地操作缝纫机、赶制校服。对她而言，从前在大山里“石头缝里种地”的艰难岁月就像一场远去的梦。

莫桂圆的老家在水源镇上南社区洞界屯，那是一个穷山沟，全家 5 口人住着破旧的木瓦房，下面一层养牲口，上面一层住人，冬天漏风，夏天漏雨。随着两个女儿渐渐长大，生活的重压让她和丈夫不得不外出务工，一年和孩子见不上几次面。2018 年，莫桂圆全家搬进移民安置区，让她喜出望外的是，自己还成为一名“上班族”，每个月有近 3000 元的收入。

2020年，大女儿大学毕业，莫桂圆总算了却一桩心事。“过上这样的好日子，我们一家人都很珍惜。”说完，莫桂圆不禁流下眼泪。

告别“三难”

饮水难、出行难、用电难一度是制约毛南族群众脱贫的三大难题。

下南乡是毛南族群众主要聚居区，由于位于喀斯特地貌山区，长期季节性缺水。

下南乡党委书记覃纯果说，2016年他从县里到乡里任职时，同事告诉他“一定要带个大桶去”。水厂每天只供水约2个小时，他到学校调研时，了解到师生饮水困难，甚至出现过“偷水”的情况，心里很不是滋味。

几十年来，当地干部群众一直在寻找新的水源，每次都无果而终。离乡政府所在地约12公里远有一条河，叫打狗河，但是其间的茫茫大山，阻隔了群众引水的希望。

为了彻底解决这一区域一万多名毛南族群众的饮水难题，2017年，在中央和自治区专项资金支持下，将打狗河作为取水点的饮水工程动工修建。“在大山中修路、架电线、打隧道、建蓄水池，工程推进难度很大，有的干部将之称为‘下南三峡’，但是再大的难度也阻挡不了我们改善毛南族群众生存条件的决心。”环江县委书记黄荣彪说。

2019年6月24日，清澈的河水经过净化后到达家家户户。

除饮水难外，到2015年实施精准识别时，环江县仍然有不少村屯出行难、用电难，成为脱贫攻坚的“硬骨头”。下南乡景阳村上忙屯长期不通路、不通电，居住在这里的贫困户谭荣安靠打鱼为生，收入微薄，多年以来，他在深山里过着几乎与世隔绝的生活。

上忙屯2017年通了路，2018年通了电。不通路、不通电的生活从此封存在谭荣安的记忆里，享受到危旧房改造政策的他，不但建了新房，还有了一份保洁员的工作。

环江县县长黄炳峰介绍，新一轮脱贫攻坚工作开展以来，环江县累计投入12亿元用于毛南族贫困人口聚居的72个村基础设施建设，新建改建屯级道路1160公里。72个村全部实施农村电网改造，所有毛南族群众家中全部接通生活用电。

产业致富

在峰丛林立、沟多峪深的毛南山乡，长久以来当地群众依靠种植水稻、玉米来维持生计。2013年时，村民谭美春曾到桂林考察柑橘产业，看到当地一些群众通过种植柑橘住上小洋房很是羡慕，但是担忧投入大、回报周期长，后来只好作罢。

2015年，中央扶贫开发工作会议吹响精准扶贫的冲锋号，环江县出台一系列针对贫困户发展产业的扶持政策。

在政府支持下，免费苗木、技术指导和信贷支持等扶贫配套政策接踵而来，柑橘种到哪里，产业路就修到哪里。不到一年时间，一个柑橘种植园就初具规模。

看到柑橘产业的前景后，村里很多贫困户希望能够参与进来，为此，谭美春牵头成立环江毛南新村水果种植专业合作社。如今，包括14户贫困户在内的60户农户参与其中，种植面积达280多亩。收获季节，这些柑橘通过电商走向全国，为群众带来近百万元收入。

2016年以来，环江县选定桑蚕、香猪、菜牛、油茶等作为特色产业，目前全县有农民专业合作社470家、农业龙头企业10家。截至2019年底，环江县毛南族贫困群众特色产业覆盖率将近100%，产业致富的故事还在毛南山乡不断上演着。

（图片：卢增令提供）

贺州市平桂区鹅塘镇槽碓村村委会

槽碓村坐落于广西壮族自治区贺州市，作为全国独有的“土瑶”支系聚居村落，在2018年立下“一年初见成效、二年大见成效、三年脱贫摘帽”的承诺后，全面发力解决水电路桥网等基础设施建设瓶颈，着力解决“两不愁三保障”问题，实现了“人均一亩茶、户均两亩姜、村均万亩杉”的产业规划，以村民为受益主体完善利益联结机制，2019年实现整村脱贫摘帽。2021年，槽碓村村委会荣获“全国脱贫攻坚先进集体”称号。

贺州市平桂区鹅塘镇槽碓村村委会：演绎“一步跨千年”的故事

“我和我的祖国，一刻也不能分割……”2021 年 7 月的一天，在广西贺州市平桂区鹅塘镇槽碓村的小河边有人在合唱，嘹亮的歌声，回荡在山谷。

歌声来自一老年旅游团，共 14 名成员，他们都是 40 年前在平桂的同窗，当年毕业后，大家各奔东西。如今，他们从北京、珠海、南宁、桂林，甚至从法国、新西兰专程赶来，赴一场青春之约。

“我们是从这片土地走出去的，归来都已过了花甲之年。这次的聚会地点，决定选在变化最大的村寨，让大家感受什么是沧桑巨变。”领队的韦利娟说。

午后的山寨格外宁静，徐徐的清风，潺潺的流水，青鸟穿入云空的啼声，像响在耳边。“土瑶”民居褐瓦白墙，沿着小河而建，一栋栋木屋民宿掩藏在密林中，停车场、游客中心等设施一应俱全……

槽碓村是贺州 6 个“土瑶”聚居村之一，2021 年 2 月被党中央、国务院授予“全国脱贫攻坚先进集体”荣誉称号。从破旧“土瑶”小山村蜕变成广西乡村振兴示范点，这眼前“一步跨千年”的巨变，就是在短短几年间实现的。

“1998 年，我曾和驴友骑自行车到过槽碓村。那时候的路有如天险，自行车还被扎破了轮胎。”韦利娟说，这几年不光是进村的路修好了，村里那些破败的民居也焕然一新。

团员尹利平自南宁来，当晚一起在槽碓露营。他感叹，这山村之夜，清风入怀，明月照心，让人很是平静，仿佛走进“明月松间照，清泉石上流”的诗境。

有世外桃源一般的景色，也有说不完的动人故事。这两年，在当地政府的引导下，槽碓村发展“乡村旅游 + 特色民宿”，走上了乡村振兴产业发展之路。

村民邓春引的家在村中间，就挨着村委办公楼，地理位置优越。除了用来自住，多余房间就用来发展民宿。

“自村里发展乡村旅游之后，不断有人进村，却没有一个可以吃饭的地方。我在外务工过，觉得这是不可错过的商机，马上在自家一楼经营起农家菜馆，提供鸡煲、烟熏肉，石壁野菜等‘土味道’。生意好的时候，一天有七八桌客人。”邓春引说，现在村里还经常接到旅游团，有时候出现不够住的情况，所以他又想搞民宿。

“槽碓村有两个优势，一是自然资源，二是民族文化。以民宿来推动旅游产业链发展，很适合现在群众对旅游的需求。”2021 年 7 月 22 日，参加广西文化名家暨“四个一批”人才主题实践活动的专家们走进槽碓村，与村民进行文化艺术交流，为该村在传承发扬及利用好传统“土瑶”文化，实现乡村振兴建言献策。

青山不语，细水长流。接下来，槽碓村将继续就“土瑶”风情做文章，发展以瑶寨观光、民俗体验、山林休闲养生等为主导的乡村旅游业，推动产业转型升级，延伸农业加工、手工业等产业。

（图片：贺州市平桂区乡村振兴局提供）

海南广播电视总台《脱贫致富电视夜校》栏目

《脱贫致富电视夜校》创办于2016年11月，是中国首档脱贫致富电视公开课，2021年1月改版为《乡村振兴电视夜校》。夜校开创了“电视+夜校+钉钉+热线”模式和“夜校+”公益模式，多角度服务农民群众。被中央电视台《新闻联播》栏目、《人民日报》报道；受邀参加联合国粮农组织“互联网+农民学校扶贫”研讨会并介绍经验。荣获2017年度广播电视创新创优节目、“2017年度最具创新影响力”节目奖、“全国脱贫攻坚奖组织创新奖”、“全国基层理论宣讲先进集体”等荣誉。2021年荣获“全国脱贫攻坚先进集体”称号。

海南广播电视总台《脱贫致富电视夜校》栏目：在脱贫攻坚历史伟业中，担起媒体使命

2016年，在海南省委省政府高度重视、大力推动下，《脱贫致富电视夜校》开播，首次开创“电视＋夜校＋钉钉＋热线”的全新模式，服务国家脱贫攻坚战略，顺应贫困农民切身需求，成为海南省脱贫攻坚、“三农”工作的一个重要抓手和创新品牌。2021年1月，《脱贫致富电视夜校》转型升级为《乡村振兴电视夜校》，继续为海南基层干部、群众服务，打造一个专属的融媒体学习阵地。

高位推动，创新模式

夜校由海南省脱贫致富电视夜校工作推进小组主办，省委组织部、省委宣传部、原省扶贫办等多部门协办，海南广播电视大学、海南广播电视总台具体承办，并整合广播电视、远程教育站点、互联网、移动终端等媒体资源，发挥媒体优势，解决贫困群众“受穷不急、信心难立、脱贫无方”等问题。这是海南省在脱贫攻坚和乡村振兴工作中的有利举措，是融媒体时代海南现代远程教育的一次有益探索，更是基层教育大普及的一次积极尝试。

2021年7月，海南省委书记沈晓明来夜校调研时，肯定夜校的工作成效，指出“未来乡村振兴要发挥更好的作用，很多问题需要夜校来解决”，并亲自为夜校部署教学任务。海南省委副书记李军两次担任夜校主讲嘉宾，为全省驻村干部、农民群众上了生动的“开学第一课”，效果显著，反响热烈。五年来，有37位厅局长主动参与节目录制、亲临现场授课，把“两不愁三保障”、教育、医疗、乡村振兴等多项政策，用通俗易懂的语言传递给基层群众。深入浅出的授课形式和实用性强的授课内容，让群众受益良多。

多措并举，把夜校建成为民服务平台

夜校通过电视课堂的形式向基层干部、群众宣讲政策、传授技术、感恩教育、树立典型、帮找工作、帮结姻缘，培养好风气好品德、看夜校给文凭，从《脱贫致富电视夜校》到《乡村振兴电视夜校》，随着时代变化，夜校顺时而动，靶心不变，始终以服务“三农”为己任。

教学内容丰富。夜校五年共制作245期教学专题，在普及脱贫攻坚以及乡村振兴相关政策、扶志扶智方面发挥了重要作用。夜校先后策划“脱贫攻坚质量提升大比武”“全民战疫 · 坚决打赢疫情防控阻击战”“开学第一课——知识改变命运特别节目”“2020年海南省脱贫攻坚奖”特别节目；“自贸港！来了！——打赢脱贫攻坚战建设海南自贸港”等特别节目，均取得了较好的宣传效果。

多措并举，打通致富“主干线”。海南省委省政府设立了“961017”服务热线，采用“电视 + 夜校 +961017”结合的方式为群众服务。各职能部门则根据群众来电进行一对一定制服务，确保群众反映的问题能够及时得到解答。此外，还通过微信公众号、邮政信箱、写信等多种渠道加强与基层群众联通互动，把夜校建立成一个功能齐全、强大的服务平台。

“走出去、学回来”，增经验拓思路。2019年9月，为学习好的脱贫攻坚模式，用电视镜头推广好的经验做法，夜校栏目组走进了“精准扶贫”首倡地——湖南湘西十八洞村。通过实地走访，夜校把十八洞村优秀的扶贫方式及致富经验通过镜头和当地帮扶干部的讲述，激励着每一位夜校学员脱贫致富的决心，做到真真切切地走出去，学回来。

打造“夜校帮忙团”。对于农户求助的农业技术生产、法律知识等问题，进行实地走访，帮助老乡解决实际问题。目前，“夜校帮忙团”每月平均为老乡解决2—4个农业相关的问题。夜校也成为海南农村宣传战场的排头兵，自贸港建设的开拓者。

发挥平台优势，打造“夜校 +”品牌

丰富“夜校 +”品牌。通过“夜校帮你找工作”活动，走进12个市县，为7000多名贫困户提供12000个就业岗位；举办“夜校消费扶贫大集市”近百场，累计成交额730万；开展“夜校为你找媳妇”5场，累计为1000

名贫困户提供相亲服务；组织“夜校送课、送戏、送义诊”115场，累计为5万名贫困群众提供相应服务；开展“夜校管理员能力提升培训”10场，培训近千名基层驻村干部和村两委干部，培养乡村振兴“明白人”。

拓展“夜校+”模式。夜校成功举办数十场的关爱留守儿童特别活动、脱贫攻坚大比武、脱贫攻坚宣讲、歌训赛等为特定人群策划的特别节目。还利用电视、广播的直播形式，及时有效地通过夜校平台传达脱贫攻坚、乡村振兴相关政策。

参学人员广泛。夜校传播渠道丰富，全省共有2776个教学点，形成了电视、广播、微信公众号、短视频、节目光盘等全方位的传播网络。夜校共播出245期节目，累计超1.3亿人次收看。

未来，夜校将不忘初心、牢记使命，锐意进取、接续奋斗，带领广大海南干部、群众朝着共同富裕的目标稳步前行，书写海南更加辉煌的新篇章！

（图片：海南广播电视总台经济生活频道《乡村振兴电视夜校》栏目组提供）

中共重庆市委办公厅扶贫集团驻石柱土家族自治县中益乡工作队

中益乡自2017年8月被确定为市级深度贫困乡以来，重庆市委办公厅扶贫集团先后派出12名干部对中益乡开展驻乡驻村帮扶。驻中益乡工作队用心用情用力开展帮扶，通过整合各类资源、引导各方力量向中益乡汇聚，凝聚强大工作合力，推动中益乡539户1827名贫困人口全部脱贫、4个贫困村全部出列，全乡贫困群众收入水平显著提高，干部群众精神面貌显著提升，农村生产生活面貌发生了翻天覆地的变化。中共重庆市委办公厅扶贫集团驻石柱土家族自治县中益乡工作队于2020年荣获重庆市“脱贫攻坚工作先进集体”，2021年荣获“全国脱贫攻坚先进集体”。

中共重庆市委办公厅扶贫集团驻石柱土家族自治县中益乡工作队：入驻三年将昔日穷山恶水之地变成产业兴旺新农村

2020 年 10 月 15 日，重庆市委办公厅扶贫集团驻中益乡工作队在市委大院“摆起摊来”，以消费扶贫的方式帮助中益乡的贫困户解决农产品卖难的问题。

“类似的‘摆摊’在市委大院已经开设了 8 期，我们扶贫集团购买和协助销售石柱农特产品已达 1870.17 万元。”重庆市委办公厅一级巡视员、市委办公厅扶贫集团驻中益乡工作队队长李建树说。

自 2017 年 8 月以来，市委办公厅扶贫集团通过推动各类资源、引导各方力量向中益乡汇聚、推动形成帮扶工作合力，全乡未脱贫户从 2017 年的 217 户 667 人下降到 2019 年的 12 户 30 人，贫困发生率从 8.8%下降至 0.43%，贫困人口人均可支配收入从 2017 年的 7425 元增加到 2019 年的 10615 元，全乡面貌发生了翻天覆地的变化。

派精兵——12 名驻乡队员使出十八般武艺

中益乡地处大风堡原始森林深处，是重庆市 18 个深度贫困乡镇之一。为攻克中益乡这个深度贫困堡垒，自 2017 年 8 月开始，市委办公厅扶贫集团先后派遣 12 人驻乡驻村帮扶，大家都把扶贫责任扛在肩上，纷纷使出了十八般武艺。

生于 1983 年的刘亚平是工作队中最年轻的第一书记。他到中益乡全兴村走访一个月后发现，村里最大的平坝地就是步行 3 个小时才能到达的占地 170 亩的尖山坪，最大的集体资源就是深山里闲置的 960 亩林地。为解决村集体经济为零的状态，他和村干部们商量决定，要用沉睡的 960 亩村集体林地去办理抵押贷款，再集中产业扶贫资金和贷款将尖山坪打造成产业基地。

可是，以集体林地作为抵押去贷款，这在全市并无先例。为了拿出更有说服力的贷款资料，刘亚平十余次爬上满是荆棘的尖山坪，仔细在荒地里测量土地数据。最终，这位经济学专业的驻村干部埋头苦干一个月，手绘出了一张详细的尖山坪产业规划设计图。后来，他拿着这张手绘地图感动了中国农业银行及相关部门，争取到了重庆市第一笔林权抵押贷款——全兴村 960 亩集体林地获得中国农业银行下拨的 60 万元抵押贷款。

正是有了 12 名队员的甘于奉献、上下协调、通力合作，2017—2019 年，市委办公厅扶贫集团共捐款 1042 万元，在石柱县和中益乡实施 15 个扶贫项目，帮助落实 2.48 亿元扶贫资金，协调 30 多亿元扶贫贷款。驻中益乡工作队也连续两年荣获全市脱贫攻坚工作先进集体。

育产业——“三步走”打造“中华蜜蜂小镇”

中益乡虽然山清水秀，但山高坡陡、土壤贫瘠，多是“鸡爪地”“巴掌田”，很难发展规模化的产业。如何将昔日穷山恶水之地变成产业兴旺新农村？市委办公厅扶贫集团驻乡工作队主要实施了“三步走”。

第一步就是加快打通基础设施“最后一公里”。驻乡工作队协调和筹措资金 1.47 亿元，推动中益乡新修、改扩建公路 167.5 公里，建设易地扶贫搬迁集中安置点 5 处，实施人居环境整治维修，改造房屋 598 栋，新建卫生院、幼儿园、康养院和 7 个村便民服务中心，改扩建 2 所小学，群众的生产生活条件得到极大改善。

“产业扶贫是脱贫攻坚的根本之策。因此，我们的第二步即为因地制宜发展特色产业，深度调整农业产业结构。”李建树介绍。以往中益乡群众主要种植玉米、红薯、马铃薯“三大坨”，如今已发展起中药材、经果林 1.8 万亩，养殖中蜂 8000 余群。目前，中益乡粮经种植比已从 9∶1 调整为 1∶9。

第三步则是为中益乡谋划“中华蜜蜂小镇”发展定位。为此，驻乡工作队争取帮扶资金 1.37 亿元，借助四川美术学院等社会力量为“中华蜜蜂小镇”的乡村旅游进行整体规划设计。同时，积极协调银行创新金融扶贫模式，发放“黄水人家”贷和扶贫小额信贷 260 人次 1272.5 万元，协调中国人民银行、中国农业银行等捐款 300 余万元，用来发展黄精、蜜蜂等产业。

“我们‘三步走’最终的落脚点，都是为了走农旅融合发展的脱贫道路。”李建树介绍。截至目前，中益乡已发展“黄水人家”125户、民宿17家。2019年，全乡乡村旅游收入达320万元。

卖土货——消费扶贫销售农特产品1870万元

市委办公厅扶贫集团驻乡工作队驻乡三年里，帮助中益乡贫困群众发展了不少种养业项目。“产业好不容易发展起来了，如果出现卖难，必将打击群众的信心。消费扶贫是条路子。”李建树在工作队动员会上说。

于是，市委办公厅扶贫集团从线上、线下同时发力，一场场直播带货在中益乡间火热起来，一次次“周末扶贫集市”进城摆了起来。

2020年6月5日上午，首场中益乡“周末扶贫集市”在南岸区行政中心开张，南岸区机关干部职工到展销摊点积极选购，总计购买金额2.9万元。当日下午，该集市又紧锣密鼓在市委办公厅摆摊展销，短短两个小时，这里的干部职工购买农特产品3万余元。

“我们落实了专人专班推进消费扶贫，销售中益乡及周边乡镇的蜂蜜、莼菜、辣椒等30余种农特产品。”李建树说。此外，驻中益乡工作队还加强与扶贫集团成员单位的沟通衔接，全力做好扶贫智能专柜、线上销售、定向供销、产销对接等工作。据统计，2020年以来，扶贫集团购买和协助销售石柱农特产品达1870万元。

李建树表示：“我们工作队将全面落实‘四个不摘’要求，人员不换、作风不散、力度不减，确保中益乡高质量打赢打好脱贫攻坚战，为乡村振兴打下良好基础。”

（图片：重庆市石柱县社科联，谭华祥提供）

重庆市慈善总会

重庆市慈善总会成立于1994年，是全市性、非营利性公益组织，重庆市首批5A级社会组织。现为第五届理事会，负责日常事务的会长、副会长、秘书长6人，内设办公室、财务部、宣传部、筹募一二三部、志愿者总队7个部门，共28名工作人员，党员22名。2017年以来，先后荣获“重庆市扶贫开发工作先进集体”“重庆慈善奖”“重庆市抗击新冠肺炎疫情先进集体”“重庆市脱贫攻坚先进集体”，第十届、十一届“中华慈善奖”，“全国先进社会组织”“全国民族团结进步示范单位”，党中央、国务院颁发的“全国脱贫攻坚先进集体”等称号。

重庆市慈善总会：重产业、抓教育

2021年2月25日，全国脱贫攻坚总结表彰大会在北京人民大会堂隆重举行。中共中央总书记、国家主席、中央军委主席习近平向“全国脱贫攻坚楷模”称号获得者颁奖并发表重要讲话。大会对全国脱贫攻坚先进个人、先进集体进行表彰。重庆市慈善总会荣列其中，也是重庆市获得表彰的32个先进集体中唯一的慈善组织。

作社会力量扶贫主力军

重庆市慈善总会成立于1994年，是重庆首批5A级社会组织。近年来，总会坚持以习近平新时代中国特色社会主义思想为指引，深入贯彻落实习近平总书记视察重庆重要讲话精神，坚持把助力脱贫攻坚作为慈善事业发展的头等大事，凝心聚力，成效显著。2016年至2020年间，市慈善总会共计筹募款物32.75亿元，实施各类慈善救助总支出达30.78亿元，其中投入脱贫攻坚的款物达27.65亿元，帮扶贫困人口123万人次，是重庆社会力量扶贫的主力军。

重庆市慈善总会2017年荣获“重庆市扶贫开发工作先进集体”，2018年荣获民政部授予的第十届“中华慈善奖”，2019年荣获“重庆市民族团结进步模范集体”，2020年荣获第二届“重庆慈善奖”“重庆市脱贫攻坚先进集体”。重庆市慈善总会助力脱贫攻坚工作案例进入中国社会组织扶贫案例50佳，总会志愿者总队的渝东南少数民族地区脱贫攻坚志愿服务项目案例进入全国志愿者扶贫案例50佳。

多措并举，力克贫困

开展产业扶贫，增强贫困地区“造血”功能。2016—2020年间，总计募集投入产业扶贫资金 10.39 亿元，帮助石柱、云阳、彭水、城口等 18 个区县贫困村改善基础设施、发展特色产业、发展农产品深加工、林下经济、种养殖业、电商平台等，为贫困村打造一村一品特色产业，实现农民增收，切实增强了贫困村"造血"功能。如组织爱心企业帮助石柱县中益乡因地制宜发展中蜂产业，构建"花卉种植 + 中蜂养殖 + 精深加工"全产业链，通过现代农业和乡村旅游融合发展，让贫困群众吃上"旅游饭"。帮助奉节县平安乡打造豆腐柴产业（中药材）扶贫基地，帮助草堂镇打造猕猴桃产业扶贫基地等，带动农民就业增收。实施渝东南少数民族地区脱贫攻坚助推综合项目助力少数民族地区摆脱贫困。近年来，总会共为渝东南少数民族地区募集捐赠款物 3.51 亿元，开展多种形式救助活动，惠及困难群众数十万人次。该项目获得"2017—2019 年重庆慈善奖"、第十一届"中华慈善奖"。积极助力巩固脱贫成果、推进乡村振兴，为重庆市 18 个已脱贫的深度贫困乡镇分别建立各 100 万元的脱贫攻坚后期扶持基金，已首批启动 8 个。组织 2 万余名慈善志愿者深入贫困山乡，开展义诊、电商培训、帮助发展乡村旅游等。

开展健康扶贫，助推防止因病致贫因病返贫。2016—2020 年间，用于健康扶贫的款物共计 13.29 亿元。其中，筹资 6500 万元，在石柱、黔江、城口、云阳、巫山、巫溪、奉节、酉阳、彭水等 13 个贫困区县分别设立各 1000 万元以上的大病医疗救助基金，累计资助贫困患者 20 多万人次，该项目获第十届"中华慈善奖"；争取中华慈善总会药品援助 11.31 亿元，救助贫困癌症患者 6.45 万人次；引导企业捐赠医疗器械 2700 多万元，为贫困地区基层医院改善医疗设施；与西南医院、重庆爱尔眼科等医院合作，救助贫困眼病患者、严重烧烫伤儿童、先心病患儿等 10 余万人次。市慈善总会健康扶贫成效明显，为解决因病致贫返贫难题探索出了有效路径。

开展教育扶贫，精准扶智点亮乡村希望。2016—2020 年间，用于教育扶贫的资金共 3.96 亿元。实施"为希望续航""授人以渔公益助匠""衣恋助学"等 10 多个助学项目，共资助贫困区县 3.5 万余名贫困学子完成学业；为贫困山区捐建希望小学 2 所；为 28 所山区学校增添教育设施；招募 80 名志愿者教师到 33 所山区学校慈善支教 2 年。"融爱于心、汇爱成行"项目荣获"2017—2019 年重庆慈善奖"。市慈善总会教育扶贫社会影响广泛，清华大学五道口产融 CEO 班学员在总会设立专项慈善基金参与教育扶贫；著名媒体人孟非联合乡村基、德庄集团在总会设立“西部之星”助学基金，资助大中小学贫困生顺利完成学业；争取爱心企业持续资助我市贫困地区教育事业。

开展对口帮扶，两村顺利实现脱贫。2016 年以来，共筹集资金 595 万元，帮扶云阳县龙洞镇朝阳村发展核桃、葱花等产业，已成为村民稳定致富的收入来源；修建蓄水池 2400 立方、入户管网 7.2 公里，彻底解决群众吃水难问题；协调联网公路、硬化村级道路，解决农户出行难问题；捐赠资金解决部分农户医疗救助和子女入学难问题，2018 年该村顺利实现脱贫。派出 1 名工作人员到泥溪镇胜利村担任第一书记，圆满完成扶贫任务。

拓展城乡济困帮扶，惠及数十万困难群众。2016 年以来，总会累计筹集款物 5863 万元，开展“慈善情暖万家”慰问、关怀孤寡老人、社区困难群众救助等城乡助困活动，10 万余名困难群众受益。动员中石油等爱心企业捐赠，2019 年在 11 个区县 18 个社区设立“社区阳光”济困基金，已帮扶困难群众 147 人。先后筹资定制 10 辆助浴专用车，实施“助浴快车”项目，已为 1.2 万名失能半失能老人提供免费洗浴。

谱写新篇章

重庆市慈善总会荣获党中央、国务院授予的“全国脱贫攻坚先进集体”称号，既是对重庆慈善事业的肯定，也是鼓舞和鞭策。回望过去，辛苦充实！展望未来，信心百倍。接下来，总会将在习近平新时代中国特色社会主义思想指引下，在市委、市政府的坚强领导和市民政局等市级部门的支持指导下，不负荣誉、牢记使命，积极作为、砥砺前行，以实际行动巩固脱贫攻坚成果、助力乡村振兴，谱写新时代慈善事业发展的新篇章，为全面建设社会主义现代化国家，实现人民对美好生活的向往作出新的更大贡献！

（图片：重庆市慈善总会提供）

中共峨边彝族自治县委员会

峨边彝族自治县位于四川省乐山市，县域面积2382平方公里，辖13个乡镇91个村，15.3万人，彝区、山区、深度贫困地区三重叠加。2014年精准识别建档立卡贫困户7977户28491人、贫困发生率高达22.9%。面对百年大考，峨边上下尽锐出征、苦拼苦战，多次受到省市表彰，并作为四川88个贫困县唯一代表被推荐全国脱贫攻坚组织创新奖评选；2020年10月再次被评为四川省脱贫攻坚奖先进集体，作为全省贫困县唯一代表在表彰大会上作先进事迹报告。2021年中共峨边彝族自治县委员会荣获“全国脱贫攻坚先进集体”称号。

中共峨边彝族自治县委员会：千年彝乡沧桑巨变　幸福开门乡村振兴

峨边彝族自治县位于川西南小凉山区，是典型的彝区、山区、贫困地区“三重叠加”的县。脱贫攻坚战打响以来，这里通过精准发力、大胆实践，探索出了脱贫攻坚战役中的“峨边经验”，谱写了全县反贫困历史中的重要篇章。

统揽全局　强化人才保障

统揽战略全局持久攻坚。五年规划、三年攻坚、逐年突破，凝聚东西协作、对口援彝等力量，统筹贫困村和非贫困村、贫困户和非贫困户平衡发展。突破战役重点挂图攻坚。“6+1”责任整体联动作战，建立从县级干部到联户干部的六级责任体系，激发群众主体作用；“三级书记”一线指挥作战，遍访贫困村贫困户，协调解决突出问题8500余个；“五大战区”前线攻坚作战，落地落细“一户一策、一村一方案、一乡一部署”，4041名县乡村干部全员出征。精细战术调度严实攻坚。强化党委政府、纪委监委、人大政协、财政审计、新闻舆论和大数据“六位一体”监督，组建“9+3”专项巡查组，全域全程问责问效。

强化干部人才保障。精准选派第一书记124名，补充脱贫人才284名。制定“两个十条”关爱激励干部干事创业，提拔重用脱贫一线干部188人。强化基层组织引领。全覆盖建成标准化党群服务中心，实施“333”党建示范工程，党建月会、基层夜话等一大批党建品牌落地见效。强化纪律作风保障。严肃脱贫攻坚“三个一律”纪律要求，严格“召回约束＋悬帽攻坚”，通报作风不实的单位和个人，及时调整落实不力的部门和干部，以严实的纪律作风护航脱贫奔康。

因地施策　打响攻坚决战

聚焦“两不愁”抓增收。致力当期增收，因地制宜发展“五小到户”产业；致力稳定增收，开展新时代农民培训提升致富技能；致力兜底增收，构建多层次社会保障体系；致力长期增收，建成“三个百里产业带”贫困群众收入5年翻了两番。聚焦“三保障”补短板。建好房子保障安居兴业，发展教育事业阻断贫困代际传递；推进卫生事业防止致贫返贫，统筹推进基础设施和公共服务补短，贫困群众生产生活条件全面提升。聚焦“四不摘”保长效。探索建立解决相对贫困长效机制，增强“造血”功能和整体发展能力。

坚决担当历史使命，解决沙坪茶场历史遗留问题。破解管理难题推动由乱到治。争取省委、省政府支持理顺管理权属，新建2个行政村，全面加强党的领导和基层治理。破除基础制约推进旧貌换新。投入9160余万元，新（改）建住房273户，完善村级幼儿园、小学等配套建设。解决长效发展推动宜居宜业。建成产业基地1700亩，3841名自主移民告别颠沛流离，在峨边建新村、住新房、立新业。

在全国民族地区率先立法推进移风易俗和人居环境治理，经验做法被国扶办推广。建章立制定纲领。创新“三纲三法三载体”，推进移风易俗、培育文明新风。专项治理除陋习。建立“政府引导+德古会盟+村民自治”的治理模式，整治婚嫁聘礼金“双高”、丧事大操大办等突出问题。“德古”参与基层治理的“峨边模式”被中央统战部推广，德古协会受到司法部表彰。感恩教育激内力。持续开展感恩、法纪等五个教育，开展环境治理和文明新风宣传9万余人次，组建百姓宣讲团宣讲231期，表彰奖励一大批致富能人，全面激发内生动力。

创新发展路径　彰显发展底色

“交通基础+扶贫”实现重大突破。“十三五”完成投资83.6亿元，是“十二五”的23.5倍，国省县乡村组户七级组团内联外畅。梯次发展“1+6+N”省市县三级园区，培育省市龙头企业、新型经营主体593个，电商中心被评为国家级星创天地，新林镇被列入全国首批农村产业强镇。“全域旅游+扶贫”迈出坚实步伐。构建“1+1+2+n”全域旅游发展格局，打造了一批扶贫商品、建成了一批扶贫产业，底底古村被评为全国首批乡村旅游重点村。“生态保护＋扶贫”彰显发展底色。发挥森林覆盖率78.8%的优势，壮大林下种养传统优势产业，发展绿色低循环碳产业。“城乡统筹＋扶贫”催生深刻变化。“一城一镇一心两体一圈多巷”齐头并进；“一道四区”“六镇十街三十村”错位协同，“山水林路城镇村”相融共生，开启了乡村振兴的大幕。

“山区农业＋扶贫”走出崭新路径，建立山区现代农业“2+3”体系，峨边彝族自治县依托大渡河、官料河、白沙河“三河流域”，创新发展模式，整合各类涉农资金，积极打造“低山河谷地区百里桃花经济带”“中层山地区生态果蔬产业带”“高山地区林果药椒产业带”三个产业带。科学编制山区现代农业发展三年规划，分年度制定实施计划，广泛发动群众，促进新型经营主体与贫困村、贫困户建立长效利益联结机制，夯实农业现代化发展基础，推动脱贫攻坚，带动沿线乡村产业发展和群众增收致富。

（图片：王永春提供）

贵州省扶贫开发办公室

贵州省扶贫开发办公室（现为贵州省乡村振兴局）认真履行脱贫攻坚参谋部、作战部、尖刀连、督战队职责，统筹推进各项工作落实到位。党的十八大以来，助力全省923万贫困人口全部脱贫，9000个贫困村全部退出，66个贫困县全部摘帽，192万易地扶贫搬迁任务全面完成，成为全国减贫人数最多和易地扶贫搬迁人数最多的省份。贵州连续5年国家脱贫攻坚成效考核为“好”，被誉为脱贫攻坚的“省级样板”。习近平总书记在参加党的十九大贵州省代表团讨论时充分肯定贵州“脱贫攻坚成效显著”。2021年，贵州省扶贫开发办公室荣获“全国脱贫攻坚先进集体”称号。

贵州省扶贫开发办公室：聚焦主责主业，确保如期打赢脱贫攻坚战

推动全省按年度分季度持续实施“攻坚行动”。充分发挥参谋助手作用，始终保持脱贫攻坚不放松、不停顿、不懈怠，省委连续三年以脱贫攻坚为主题召开全会，连续三年按季度实施“攻坚行动”，2020年又接连发起“冲刺90天、打赢歼灭战”“确保高质量、打好收官战”专项行动，脱贫攻坚战役一场接着一场打，推动全省上下持续鼓起“不破楼兰终不还”的劲头。

凝心聚力　直击要害

全力以赴争资金跑项目保障“粮草弹药”充足。全力争取资金项目支持，2012年以来，共争取中央财政专项扶贫资金603.84亿元，年均增长18.58%，带动全省上下各行业、各部门投入各类资金近万亿元。扶贫小额信贷规模、项目库建设数量、增减挂钩筹集资金均保持全国前列。

谋划推动“四场硬仗”奠定决战决胜坚实基础。根据贵州省贫困实际，谋划实施以农村“组组通”为重点的基础设施建设、易地扶贫搬迁、产业扶贫、教育医疗住房“三保障”等“四场硬仗”，建成惠及1200万农村人口的7.87万公里通组硬化路，完成全国规模最大、人数最多的192万人易地扶贫搬迁，全省农业增加值和农民人均可支配收入增速连续3年位居全国前列，贫困人口“3+1”保障全面实现，推动脱贫攻坚连战连胜、再战再捷。

连续开展两轮“五个专项治理”推动问题整改到位。针对国家成效考核反馈问题，在全国率先采用“专项治理”方式开展问题整改，连续两年组织实施“五个专项治理”，推动脱贫攻坚各项工作全面提质增效。2020年，在充分借鉴前两年“五个专项治理”经验基础上，建立“双台账”“双

责任”“双销号”“双追责”机制，推动问题整改到位。

实施“四个聚焦”集中力量猛攻深度贫困。实施扶贫资金、东西部扶贫协作、基础设施建设、帮扶力量“四个聚焦”主攻深度贫困地区。推动深度贫困县、极贫乡镇全部由省领导包保。逐一制定实施深度贫困县、极贫乡镇、深度贫困村攻坚方案。16个深度贫困县、20个极贫乡镇、2760个深度贫困村全部如期高质量脱贫。

抢抓机遇　创新机制

抢抓机遇构建全国最广泛的东西部扶贫协作关系。推动东部6省市的7个经济强市结对帮扶全省除贵阳外的8个市州，带动东部51个区县对口帮扶全省全部66个贫困县，东部帮扶省份、帮扶城市数量在有结对帮扶工作的省份中最多。2016年以来，7个东部帮扶城市投入财政帮扶资金累计达113.99亿元，共计实施帮扶项目5932个，帮助建成350所学校（含幼儿园）和1250个卫生院（所），打造教育医疗“组团式”帮扶试点244个。创造了“组团式”帮扶、“4+”模式。

创新推动挂牌督战攻克最后贫困堡垒。在全国率先制定出台督战方案，明确由12位省领导挂牌督战9个未摘帽深度贫困县和重点督导3个剩余贫困人口超过1万人的已摘帽县。有督战点的省领导连续通过视频会议、现场督导等方式督战挂牌督战县的脱贫攻坚工作，做到了督战全覆盖。剩余30.83万贫困人口全部脱贫，剩余9个贫困县全部摘帽。

率先在全国开展防贫监测预警和帮扶机制。指导各地探索建立防止返贫致贫新机制，研究起草了《关于建立防止返贫致贫监测和帮扶机制的实施办法》，该实施办法全面深入贯彻国家文件精神，同时在监测程序、金融支持、保险防贫、资金保障等方面进行了创新。

创新社会力量“包市包县”帮扶举措。在统筹推进国有企业“百企帮百村”、民营企业“千企帮千村”行动基础上，全力推进恒大集团整市帮扶毕节、万达集团整县帮扶丹寨。恒大集团投入帮扶资金84亿元。万达集团投入帮扶资金23亿元，在全国首创“企业包县、整体脱贫”社会扶贫模式，扶贫案例成功入选2019年全球减贫最佳案例库，并连续两年在丹寨举办高规格会议论坛交流经验。协调澳门帮扶从江三年共签署27项帮扶协议，涉及帮扶项目73个，累计投入帮扶资金、物资折合人民币1.1

亿元，彰显了“一国两制”生动实践。

拥抱新技术　开拓新视野

积极推动大数据与扶贫深度融合。在率先推行“精准扶贫四看法”、建档立卡的基础上，运用大数据对脱贫攻坚进行精准、动态、科学管理，在全国率先建成扶贫工作专项系统的“贵州扶贫云”，汇聚融合扶贫领域各有关行业部门数据，实时全面掌握全省贫困人口“一达标、两不愁、三保障”等情况，动态监测分析各类帮扶措施实施效果，推动脱贫攻坚工作更加信息化、高效化、精准化。

充分展示贵州扶贫好形象。制定《贵州省大扶贫条例》，以法治化、规范化方式推进大扶贫战略行动。起草省委召开全会专题安排部署脱贫攻坚的有关情况报告，国务院扶贫办专门转发各地。脱贫攻坚以来，推荐全省 20 名个人和 5 个集体荣获全国脱贫攻坚奖，获奖总数位居全国前列。2020 年，国务扶贫办简报、信息转发贵州省脱贫攻坚经验做法 13 篇，数量居全国前列。

（图片：贵州省乡村振兴局提供）

中国贵州茅台酒厂（集团）有限责任公司

在脱贫攻坚国家战略中，中国贵州茅台酒厂（集团）有限责任公司积极响应中央号召，努力探索贫困地区减贫之路，充分发挥国有企业“国之重器”的责任担当，从 1999 年起反哺农业，探索“品牌带产业、企业带基地、合作社带农户”产业扶贫模式。2012 年以来，累计带动近 15 万户贫困户脱贫，贵州、四川等省近百万农户从茅台产业发展中持续获益。同时，集团 60 个基层党组织成建制结对帮扶道真 48 个贫困村；累计向贵州以及“三区三州”捐资 8 亿多元，资助贫困生 16.28 万。2021 年荣获“全国脱贫攻坚先进集体”称号。

中国贵州茅台酒厂（集团）有限责任公司：国有企业助力扶贫开发

贵州是全国脱贫攻坚主战场，作为地方大型国有企业，茅台集团积极响应中央决战决胜脱贫攻坚号召，坚决贯彻省委、省政府指示，率领控股子公司贵州茅台酒股份公司、全资子公司习酒公司等积极投身脱贫攻坚，突出精准，创新模式，全员发动，从资金支持到产业模式创立，建立了可持续的带贫脱困新模式。

致力强产业，不遗余力让“家门口”百姓富起来

发展产业是实现脱贫的根本之策。近年来，茅台集团释放品牌带动效益，探索出具有茅台特色的“品牌带产业、企业带基地、合作社带农户”的“三带模式”。

从1999年起，茅台开始与地方政府合作，把有机高粱原料基地作为茅台的“第一生产车间”，建立原料收购保护价格机制，以此为纽带实施“工业反哺农业”行动，开创了当地农民增收新途径。2003年起，茅台不断加大有机高粱基地建设投入，截至2020年累计投入资金近11亿元，范围覆盖所有基地，项目包括种子、肥料、农用物资、杀虫灯、机耕道等各个方面。目前，原基地范围内贫困户已全部实现脱贫，新扩展的基地按照每户平均种植5亩高粱，每亩收入2300元，可实现收入11500元。

蓝莓是茅台产业扶贫的又一重磅产业。在贵州省黔东南州丹寨县，茅台投资2亿多元在丹寨建立起占地200多亩的蓝莓加工园区，开发了蓝莓发酵酒、蓝莓利口酒、蓝莓果汁等产品，以“公司＋基地＋合作社＋农户”的形式，充分发挥茅台品牌影响力，雄厚的技术资金优势，带动蓝莓产业在丹寨乃至黔东南州发展。目前公司自有蓝莓基地近3000亩，丹寨县拓展基地10000亩，带动5600多户农户（其中建档立卡贫困户3600余户），

通过土地流转、基地务工、合作社分红等形式，带动当地农户户均年增收达20000元左右，构建了农民增收、企业增效、社会受益的多方利益联结机制。蓝莓酒公司总部解决就业近200人，40%员工为黔东南及丹寨本地人。2020年进一步完成土地流转2349亩，截至目前，自建基地辐射丹寨县3个乡镇，带动农户及贫困户合计用工19.5万余人次，合计支付劳务费用1367万元。

以产业为核心，茅台以“公司+基地+合作社+农户”为模版，探索了具有茅台特色的“三带”产业扶贫新模式，把贫困农户纳入产业链条。据不完全统计，党的十八大以来，茅台通过壮大企业发展，以强化对有机高粱、有机小麦的采购，以及临时性务工雇佣等方式，累计带动近15万户贫困农户脱贫解困、受益贫困人口45万人，累计让贵州、四川、河南等省近百万农户、近三百万人从茅台产业发展中持续获益。茅台产业扶贫，还累计带动合同制用工近百万人，让更多低收入人群从工作中受益。

勇于挑重担，一体推动道真整县脱贫攻坚

2015年5月，根据贵州省委、省政府安排，茅台集团对口帮扶曾拥有6.2万贫困人口的老少边穷山区——遵义市道真仡佬族苗族自治县。截至2019年，茅台累计投入资金3.2亿元，贴息贷款3亿元，帮助道真修公路、建房子、做产业、抓教育，助力道真县2019年成功“摘帽”、贫困人口全部“清零”，彻底撕掉了千百年来的贫困标签。

一个企业帮扶一个县，茅台从发挥党组织动员能力入手，按照“金融撬动、交通拉动、产业带动、党建联动、人才驱动、教育推动”的帮扶思路，根据“一次安排、分年实施、一包到底、不脱贫不脱钩”总体要求，创造性设计《茅台基层党组织结对帮扶道真县贫困村工作方案》，实施“60·48”工程：茅台所属60个基层党组织，成建制结对帮扶道真全县48个贫困村。5年的时间，18名驻村工作队员、35名支教骨干教师，以及60个党组织组成的强大帮扶队伍长期奋战扶贫一线，先后有800多个批次、5000多人次的茅台员工来到道真，“村村都有茅台人，人人都在促脱贫”，出人出钱出力、用心用情用力。

“打通最后一公里”，是助力道真脱贫最实在、广大农户最欢迎的善行。开展帮扶后，茅台一次性落实帮扶资金3000万元，并贴息近5000万

资金为其融资 3 亿元，建设 800 余公里“小康路”，同时实施 2000 多公里农村公路建设，“毛细血管”式的硬化路，彻底改变了过去出行难、运输难等问题。

茅台还动员党组织下沉，帮助群众增强“造血”能力，积极为道真困难群众寻找产业发展路子，以“精准滴灌”推动“造血扶贫”。捐资 1290 万元打造食用菌产业园，解决了 160 余户 500 余贫困人口就业。支持打造蔬菜种植示范基地 20 余个，又出资 3000 万元，帮扶 6 个村修建食用菌大棚 300 个，每年可为村集体增收 30 万元。

除此之外，茅台集团利用产业带动优势，发展酒用高粱基地 3 万余亩，惠及农户 2610 户，户均增收 6780 元。实施了一批民生项目，捐资 1 亿元支持道真县实施农村住房保障工程项目建设，惠及群众 3 万户；投入帮扶资金 4000 万元，打造文家坝小康示范村项目，让村民不出家门，就能增收致富。各基层党组织还主动挑起“大梁”，出资近 710 万元，修建党员活动中心、农民夜校、农技培训中心等一揽子基础设施项目，有效改善了人居、人文环境。

培育栋梁才，尽心竭力让贫困生走出大山走进校门

扶贫先扶智。从 2012 年起，茅台与中国青基会共同发起大型公益助学活动“中国茅台 · 国之栋梁——希望工程圆梦行动”，茅台每年捐款 1 亿元人民币，面向全国 31 个省（区、市）及新疆生产建设兵团，按每人 5000 元标准，资助全国 2 万名考入二类本科以上院校、品学兼优、家庭经济困难学生，通过精准资助，让贫困家庭的孩子能接受良好教育，阻断贫困代际传递。2017 年，茅台将该公益项目升级为“脱贫攻坚三年公益计划”，将帮扶目光聚焦在脱贫任务最为艰巨的“三区三州”，即茅台 3 年捐赠 3 亿元，资助 6 万名贫困学子圆梦大学，同时以奖励优秀学生、提供实习就业等多种形式，固化提升扶贫帮困效果，努力构建一个政府、企业、公益组织之间高效互动的公益平台，使脱贫攻坚工作实现了更有效的延伸。截至 2020 年，茅台累计捐资达 9.14 亿元，资助贫困学子 18.28 万名，成为国内有史以来爱心助学活动中捐资金额最大、受助人数最多、覆盖面最广、影响力最深远的一项公益举措，是国家“教育扶贫”典型案例。2020 年还进一步将就业扶贫与助学活动有机结合，分两次面向全省 12 个

县市，累计招聘建档立卡贫困高校毕业生 252 人，进一步巩固“阻断贫困代际传递”公益成果。

参与脱贫攻坚以来，茅台集团始终秉持“大企业大担当”的社会责任理念，尽超常之责、用超常之策、添超常之力，累计出资约 30 亿元，直接助力贵州 20 余万贫困户增收脱贫、全国 20 余万贫困学子圆梦大学，为决战决胜脱贫攻坚作出积极努力和贡献。

（图片：仁怀市高粱基地建设指挥部提供）

赫章县河镇乡海雀村党支部

地处黔西北乌蒙山深处的海雀村，海拔 2300 米，苗族人口超过 95%，曾被联合国专家视为“不适宜人类居住”的石旮旯。34 年来，海雀人民在村党支部的带领下，狠抓生态建设、水电路基础设施建设、产业发展、文化教育，将森林覆盖率从 5%提高到现在的77.21%，年人均纯收入从33元增长到16200元，贫困发生率从 44.3%降到 0，从“家家缺粮断粮”到林茂粮丰、从苦甲天下到户户小康。海雀村，这个中国扶贫开发的发起点和脱贫攻坚的终点站，用自己的减贫实践，成为中国反贫困的典范和脱贫攻坚的缩影，书写了人类反贫困新篇章。2021 年赫章县河镇乡海雀村党支部荣获“全国脱贫攻坚先进集体”称号。

赫章县河镇乡海雀村党支部：海雀村之变，从苦甲天下到户户小康

贵州的西北角，毕节市赫章县，有个不起眼的地方叫海雀村，1985年，一份材料记录了这里触目惊心的贫困：一家4口人，只有3个碗，吃了上顿没下顿……也正是这个穷得出了名的海雀，开启了毕节试验区的建设。35年后，海雀村从苦甲天下变成户户小康，海雀之变已经成为贵州告别千年贫困的一个缩影。

以绿水青山为基

海雀村何以曾经穷到如此程度？村子地处石漠化严重的乌蒙山深处，瘠薄的土地经不起长期垦殖，日积月累，生态不断恶化，“开荒开到山尖尖，种地种到山边边”，森林覆盖率不足5%，石化、山秃、水枯，地广种薄收：一个村民组50余人挖一天土豆，两个人就能一次全抬走。

痛定思痛，海雀人下决心要找回属于自己的绿水青山。“最美奋斗者”文朝荣，生前是海雀村的党支书。面对贫困的重压，他带领村里的党员干部扛起消除贫困的使命。他因地制宜，总结出了“有林就有草，有草就能养牲畜，有牲畜就有肥，有肥就能多打粮”的朴实脱贫思路。文朝荣倾尽所有，以“四让救济粮”的实际行动，感召全村人苦战4个冬天，在36个山头种上1.2万亩华山松、马尾松。经过30多年的努力，海雀村的森林覆盖面积从不足5%跃升至77.21%，林木价值达到8000万元以上。以前是8000亩地养不活全村168户730人，退耕还林后，1780亩耕地养活了260户995人。

以选准产业为重

“林多了，地少了，吃饭靠啥？”面对退耕还林初期一些群众的不理

解，文朝荣耐心跟大家讲道理：陡坡上的不是耕地，留得住水土的耕地我们要好好珍惜。通过地膜覆盖、良种推广、旱地精作等农业技术，荞麦、土豆、玉米三种海雀的主粮亩产量逐年增加，海雀人终于解决了吃饭的难题。

实现温饱只是第一步，致富奔小康才是关键。文朝荣深知要在大山里致富，找到好产业最重要。从半夏、当归、丹参等中药，到苹果、板栗等果树，海雀村探索了不少项目，有些成功了，但有些没有多少收益。新一任的海雀党支书文正友继续寻找致富路。

2018 年，贵州深入开展了农村产业结构调整，其中“选择产业”被列为“八要素”工作法的首要一条。文正友和新一届村支两委班子在各级干部和农技人员的帮助下，经过对土壤、气候、光照等自然条件的综合研判，定下了合理的种植结构：1780 亩 =500 亩苹果 +100 亩大棚食用菌 +800 亩脱毒马铃薯 +180 亩荞麦 +200 亩绿化和环境改造。这样就把有限的土地发挥出了最大的作用，像苹果生长周期长但高效有规模，每亩产出 2.1 万元，食用菌每年产两茬规模小但周期短，每亩产出 2 万元，与苹果搭配以短养长，而马铃薯、荞麦可食可售。海雀终于找到了适合自身条件的产业发展之路。

如今，海雀村家家小洋楼、前庭后院、青山抱绿水绕、户户通水泥路……全村小汽车、摩托车、三轮车加起来 300 多辆，进县城的时程从 8 小时缩短为 2 小时。人均纯收入从 1985 年的 33 元增加到了 2020 年初的 16200 元，彻底消灭了贫困，成了响当当的小康村。

以艰苦奋斗为魂

当年为了寻找适合海雀村的树种，文朝荣请教专家、四处学习，终于选准了华山松这一抗寒抗瘠薄的品种。他把自家的口粮田改作苗圃，白天带着两个只有十来岁的儿子在地里育苗，晚上在油灯下钻研造林技术。为了奖励村民种树，他把家里仅有的两只鸡全杀了，把老伴儿攒给女儿坐月子吃的鸡蛋全煮了，提到山上分给大家吃。

2014 年，文朝荣去世前把护林队的重任交给了 50 岁的村会计王光德。每天早晨 8 点上山巡林直到下午 6 点，王光德和 10 名队友经年不辍。“林子我要看好，不能让它变回原来的老样子。”他说，丢什么不能丢了当年种树的那股子干劲儿。

“在我退休之前，我一定要为老百姓再办成几桩事，让他们的钱包继续鼓起来，日子过得一年比一年好！”这是文正友的心愿。2020 年 5 月，全国人大代表文正友走进全国两会的会场，随行带着一份关于海雀村未来发展构想的提案，他还要为村里添一个农贸市场、提升村里的污水处理设施。

全面小康不是终点，只是新征程的开始。借助成立的赫章县文朝荣党性教育基地，海雀村将干部教育、旅游开发、民宿打造、特色农产品生产等结合在一起，走上了“农文旅教”相融发展新路。

（图片：况华斌提供）

云南省人民政府扶贫开发办公室

云南集边疆、民族、山区、贫困“四位一体”，贫困人口数量居全国第二、贫困县数量居全国第一，致贫原因复杂，深度贫困问题突出，是全国脱贫攻坚的主战场。党的十八大以来，特别是中央扶贫开发工作会议以来，云南省扶贫办(现为云南省乡村振兴局)始终把政治建设摆在首位，强化统筹协调，推动改革创新，为云南现行标准下农村建档立卡贫困人口全部脱贫、8502个贫困村全部出列、88个贫困县全部摘帽，忠诚担当全省脱贫攻坚的司令部、参谋部、指挥部、作战部的使命和职责，得到省委、省政府和国务院扶贫办的高度认可和基层的充分信任。2021年2月，荣获“全国脱贫攻坚先进集体”称号。

云南省人民政府扶贫开发办公室：忠诚担当改革创新

充分发挥统筹作用

一是及时转变职能。在88个贫困县一体实行“四到县”改革，推动工作职能从分资金、分项目转变到参谋助手、统筹协调、督查考评、管理服务上。

二是建立攻坚机制。与有关部门共同研究制定349个政策文件，推动建立省市县乡扶贫开发领导小组“双组长”负责制，把脱贫攻坚成效纳入省委综合考评的重要指标和省委巡视重点，与省纪委省监委配合建立扶贫领域监督执纪问责五项工作机制，实行行业（部门）扶贫工作目标考核责任制，在全国率先创建“定职责、定政策、定计划、定资金、定实绩”五定法，做到主责主担、主业主抓。

三是加强统筹谋划。94次向省委常委会会议汇报工作，组织召开18次省扶贫开发领导小组全体会议，年年筹备召开高规格的工作会，组织开展高频率分析调度，扎实推进脱贫攻坚工作。

四是强力推动收官之战。接续谋划推动“四季轮战”，组织开展“两不愁三保障”问题大排查和百日总攻、百日提升、百日巩固行动，做到总攻早布局、目标早锁定、工作早推进。

推动脱贫攻坚工作创新

一是创新精准识贫机制。创新制定建档立卡贫困人口识别标准和“五查五看三评四定”及“七步法”精准识贫程序，2017年推动全省组织32.3万干部逐村逐户回头看，净增建档立卡贫困人口85万。

二是创新精准落实机制。创新落实“户户清、村村清”精准帮扶工作机制，围绕县级项目库的建设，做实“贫困对象家底、致贫原因、帮扶措施、投入产出、帮扶责任、脱贫时序”六清，做到“扶贫资金定到项目、计划定到项目、审批一次定到项目、公示公告定到项目、责任定到项目、督查考核指向定到项目”六定。

三是创新精准帮扶机制。创新“挂包帮”工作机制，实行“省级领导挂县、部门包村、干部帮户”，统一向 88 个贫困县选派总队长、副总队长，累计选派贫困村和非贫困村第一书记 4.85 万名、驻村工作队员 21.61 万人实施帮扶、75 万干部与 187 万贫困户结成“穷亲”。

四是创新精准考评机制。在全国率先提出“账账相符、账实相符”要求，率先实行贫困县退出省级前置评估，实施最严格的考核评价。

五是创新群众监督方式。开发上线“云南扶贫通”，反映的 2497 个问题已解决 2076 个。

六是推动扶志扶智。不断发现基层工作创新，积极推行“背包工作队”“公路养护 + 精准扶贫”“三讲三评”“爱心超市”“深度贫困人口培训中心”。

从制度机制上推动攻克深度贫困堡垒

一是领导力量全面聚焦。形成 27 个深度贫困县一县一位省级领导挂联、一个重点任务清单“兜底”、一套监测体系跟踪的推进机制，每个县都有上海、广东的 1 个区县结对帮扶，3 个省直单位、1 家省属国有企业挂钩帮扶。建立“五级”督战作战一体化、分析调度常态化、责任倒逼链条化机制，省级领导下沉督战县、重点县督战督改，138 名省级部门处级以上干部常态化到一线发现问题解决问题。

二是实施方案全面落实。推动出台《关于深入推进深度贫困地区脱贫攻坚的实施意见》，编制实施《云南省全力推进迪庆州怒江州深度贫困脱贫攻坚实施方案（2018—2020 年）》，协同 19 个省级部门制定 16 个有突破性、含金量高的配套政策。

三是资金需求全面保障。推动省级以上财政涉农资金的 50%以上投入深度贫困地区，“两不愁三保障”硬缺口全部由省级财政兜底解决。3 年来，27 个深度贫困县投入省级以上统筹整合财政涉农资金达 625.63 亿元，县均 23.17 亿元，比 88 个贫困县县均投入多 9.41 亿元。

四是创新“一个民族聚居区一个行动计划、一个集团帮扶”攻坚模式。整合20个省级行业部门项目资金，动员三峡集团、华能集团、大唐集团、中烟云南工业公司、云南烟草专卖局、招商局集团帮扶，总投入426亿元，11个“直过民族”和人口较少民族整体脱贫，实现社会形态和物质形态两个“千年跨越”。

推动东西部扶贫协作结硕果

一是加强组织领导。建立并落实高层双向互访机制、领导小组办公室及成员单位联席会议机制，每年服务保障上海市、广东省和省委、省政府主要领导互访活动，筹备组织召开沪滇、粤滇扶贫协作联席会议。

二是健全工作落实机制。完善省级统筹、州（市）推进、县乡落实的扶贫协作工作机制，坚持东西部扶贫协作纳入脱贫攻坚工作统筹安排、统一部署、统一考核，将援助资金纳入财政统一管理、项目纳入县级项目库统一实施，一体监督检查，全面审计。

三是深化合作方式。制定15项优惠政策措施，支持上海市和广东省各类主体到云南贫困县投资兴业，共建26个产业园区，入驻企业63家，合作建设21个蔬菜产销对接基地，累计帮助建档立卡劳动力就业51.43万人。

创新整改工作方式

一是完善整改落实机制。建立健全问题整改工作分析研判、调度督导、对账销号、报告通报等机制，督促各级各部门全面对标对表，定方案、建清单，定措施、抓落实，形成五级联动整改工作局面。印发《云南省脱贫攻坚整改工作指南》，细化了抓整改、抓落实的方法路径。

二是创新清单制整改方式。双向推动对照目标任务找短板、对照政策措施找偏差、对照工作落实找差距，建立到村到户、见人见事的整改清单台账，做到一问题一清单、一事项一整改、一落实一对账销号，全省形成问题整改“一本账”、责任落实“一张网”，有效推进全省脱贫攻坚问题全部整改、动态清零。

脱贫攻坚战打响以来，云南省扶贫办全体干部职工在攻坚中砥砺初心、在战斗中学会战斗。提高政治站位、增强工作能力，把守土担责、负责、尽责作为最高的荣誉；不放松、不停顿、不懈怠，把全面做实“三精准”“三保障”“三落实”作为最大的职责；创新机制、凝聚合力，把用足用好各方支持作为优先的工作；保持定力、坚定信心，把充分展示云南脱贫攻坚成效和做法，作为重要的任务。展示出“功成不必在我但必定有我”的境界，以实际行动增强“四个意识”、坚定“四个自信”、做到“两个维护”。

（图片：苏金泉提供）

中共怒江傈僳族自治州委员会

怒江州属全国深度贫困“三区三州”之一，贫困发生率最高、发展程度最低、基础设施最差、民族成分最多，区域性、条件性、素质性贫困叠加，是全国脱贫攻坚的“硬骨头”。脱贫攻坚战打响以来，中共怒江州委牢记习近平总书记“一次会见、两次回信”殷殷嘱托，坚持以脱贫攻坚统揽经济社会发展全局，认真落实主体责任，把攻坚战场下沉到乡到村到户，既打“总攻战”，又打“歼灭战”，如期完成了新时代脱贫攻坚目标任务，现行标准下 26.96 万农村贫困人口全部脱贫，4 个贫困县全部摘帽，消除了绝对贫困和区域性整体贫困，在一个战场打赢了脱贫攻坚、生态文明建设、民族团结进步示范三场战役，实现“一越千年”历史巨变。2021 年荣获“全国脱贫攻坚先进集体”称号。

中共怒江傈僳族自治州委员会：牢记殷切嘱托　决胜深度贫困

全面实现小康，一个民族都不能少

习近平总书记始终深情牵挂怒江各族群众，2014年元旦前夕，收到独龙族乡亲们来信后立即作出重要指示，“加快脱贫致富步伐，早日实现与全国其他兄弟民族一道过上小康生活的美好梦想”；2015年1月，在昆明亲切会见贡山县少数民族干部群众代表时指出，“全面实现小康，一个民族都不能少”；2019年4月，给独龙族乡亲们回信时，勉励乡亲们“脱贫只是第一步，更好的日子还在后头”。州委始终提高政治站位，牢记习近平总书记的殷殷嘱托，感恩奋进，把各族人民同步全面实现小康作为增强“四个意识”、坚定“四个自信”、做到“两个维护”的具体行动，统筹定点扶贫、东西扶贫协作、社会各界等帮扶力量，一族一策、一族一帮，对独龙族、怒族、傈僳族、普米族等“直过民族”和人口较少民族实施整族帮扶。2018年底，独龙族在全国28个人口较少民族中率先实现整族脱贫，为其他人口较少民族的脱贫做出了示范。2020年，怒族、傈僳族、普米族等也实现了整族脱贫，兑现了“全面实现小康，一个民族都不能少”的庄严承诺。

五级书记亲自抓，党员干部齐上阵

当时的省委书记从担任省长开始挂联怒江州，发挥表率，每月听取一次书面汇报、每季一次现场办公；州委书记以身作则带头垂范，用2/3以上精力和时间抓扶贫；州级四班子主要领导每人包保一个县市；州级其他领导每人挂联一个乡镇，不脱贫不脱钩，县委书记一线指挥作战、乡村党组织全员参战。创新“最后一公里”落实机制，选派29名县市委常委担任乡镇第一书记、29名处级干部担任乡镇扶贫工作队大队长，255名科级以上优秀干部担任驻村第一书记，每年从州县机关抽调 1/3 干部驻村抓落实，最多时达到干部总数的 52%。在五级书记同向发力、同频共振激励下，基层组织和党员干部冲在一线，干在前列，以身作则带领群众苦干实干，用“脱皮”换脱贫，在脱贫攻坚战场践行了“一个党员一面旗帜，一个支部一个堡垒”，不断把党的组织优势转化为攻坚拔寨的战贫优势，推动怒江“每天都在变化、每时都在进步”。

十万群众搬迁，最大难点变成最大亮点

把易地扶贫搬迁作为决胜脱贫攻坚战的关键性战役来抓，采取干部包保结对、群团组织发动、组建“尖刀班”和“背包工作队”攻坚等超常规措施，仅用一年多时间建成 67 个“新家园”，峡谷两岸一个个特色集镇拔地而起，把占全州 1/4 农业人口、1/3 贫困人口的十万群众搬出大山，迁入城镇，群众的日子发生了翻天覆地的变化。采取建产业基地、抓劳务输出、办扶贫车间等措施，实现搬迁家庭户均 1.85 人稳定就业。组建 66 个“扶贫暖心团”，帮助搬迁群众从“挪出穷窝”到“安居乐业”的转变。易地扶贫搬迁，让怒江实现了城乡结构的重构、产业结构的优化、生态结构的重塑，城镇化率从 2015 年的 33%提高至 48%，森林覆盖率从 2015 年的 75.31%提高到 78.08%，搬迁群众完全脱离了生存环境恶劣的特定“贫困空间”，从根本上阻断了贫困的代际传递。

绿色产业，让绿水青山变成金山银山

大力发展以草果为主的香料产业，建成百万亩全国草果核心产区，覆盖 16.5 万群众稳定受益，成为全国产业扶贫典范。组织化推进蔬菜、水果、中药材等特色种养业，实现产业 100%覆盖有产业发展条件的贫困人口。实施生态扶贫，3.1 万名贫困群众当上了生态护林员，既解决了群众的就业问题，也解决了保护绿水青山的问题。结合大滇西旅游环线建设，着力打造“世界独一无二的旅游胜地”，老姆登、雾里等民族特色旅游村寨，以及丙中洛、独龙江等民族特色旅游小镇知名度、美誉度显著提升，一大批半山酒店正在加快建设，每年举办皮划艇野水国际顶级赛事，旅游产业直接从业人员 1.5 万人，间接从业人员 5 万余人。

志智双扶，扶贫对象变战贫力量

深入实施教育扶贫，在云南省率先探索“官告民”控辍保学“流动法庭”，近2000名失辍学孩子重返校园，斩断了贫困代际传递。充分发挥群众“主体”作用、干部“引领”作用、政策“导向”作用，推进“乡村能人”培养和“脱贫能手”竞赛，实施“巾帼脱贫行动”“巧媳妇”工程，手把手教群众种庄稼、搞养殖、学技术，让他们掌握发展手段；全覆盖建立新时代文明实践中心（所、站），大力开展思想教育，普及国家通用语言，转变帮扶方式，推进移风易俗，融入新时代新生活。5年累计转移农村劳动力53.72万人次，创收74.46亿元，3万群众先后到广东就业，扶贫对象变战贫力量，实现了物质精神“双脱贫”。

（图片：中共怒江傈僳族自治州委员会提供）

中共镇雄县委员会

镇雄县地处乌蒙山腹地，建档立卡贫困人口达11.8万户56.58万人，是全国贫困人口最多的县份。中共镇雄县委认真学习贯彻落实习近平总书记关于扶贫工作的重要论述，以敢拼敢干敢担当、不负初心不负党的作风全面掀起精准扶贫精准脱贫大决战，累计整合投入扶贫资金317.4亿元，完成126万人安全饮水巩固提升、16万户农网户表改造、7.5万户农村危房改造、6.5万人易地扶贫搬迁、275个村级卫生室标准化建设、709所薄弱学校改造、5942公里农村公路硬化等扶贫工程，以高度组织化推动劳务输出和特色产业高质量发展，贫困家庭年人均纯收入由2014年的不到3000元增至2020年的10716元，实现了所有贫困人口稳定脱贫、贫困村全部出列、贫困县整县摘帽。2021年2月，荣获“全国脱贫攻坚先进集体”称号。

中共镇雄县委员会：勇闯胜途　破解大山之“困”

2020 年 11 月 13 日，云南省人民政府批准镇雄正式退出贫困县序列；在第二批脱贫攻坚普查中，镇雄县取得了无失联、无拒访、无拒签的成果。

基础先行，除脱贫之“艰”

紧紧围绕以现代综合交通为重点的重大基础设施和贫困村水、电、路、房等建设，全面开展基础设施改善大会战，增强摆脱区域性整体贫困的内生动力。全县 235 个贫困村全部实现了通动力电、通硬化路、通宽带网络、通广播电视，有标准化卫生室、学校、活动广场，贫困户安全住房、安全饮水得到全面保障；在全市率先进入高铁时代，建成高速 115 公里，在建铁路 52 公里、高速 62 公里、一级公路 71 公里，区域性交通瓶颈问题得到历史性破解。

易地搬迁，破大山之“困”

把易地扶贫搬迁与新型城镇化结合起来，采取统规联建、统规自建等模式建成 48 个中心村安置点，采取 EPC 总承包模式在县城优质地块高标准建设了万人安置区 3 个、中心城镇规划建设 5000 人安置区 3 个，以城镇标准均等完善教育、卫生、社区等公共服务。按照安置点必须配套产业园和扶贫车间、搬迁群众户均至少培训转移 1 人、进城入镇搬迁“卡户”人均配建 5 平方米商铺、全面盘活“三地”资源等路径强化后续扶持，创造了 1 年完成 5 万人从大山深处到县城集镇搬迁的速度，77%的搬迁群众实现了从山区到城镇、从农民到市民的直过式跨越。

转移就业，化人口之“压”

始终把就业扶贫作为最现实、最直接的脱贫支撑，全力推动劳动力充分就业，把人口压力转化为脱贫动力。2020年初，突如其来的新冠肺炎疫情对劳务输出工作带来了巨大冲击，镇雄县委在抓好疫情防控的基础上，2月9日就组织开展点对点、组织化直输行动，有效避免了返乡过节人员大面积滞留，全县农村劳动力转移人数同比增加6.7万人、增长11.2%，其中“卡户”劳动力转移人数同比增加3.6万人、增长16%。脱贫攻坚以来，镇雄县转移就业人员翻了一番达66.6万人、占农村劳动力的86%，群众年务工收入从2013年的55亿元增至2020年的200亿元。

培强育特，解产业之“难”

按照云南省打造“三张牌”总体部署，采取“党支部+能人+群众”和“党支部+合作社+群众”等高度组织化发展模式，把竹子作为“一县一业”大力发展，集中壮大马铃薯、生猪、蔬菜3大产业，因地制宜发展板栗、养牛、养蜂等种养特色产业，突出培育100万亩竹子、100万头生猪、100亿元生态产品加工“三个一百”特色产业工程，成功培育云栗、云笋、云蜜、白茶等“一村一品”特色品牌，累计引进和培育农业龙头企业64家、组建各类专合组织1039个，实现新型经营模式全覆盖“卡户”群众。

优教强医，治民生之“痛”

在对标对表完成义务教育均衡发展和乡村医疗服务标准化建设任务的同时，采取合作办学、办医，引入优质资源，助力教育医疗质量两翼齐飞，每年为群众减少因子女出县就读、病人出县就医的额外支出6亿余元。合作办学实践助推镇雄2019年打破了“连续十九年无县内学校就读学生考入清华北大”的历史，两年来共有8人（“卡户”学生5人）考取清华北大；合作办医实践极大提升了县级医院疑难杂症诊疗能力和危重病患者救治能力，2020年危重患者救治人次同比增长36%、转出县外就医人次同比下降28%。

全面发动，聚老乡之“力”

建立了广泛梳理镇雄籍在外企业家和能人、全面梳理上级暂无计划的建设项目，动员企业为脱贫攻坚出财力、聘请能人为家乡发展出智力的“两梳理、两出力”社会扶贫工作机制，县级每年前往镇雄籍在外人士较为集中的昆明、金华、深圳等地开展社会扶贫暨招商引资座谈会，乡镇（街道）每年利用节假日外出人员返乡之机，以乡为单位召开企业家和能人座谈会、以村为单位召开返乡务工人员座谈会、以村级党组织为单位召开党员座谈会，发动镇雄老乡积极为家乡脱贫攻坚出财力献智力，累计募集老乡无偿帮扶资金 4.7 亿元，引回创业投资 10 亿余元，370 位能人被聘为家乡村级经济发展顾问。

强化统筹，筑攻坚之“盾”

县委坚持每月至少召开一次常委会议、扶贫开发领导小组会议和专题会议，高效推进脱贫攻坚“三落实”。累计选派 42 人（次）县处级党员干部担任 30 个乡镇（街道）“党委第一书记”，选派 235 名县以上机关干部担任贫困村“第一书记”，选派 2780 名干部驻村攻坚，选派 1328 名干部担任村民组“第一小组长”，筑牢脱贫攻坚一线堡垒。建立“支部联到村、干部包到户”挂包帮机制，组织 10341 名干部对“卡户”全覆盖结对帮扶，一月一走访、一月一研判、一月一解决，及时补齐“两不愁三保障”短板，帮助群众消除“等靠要”思想。目前，镇雄不仅摘掉“国家级贫困县”帽子，还成功创建“全国卫生县城”“全省文明城市”，为全面推进乡村振兴战略奠定了坚实基础。

（图片：游国涛提供）

中国银行总行陕西咸阳扶贫工作队

中国银行从 2002 年在咸阳市永寿、长武、淳化、旬邑（以下简称“北四县”）开展定点扶贫工作，到支持当地全面乡村振兴，始终坚持真情实意帮扶、真金白银投入、真抓实干引领，在“北四县”探索出具有金融机构特色、可复制可推广的“三三法”定点帮扶经验，有力支持了“北四县”脱贫攻坚和乡村振兴。自 2017 年中央单位定点扶贫工作成效评价实施以来，中国银行均被评为最好等次。2021 年，总行定点扶贫团队和驻咸工作队被评为“全国脱贫攻坚先进集体”。

中国银行总行陕西咸阳扶贫工作队：从助力脱贫攻坚到全面乡村振兴的“三三法”

坚持“三到位”，把准“定盘星”

强化政治引领，做到认识到位。中国银行党委始终深入学习贯彻习近平总书记关于脱贫攻坚和乡村振兴的重要讲话和指示批示精神，坚决贯彻落实党中央、国务院决策部署，做到中央有部署、中行有落实，认真履行中管金融企业的政治责任和社会责任。坚持党委书记、董事长亲自抓、亲自管，定期召开党委会研究部署定点帮扶工作，党委班子成员每年赴定点帮扶地区实地调研，推动定点帮扶工作落细落实。

坚持开拓创新，做到谋划到位。紧密结合“北四县”资源禀赋，用经济学、金融学思维助力全面乡村振兴。坚持有效补充，突出互补性和有效性，发挥自身行业优势、平台优势、人才优势和国际化优势，中小项目以无偿资金为主，大项目以金融手段为主，辅以理念、技术、智力等支持，谋划到位，项目落地率、实施效率和效果不断提升，事半功倍。坚持有益探索，发挥中央单位掌握先进理念、资源富集的优势，先行先试、开拓创新。

强化执行落实，做到实施到位。2016 年以来，中国银行向咸阳市和“北四县”共计选派 36 名挂职干部，分别在市、县、局、村派驻，实现“一插到底”的高效组织架构，形成上下贯通、执行有力的团队体系。对于帮扶项目，采取全生命周期管理，如中银助学奖教活动、中银商务就业帮扶等，都持续跟踪推动。

找准“三聚焦”，下好“关键棋”

聚焦“人”这个最活跃要素。一方面，聚焦“被帮扶的人”，开展

170多个教育扶智项目，让贫困群众树立信心，提升动力，增长能力。如，在各县推广苹果标准化种植技术和农资站项目，引领群众走上高标准种植道路；在淳化县实施“点亮乡村”项目，调动群众积极参与，树立“共建共享共维”理念，提升基层治理水平。另一方面，聚焦“帮扶的人”，选派精兵强将，注重激励培养，充分发挥所长，打造一支迸发干事激情、凝聚创业合力的扶贫队伍，在脱贫攻坚一线经风雨、见世面，在干事创业中成才成长，既“扶人”也“扶己”。

聚焦“穷根”精准施策。既重视真金白银投入（脱贫攻坚期累计向“北四县”投入无偿帮扶资金超过4.6亿元），又重视形成精准有效的办法和机制。为促进乡村地区经济社会发展，延伸金融服务触角，投入1.2亿元，每个定点扶贫县增设一家中银富登村镇银行，为当地发展精准持续输入金融血液。对于派驻第一书记的大槐树村，从电商三产入手，聘请职业经理人，帮助其发展成一二三产融合发展的村集体经济示范村和乡村振兴示范村。对于山高路远、地广人稀的旬邑县，持续助力中医药健康产业园和红色旅游发展，并在马栏干部学院设立“中国银行党性教育基地”。

聚焦“硬骨头”攻坚克难。针对3个深度贫困村，旧方法解决不了，就在一个个“第一次”中大胆探索——引水上塬、生猪出栏，引进带头人、建起加工厂，建设党组织阵地、老年爱心餐厅、乡风文明中心，一个个中行项目落地见效，三个“硬骨头”全部提前脱贫，持续发展能力明显提升。

搞好“三联动”，增强“驱动力”

坚持银政联动。中国银行与咸阳市建立有效的沟通协调机制，落实协调小组，工作实现无缝衔接。中国银行引进正大生猪养殖项目，同时提供数亿元贷款，咸阳市政府出资成立农投公司，共同解决融资难题；中国银行开发“公益中国”消费扶贫线上平台，咸阳市县两级成立推动小组，出台措施支持项目运营，双方一起热起来、动起来。

坚持集团联动。一方面，集全行之力开展定点帮扶。全行境内外30多万名员工心系咸阳，开展形式多样的引资引智活动。突出全球化经营特色，海外机构募集善款设立“咸阳北四县扶贫基金”和“中银助学奖教基金”，邀请欧盟农业专家赴贫困县培训肉牛养殖技术，邀请医疗专家赴贫困县提供医疗技术指导等；业务部门积极研发线上招商平台，发布帮扶县招商引资项目需求，帮助培育新的产业增长点。出版中英文版《我们在咸阳》和《苹果花开》扶贫图书，向世界讲好中国扶贫故事。另一方面，建立敏捷反应、高效联动的工作机制。新冠肺炎疫情肆虐之时，捐赠 26 辆救护车等防疫物资；复工复产阶段，开展助力抗疫消费扶贫活动，全行一个月时间购买滞销苹果 170 万斤；2021 年 10 月“北四县”汛情告急，一周内批准首批 400 万元救灾资金，帮助灾后重建、抢收抢种、销售农产品。

坚持社会联动。积极联动客户，举办撮合会、推介会，探索政府、银行、企业、项目公司“四位一体”的“投贷联动”多元化产业扶贫模式，推动客户企业在贫困地区投资兴业；积极联动同业，连续多年在上海保险交易所招投标平台开展贫困人口意外保险项目，联合同业推出“保险 + 期货”项目为果农保驾护航；积极联动公益组织，通过引入专业基金会实施 109 个“情系远山双师课堂”班级、44 个“梦想教室”，以及顶梁柱保险、奥运冠军进校园等专业项目；积极联动高校等教育机构，与西农大共建“中银乡村振兴课堂”和“中银乡村振兴金融研究中心”，共同为脱贫县编制“乡村振兴战略规划”，用科技力量打造智慧乡村。

（图片：陕西广播电视台，李冬提供）

中共庄浪县委员会

近年来，甘肃省平凉市庄浪县紧盯脱贫攻坚“一号工程”，不断优化思路，完善“庄浪模式”产业发展运行体系，精准施策帮扶，集中力量攻坚，全县累计稳定脱贫 196 个村、3.23 万户 13.8 万人。2018 年荣获“全国脱贫攻坚奖组织创新奖”，2019 年圆满完成了脱贫摘帽的历史任务，2021 年荣获“全国脱贫攻坚先进集体”。

中共庄浪县委员会：
攻坚克难抓脱贫　砥砺奋进奔小康

庄浪县是国家扶贫开发工作重点县，也是甘肃省深度贫困县。近年来，庄浪县委认真学习习近平总书记关于扶贫开发的重要论述以及对甘肃工作的重要讲话指示精神，团结带领全县各级各部门和广大党员干部群众，以坚韧不拔的意志，顽强拼搏的劲头，抓铁有痕的力度，向脱贫攻坚发起最后的总攻，2014—2020年全县累计稳定脱贫3.23万户13.64万人，贫困发生率由2013年底的32.73%下降为零，圆满完成脱贫摘帽的历史任务。

精心谋划部署，健全脱贫攻坚方案体系

优化完善发展思路。坚持工作向脱贫攻坚聚焦，资源向脱贫攻坚聚集，力量向脱贫攻坚聚合，制定下发了《打赢脱贫攻坚战的实施意见》《全县脱贫攻坚实施方案》等扶贫政策文件，做到了把扶贫内容实化为具体项目、措施细化到具体年度、任务分解到具体部门、责任靠实到具体人员。健全完善方案体系。制定完善了县、乡、村脱贫攻坚总体方案、单位帮扶规划、“九大冲刺行动”实施方案、分行业分领域推进方案和年度工作方案，精准制定了贫困户“一户一策”脱贫计划，构建了县、乡、村、户四级方案体系，推动了项目资金、领导力量向深度贫困乡村倾斜，基础设施、社会帮扶向深度贫困乡村聚焦。构建资金投入机制。实行“三级统筹”多元投入，健全财政涉农资金管理使用工作机制，2017年至2020年，全县累计统筹整合财政涉农资金21.76亿元，提供了有力的资金保障。

创新体制机制，“庄浪模式”作用充分发挥

大力推行公司化运作。组建了庄浪县农业产业扶贫开发有限责任公

司，各乡镇成立了分公司，各村建立种植业、养殖业、林果业等专业合作社，探索构建了“党组织 + 国有公司 + 龙头企业 + 专合组织 + 贫困群众”的产业发展组织体系。规范提升农民专业合作社。按照国有公司推进型、龙头企业带动型、村级班子带领型和能人大户领办型四种模式，全力推进农民专合组织登记注册和规范提升，创建国家级示范社 6 个、省级示范社 40 个、市级示范社 40 个，促进了农民专业合作社由单一服务向生产经营、由松散发展向紧密联合转变。纵深推进“三变”改革。集中力量抓建农村“三变”改革助推脱贫攻坚综合示范区 20 个，为 196 个贫困村注入扶持类、发展类资金 1.2 亿元，将 1.1 亿元到户资金入股到 289 个优势专业合作社或联合社，实现了贫困户入股全覆盖。

聚焦助农增收，富民产业发展提质增效

按照“一业为主、多种经营，长短结合、突出特色”的产业发展思路，全面落实产业扶贫到户政策。苹果产业围绕打造全国优质苹果生产基地和出口创汇基地，全县果园面积累计达到 65 万亩、挂果园 35 万亩，2021 年全县苹果总产量达到 46 万吨，产值达到 23 亿元以上，贫困户人均收入达到 1900 元以上。畜牧产业紧扣繁育、防疫、饲草、加工、营销、品牌六大体系建设，坚持公司集中饲养与农户散养相结合，全县畜牧产业总产值达到 10 亿元，贫困群众人均畜牧产业收入达到 1100 元以上。种薯产业充分发挥市场运作、研发团队和“雾培法”技术优势，提高科技含量，扩大繁育规模。劳务产业建成认定“扶贫车间”65 家、吸纳农村劳动力 2244 人，累计开发公益性岗位 10041 个，每年有组织输转劳动力 11 万人（次）以上，创劳务收入 25 亿元以上。

突出固强补弱，城乡基础条件显著改善

全面加大农村路、水、电、房、网等基础设施改善力度。交通路网方面，平天高速、庄静高速庄浪段即将建成通车，庄天高速庄浪段全面开工，硬化村社道路 97.6 公里，整治“畅返不畅”道路 54.7 公里，实施建制村通硬化路工程 614.6 公里，行政村通硬化路和通客车率均达到 100%。饮水安全方面，累计完成投资 1.76 亿元，先后建成花崖河水库、店峡南

调、梁河北调等人饮巩固提升工程11项，改造更换供水管道976公里，所有行政村全部达到安全饮水标准。住房安全方面，“十三五”期间完成投资4.59亿元，建成易地扶贫搬迁安置区42处，安置农户1769户7890人，搬迁入住率、拆旧率均达到100%。生态扶贫方面，近四年累计完成造林绿化38.53万亩，选聘建档立卡人口护林员2513名，城乡绿量逐年扩大，生态效益和扶贫效益逐步显现。

优化公共服务，民生保障水平全面提升

教育基础不断强化。实施教育优先发展战略，持续深化教育教学改革，完成县职教中心整体迁建主体工程，累计新建、改造行政村幼儿园114所，改造义务教育薄弱学校245所，全县义务教育阶段建档立卡适龄儿童无一人失学辍学，国家职成教育示范县通过验收命名。健康扶贫扎实推进。实施县医院异地扩建项目，建成中医院住院综合楼、门诊医技综合楼，累计建成标准化村卫生室275个，实现了标准化村卫生室全覆盖、贫困人口参保全覆盖、资助全保障。兜底政策全面落实。累计建成老年人日间照料中心122个，发放救助资金8.15亿元，有力保障了困难群众基本生产生活。

压紧靠实责任，凝聚脱贫攻坚强大合力

建立“八位一体”责任体系和周调度、月通报、季考评制度，全面实行“三个一”工作推进机制，十个专项督查组跟踪督查、督促调度，全力推进脱贫攻坚各项政策措施落实。深化东西部扶贫协作和中央定点扶贫，累计落实帮扶资金1.79亿元，实施了一批产业发展、劳务协作、干部培训、科技扶持和消费扶贫等帮扶项目。从严落实“五个一”帮扶机制，组建驻村帮扶工作队196个、农业技术服务队100个、合作社辅导队100个，形成了全县上下群策群力抓脱贫的良好工作格局。深入开展抓党建促脱贫和“四抓两整治”专项治理，持续整顿软弱涣散村班子，扎实开展村干部专职化试点工作，培育“三个带头人”4360名，不断提升村级党组织的带富能力，为全面打赢打好脱贫攻坚战提供了坚实的组织保障。

（图片：甘肃省乡村振兴局提供）

国网甘肃省电力公司

国网甘肃省电力公司承担着建设、运营、发展甘肃电网的任务，为甘肃经济社会发展提供安全持续可靠的电力保障。2017 年 9 月 24 日，荣获“2016 年全省帮扶工作先进单位‘民心奖’”；2019 年 2 月 23 日，荣获“2018 年度全省脱贫攻坚奖先进集体”荣誉称号；2020 年 4 月 24 日，荣获“2019 年度全省脱贫攻坚帮扶先进集体”荣誉称号；2021 年荣获“全国脱贫攻坚先进集体”。

国网甘肃省电力公司：啃下脱贫“硬骨头”

国网甘肃省电力公司（以下简称“公司”）是服务甘肃省脱贫攻坚任务最重的企业之一，既承担着电网脱贫攻坚建设任务和帮扶任务，也承担着其他行业服务脱贫攻坚的配套供电任务。公司深入学习贯彻习近平总书记扶贫工作重要论述，坚决落实党中央、国务院决策部署和省委省政府、国家电网有限公司各项要求，高标站位，尽锐出战，发挥行业优势，聚集系统资源，坚持真情实感、真金白银、真抓实干的扶贫理念，助力甘肃省打赢脱贫攻坚战，探索出了一条具有电网企业特色的扶贫之路。

提高政治站位，构建“大扶贫”工作格局

公司选派 166 名优秀骨干，驻村真帮实扶，构建了职责清晰、横向联动、纵向贯通、协同有力、合力攻坚的组织体系。制定实施助力脱贫攻坚三年行动计划和电网建设、光伏扶贫、定点帮扶专项方案。创新开展“党建 + 脱贫攻坚”工程，推动公司系统 78 个党支部与帮扶村结对联建。加强扶贫工作监督考核，制定《帮扶工作考核方案》，从 3 个方面明确 31 项考核指标，开展脱贫攻坚电网工程专项审计和脱贫攻坚专项巡视巡察，确保扶贫质量经得起实践检验。

加大投资力度，贫困地区电网实现跨越升级

“十三五”以来，公司电网累计投入 543 亿元，完善各级电网网架结构，满足各类负荷用电和电源接入送出需求，助力甘肃省决战决胜脱贫攻坚。其中，农村电网投资 123.6 亿元，农网供电可靠率和综合电压合格率分别达到 99.838%、99.704%，户均配变容量由 1.48 千伏安提升至 2.15

千伏安，提前一年完成新一轮农网改造升级任务，实现了贫困地区群众由“用上电”向“用好电”的转变，助力甘肃省75个贫困县脱贫摘帽。“十三五”期间，公司易地扶贫搬迁配套项目投资4.48亿元，解决了12个市州、68个县区、1767个移民安置点用电需求，惠及贫困户9.02万户49.9万人。

全额并网消纳，光伏扶贫让贫困户分享阳光收益

严格落实“同步接网、全额消纳、及时结算”要求，前移工作关口，开辟绿色通道，跟踪重点项目，确保光伏扶贫项目立项、受理、建设、并网及结算等各环节有序开展，全力支持光伏扶贫电站早发电、早收益，累计并网光伏扶贫容量127.6万千瓦，惠及甘肃12个市州42个县（市、区），带贫户数18.92万户，每年产生稳定收益约7.6亿元，收益用于壮大村集体经济和增加贫困户收益，为贫困地区脱贫攻坚培育了新产业，为壮大贫困村集体经济开辟了新路径，为解决贫困群众稳定脱贫提供了新手段。

发挥行业优势，定点帮扶工作成效显著

“十三五”期间，公司到村扶贫项目投资2652.75万元，培育形成一批种养殖特色主导产业，形成“公司+合作社+村集体经济+贫困户”模式，建立利益分享联结机制，助力贫困村形成产业发展新格局。依托23家劳模创新工作室专家打造“劳模创新联盟”，联合攻关技术难题，研制捐赠21台花椒烘干机，升级形成多功能烘干装置，获第23届全国发明创业奖金奖和甘肃省职工技术创新成果一等奖，并获国家实用型专利。“金秋助学”捐资249.8万元帮助1017名贫困家庭子女接受更高层次教育。联系中国电机工程学会开展“电力之光”甘肃科普下乡暨脱贫攻坚活动，向大桥镇学校捐建公共安全应急逃生实训室，送去74.9万元的教学设备和文体用品。开展“送电工培训上门，送技能鉴定到家”活动，培训50名村民获得电工初级工国家职业资格证书。签订企地就业扶贫合作协议，招录69名村民到电网工程现场及所属单位务工，累计支付工资152.38万元。

争取各方支持，推动甘肃“扶贫电”全国外销

公司将电力外送作为推动贫困地区精准扶贫的重要举措，有力促进全省资源优势转化为经济优势，为全省经济社会发展提供坚强保障。加大电力外送通道建设，建成酒泉至湖南特高压直流工程。国家电网有限公司全额出资 35 亿元，建成河西走廊 750 千伏第三通道工程，推动陇东至山东特高压工程取得重大进展，推动跨区跨省外送能力提升至 2610 万千瓦，较“十二五”末提升 1.7 倍。努力开拓外送市场，甘肃新能源输送至北京、湖南、广东等 20 个省（市），“十三五”以来累计外送电量 1626 亿千瓦时。全力服务新能源消纳，新能源利用率由 2016 年的 60.2%提升至 95.3%，连续三年利用率升幅超过 9 个百分点，升幅全国第一，推动国家能源局解除甘肃新能源投资红色预警，创造工业增加值约 300 亿元。

履行帮扶责任，帮助老百姓解决急事难事

落实干部结对帮扶措施，以机关各党支部为单位，突出“一支部一特色”，干部职工踊跃捐款捐物、进村入户、出谋划策，有效发挥共产党员服务队“连心桥”和党支部战斗堡垒作用。各级干部聚焦“两不愁三保障”和脱贫验收标准，以贫困户最终受益为目标，带着责任、带着感情，扑下身子用心用情真帮实扶，制定建档立卡贫困户“一户一策”精准脱贫计划，认真履行结对帮扶责任，确保每名帮扶责任人每年为贫困户办一件实事好事。通过农业生产物资捐赠、农村设施维修、生活必需用品捐赠、过冬煤炭捐赠、扶智用品捐赠等务实举措，实打实把扶贫工作做到贫困群众的心窝里。

（图片：甘肃省乡村振兴局提供）

广东省对口支援新疆工作前方指挥部

广东省对口支援新疆工作前方指挥部作为广东省委、省政府派驻新疆的临时机关，负责统筹协调推进支援喀什地区疏附县、伽师县和兵团三师图木舒克市工作。自 2010 年国家启动新一轮援疆以来，累计投入资金 189.16 亿元，实施项目 987 个，派遣干部人才 5885 人次。2018 年被国务院扶贫办授予“脱贫攻坚组织创新奖”；2021 年 2 月，被党中央、国务院授予“全国脱贫攻坚先进集体”光荣称号。

广东省对口支援新疆工作前方指挥部：携手浇灌“幸福花”

广东援疆前方指挥部牢记党中央、国务院赋予的光荣使命，把助力受援地脱贫攻坚作为一项重大的政治任务，认真履行对口支援喀什地区疏附县、伽师县和兵团三师责任，制定助力受援地脱贫攻坚的行动方案，突出重点、抓住关键、精准施策，实现受援地致富增收能力、生产生活条件和可持续发展能力三大提升。“十三五”以来，共计投入援疆资金 99.33 亿元，实施援疆项目 368 个。截至 2020 年，所有对口支援的县市（师）均实现高质量脱贫摘帽，累计帮助 23.7 万贫困人口脱贫。

着眼解决民生难题，打造受援地群众幸福支点

以安居为基，改善住房和配套设施条件。五年共安排援疆资金 34.21 亿元，实施安居富民工程和城乡基础设施建设项目共 58 项。其中，安居富民工程项目累计投入援疆资金 16.61 亿元，支持受援地新建 10.78 万套安居保障房；城乡基础设施建设项目累计安排援疆资金 17.6 亿元，实施贫困户庭院改造、安居富民工程配套基础设施建设等 47 个项目。

以健康为要，着力解决贫困群众看病就医难题。“十三五”以来，广东援疆深入推进“组团式”医疗援疆，坚持以受援地卫生发展需求为导向，以打造国家区域医疗中心为目标，投入医疗卫生援疆资金 7.69 亿元，开展各类卫生援疆项目 56 个，着力构建以喀什地区第一人民医院为龙头，三受援地为基地的“组团式”医疗援疆新格局。

以教育为本，扎实推进“组团式”教育援疆。先后派遣支教教师 1469 名，培训受援地双语骨干教师 109009 人次，传帮带教师 2230 名，形成教研教学成果 242 项，安排广东 76 所学校与喀什地区学校结对帮扶，组织广东高校定向招收喀什地区本专科师范生 1400 余名，安排广东 13 所

高中和 5 所中职招收新疆籍学生 1.6 万余名。

坚持增强“造血”功能，以产业发展稳定就业增收

夯实产业发展的基础。“十三五”以来，安排援疆资金 30.12 亿元，用于稳定就业产业发展，成立招商小队引导 525 批次 1996 家企业到“两县一师”考察，成功促成 776 个产业项目落地，计划总投资额 456.26 亿元，新增就业岗位 11.38 万个，人均月收入达 3500 元。

支援发展劳动密集型产业。大力打造兵团草湖广东纺织服装产业园、伽师工业园、疏附县南疆服装辅料配件交易中心。伽师县已引进 25 家企业落户伽师县工业园区，解决就业 1 万多人。

着力促进贫困群众就地就近就业。建成卫星工厂 948 间，解决 4.5 万人就业。以疏附县吾库萨克镇 7 村为例，引入新疆雨枫灵服饰公司设立卫星工厂，帮助 106 名村民实现稳定就业、带动 601 人脱贫，使该村顺利摘掉了贫困村“帽子”。

双线出击助力消费扶贫。采取线上线下相结合的方式，建设农产品电子商务销售平台，设立名优农产品展销中心，让新疆特色产品运得出、卖得好。累计销售农产品 4.2 万多吨，销售额达 5.42 亿元。

善于创新方式方法，不断增强脱贫的内生动力

培育致富带头人发挥“头雁”作用。在受援地开展“培育十个以上少数民族致富带头人”工程。通过实地考察、评估致富项目，坚持“优中选优”原则遴选出 18 名“头雁”，实现以点带面的方式促进全面小康与乡村振兴有机衔接。

深入开展培训技术人才工程。结合受援地发展实际，力争培训千名以上少数民族技术型人才，实现物质和精神的双重脱贫。组织评选出“管理专才”“技术标兵”“劳动能手”，为受援地经济社会发展提供人才支撑，也让广大少数民族员工实现收入增长。

实施教会万名少数民族群众讲国家通用语言工程。支持援疆企业开展“国家通用语言轮训”工作，发动支教教师担任国家通用语言教学志愿者，招聘少数民族大学毕业生担任国家通用语言培训教师。

创新招商方式方法增强产业发展后劲。联合受援地政府在广东设立招商引资服务站，引导300多家企业到受援地考察，成功促使120个产业项目落地。创新以商招商方式，打造伽师县兴业中小企业孵化基地，引进20多家企业，解决9000多人就业。

注重巩固脱贫成果，乡村振兴实现可持续发展

深入开展脱贫攻坚巩固年活动。通过建立系统“施工图”，倒排工期、加快推进脱贫攻坚工作，落实脱贫攻坚一把手负责制，发挥既“督”也“战”的作用，建立健全脱贫攻坚工作体系，压力层层传导，责任层层压实，及时协调解决存在的问题与困难，为脱贫攻坚提供坚强政治保证，做到前方各级党组织尽锐出战、善作善成。

大力推进乡村振兴发展，巩固脱贫成果。全面推进巩固拓展脱贫攻坚成果同乡村振兴有效衔接，深入开展乡村振兴示范点创建工作，支持培育乡村新产业新业态，全力支持特色农牧业和乡村旅游业发展。以人才培养作为乡村振兴的内驱动力，不断提高农业农村人才服务保障能力。

（图片：佛山新闻网，杨昊提供）

塔里木大学

塔里木大学作为新疆南疆的一所综合性大学，为国家发展战略而生、为南疆人民幸福而生、为边疆繁荣稳定而生。自 1958 年创建以来初心不改，坚持扎根南疆大地办大学，坚持不懈用胡杨精神育人，矢志不渝为兴疆固边服务，坚定不移培养扎根边疆、献身边疆的有用人才，在服务南疆人民的小康路上，力争一个都不能掉队，为“富民兴疆”做出了突出贡献。2021 年荣获“全国脱贫攻坚先进集体”称号。

塔里木大学：戍边胡杨　富民兴疆

为党育人，夯实执政为民的基础

坚持正确政治方向。强化政治建设，在落实好党委领导下的校长负责制基础上，加强基层党组织建设，使学校党委和院系党组织都成为坚强领导核心，为落实立德树人根本任务，反对民族分裂、维护祖国统一、维护民族团结等提供可靠组织保证，确保在大是大非问题上，旗帜鲜明、立场坚定、认识统一、表里如一、态度坚决、步调一致。把政治可靠作为人才培养的首要标准，用胡杨精神夯实思想基础。实施“胡杨铸魂工程”，建设红色文化教育基地，将传承红色基因、胡杨精神作为入校入职第一课；加强“思政课程”“课程思政”建设，将思政课打造成学校第一课；坚持每周政治理论学习制度，教育师生自觉听党话、坚定跟党走。聚焦南疆社会稳定和长治久安，调整学科专业结构，扩大工科专业比例，增设南疆急需的纺织工程、医学等专业。扩大办学规模，优化生源结构，内地生源学生占68%以上。创新人才培养模式，开设“棉花实验班”“农经实验班”“三五九创新人才实验班”，坚持学习与实践紧密结合，增加实验实践教学学分，农理工科专业达34%，人文社科类专业达31%。实施“双语双向学习行动”，强化少数民族学生国家通用语言文字能力培养，加强汉语言学生维吾尔语运用能力，着力培养“强专业、会双语、懂经济、善管理”的应用型复合型人才。组织学生深入南疆基层，在实践中受教育、长才干、做贡献，全方位引导学生留在新疆做贡献。自1958年创建以来共培养7万多名毕业生，其中85%扎根新疆，68.5%植根南疆，内地生源52%留疆工作。在南疆基层乡村、连队的技术和管理骨干多数为塔里木大学毕业生，成为引领脱贫攻坚的主力军。社会各界普遍评价塔里木大学学生下得去、留得住、用得上、干得好，成为维护祖国统一、反对民族分裂、巩固基层政权、促进经济发展、维护社会稳定的重要力量。

为国育才，彰显服务社会的担当

聚焦兵团和南疆产业重大科技需求和技术革新要求，巩固深化了以红枣、核桃等特色林果产业高效绿色生产为主，结合设施园艺的特色林果科技服务；以牛、羊高效养殖为主，结合庭院家禽养殖的畜牧业养殖科技服务；以棉、粮、饲草产业提升为主，结合农业废弃物高效利用农业科技服务；以现代机械装备运用及其保障的科技服务；以生态环境保护与特色沙产业相结合的科技服务。以南疆经济社会发展为主线，积极为南疆生态文明建设、历史与文化发展、法律与政策、民众健康生活等方面提供科技服务。围绕南疆区域经济重点产业发展，持续开展“百名专家、千名学生”下基层活动，组建 25 支科技服务专家团队，在南疆 37 个团场、12 个县开展服务，年均举办红枣整形修剪、花果期关键技术、牛羊科学育肥等培训班、现场会 680 余场，培训人数 9.85 万余人次。在脱贫攻坚这场没有硝烟的战场上，广大师生流血流汗把论文写在大地上，让技术长在泥土里，将服务送到基层去，围绕林果提质增效、作物高产示范、畜禽高效养殖等做出卓越贡献，甚至献出宝贵生命。

同心同向，铸牢中华民族共同体意识

深入实施民族团结“细胞工程”，推行“双语双向”教育教学模式，将《应用维语》《应用维语实践》等 4 门课程作为必修课纳入汉语言本科专业人才培养方案，对民语言学生进行国家通用语言预科教育和国家通用语言专业教学，全面提升各族学生的语言应用能力。扎实推进民汉学生混合住宿，全校学生民汉合宿率 100%。实现同班学习、同室住宿、同堂就餐、同场竞技，在你中有我、我中有你，相互学习的过程中绽放民族团结的友谊之花。积极开展以互帮、互教、互学为内容的团结互助工作，实现结对交友“两个全覆盖”，形成纵向师与生、生与生交友，横向班与班联系、舍与舍结对的网格化格局，促进各族师生广泛交往、全面交流、深度交融，使学校成为凝聚各族师生的大熔炉、全国民族团结的典范。建设国家通用语言文字教育平台，推广国家通用语言文字，每年为南疆中小学教师和基层干部培训 1000 余人次。每年组织“万名学生三下乡”社会实践活动，开展爱国教育、民族团结、科技帮扶、社会调查、志愿服务等活动

3 万多人次。选派 200 余名学生到南疆乡镇支教。发挥教育资源优势，年均开展管理干部、技术人员、基层农民等培训 130 余场，培训 1.5 万余人。引领群众“先富脑袋”，鼓励群众追求美好生活，激发群众勤劳致富的内生动力，把各民族共同团结进步的种子播撒在南疆大地。

（图片：塔里木大学提供）

中国石油化工集团有限公司扶贫工作领导小组办公室

中国石化认真贯彻落实习近平总书记脱贫攻坚和乡村振兴工作重要论述，坚决落实党中央、国务院各项决策部署，全力以赴助力帮扶工作取得实效，成立了对口支援及定点扶贫工作领导小组办公室（现调整为乡村振兴工作领导小组办公室）。作为帮扶工作常设机构，以部门之职，体现集团之志，统筹管理集团对口支援、定点帮扶和全系统帮扶工作。牢记习近平总书记嘱托，助力东乡高质量脱贫，以实际行动在实现共同富裕、推进乡村振兴的征程中诠释央企担当。中国石化连续四年在中央单位定点扶贫成效考核中评价为“好”；2019 年荣获“全国脱贫攻坚奖组织创新奖”；2021 年荣获“全国脱贫攻坚先进集体”称号。

中国石油化工集团有限公司
扶贫工作领导小组办公室：
为全面小康助力　为美好生活加油

中国石化扶贫办公室（现为中国石化乡村振兴办公室，以下简称“中国石化”）坚持以习近平新时代中国特色社会主义思想为指导，深入贯彻习近平总书记关于脱贫攻坚和乡村振兴重要指示精神，不断强化组织领导，持续加大投入，创新方式方法，保持攻坚态势，自1988年参与帮扶任务以来，累计投入资金近30亿，帮助对口支援及定点帮扶8个县全部实现“脱贫摘帽”，67家直属企业助力帮扶的750个贫困村全部实现“脱贫出列”。

践行央企责任，助力脱贫攻坚接续乡村振兴

提高政治站位，坚决扛起帮扶责任。中国石化党组始终坚持将帮扶工作作为重大政治任务推进落实。进入乡村振兴阶段，中国石化及时完成机构调整，党组主要领导任工作领导小组组长，分管领导任副组长，总部14个相关部门为成员单位，定期专题研究帮扶工作，形成齐抓共促、高效运转的大帮扶格局。从脱贫攻坚到乡村振兴，党组领导共赴帮扶地区调研40余次，主要领导连续4年赴甘肃东乡调研，助推帮扶工作。

聚焦精准帮扶，着力补齐脱贫短板。围绕“两不愁三保障”任务目标，持续改善帮扶地区群众生活条件。一是强化组织保障。脱贫攻坚战打响以来，全集团累计投入扶贫资金12.5亿元，每年选派专、兼职帮扶干部近2000人。二是打造保障工程。实施产业项目127个，惠及18.48万人，带动5.2万人脱贫。三是坚持扶智扶志。脱贫攻坚时期，中国石化累计捐建学校246所，修建中小学65所，累计发放助学金2000多万元，资助贫困学生2万余名。

凝聚工作合力，积极动员帮扶力量。一是资金保障。脱贫攻坚时期，积极动员社会力量，累计为各县引进无偿帮扶资金5113.81万元。二是扩大声量。承办中央企业扶贫论坛等重大活动。连续三年举办中国石化帮扶商品展销会，累计邀请30余家中央单位和中央企业参展，帮助销售产品过亿元。三是共享资源。在全系统筹集736万元党费，捐赠贵州雷山县、望谟县和四川马边县，助力脱贫攻坚。帮助山西临县、岚县，贵州雷山县等地区销售帮扶商品571万元。

始终牢记嘱托，高标准助力东乡脱贫致富

累计在东乡县投入帮扶资金5.26亿元，帮助3102户、16952名群众实现脱贫。一是引来幸福水。投入资金4967万元完成人饮工程，修建蓄水池164座，埋设供水管网578公里，安装入户设备2349套。二是修通惠民路。投入资金1亿元，建成了70公里通村道路。三是建设新农村。新建住房56户，改造危房1328户，确保群众住房安全。实施布楞沟村巩固提升工程，解决人畜共居、环境卫生、厕所改造等问题，改善群众居住条件。四是着力人才培养。新建4个教学点，改扩建中小学5所，新建石化中学1所。购买教学设备1905台，受益学生超1.5万人。五是持续产业帮扶。东乡县累计种植藜麦3.6万多亩，确保近万名群众持续增收，户均每年纯收入超万元。

围绕重点任务，持续推进乡村高质量振兴

严格落实“四个不摘”要求，围绕“五大振兴”目标，聚焦产业、教育、消费三大重点工作。2021年，全年投入和引进有偿及无偿帮扶资金4.71亿元，基层各类培训人数达到37524人，消费帮扶完成10.4亿元，助力实现乡村高质量振兴。

持续发挥优势，大力发展“产业+消费”帮扶模式。一是发布“一县一链”计划。在央企中率先发布了“中国石化助力乡村振兴‘十四五’计划”，立足帮扶八个县资源禀赋，针对性地帮助每个县打造一个具有一定规模的高品质农业产业链，培育一批具有市场竞争力的品牌产品。二是做精特色帮扶。充分发挥系统内部专业化运作优势，积极帮助特色农产品

“搭台子”。2021年“一县一链”帮扶商品销售额达8521万元，其中自有品牌东乡藜麦及其加工产品销售额达1636.9万元。三是做优销售渠道。石化系统内组织各级工会、后勤等部门优先采购帮扶商品。系统外部，发挥2.8万座易捷便利店、石化员工团购网、大胜超市等渠道优势全力扩大销售。

坚持为党育人，着力开展全系统教育结对帮扶。一是精选学校重点发力。优选37所进行重点支持，立足硬件和软件提升，对校园、教师、学生三个方面着力开展帮扶。二是遴选单位结对帮扶。优选一批党建基础好、社会责任感强的直属单位与37所学校结对帮扶。三是“智囊团”发挥专业作为。制定了《中国石化教育帮扶工作实施方案》。以“办好农民家门口学校”为主线，请专业团队到37所学校进行深入调研，为每所学校制定专项帮扶方案。

中国石化发挥党建资源丰富、基础扎实的优势，多措并举共促乡村振兴。一是持续开展结对帮扶。安排企业先进党支部与东乡布楞沟村党支部进行结对帮扶，选派优秀党员干部担任驻村第一书记，筑牢基层一线战斗堡垒。二是大力促进交流培训。启动中国石化·东乡“新征程大讲堂”系列讲座，推动新时代党的创新理论进乡村、到地头。三是发展乡村优质教育。2021年，在东乡培训乡村教师600余人次。为石化中学聘请高水平校长，投入1440万元购置现代化教学设备。

站在新的起点，中国石化将认真贯彻落实“中央一号”文件精神，牢记习近平总书记视察胜利油田时的殷殷嘱托，大力弘扬伟大的建党精神和脱贫攻坚精神，不断完善帮扶模式，创新工作方法，发展特色产业，为持续巩固拓展脱贫攻坚，全面推进乡村振兴，实现第二个百年奋斗目标贡献更多力量。

（图片：甘肃省东乡县石化中学，高佩德提供）

贵州省安顺军分区政治工作处

贵州省安顺军分区政治工作处联合地方相关部门，积极探索，勇于创新，研究制定“兵支书”培养流程，持续从复退军人中培塑孵化农村基层党组织带头人，发挥了“党建领头人、脱贫攻坚引路人、和谐稳定维护人、人民群众贴心人”的骨干作用。2019年以来，先后被表彰为贵州省脱贫攻坚先进党组织、全国脱贫攻坚奖组织创新奖、全国脱贫攻坚先进集体。

贵州省安顺军分区政治工作处：军地联手共育“兵支书” 打造不走的工作队

近年来，贵州省安顺军分区政治工作处联合地方相关部门，积极探索，勇于创新，研究制定“兵支书”培养流程，持续从复退军人中培塑孵化农村基层党组织带头人，发挥了“党建领头人、脱贫攻坚引路人、和谐稳定维护人、人民群众贴心人”的骨干作用。

军地联选共育，让“兵”的站位向新的“堡垒”延伸

“兵支书”在“民”的位置，却有“兵”的标签。安顺军分区政治工作处会同军地有关部门从“选、育、用”等环节入手，建立联选共育机制。军地联选，选出精兵强将。坚持对“兵支书”严把“三关”，从新兵入伍到老兵返乡全程跟踪管理。严把征兵关，认真把握征兵送兵环节，优选综合素质好的预征对象入伍；严把入伍关，关注新兵入伍后动态，协调部队加强对优秀苗子帮扶培养；严把返乡关，加大退役军人返乡后培养考察力度，优秀人才及时纳入村级后备人才库，切实把热爱农村工作、奉献意识强的退役军人保留下来，作为村级组织储备力量。军地共育，育出过硬本领。根据“兵支书”个人特点和发展需要，协调军地有关部门联合培训机构制定详细培训计划，定期开办“兵支书”培训班，常态组织参观见学和研讨交流，分期分批选派“兵支书”到工作突出的“领头雁”地区跟岗实训，通过先进典型面对面带、手把手教，有效提升“兵支书”履职能力。军地齐管，管出优良作风。为巩固和传承“兵支书”在部队养成的好作风，协调安顺市围绕“信念坚定、脱贫致富、服务群众、办事公道、知法懂理、抓好党建”六项要点建立村党支部书记抓党建工作责任清单，明确军地共建责任，坚持每季度对“兵支书”履职情况进行考核评议，有关情况与报酬待遇、评先评优等挂钩，倒逼履职担当。

重视作用发挥，让“兵”的价值在新的“战场”彰显

一日从军，终生为兵。实践中，军分区政治工作处会同军地有关部门注重发挥退役军人特别是“兵支书”在基层社会治理中的重要作用。着力带出基层党建领头人。跟进应征入伍、部队服役、退伍返乡、培养成才四个阶段，制定“兵支书”培养流程图，按照对党忠诚、敢于担当、激情满怀、勤奋工作、无私奉献、一心为民的标准，全环节、全流程对退役军人进行跟踪、培养、考评，不断从中培塑优秀人才，并充实到农村基层组织。着力带出脱贫攻坚引路人。组建“十九大精神宣讲、党建工作示范、国防教育宣传、社会和谐促进、产业发展指导、电商营销推广”六支队伍，为“兵支书”开展创新理论宣讲、方针政策咨询、基层党务培训、农村实用技术等培训。结合贵州省军区“黔货出山进军营”项目，优先采购“兵支书”所在贫困村的农产品，让“兵支书”工作更有干劲、有活力。着力带出和谐稳定维护人。积极运用“小网格”编织“大平安”，当地发生自然灾害等，由退役军人组成的民兵队伍迅速反应、及时处置。坚持用“议事会”牵手“老战友”，在各县区“兵支书之家”成立“老兵议事会”，由德才兼备、事业有成的老兵组成，专门负责受理老兵咨询、化解现实矛盾。着力带出人民群众贴心人。注重发扬部队好传统，在“兵支书”中开展“四个知道一个跟上”（“兵支书”要知道，谁家缺技术、谁家缺资金、谁家要帮扶、谁家有困难，服务工作及时跟上）活动，架起地方党委政府与群众之间的“连心桥”。

搭建发展平台，让“兵”的情怀在新的“领域”传承

积极协调军地有关部门为“兵支书”干事创业搭建平台，努力让退役军人的军人本色、家国情怀在脱贫攻坚战场上得到传承和弘扬。创建军地实践中心。按照“工程化思维、系统化设计、模块化运行、常态化实践、精准化评估”的设计理念，探索建立军地实践中心，整合人文社科、农林牧渔、工业技术等方面216名专家资源，为“兵支书”提供讲习宣传、技能培训、项目对接等服务。军地实践中心成立以来，开展各类讲习活动1000余次。打造脱贫攻坚“兵团”。对“兵支书”及返乡创业退役军人加大创业培训、贷款扶持等力度，组织“兵支书”共同研究区域产业发展，

“强强联手”带动共同发展，吸引优秀退役军人返乡创业。辐射形成带动效应。积极鼓励“兵支书”参加市县各类活动，发动退役军人领办创办村级经济组织 120 余个，在创业带富、产业发展、脱贫攻坚等方面立起良好示范效应。2020 年 9 月，退役军人事务部会同中央农办、国务院原扶贫办在安顺市召开“全国退役军人村干部决战脱贫攻坚和推进乡村振兴现场交流会”，观摩推广了贵州安顺“兵支书”工作经验。

（图片：中央军委政治工作部提供）

中央脱贫攻坚专项巡视组

中央脱贫攻坚专项巡视组在专项巡视和“回头看”中，累计个别谈话7533人次，召开座谈会640次，共受理群众信访10.65万余件，下沉调研1071次，发现面上问题703个，扶贫领域问题线索12012个，提出巡视整改意见建议284条，有力推动被巡视党组织落实主体责任、改进工作作风、解决突出问题，为如期打赢脱贫攻坚战、提升脱贫攻坚成色发挥了重要助推作用。2021年荣获“全国脱贫攻坚先进集体”称号。

中央脱贫攻坚专项巡视组：发挥监督职能　把脉脱贫攻坚

根据党中央统一部署，在中央巡视工作领导小组的领导下，15个中央脱贫攻坚专项巡视组于2018年10月对13个省区市和13家中央单位开展了脱贫攻坚专项巡视，并于2019年12月进行了“回头看”，为如期打赢脱贫攻坚战、提升脱贫攻坚成色发挥了重要助推作用。

压实政治责任，发挥政治监督作用

专项巡视组紧扣被巡视党组织落实脱贫攻坚政治责任情况，明确监督重点，开展巡视监督。专项巡视紧紧围绕巡视党组织落实党中央脱贫攻坚方针政策，落实党委（党组）脱贫攻坚主体责任，落实纪委监委（纪检监察组）监督责任和有关职能部门监管责任，落实脱贫攻坚过程中各类监督检查发现问题整改任务情况开展监督检查。“回头看”聚焦专项巡视反馈指出的问题，紧盯党委（党组）落实巡视整改主体责任情况进行再监督。巡视和“回头看”期间，累计个别谈话7533人次，召开座谈会640次，发现面上问题703个，扶贫领域问题线索12012个，形成巡视报告52份，提出巡视整改意见建议284条，有力推动被巡视党组织落实主体责任、改进工作作风、解决突出问题。

坚持人民立场，切实维护群众利益

专项巡视组始终坚持以人民为中心的根本价值取向，着力发现和推动解决侵害群众利益的突出问题，充分发挥巡视联系群众纽带作用。巡视和“回头看”期间，共受理群众信访10.65万余件，走村入户倾听群众呼声和诉求，采取“四不两直”等方式下沉调研1071次，推动被巡视党组织对 180 余个群众反映强烈的问题进行立行立改，发现和推动解决了一批贪污侵占、虚报冒领、截留挪用、优亲厚友，以及搞形式主义、官僚主义和数字脱贫、虚假脱贫等问题。

严肃认真反馈，推动问题整改落实

专项巡视反馈时，中央巡视工作领导小组成员和中央纪委国家监委、中央组织部分管领导参加全部反馈会议，对落实整改主体责任和监督责任提出明确要求，增强反馈的严肃性、权威性。“回头看”反馈时，按照党中央部署，与国务院扶贫办 2019 年脱贫攻坚成效考核同步向被巡视党组织书面反馈，推动集成整改、一体整改。根据巡视反馈的问题，中央单位和省区市认真落实脱贫攻坚政治责任和巡视整改主体责任，在推动解决“两不愁三保障”等突出问题、整治扶贫领域腐败和作风问题、强化贫困地区干部队伍建设和基层党组织建设方面集中发力，取得扎实成效。

强化成果运用，推动完善体制机制

分别向党中央、国务院分管领导同志和国务院扶贫办通报了专项巡视及“回头看”情况，向国家发展改革委等 8 个相关职能部门移交 11 条工作建议，为优化脱贫攻坚政策供给提供了重要参考。

（图片：中央纪委国家监委机关提供）

中央办公厅督促检查室

党的十八大以来，中央办公厅督促检查室认真贯彻落实习近平总书记关于打赢脱贫攻坚战重要指示批示精神和党中央决策部署，按照中办有关要求，持续推动脱贫攻坚政策措施的贯彻落实。2021 年 2 月，中办督查室被党中央、国务院授予“全国脱贫攻坚先进集体”荣誉称号。

中央办公厅督促检查室：发挥督查“利剑”作用　推动各项工作落实

党的十八大以来，中央办公厅督促检查室认真贯彻落实习近平总书记关于打赢脱贫攻坚战重要指示批示精神和党中央决策部署，始终把助力打赢脱贫攻坚战作为重要政治任务，按照中办有关要求，着力发挥督查“利剑”作用，持续推动脱贫攻坚政策措施的贯彻落实。

践行使命

在近年来的工作实践中，中办督查室积极会同中央和国家机关职能部门，组建专门工作力量，以中央办公厅督查组名义多次组织开展重大专项督查，把脱贫攻坚情况作为重要内容纳入其中，采取回访调研、蹲点调研、决策督查、跟踪督办等方式，先后赴十多个省份以及多个集中连片特困地区开展督查调研，深度了解各地区各部门贯彻落实习近平总书记重要指示批示和党中央决策部署的措施和成效，深入基层一线、乡村农舍、田间地头，面对面走访慰问贫困群众，看望扶贫干部，倾听他们所思所盼，带去习近平总书记和党中央的关心关爱；围绕发展产业扶贫、易地扶贫搬迁，以及规范扶贫资金使用等问题，广泛听取地方党委各级领导干部和专家学者的意见，同基层政府一起研究和解决脱贫中的困难和问题。

踔厉奋发

2018年元旦春节期间，会同原国务院扶贫办等相关部门，组成8个督查组，采取明察暗访相结合的方式，分赴山西、甘肃、青海等6省区的高寒山区、民族地区和祖国边陲，开展深度贫困地区困难群众生活保障情况督查，在推动边疆地区少数民族脱贫、激励扶贫干部担当作为、警惕光伏扶贫风险与隐患等方面发现问题、研提建议，切实把习近平总书记和党中央的关怀送到基层、送到贫困群众心坎上。2019年，结合年度重点工作任务，在重大专项督查中将脱贫攻坚作为重点任务予以关注，多次选派精兵强将参加国务院脱贫攻坚专项督查巡查等工作，推动相关问题解决。在2020年决战决胜之年，认真谋划、聚焦聚力，先后赴四川、云南开展回访调研，聚焦攻克脱贫攻坚最后堡垒、应对疫情造成的冲击影响、推动脱贫攻坚与乡村振兴有机衔接等重大问题，走进凉山、阿坝、腾冲、怒江等地14个县区，深入村庄社区、易地搬迁安置点、扶贫车间等了解第一手情况，安排9位年轻同志到贫困程度最深的昭觉、布拖、喜德3县开展蹲点调研，座谈访谈各级领导、基层干部、贫困群众等650多人，分析研判形势，提出对策建议。2021年，组织开展巩固拓展脱贫攻坚成果同乡村振兴有效衔接专题调研，抓住工作机构调整、体制机制政策衔接的关键阶段，既注重发现和反映具体问题，又注重研究解决衔接中的问题，有效发挥了面上推动双衔接工作的作用，有力推动了一批重点难点问题解决。

坚守初心

同时，中办督查室紧密结合整治形式主义为基层减负工作职责，精准施治脱贫攻坚中的形式主义、官僚主义，起草并以中办名义印发《关于持续解决困扰基层的形式主义问题为决胜全面建成小康社会提供坚强作风保证的通知》等系列文件，以钉钉子精神狠抓落实，大力整治脱贫攻坚中层层填表报数、督查检查考核过多过频、过度留痕、不作为慢作为等问题，让广大基层干部有更多时间和精力投入扶贫工作一线抓落实，确保了脱贫攻坚任务如期实现。

根据中办机关党委安排，中办督查室扎实做好与陕西宁陕县龙王潭村结对帮扶工作，注重以党建结对为引领，切实抓好各项帮扶措施落地见效，积极协调解决宁陕县申报扶贫产品注册商标，争取产业帮扶资金，规划建设五味子、魔芋产业园，受到基层同志一致好评。

（图片：中央办公厅督促检查室提供）

中央宣传部新闻局应急新闻处

中央宣传部新闻局应急新闻处创新内容策划、选题设置传播手段，统筹全国新闻战线做好扶贫脱贫宣传。创新主题宣传，以“新春走基层·脱贫攻坚一线见闻”等活动，扎实开展脱贫攻坚宣传工作，统筹做好扶贫政策成就典型报道。创新对外宣传，推动减贫领域国际传播和交流合作，向世界展示中国扶贫模式。创新传播手段，构建脱贫攻坚大宣传格局，积极推动媒体刊发扶贫公益广告，加强消费扶贫报道，引导企业和消费者积极采购贫困地区特色农产品。2021年荣获“全国脱贫攻坚先进集体”称号。

中央宣传部新闻局应急新闻处：创新脱贫攻坚宣传　汇聚决战决胜力量

在党中央领导指挥的精准脱贫攻坚战中，中央宣传部新闻局应急新闻处（以下简称“应急新闻处”）具体承担组织开展全国脱贫攻坚宣传报道的重要任务。党的十八大以来，为贯彻落实习近平总书记关于“脱贫攻坚不仅要做得好，而且要讲得好”的重要指示精神，根据中宣部统一工作部署，按照新闻局工作要求，应急新闻处组织全国新闻战线尽锐出战，统筹各级各类媒体开展扶贫宣传，带领广大新闻工作者奔赴大江南北、深入扶贫一线，记录脱贫攻坚伟大历史进程，讲好扶贫脱贫故事。

创新主题宣传：统筹做好扶贫政策成就典型报道

通过举办“新春走基层”“脱贫攻坚一线见闻”主题采访等活动，扎实有效开展脱贫攻坚宣传工作。协调全国新闻工作者下沉 70 个贫困县蹲点采访，刊播各类稿件 2500 余篇（条），全网总传播量近 2 亿次，为高质量打赢脱贫攻坚战营造了良好舆论氛围。

一是政策宣传全面准确。针对群众的担心，组织媒体突出宣传精准扶贫精准脱贫基本方略，准确宣传“两不愁三保障”的脱贫标准，广泛宣传中央“四个不摘”要求。针对媒体简单报道脱贫数字引起误读等问题，坚持问题导向、解疑释惑，协调召开新闻发布会、组织相关负责人答记者问、安排专家解读，回应公众关切，全面解读扶贫政策，准确解读脱贫数字。

二是成就报道注重实效。提示媒体开展脱贫攻坚成就宣传要充分平实，多运用群众语言和身边事例，多报道群众的获得感、幸福感。例如，组织媒体推出《扶贫开发的中国奇迹》《70 年，中国 7 亿多人摆脱贫困》等报道，深入宣传我们党带领人民持续向贫困宣战，成功走出一条中国特色扶贫开发道路。

三是典型宣传生动感人。不断打破传统套路、思维定式、路径依赖，把扶贫先进典型宣传做活、做亮、做热。在“时代楷模”“最美基层干部”等多个专题专栏，集中宣传黄文秀、朱有勇、文伟红、张小娟等一大批可亲可敬、可信可学的先进典型感人事迹。组织新华社创新推出“H5+大数据”新闻《致奋斗在脱贫战场上的你》等爆款产品，唤起千万人投身扶贫事业。

创新对外宣传：向世界展示中国扶贫模式

组织媒体以专题报道、新闻发布活动、外媒实地采访、网络外宣等多种方式，全面开展扶贫外宣，向国际社会生动展现我国扶贫减贫成就和中国减贫的世界意义。

一是宣介习近平总书记扶贫开发重要战略思想。加强《习近平扶贫重要论述》《图解扶贫》等外宣重点品牌栏目建设，组织媒体推出外文版《摆脱贫困》《习近平扶贫论述摘编》等重要著作，广泛宣介中国减贫理念。

二是讲述中国脱贫攻坚生动故事。精心组织新华社推出脱贫攻坚系列海外报道，多语种融媒体组稿“寒极脱贫攻坚”被罗马尼亚通讯社、世界新闻网等采用，组织CGTN制作播出系列报道《春日扶贫进行时》、系列微视频《一个都不能少——中国扶贫故事》，并被多家境外社交平台转发。组织对“三区三州”脱贫成果宣传，中国日报《新疆2020年目标减少42000家贫困户》等帖文，被海外网友点赞。

三是推动传播领域国际交流合作。组织报道“2019全球减贫伙伴研讨会”“2019中国扶贫国际论坛”，组织中央广播电视总台、中国日报、中国新闻社等媒体积极向国外主流媒体提供新闻素材，主动回应国际社会关于疫情影响脱贫攻坚进展的关切。

创新传播手段：构建脱贫攻坚大宣传格局

坚持守正创新，加强宣传报道、公益活动创新和部门协同联动，制作推出一批融媒体精品，在新媒体平台、商业短视频平台进行传播，发挥名主持的影响力，吸引更多受众关注和参与到扶贫工作中。

一是开启扶贫宣传新模式。组织媒体深入脱贫攻坚一线，积累鲜活素材，用心用情采访报道。2020 年，人民日报推出《这个春节，第一书记更忙了》等报道，以“第一书记”品牌开启典型宣传新模式；中央广播电视总台播出专题报道《攻坚之星》，推出大型纪录片《攻坚日记》，持续记录脱贫过程。

二是强化全媒体传播新格局。组织媒体运用新技术新应用创新传播方式手段，开展差异化对象化传播，打通扶贫宣传“最后一公里”。《人民日报》H5《这场马拉松，我们即将冲刺了》及微纪录片《改变贫困的力量》等相关报道总阅读量达 3.8 亿次。中央广播电视总台新媒体记者随北京开往四川的务工专列以“开往贫困地区的绿皮车”为题采访务工人员，以直播和图文视频特稿反映脱贫路上不懈奋斗的故事。

三是开拓媒体扶贫新思路。除组织扶贫宣传，还积极推动媒体刊发扶贫公益广告，加强消费扶贫报道，引导企业、商户和消费者积极采购贫困地区特色农产品。经济日报、工人日报、中国青年报等牵线农企对接，山东、吉林、甘肃、山西县级融媒体中心直播“带货”销售农产品，湖南、湖北、新疆等地媒体联合渠道商搭建农产品销售平台。中央广播电视总台启动总额 31 亿元的“品牌强国工程”援鄂抗疫公益行动。

（图片：中央宣传部新闻局应急新闻处提供）

国家易地扶贫搬迁项目组（国家发展改革委地区振兴司贫困地区发展处、原国务院扶贫办规划财务司专项处）

2016 年以来，国家发展改革委地区振兴司贫困地区发展处会同原国务院扶贫办规划财务司专项处组建国家易地扶贫搬迁项目组工作专班，不断创新政策制度设计、组织动员体系、对象识别方法、资金筹措渠道、后续脱贫路径、考核督导机制、宣传引导方式，推动全国“十三五”易地扶贫搬迁规划建设任务全面完成，3 万多个安置区工程项目落地落实，960 余万名建档立卡搬迁贫困人口全部入住，构建了较为完善的后续扶持政策体系。探索形成了以“政策出台—解读培训—观摩交流—典型推介—监管巡查—纠错纠偏—宣传引导”为主要特点的国家重大扶贫工程推进落实机制，使易地扶贫搬迁成为创新体制机制、实施国家重大民生工程的成功典范。

国家易地扶贫搬迁项目组：搬迁是手段　脱贫是目的

易地扶贫搬迁作为脱贫攻坚“五个一批”中政策性最强、涉及面最广、工作链条最长、实施难度最大的一项工程，是最难啃的硬骨头，也是打赢脱贫攻坚战的“头号工程”和标志性工程。2015年以来，由国家发展改革委地区振兴司贫困地区发展处会同原国务院扶贫办规划财务司专项处组建的国家易地扶贫搬迁项目组，以习近平总书记关于扶贫工作的重要论述为根本遵循和行动指导，贯彻落实党中央、国务院决策部署，在国家发展改革委、国务院扶贫办有关领导的指导和带领下，围绕“搬哪些人、搬到哪里去、安置房如何建、钱从哪里来、借款如何还、搬后怎么脱贫、社区怎么融入”等关键问题，勇挑重担、锐意创新，探索形成易地扶贫搬迁工作“1146”模式，即“坚守一个初心，坚持一套机制，严守四条标准，突出六个创新”，为国家重大民生工程的组织实施提供了有益借鉴、树立了典型示范。有效解决了“十三五”期间近1/5贫困人口的脱贫问题，为打赢脱贫攻坚战作出了积极贡献。

坚守一个初心

搬迁是手段，脱贫是目的。国家易地扶贫搬迁项目组将脱贫这个初心，贯穿在对象识别、安置选址、项目建设、后续扶持、拆旧复垦、社区管理等环节的始终。充分发挥督查考核“指挥棒”作用，将后续脱贫落实情况作为督促检查的重要内容，作为评价搬迁工作成效的重要指标。

坚持一套机制

坚持“中央统筹、省负总责、市县抓落实”的工作机制。中央统筹，主要指中央部门从政策制定、项目规划、任务下达、资金筹措、监督考核等方面加强统筹协调指导。省负总责，主要指明确省级政府承担本省易地扶贫搬迁工作的主体责任，对搬迁实施方案编制、任务分解、资金投放、项目下达、组织实施等各项工作负总责。市县抓落实，主要指明确市县政府负责全面落实搬迁对象核定、安置区选址、安置用地落实等前期工作，做好工程建设、住房分配、迁出区生态修复和土地复垦、户籍迁移、子女入学、社会保障、社区管理等具体工作。

严守四条标准

"四条标准"主要包括：搬迁对象必须为生活在"一方水土养不好一方人"地区的建档立卡贫困人口；建档立卡贫困户人均住房建设面积不得超过 25 平方米；建档立卡贫困搬迁户原则上每户自筹建房资金不能超过 1 万元或人均不超过 3000 元；不得超范围使用搬迁专项资金、不得贪污挪用相关资金。

突出六个创新

一是创新政策制度设计。先后制定《"十三五"时期易地扶贫搬迁工作方案》《全国"十三五"易地扶贫搬迁规划》《新时期易地扶贫搬迁工作百问百答》等文件，会同相关部门出台安置住房建设面积控制、金融支持、土地增减挂钩节余指标交易、就业帮扶、社区管理等一系列配套政策，做好政策设计"最先一公里"。指导有关省份和市县出台本地区搬迁规划和配套措施，举办多场政策宣讲会和专题培训班，组织地方集中开展宣讲培训，打通政策落地"最后一公里"。建立常态化事中事后监管巡查工作机制，通过下达整改通知、通报、约谈等手段，督促指导地方深化问题整改，确保政策执行不走偏、工作落实不走样。将易地扶贫搬迁工作开展情况作为省级党委政府脱贫攻坚成效考核和国家脱贫攻坚督查巡查的重要内容。

为贯彻落实习近平总书记在决战决胜脱贫攻坚座谈会上的重要讲话精神，专门印发《关于深入贯彻落实习近平总书记重要讲话精神决战决胜易地扶贫搬迁工作的通知》，建立对 26 个安置区配套设施扫尾工程和 145 个大型安置区教育医疗设施补短板项目的定期调度、挂牌督战机制，层层传导压力，确保易地扶贫搬迁决战决胜。

二是创新组织动员体系。易地扶贫搬迁涉及多个行业（领域）和部门，需要集聚中央和省市县各级力量，形成工作合力。国家易地扶贫搬迁项目组按照“管住两头、放开中间”的原则，推动中央部门一手抓政策资金供给、一手抓监督考核评估，同步压紧压实省、市、县党委政府责任，推动形成上下联动、部门协同的工作格局。

三是创新对象识别方法。2015 年下半年至 2016 年初，国家易地扶贫搬迁项目组组织各地开展搬迁对象摸排，将生活在“一方水土养不好一方人”地区的有搬迁意愿的贫困人口精准确定为搬迁对象，基本确定搬迁人口规模。之后，又根据各省因群众意愿变化等原因导致搬迁对象发生变化的实际情况，在保持搬迁总规模基本稳定的前提下，适时部署各地开展搬迁对象动态调整工作。经反复摸排核实，全国 22 个省份约 1400 个县确定了 960 余万需搬迁的建档立卡贫困人口，并在全国扶贫开发信息系统中专门建立易地搬迁模块，将搬迁人口全部精准到户到人，实现了搬迁对象精准。

四是创新资金筹措渠道。通过引入政策性、开发性金融资金和地方政府债务资金，解决易地扶贫搬迁工程建设资金需求量大的难题，是新时期易地扶贫搬迁工作的一项重要创新。国家易地扶贫搬迁项目组积极与财政部、中国人民银行，以及国家开发银行、中国农业发展银行对接，充分发挥 800 亿元中央预算内投资引导作用，撬动超过 5000 亿元地方政府债券资金、贷款贴息和补助资金、专项建设基金、中长期贴息贷款、搬迁群众自筹资金等，足额保障了工程建设资金需求，确保搬迁群众不花钱或自筹少量资金即可实现“住有所居”。

五是创新后续脱贫路径。2018 年底，随着工程建设任务“大头落地”，搬迁群众陆续搬迁入住，后续脱贫成为易地扶贫搬迁工作的主要矛盾和矛盾的主要方面。国家易地扶贫搬迁项目组及时筹备召开全国易地扶贫搬迁后续扶持工作现场会，研究出台《关于进一步加大易地扶贫搬迁后续扶持工作力度的指导意见》，联合 12 个部门印发实施《2020 年易地扶贫搬迁后续扶持若干政策措施》，安排中央预算内投资补齐大型安置区教育、医疗设施短板，有序推动各地将工作重心由工程建设全面转向后续扶持。

六是创新宣传引导方式。国家易地扶贫搬迁项目组始终将宣传引导作为易地扶贫搬迁的工作重点，讲好搬迁脱贫故事，为易地扶贫搬迁工作推进营造良好氛围。2018 年发布《中国的易地扶贫搬迁政策》白皮书，2017 年以来每年发布《全国易地扶贫搬迁年度报告》，2016 年以来每年在全国扶贫日举办易地扶贫搬迁论坛，协调中央媒体刊发（播报）易地扶贫搬迁相关新闻报道数百条。建立易地扶贫搬迁舆情监测机制，第一时间对舆情反映问题组织开展实地核查，及时澄清事实，回应社会关切。

多年来，国家易地扶贫搬迁项目组克服人手少、头绪多、时间紧、任务重的困难，始终保持高昂的工作热情、强烈的事业责任心和严谨务实的工作作风，推动 35 万个集中安置区工程项目落地落实，确保了 960 余万名贫困搬迁群众及时入住、获得帮扶并稳定脱贫，有力发挥了全国易地扶贫搬迁工作参谋部、作战部作用，获得习近平总书记和其他中央领导指示批示表扬 20 余次，以实际行动践行了初心使命、书写了无悔青春。

（图片：国家发展改革委地区振兴司贫困地区发展处提供）

后 记

消除贫困、改善民生、实现共同富裕，是社会主义的本质要求。党的十八大以来，在以习近平同志为核心的党中央领导下，我国组织实施了人类历史上规模最大、力度最强的脱贫攻坚战。2021年2月25日，习近平总书记在全国脱贫攻坚总结表彰大会上庄严宣告，脱贫攻坚战取得了全面胜利，中国完成了消除绝对贫困的艰巨任务。

在喜迎党的二十大召开之际，中央宣传部组织编写本书，就是要让全社会牢记和学习脱贫攻坚先锋的先进事迹，让他们成为我们身边鲜活生动的效法楷模、思齐榜样，不断弘扬中华民族扶贫济困、守望相助的传统美德和社会主义核心价值观，为推进乡村振兴汇聚磅礴力量，激励广大干部群众为全面建设社会主义现代化国家、实现第二个百年奋斗目标而披坚执锐、勇立新功。

本书的编写，特别感谢国家乡村振兴局，各省（市、区）、新疆生产建设兵团乡村振兴局，以及中央和国家机关工委办公厅、国务院国资委办公厅、中央军委政治工作部的大力支持和帮助，从全国脱贫攻坚楷模，全国脱贫攻坚先进个人、先进集体和原国务院扶贫开发领导小组表彰的脱贫攻坚奖获奖对象中推荐了先进个人72名，先进集体52个。

特别鸣谢以下供稿单位（排列顺序不分先后）："纪录小康工程"国家数据库、央视新闻、央广网、人民日报海外版、《党建》杂志、新华每日电讯、光明日报、新华日报、共产党员网、中国文明网、中国日报网、经济日报、重庆日报、《中国扶贫》杂志、兴安日报、内蒙古日报、《中国乡村振兴》杂志、中工网、新疆日报、天山网、中国喀什网、甘肃日报、科技日报、云南日报、扬子晚报、中国江苏网、中国青年报、贵州日报、中国社会科学网、中国教育报、江西日报、广西日报、潇湘晨报、中国林科院、中国网、金台资讯、党建网、中国纪检监察报、《江淮》杂志、福建日报、东南网、江西省人民政府网、大江网、时空赣州网、江西晨报、新湖南、华声在线、湖南日报、川观新闻、四川日报、凉州日报、中国西藏新闻网、中国电力网、千龙网、中国共产党新闻网、新华视点、学习时报、陕西日报、青海日报、新京报、中国新闻网、国际在线、中央纪委国家监委网站、北京（《劳动午报》作者余翠平，北京首农供应链管理有限公司蔡川）、天津（天津市政府研究室刘玮）、河北（新华社记者王洪峰、孙铁翔、王昆，《经济日报》中国经济网记者宋美倩，《求是》作者高志顺、马彦铭、潘文静）、山西（作者原雪瑞，山西省乡村振兴局，《人民日报》记者郑洋洋）、内蒙古（《呼和浩特日报》记者刘军、梁婧姝，《中国乡村振兴》作者张蜀雁）、辽宁（辽宁省公安厅，宽甸县乡村振兴局曾繁强）、吉林（中国第一汽车集团有限公司）、黑龙江（绥化市乡村振兴局，桦川县乡村振兴局）、上海（文汇报，东方网）、江苏（江苏省张家港市杨舍镇善港村党委王斌）、浙江（仙居县政协办公室俞建勇，安吉县农业农村局）、安徽（国家税务总局安徽省税务局，安徽省乡村振兴局，《阜阳日报》记者张凯培　通讯员刘勇、郭晓雅）、福建（《农民日报》记者蔡茂楷，《光明日报》记者高建进）、江西（井冈山市茅坪镇人民政府，《老区建设》作者杨瑞宏、程文燕）、山东（《大众日报》记者刘磊、杨淑栋，腾讯网，菏泽市乡村振兴局）、河南（《信阳日报》记者时秀敏，潢川县驻郑州流动党工委办公室苏会兵，《乡村干部报》记者刘世领、刘琼、刘凤双　通讯员史来磊，新乡市长垣市驻光山县脱贫攻坚帮扶工作队，《河南日报》记者龚砚庆、胡舒彤　实习生钱程、童昀）、湖北（《新京报》记者王纪辛　编辑唐峥，宜昌市乡村振兴局，英山县人大常委会闻德才，人民网）、湖南（《人民日报》记者何勇、王云娜，中央电视台《新闻联播》，《新华每日电讯》记者丁锡国、蔡潇潇、谭畅，《关于转发湖南省宜章县脱贫攻坚经验做法的通知》）、广东（《南方日报》记者黄进　通讯员唐咸武，碧桂园，广州市协作办公室）、广西（《经济日报》记者童政、周骁骏，新华全媒头条，《广西日报》记者骆怡　通讯员陶胜平）、海南（“中国乡村振兴”微信公众号，海南广播电视总台《乡村振兴电视夜校》栏目）、重庆（中共忠县县委组织部、原忠县扶贫办，人民网重庆频道，上游新闻余小凤）、四川（遂宁市乡村振兴局，微信公众号“芳疗小栈”，广元市苍溪县白驿镇岫云村委员会李君，中共峨边县委）、贵州［多彩贵州网，中国新闻网，贵州省乡村振兴局，中国贵州茅台酒厂（集团）有限责任公司，《光明日报》记者吕慎］、云南（腾冲市猴桥镇人民政府，《云南日报》记者陈鑫龙、李汉勇、沈浩、茶志福，云南省乡村振兴局，中共镇雄县委）、西藏（西藏自治区林芝市工布江达县松茸加工厂白玛康卓）、陕西（《铜川日报》记者程红兰，耀州区乡村振兴局寇飞，《渭南日报》记者彭斌，潼关县乡村振兴局袁博，《人民日报》记者吴昌勇，岚皋县文联主席陈延安，国网陕西省电力公司榆林供电公司陈婷婷，国网陕西省电力公司薛怡，中国银行总行投资银行与资产管理部王蕾）、甘肃（甘肃省乡村振兴局，澎湃新闻，搜狐网，能源杂志）、青海（中共达日县委办公室潘顺慧）、宁夏（宁夏回族自治区乡村振兴局李伟）、新疆（新疆沙漠枣业有限公司李鹏，广东省对口支援新疆工作前方指挥部肖凯明）、塔里木大学、中央组织部定点帮扶工作办公室、应急管理部办公厅、北京师范大学张琦、中央巡视工作领导小组办公室、中央办公厅督促检查室、中央宣传部新闻局应急新闻处、国家发展改革委地区振兴司贫困地区发展处、《人民日报》记者王锦涛、中国石油化工集团有限公司乡村振兴工作领导小组办公室、《解放军报》记者晏良和通讯员刘大辉、《中央退役军人事务工作领导小组办公室简报》。

同时也特别感谢长期以来在脱贫攻坚中埋头苦干，探索创新，为全面打赢脱贫攻坚战作出巨大贡献的广大干部群众，他们为本书奠定了思想和实践基础，注入了活力和动力。

编　者

2022 年 6 月 13 日

出版统筹：蒋茂凝　王　彤　陈鹏鸣
责任编辑：郑牧野　数字出版部
封面设计：石笑梦　林芝玉
版式设计：汪　莹　王欢欢
责任校对：吕　飞

图书在版编目（CIP）数据

全国脱贫攻坚先锋风采录／本书编写组 编．—北京：人民出版社：新华出版社，2022.10
（“纪录小康工程”中央丛书）
ISBN 978－7－01－024827－1

Ⅰ.①全…　Ⅱ.①本…　Ⅲ.①扶贫－先进工作者－先进事迹－中国
Ⅳ.①K820.76

中国版本图书馆 CIP 数据核字（2022）第 098906 号

全国脱贫攻坚先锋风采录
QUANGUO TUOPIN GONGJIAN XIANFENG FENGCAILU

本书编写组

人民出版社　新华出版社　出版发行
（100706　北京市东城区隆福寺街 99 号）

北京中科印刷有限公司印刷　新华书店经销

2022 年 10 月第 1 版　2022 年 10 月北京第 1 次印刷
开本：710 毫米 ×1000 毫米 1/16　印张：33
字数：496 千字

ISBN 978－7－01－024827－1　定价：96.00 元

邮购地址 100706　北京市东城区隆福寺街 99 号
人民东方图书销售中心　电话（010）65250042　65289539